刑事法研究

第八卷
刑法理性论

张智辉 著

中国检察出版社

图书在版编目（CIP）数据

刑事法研究. 第八卷, 刑法理性论 / 张智辉著. —北京：中国检察出版社，2022.1
ISBN 978 – 7 – 5102 – 2664 – 9

Ⅰ.①刑… Ⅱ.①张… Ⅲ.①刑法 – 中国 – 文集 Ⅳ.①D924.04 – 53

中国版本图书馆 CIP 数据核字（2021）第 252779 号

刑事法研究（第八卷·刑法理性论）
张智辉　著

责任编辑：常嘉文
技术编辑：王英英
美术编辑：曹　晓

出版发行：	中国检察出版社
社　　址：	北京市石景山区香山南路 109 号（100144）
网　　址：	中国检察出版社（www.zgjccbs.com）
编辑电话：	（010）86423709
发行电话：	（010）86423726　86423727　86423728
	（010）86423730　86423732
经　　销：	新华书店
印　　刷：	鑫艺佳利（天津）印刷有限公司
开　　本：	710 mm × 960 mm　16 开
印　　张：	28
字　　数：	322 千字
版　　次：	2022 年 1 月第一版　2022 年 1 月第一次印刷
书　　号：	ISBN 978 – 7 – 5102 – 2664 – 9
定　　价：	98.00 元

检察版图书，版权所有，侵权必究
如遇图书印装质量问题本社负责调换

作者简介

　　张智辉，男，陕西武功人，1954年10月生。法学博士，国务院政府特殊津贴享有者，首批"当代中国法学名家"。现任湖南大学教授、博士生导师，最高人民检察院咨询委员，中国行为法学会理论分会会长。兼任国际刑法学协会中国分会副主席、中国刑法学研究会学术委员会副主任。曾任最高人民检察院检察理论研究所所长，中国检察官协会秘书长，中国检察学研究会秘书长，最高人民检察院司法体制改革领导小组办公室主任，国家检察官学院教授，中国廉政法制研究会副会长。

再版说明

本书是 2006 年北京大学出版社出版的《刑法理性论》的修订版。此次再版，完整地保留了原版的结构和内容，仅在三个方面作了一些修改：一是根据刑事立法的情况，对个别刑法和刑事诉讼法条文的序号及相关内容进行了修改；二是根据刑法、刑事诉讼法修改和司法体制改革的情况对部分章节的内容进行了修改或补充说明；三是为避免重复删除了部分内容。

作者

二零二零年五月二日

原版序言

高铭暄[*]

刑法在任何国家都是法律体系中最为重要的部门法之一。刑法与其他部门法相比,有两大显著特点:一是刑法所保护的社会关系的范围更具广泛性。刑法的调整对象不限于某一类社会关系;任何一种社会关系只要受到犯罪行为的侵犯,均可以纳入刑法的调整范围。二是刑法的制裁性最为严厉。其他部门法也具有强制性,对于违法行为而言,它们可以说是第一道防线;刑法则充当第二道防线,它针对违法行为情节严重已经转化为犯罪行为从而需要追究其刑事责任的情况,适用最为严厉的制裁方法——刑罚。从这个意义上说,刑法是其他部门法的保护法,没有刑法作后盾、作保障,其他部门法往往难以顺利地得到贯彻实施。这同时也说明,刑法的广泛适用和最为严厉的制裁方法使得刑法的运用需要特别的谨慎、特别的理智。刑法运用不当,不仅不利于保障其他部门法的实施,不利于维护

---

[*] 国际刑法学协会副主席兼中国分会主席、中国法学会刑法学研究会名誉会长、中国人民大学法学院教授、博士生导师、北京师范大学刑事法律科学研究院名誉院长。

社会稳定，而且可能侵害到公民的宪法权利和合法权益，可能制造出新的更严重的犯罪。因此，理性地审视刑法及其运作，提示立法者和司法者防止刑法的不当运用和滥用，是刑法学者理应担负的社会责任和应当时刻牢记的重要课题。但是近年来，由于犯罪的急剧增长和严打政策的实施，人们比较关注刑法的打击效果而在一定程度上忽视了对防止刑法滥用问题的研究。所庆幸的是，张智辉的《刑法理性论》一书，深刻地阐述了刑法理性的基本原理，合理地评析了我国刑法立法和刑事司法中非理性的表现，提出了理性地制定和适用刑法解决犯罪问题的真知灼见。这对更新刑法理念，完善刑法立法，改进刑事司法，更好地发挥刑法的保护社会和保障人权的功能，具有极为重要的理论意义和实践意义。

我一直认为，刑法学是一门理论性和实践性都很强的法律科学，要想在刑法科学的研究中有深邃的造诣，就必须在掌握坚实宽厚的法学基础理论和系统全面的刑法学知识，加强理论思维的同时，时刻关注刑事立法和司法实践的进展，善于发现新情况，研究新问题。早在1981年，张智辉就是我指导的第一批刑法学硕士研究生之一。他擅长刑法理论问题的研究，从1982年在《法学研究》上发表《试论过失犯罪负刑事责任的理论根据》到1995年出版《刑事责任通论》的专著，显示了其深厚的理论功底。张智辉很早就研究刑法哲学问题。但是他对刑法哲学的研究，不是从理论到理论进行纯粹逻辑演绎式的研究，而是充分运用其长期关注和深入了解司法实践的特长，仔细地用刑法哲学的原理分析探讨和解决刑法适用中存在的现实问题。在《刑法理性论》一书中，张智辉再次显示了其研究的特长，不仅利用其深厚而广博的理论素养，深刻揭示了理性之于刑法的价值与功效,以及刑法理性的准确内涵与发展规律,并提出了理性在刑法中的贯彻途径,而且运用刑法理性的基本原理全面深入地研究评析了我国当前刑法立法和刑事司法的理性表现与不足,在此基础上提出了刑法改革的价值取向。

在我国的法学研究中,人们往往习惯于严格区分刑法学的研究领域与刑事诉讼法学的研究领域。这种区分,对于法学研究的深入是非常有用的。但是在刑事司法实践中,这两个方面往往是难以区分的。因为刑法与刑事诉讼法之间具有相互依存、缺一不可的关系。如果不通过刑事诉讼程序揭露犯罪、证实犯罪、查获犯罪人,刑法规定的定罪量刑的内容就无从实现;如果没有刑法对定罪量刑的规定作为根据,刑事诉讼法就失去了存在的目标,成为无内容的空洞形式。正如马克思指出的:"审判程序和法二者之间的联系如此密切,就像植物的外形和植物的联系,动物的外形和血肉的联系一样。审判程序和法律应该具有同样的精神,因为审判程序只是法律的生命形式,因而也是法律的内部生命的表现。"[1]《刑法理性论》一书,运用整体刑法学的原理,把刑法的规范与刑法的适用紧密地结合在一起进行考察,既研究刑法的价值和精神,也分析刑法的实现过程,从而使刑法学的研究更好地为实现刑法的目的和任务服务。这种研究方法,在我国的法学研究中是值得倡导的。

《刑法理性论》是作者在其博士论文的基础上修改完成的一部作品。2002年,张智辉的博士学位论文《刑法理性论》,在送同行专家评议的时候,就受到多位刑法学家的好评,论文

---

[1]《马克思恩格斯全集》(第1卷),人民出版社2006年版,第178页。

答辩时是中国人民大学法学院刑法学专业很少的几篇优秀论文之一。其论文在 2003 年被评为中国人民大学优秀博士论文；2004 年又获得全国优秀博士论文的殊荣。当时就有几家出版社主动要求为其出版博士论文。但是张智辉并没有急于出版，而是对论文作了进一步的修改补充，直到今年才交付出版。其治学精神在当前这种学术浮躁的氛围中是难能可贵的。作为张智辉的博士生导师，我很高兴看到自己学生的博士学位论文正式出版。是为序。

二零零五年六月

自 序

　　人到了老年往往会怀旧，喜欢回忆曾经的辉煌和趣事。一个学者，当学术思想枯竭的时候，也会追溯以往的成就，一方面是总结学术研究之路，宽慰自己的一生没有白过；另一方面也是给自己的家人、同行、亲友及弟子一个交代，留下一生劳苦的瞬间喜悦。

　　我与大多数学者有所不同。一方面，我不是一个专门从事学术研究或教学的学者。自1984年从中国人民大学刑法专业硕士研究生毕业之后，在中国人民公安大学学报编辑部（后来并入中国人民公安大学出版社）当编辑、编辑部主任、副总编辑，到1996年调入最高人民检察院检察理论研究所（亦称"中国检察理论研究所"）担任编译部主任、《检察理论研究》副主编、《中国刑事法杂志》主编（2012年卸任），我一直从事为他人作嫁衣裳的工作。同时，在最高人民检察院检察理论研究所和司法体制改革领导小组办公室工作期间，我的主要精力是科研管理和行政管理工作。直到2014年退休以后被湖南大学聘为全职教授，才算专门从事法学教学研究工作。所以，我的理论研究，在很大程度上是一种业余爱好。另一方面，我虽然学的是刑法，但研究的范围并不全是刑法。围绕着刑法学的研究，我把自己的视野扩展到与刑法学密切相关的国际刑学、犯罪学、犯罪被害者学、刑事诉讼法学、检察学、司法制度及其改革等多个领域,形成刑事一体化的研究领域。《刑事法研究》中所汇集的就是我这些年来围绕刑事法学进行研究所取得的部分成果。这些成果,对于现今的学者是否具有参考意义我不敢断言,但对我个人而言,是值得珍视的。

(一) 关于刑法学的研究

在大学读书时,我虽然每一门功课都是优秀,但自己还是比较喜欢刑法,觉得刑法是惩恶扬善、伸张正义的法律。大学三年级选择学年论文时,我写了"论过失犯罪",其中第二部分以"试论过失犯罪负刑事责任的理论根据"为题发表在《法学研究》1982年第2期上。1982年2月,我提前毕业,考入中国人民大学,跟随高铭暄、王作富教授攻读刑法专业硕士学位。硕士学位论文《我国刑法中的流氓罪》,由群众出版社1988年出版(1991年获北京市高等学校第二届哲学社会科学中青年优秀成果奖),成为新中国成立以来第一部以单个罪名为题出版的学术著作。1999年重返中国人民大学跟随高铭暄教授攻读博士学位。博士学位论文《刑法理性论》(2003年获中国人民大学优秀博士学位论文,2004年获教育部和国务院学位委员会颁发的"全国优秀博士学位论文"),由北京大学出版社2006年出版。

在刑法学研究中,我针对当时刑法立法中"宜粗不宜细"的指导思想,首次提出了刑法立法的明确性原则(1991年);针对不同地方的不同定罪标准,首次提出了刑法的公平观(1994年);针对刑法适用中存在的问题,把刑事司法引入刑法学研究的视野,首次指出了刑事司法中的地方化、行政化、大众化对刑法适用的负面影响(2002年);首次在我国台湾地区出版了大陆学者撰写的"学术著作·大学用书"《刑事责任比较研究》（1996年）。

作为一名业余的刑法学者，我未能参加每年的全国刑法学年会，但在30年来的历届刑法学年会优秀论文评选中，我都获得了一等奖或特别奖，成为最幸运的学者：我撰写的《论刑法的公平观》一文，2000年获中国法学会"海南杯世纪优秀论文"（中国法学会刑法学研究会1984—1999优秀年会论文）一等奖；《论贿赂外国公职人员罪》一文，2006年获中国法学会"西湖杯优秀论文"（中国法学会刑法学研究会2000—2005优秀年会论文）一等奖；《社会危害性的刑法价值》（与我的博士研究生陈伟强联合撰写）一文，2011年获中国法学会"马克昌杯优秀刑法论文"（中国刑法学研究会2006—2010优秀年会论文）特别奖；《网络犯罪：传统刑法面临的挑战》一文，2016年获中国刑法学研究会（2011—2016）优秀年会论文一等奖。我撰写的《刑事责任通论》一书（警官教育出版社1995年出版），1999年获全国检察机关精神文明建设"金鼎奖"图书奖一等奖第一名；《刑法改革的价值取向》一文（《中国法学》2002年第6期），2003年获全国检察机关精神文明建设"金鼎奖"文章类一等奖第一名，并被收入《改革开放三十年刑法学研究精品集锦》（中国法制出版社2008年版）。

此外，我有幸参与了高铭暄教授主编的系统总结新中国成立30年刑法学研究的代表作《新中国刑法学研究综述》（河南人民出版社1988年出版），高铭暄、王作富教授联合主编的代表新中国成立30年来刑法学研究最高水平的著作《新中国刑法的理论与实践》（河北人民出版社1989年出版）的撰写；参与了中国与法国刑法合作研究项目（该项目的研究成果以中文版三卷本在中国人民公安大学出版社出版、法文版四卷本在法国巴黎第一大学出版社出版）；参与了香港城市大学与中国人民大学为香港回归所做的香港法律中文文本的编撰工作。有幸作为最高人民检察院刑法修改研究小组成员参加了1997年刑法修改的相关工作。

（二）关于国际刑法学的研究

我在1983年就与大学同学刘亚平合作翻译了巴西奥尼代表国际刑法学协会起草的《国际刑法及国际刑法典草案》（译稿全文经夏登俊、杨杜芳老师审校，西南政法学院《国外法学参考》以1983年增刊的形式印发），该书的部分内容收录在群众出版社1985年出版的《国际刑法与国际犯罪》和四川人民出版社1993年出版的《国际刑法概论》等著作中，是中国大陆最早出现的国际刑法学译著。1991年应邀撰写了《中华法学大辞书·刑法学卷》中国际刑法部分的全部词条。1993年出版了《国际刑法通论》（中国政法大学出版社1993年出版），1999年出版了《国际刑法通论》（增补版），2009年出版了《国际刑法通论》（第三版）。20多年来，该书一直被一些大学作为刑法专业研究生的教材或必读参考书。

我从1990年加入国际刑法学协会以来，参加了一系列国际刑法方面的会议、论坛及活动。1995年起担任国际刑法学协会中国分会秘书长，2002年起担任国际刑法学协会中国分会副主席，2009—2014年担任国际刑法学协会理事。2002年起草了中国分会向国际刑法学协会提交的国别报告《国际经济交往中的贿赂犯罪及相关犯罪》，2003年带领中国法学会代表团出席了在东京大学召开的第17届国际刑法大会专题预备会，2004年全程参与了国际刑法学协会第17届世界刑法大会的筹备和会务工作,并担任了第三单元大会讨论的联合主持人,2005年参加了在北京召开的第22届世界法律大会,并作为中方代表作了题为"惩治腐败犯罪应加强国际合作"的大会发言。这些活动,促使我不得不关注国际刑法问题,也为我研究国际刑法提供了素材和灵感。

(三)关于刑事诉讼法学的研究

尽管在大学读书时就学习过刑事诉讼法学,但只是初步地了解这门科学。1984年研究生毕业后分配到中国人民公安大学学报编辑部继而并入出版社工作期间,因为负责法学方面的稿件,就开始学习有关刑事诉讼法学方面的知识。在检察院工作期间,经常接触到刑事诉讼方面的问题,于是开始了对刑事诉讼法学的研究。特别是2000年,我带领最高人民检察院代表团应香港保安局的邀请赴香港对内地与香港的刑事诉讼制度进行比较研究,为香港市民撰写了宣传内地刑事诉讼制度的小册子,这件事进一步激发了我研究刑事诉讼法学的兴趣。2000年,我协助主编完成了国家哲学社会科学研究规划基金资助的重点课题"庭审改革后的公诉问题研究",并撰写了该项目的结题报告;2003年主持召开了"预防超期羁押与人权保障研讨会";2006年主持完成了国家哲学社会科学基金项目"刑事非法证据排除规则研究";2009年主持完成了福特基金会资助项目"辩诉交易制度比较研究";2011年主持完成了丹麦人权研究中心资助项目"附条件不起诉制度研究"。此外,我还主持完成了"认罪案件程序改革研究""强制措施立法完善""简易程序改革研究"等刑事诉讼方面重要课题的研究。作为最高人民检察院刑事诉讼法修改研究的职能部门负责人,我有幸参与了2012年刑事诉讼法修改后期的部门协商工作。

在刑事诉讼法学研究领域，我不仅是一个业余研究人员，而且是一个后学者，对刑事诉讼的许多问题都缺乏深入的研究。值得一提的是，从 2007 年起，我们单位就协同全国 8 个地方的公检法机关开展认罪案件从简从轻处理试点研究，2009 年在我主持召开的"认罪案件程序改革试点"总结会议上，我提出的对犯罪嫌疑人认罪的案件在程序上应当从简、在实体上应当从轻的观点，受到与会的全国人大法工委刑法室的领导和其他刑事诉讼法学界专家们的认同。这个观点与 2012 年修改后的刑事诉讼法关于简易程序的规定高度契合，即对认罪案件，除特殊情况外，都可以适用简易程序审理，对不认罪案件适用普通程序审理。此外，我在 1999 年就提出了刑事司法的理性原则；2005 年提出了检察机关有权介入死刑复核程序的观点；2006 年提出了"二审全面审理制度应当废除"的观点等，都受到了有关领导机关和刑事诉讼法学界的关注。

（四）关于犯罪学与犯罪被害者学的研究

在读研究生期间，我翻译了《经济犯罪学》（载北京政法学院 1984 年编印的《犯罪学概论》），和同届研究生一起翻译了《新犯罪学》（华夏出版社 1989 年出版）。此后，我出版了个人著作《犯罪学》（四川人民出版社 1993 年出版）。1992 年，中国犯罪学研究会成立时，我有幸成为第一批理事（以后担任常务理事，后来由于工作繁忙未能坚持参加研究会的活动而脱离了中国犯罪学研究会）。我参与了《美国犯罪预防的理论实践与评价》（中国人民公安大学出版社 1993 年出版）的翻译，参与了《中国劳改法学百科辞书》（中国人民公安大学出版社 1993 年出版）犯罪学部分的联合主编和部分词条的撰写，参与了《犯罪学大辞书》（甘肃人民出版社 1995 年出版）部分犯罪被害者词条的撰写,参与了国家哲学社会科学"九·五"规划重点科研项目《中国预防犯罪通鉴》(人民法院出版社1998年出版)第一编的联合主编和部分章节的撰稿。1997年参与了司法部法学教材编辑部编审的高等学校法学教材《犯罪学》(法律出版社1997年第一版)的撰写,该书此后曾多次再版。2009年,我与国务院法制办副主任张穹联合主持完成了国家社会科学基金重点项目《权力制约与反腐倡廉》。

在犯罪学与犯罪被害者学的研究方面,我首次提出了犯罪的制度性原因;首次把日本学者宫泽浩一的《犯罪被害者学》三卷本编译成中文;针对国内学者多数运用第二、第三手资料研究西方犯罪学的状况,邀请从国外留学回国的学者,首次运用不同国家的第一手资料共同编写了《比较犯罪学》;首次提出了治安预防、技术预防、刑罚预防三位一体的犯罪预防思路。

(五)关于检察学的研究

我调入最高人民检察院检察理论研究所(原称"中国检察理论研究所")工作后,研究重心转向了检察学的研究。特别是在我主持检察理论研究所工作期间,我力主检察机关的研究机构要把研究检察理论作为自己的中心工作,并身体力行带领研究人员从事检察理论研究。幸运的是这期间的三任检察长和主管领导都非常重视检察理论研究,最高人民检察院还专门下发了《关于加强检察理论研究的决定》。据此,我主持筹备了12届全国检察理论研究年会(2000—2011),主编了《中国检察》(1—20卷),创办了《中国检察论坛》,先后主持完成了加拿大刑法改革与刑事政策国际中心资助项目"检察官作用与准则比较研究"(2001年)、最高人民检察院重点研究课题

"检察改革宏观问题研究"（2004年）、国家社会科学基金重点项目"检察权优化配置研究"（2014年）等课题，主持编写了最高人民检察院教材编审委员会审定的《拟任检察官培训教程》（2004年），与朱孝清副检察长联合主编了《检察学》。我独立撰写的《检察权研究》（中国检察出版社2007年版）于2008年获得了最高人民检察院2007年度检察基础理论研究优秀成果特等奖；同年获得了中国法学会首次评审的"中国法学优秀成果奖"三等奖。此外，我主持了《法制日报》"检察话语"专栏52期（2004—2005年）。

在检察学研究领域，我重点论证了中国把检察机关作为国家的法律监督机关来建设的历史必然性和现实合理性，论证了法律监督的基本内涵及其与其他类型监督的异同，论证了检察权的基本构造和运行机制，提出了检察权优化配置的指标体系。

（六）关于司法改革的研究

1997年党的十五大政治报告提出司法改革的任务之后，我与国内的多数学者一样，对中国的司法制度及其改革投入了较大的热情，一直关注司法改革的进程，并就司法改革中的问题进行研究。2000年，在与刘立宪联合主编的《司法改革热点问题》一书中，我提出了把理想与现实结合起来，理性地对待司法改革的观点。同年，我在《检察日报》上分期介绍了法国、澳大利亚、日本、德国的司法改革，希望借鉴国外司法改革的经验，冷静地思考和对待中国司法制度和司法实践中存在的问题。由于工作原因，我对司法改革的研究重点在检察制度的改革方面，先后提出了检察改革的宏观目标和切入点。特别是2012年担任最高人民检察院司法体制改革领导小组办公室主任

自 序

以后,有幸参与了第四轮司法体制改革的顶层设计,并主持完成了司法部重点课题"司法体制改革问题研究"(2014年)和国家社会科学基金重点项目"优化司法职权配置研究"(2018年),就司法体制改革中的一些重大问题提出了自己的看法。

马克思说过"人是最名副其实的社会动物"[1]。人的一生,都与他所处的社会有着千丝万缕的联系,既离不开前人所创造的物质财富和精神文明而独自生存,也不能摆脱社会环境的羁绊而天马行空地去遐想。一个人的学术道路和学术思想总是不可避免地印着他所处时代的烙印。我们这一代人处在新旧交替的改革年代,我们的学术研究无论是在内容上还是在深度上都难以避免地带有这个时代的特殊性和局限性。就个人而言,我是在农村长大的孩子,骨子里有着天然的吃苦耐劳的精神,从不吝啬自己的体力和智力,但是在学术上的每一个成就,一方面离不开部队的锤炼、老师的教诲、领导的要求、同学同事的帮助、家人的支持,另一方面离不开改革开放的时代所提出的研究课题、所提供的学术环境,以及研究空间所能供给的学术资源。加之我本人又是在工作与生活的缝隙中进行学术研究的,难以进行深邃的思索和系统地考证。在我个人的学术生涯中,我虽然奉行刑事一体化的道路,倡导理性地对待犯罪问题,力图多视角地研究犯罪及其对策,但还没有能够把这些方面有机地结合为一个整体。所研究的成果也未必都是自己的理想之作。但它毕竟是时代的产物,是自我思考的成果。诚望这个《刑事法研究》能给后来的学者提供一些研究的线索和批判的笑料。

---

[1]《马克思恩格斯全集》(第12卷),人民出版社1962年版,第734页。

需要说明的是,为了反映研究的历史足迹,《刑事法研究》中收集的文章基本保留了发表时的原貌,只是为了减少重复,对个别文章作了删节。原文中引用的法律条文,也是以当时有效的法律为蓝本。由此给阅读带来的不便,敬请读者见谅。

张智辉

2019 年 10 月 12 日于北京广泉小区

目 录

第一章 导论：刑法的历史是一部人类理性进化史 …… （ 1 ）
 一、古代刑法中的同态复仇 ……………………… （ 3 ）
 二、中世纪刑法的系统化 ………………………… （ 8 ）
 三、近代刑法中的三大原则 ……………………… （ 11 ）
 四、现代刑法改革运动 …………………………… （ 13 ）
 五、中国古代刑法中的"慎刑"思想 …………… （ 16 ）
 六、结论 …………………………………………… （ 19 ）

第二章 理性的一般考察 …………………………… （ 23 ）
 一、关于理性的不同解释 ………………………… （ 23 ）
 二、理性的不同种类 ……………………………… （ 26 ）
  （一）作为认识论的理性 ………………………… （ 26 ）
  （二）作为本体论的理性 ………………………… （ 28 ）
  （三）作为实践论的理性 ………………………… （ 31 ）
 三、对理性的理解 ………………………………… （ 35 ）
  （一）理性的基础 ………………………………… （ 35 ）
  （二）理性的要素 ………………………………… （ 37 ）
  （三）理性的实践功能 …………………………… （ 40 ）

四、刑法为什么需要理性 …………………………………（42）
　（一）法律本身是一种理性的选择 ……………………（42）
　（二）刑罚的"双刃性"需要理性的制约 ………………（45）
　（三）刑法适用的多样性使刑法不得不依赖于
　　　　人类理性 …………………………………………（47）

第三章　刑法理性的基本内涵 ……………………………（49）
一、刑法的目的性 …………………………………………（50）
　（一）目的性是理性的基本特征 ………………………（50）
　（二）关于刑法目的的不同认识 ………………………（52）
　（三）刑法的直接目的 …………………………………（60）
　（四）刑法的目的价值 …………………………………（74）
　（五）刑法目的及其价值关系 …………………………（87）
　（六）实现刑法目的的手段选择 ………………………（89）
二、刑法的合理性 …………………………………………（93）
　（一）价值合理性 ………………………………………（97）
　（二）逻辑合理性 ………………………………………（102）
　（三）程序合理性 ………………………………………（109）
三、刑法的节制性 …………………………………………（128）
　（一）谦抑 ………………………………………………（129）
　（二）宽和 ………………………………………………（136）
　（三）人道 ………………………………………………（141）

第四章　刑法理性的彰显 …………………………………（146）
一、动用刑法的必要性原则 ………………………………（149）
　（一）必要性原则的基本含义 …………………………（149）
　（二）必要性原则的理性基础 …………………………（154）

目 录

二、罪刑法定原则 …………………………………………（163）
　（一）罪刑法定原则的历史发展 …………………………（163）
　（二）罪刑法定原则的基本含义 …………………………（165）
　（三）罪刑法定原则的价值追求 …………………………（167）
　（四）贯彻罪刑法定原则所要解决的问题 ………………（174）

三、刑法合理解释原则 ……………………………………（190）
　（一）合理解释原则的提出 ………………………………（190）
　（二）合理解释原则的基本内涵 …………………………（195）
　（三）合理性原则的理性基础 ……………………………（209）
　（四）刑法解释实践中的两个争议问题 …………………（218）

第五章　刑法立法中的非理性评析 ……………………（225）

一、刑法的立法思想 ………………………………………（227）
　（一）罪刑法定原则没有在刑法中一以贯之 ……………（230）
　（二）没有充分反映市场经济的要求 ……………………（241）
　（三）重刑主义思想的残余依存 …………………………（250）

二、刑法的立法过程 ………………………………………（265）
　（一）立法动意的随意性 …………………………………（269）
　（二）立法过程的短促性 …………………………………（271）
　（三）法条设定的草率性 …………………………………（272）

三、刑法的立法结果 ………………………………………（277）
　（一）某些条文的规定违反刑法的精神 …………………（280）
　（二）某些条文的设计不科学 ……………………………（284）
　（三）某些条文的规定不合理 ……………………………（290）
　（四）某些条文的用语不规范 ……………………………（298）

第六章　刑事司法中的非理性评析 (302)
一、刑事司法理念 (306)
（一）工具论 (307)
（二）遏制论 (310)
（三）被告有罪论 (313)
（四）极端的实体正义论与程序优先论 (315)
二、刑事司法政策 (320)
（一）搞运动的策略 (322)
（二）"严打"方针的常态化 (323)
三、刑事司法制度 (327)
（一）司法人员大众化 (327)
（二）司法管理行政化 (331)
（三）司法权的地方化 (333)
四、刑事司法过程 (337)
（一）立案中的非理性 (337)
（二）侦查中的非理性 (341)
（三）起诉中的非理性 (348)
（四）审判中的非理性 (352)
（五）刑罚执行中的非理性 (360)

第七章　刑法理性化的道路 (364)
一、刑法改革的价值取向 (365)
二、刑法的严密性问题 (369)
（一）关于犯罪主体的规定 (370)
（二）关于犯罪方法的规定 (384)
（三）关于犯罪构成其他要件的规定 (386)

三、轻刑化问题 …………………………………………（392）
　（一）轻刑化的立法选择 ………………………………（393）
　（二）轻刑化的司法选择 ………………………………（395）
四、严格执法问题 …………………………………………（403）
　（一）严格执法的基本含义 ……………………………（404）
　（二）严格执法的制度保障 ……………………………（407）
　（三）树立渎职责任新理念 ……………………………（414）

后　记 ………………………………………………………（417）

第一章　导论：刑法的历史是一部人类理性进化史

刑法的发展史，是伴随着人类对犯罪认识的深化和人类文明的发展而不断寻找更有效的制裁手段的过程，是人类从本能的报复向理智的惩罚演进的理性化过程。

在古代，人们把犯罪仅仅看成是一种恶害，只要哪里有统治者认为是犯罪的损害事实发生，刑法的魔鞭就要打到哪里，以为这样就可以消灭犯罪，犯罪的认定完全采取"客观归罪"的方式。当人们认识到犯罪是在人的心理因素支配下实施的反叛行为时，立法者很快便把刑事制裁的重点转向了导致人们实施犯罪行为的犯罪思想，把主观上的故意过失作为认定犯罪的重要因素，在刑法中强调人的道义责任。而当对犯罪人实证性的研究使统治者认识到犯罪并不完全是个人的意志自由选择的结果，而是在一定程度上受到遗传、素质和社会环境等因素的影响，人只能在一定限度内控制和选择犯罪行为时，立法者逐渐地放弃了绝对报应的刑法原则，主张在认定犯罪时既要考虑犯罪的具体行为，也要考虑犯罪人的具体情况和犯罪时的具体环境。

与对犯罪的认识相适应，人类对犯罪的制裁也经历了一个从本能到理性的进化过程。刑法产生之前，一个人对另一个人的侵害，往往是由被侵害的个人或其所属的民族、家族向对方"讨还血债"。这种基于本能的血亲复仇受情感的驱使，往往是任性而无节制的。刑法的产生，明确地宣布惩罚加害者的权力只有国家才能享有，从而禁止个人之间的无节制的报复行为。这就意味着人类制裁犯罪的活动开始走上了理性发展的道路。在刑法产生的初期，本能的报复观念和传统的复仇方式还左右着惩罚犯罪的活动。刑罚的适用，不仅罪及个人，而且罪及家人，株连之风盛行。特别是随着统治者对犯罪发生过程中心理因素的支配作用的认识，以为依靠刑事制裁的残酷性在人们心理上产生的畏惧就可以遏制犯罪的发生时，刑罚的残酷性达到了极点。而当统治者意识到残酷刑罚的长期适用使它最初在人们心理上产生的恐怖感觉已经麻木，通过残酷的刑罚来镇压犯罪的做法失去了原有的效果时，刑罚亦开始走向缓和。

刑法运用公共权力制裁犯罪的性质在整体上、制度上使私人报复得到了有效的遏制，并且通过法律的形式限定惩罚的规模、方式和程度，进而制定必要的制裁程序，使报复加害者的活动走上制度化、程式化的道路。从禁止血亲复仇——消除本能报复的遗风，到废除肉刑——减少惩罚的残酷性；从确立罪刑法定原则和罪刑相适应原则——限制惩罚的随意性，到从报复刑向教育刑过渡——强调刑法的目的性，刑法的每一步发展，都标志着人类从本能的报复走向理智地制裁的进化，都意味着人类在对犯罪设定和追究刑事责任的过程中更加理智地控制人类感情，更加理智地选择实现目的的手段，而不断减少以恶止恶的传统，更多地、更自觉地以善止恶。

伴随着刑法的发展，刑事诉讼也经历了一个逐渐理性化的

第一章 导论：刑法的历史是一部人类理性进化史

过程。在刑法产生之初，被害人向地方官提出的控告，如果被告人不承认，则借助神灵来裁判，或者通过司法决斗来裁判有罪无罪。随着人类文明和理智的发展，刑事诉讼中的宗教色彩逐渐减少，掌握国家权力的教会、封建领主、司法官将控告、审判犯罪嫌疑人甚至包括行刑的权力集于一身，一旦确定犯罪发生并找到犯罪嫌疑人，掌握国家司法权的官员便将犯罪嫌疑人关押起来，使其与外界隔绝并对其进行刑讯以迫使其承认犯了被指控的罪。而犯罪嫌疑人的供认，反过来又被认为是对其定罪的充分证据。随着刑法的进一步发展，刑事诉讼逐渐走向专门化，不仅司法权与行政权相分离，而且侦查、控告、审判、行刑逐渐地从单一主体中分离出来，分别由不同的司法机关行使，并受到程序规则的严格限制，以致刑事诉讼不再是一种本能的、专断的、盲目的社会反应机制，而是经过深思熟虑的、有规则可循的、相互制约的司法活动过程。从控告式诉讼的神明裁判到纠问式诉讼的罪刑擅断，再到控辩式诉讼的依法裁量，理智的成分不断增多，本能的因素逐渐减少，呈现出明显的理性化过程。

本书仅举刑法发展过程中几个有代表性的史实予以说明。

一、古代刑法中的同态复仇

同态复仇是古代刑法的第一个法则，也是人们公认的古代刑法的显著特点。同态复仇恰恰是与古代人的认识能力相联系的古代刑法的理性的表现。

同态复仇，是从原始人的报复本能中进化而来的。在原始氏族社会，由于社会生产力非常低下，人们只有在氏族中才能生存，所以集体观念是维系氏族的纽带。"氏族，因需要而具有极强的聚合力。氏族的成员因绝对的完全的利害一致凝合在一起。"[1] 这种集体观念决定了原始社会复仇的基本形态。同一氏族内部，是不允许用报复行动来解决纠纷的，出现纠纷时通常要由氏族首领来调解。而在不同氏族之间，任何报复行动都是一个氏族集体对另一个氏族集体实施的。氏族成员遭受外族的伤害被视为整个氏族遭受凌辱，受害氏族可以因此而对加害者的氏族采取集体性的报复行动。这种报复行动往往没有节制，不分起因大小，并且是反复进行的。一个氏族对另一个氏族的报复行动，往往引起另一个氏族的反报复，以致循环往复，不断征战，弱肉强食，乃至造成整个氏族的毁灭。这种血亲复仇，可以说是原始的报复方式。

随着生产力的发展和剩余劳动的出现，使作为维系同一氏族内部成员的纽带的集体观念逐渐淡漠，为一个氏族成员的受害而动用整个氏族的力量进行无休止的争斗，越来越不受整个氏族成员的响应。而另外剩余劳动的出现使不同氏族之间的交往逐渐增多，除了个别成员的侵害行为引起的仇恨之外，不同氏族之间还存在着一定的利益关系，使他们不愿意为了报仇而随时随地动用整个氏族的力量进行集体性的杀戮。

正是在这种社会背景下，血亲复仇逐渐被私人复仇所取代。私人复仇把报复的权利赋予受害人及其近亲属。一个人在遭受到外族人的侵害时，他及其近亲属可以向对方进行复仇。"复仇，甚至是以特别方式落到受害者近亲属身上的一项义务，一种责任，但也是一项沉重的、不可推卸而且无期限限制的义务和责任。本氏族的成员都在注视着复仇者，复仇者不可能违反自己的义务与责任。当然，本氏族的成员对复仇者会给予支

---

[1] [法]卡斯东·斯特法尼等：《法国刑法总论精义》，中国政法大学出版社1998年版，第60页。

第一章 导论：刑法的历史是一部人类理性进化史

持与帮助，在开始时，更是如此。"[1] 这种私人复仇，虽然结束了集体杀戮的复仇方式，但是仍然是没有节制的。"这种报复，不仅仅是要伤害有罪的人本人，还要殃及其亲属、其首领、其群体中最重要的成员。"[2]

随着社会的发展，私人复仇受到进一步的限制。特别是随着奴隶制国家的出现，统治者开始对原始社会不受控制和毫无节制的复仇方式通过特殊公共权力加以限制。这种限制包括：（1）公共权力控制复仇手段的使用，即国家要审查复仇者的权利并对实施复仇的方式进行控制。奴隶制国家规定，只有事先告知公共权力机构，并且只有在受害人尚未得到正义的回报的情况下，才允许进行复仇。在这个时期，打断"族间仇杀"的连锁反应是城邦国家的第一个目标。（2）限制复仇的主体与客体。国家仅承认受害人及其近亲属有复仇的权利，并且逐渐禁止对罪犯以外的人实行复仇，尤其是在罪犯所在的群体已经与罪犯脱离关系，或者已经将罪犯交出的情况下，禁止对罪犯所在群体的其他人实行复仇。（3）限制复仇的程度。要求复仇的程度应当与受害人所遭受的损害之间具有一定的平衡，反对无节制的报复。（4）限制执行复仇的形式。有的是在空间上对复仇进行限制，如加害人进入"庇护所"以后，不得再对其进行复仇；有的是在时间上对复仇进行限制，如在"休止期"内不得进行复仇。[3] 到古罗马时代，法律明确规定："任何人未经

---

[1]〔法〕卡斯东·斯特法尼等：《法国刑法总论精义》，中国政法大学出版社1998年版，第61页。

[2]〔法〕卡斯东·斯特法尼等：《法国刑法总论精义》，中国政法大学出版社1998年版，第62页。

[3]〔法〕卡斯东·斯特法尼等：《法国刑法总论精义》，中国政法大学出版社1998年版，第61—68页。

审判,不得处以死刑。"[1] "除非在森都利亚会议里,不得对罗马公民作死刑之判决。"[2]

这种限制的结果,导致了奴隶制刑法的产生。而同态复仇正是在限制原始社会的血亲复仇和私人复仇的过程中逐渐出现的一种制裁加害者的方式。

作为对原始社会血亲复仇和私人复仇的扬弃,同态复仇经历了一个从习惯到法律的发展过程。最初,同态复仇是作为习惯,流传于由不同氏族构成的共同体内。随着国家的出现,同态复仇在奴隶制国家的法律中得以确认,被视为对侵害者进行制裁的合法形式。

关于同态复仇的法律规定,最早出现在《汉穆拉比法典》[3]中。该法典规定:"第一条 倘自由民宣誓揭发自由民之罪,控其杀人,而不能证实,揭人之罪者应处死。""第一九六条 倘自由民损毁任何自由民之子之眼,则应毁其眼。""第一九七条 倘彼折断自由民〔之子〕之骨,则应折其骨。""第二〇〇条 倘自由民击落与之同等之自由民之齿,则应击落其齿。""第二二九条 倘建筑师为自由民建屋而工程不固,结果其所建房屋倒毁,房主因而致死,则此建筑师应处死。""第二三〇条 倘房主之子因而致死,则应杀此建筑师之子。"《十二铜表法》[4]第8表第2条亦规定:"如果故意伤人肢体,

---

〔1〕《十二铜表法》第9表第6条。
〔2〕《十二铜表法》第9表第1条。
〔3〕《汉穆拉比法典》是古代四大文明古国之一的巴比伦王国第六代国王汉穆垃比在位期间(公元前1792—前1750年)制定颁布的法典,也是迄今发现的世界上最早的、保存的最完整的古代法典。本书引用的《汉穆拉比法典》条文,均出自法律出版社2000年出版的中译本《汉穆拉比法典》一书。
〔4〕《十二铜表法》即《十二表法》是古罗马的第一部成文法典,是古罗马固有习惯的汇编,大约完成于公元前449年。本书引用的《十二铜表法》条文,均出自法律出版社2000年出版的《十二铜表法》中译本。

第一章　导论：刑法的历史是一部人类理性进化史

而又未与〔受害者〕和解者,则他本身亦应遭受同样的伤害。"

关于同态复仇,许多人用现代人的法律意识来评判,认为它具有野蛮性、残忍性的特征,是缺乏理性的表现。但是如果设身处地地用当时人们的观念来分析,就会发现,同态复仇恰恰是野蛮时代人类理性的体现。因为它强调对复仇的节制,强调人类的报复行动必须限制在一定范围之内,必须与侵害行为的程度相等。"以眼还眼、以牙还牙、以血还血、以命抵命",是同态复仇的基本方式。与这种刑法制度相联系的是这样一种刑法理念:"对'正义'的描述,仅仅适用于具有正义品质和观点的某个人所给予的利益或所加的伤害。这就是立法者必须坚持的观点……他必须使用法律来尽可能做到以牙还牙、以血还血"[1] "正义坚持对亲属的流血要进行确切无疑、针锋相对的报复;它通过我们刚才提到的法律起作用。它的判决是,一个干了这种事的人,必须明确地承受他所加害的人所承受的一切。"[2] "该受与罪行相应的惩处,以使每个人受到与自己的行为相应的惩罚——施暴处以死刑或剥夺公民权,贪婪处以罚金,贪图功名处以辱没名誉。"[3] "对类似一种更大罪恶的某种事情应该判处一种较重的刑罚,反之,对类似一种较小罪恶的某事则处以较轻的刑罚。这就是我们的法律应该采取的方针。"[4] 这种观念所强调的正是刑罚的轻重应当与罪犯所犯罪行的轻重相适应的思想。只是在当时的社会发展阶段,人们对罪刑相适应的认识和要求,表现为同态报应。

正如有的西方学者指出的:"报复性的惩罚规则使不当行

---

[1] 〔古希腊〕柏拉图:《法律篇》,上海人民出版社2001年版,第292页。
[2] 〔古希腊〕柏拉图:《法律篇》,上海人民出版社2001年版,第306页。
[3] 〔古罗马〕西塞罗:《论共和国论法律》,中国政法大学出版社1997年版,第279页。
[4] 〔古希腊〕柏拉图:《法律篇》,上海人民出版社2001年版,第299页。

为的受害者有权在某种公认的限度以内还击不当行为人。""如果不受公意的遏制,报复就很可能引起再报复,由此而导致社会混乱。""所谓'同态复仇',即以眼还眼,以牙还牙,表明了这样的观念:受到攻击的受害者可以还击,但最多只能给对方造成与自己所受伤害相等程度的伤害。"[1]因此,"'同态复仇'的出现,相对于以往时代实际上是一个明显进步:复仇程度有了限制,制裁已经是针对个人,实现了个别制裁;由于有了限制,只有故意犯罪的情况下才能实行同态复仇,这就意味着在复仇的条件中引入了某种有益的主观要件。"[2]西方学者的这些观点表明,同态复仇是古代刑法对原始社会血亲复仇的扬弃,是对人类原始的报复本能的有意识的限制,因而也是理性的表现。

二、中世纪刑法的系统化

中世纪[3]通常被法学家们认为是欧洲历史上最黑暗最野蛮的司法专横和罪刑擅断的时期。但是即使是在这个时期,刑法也呈现出某种程度的理性色彩。

从1075年格列高利宣布教皇对教会具有至高权威、基督教独立于并高于世俗权力时起,一直到1122年教权与王权之间达成最后妥协,在西方国家发生了一场深刻的大革命,即教皇革命,导致了西方法律传统的形成。11世纪后期到12世纪初,在西欧各国,纷纷出现了一批专职法院、立法机构、法律

---

[1] [英]彼得·斯坦、约翰·香德:《西方社会的法律价值》,中国人民公安大学出版社1990年版,第39页。

[2] [法]卡斯东·斯特法尼等:《法国刑法总论精义》,中国政法大学出版社1998年版,第67页。

[3] 在西方历史上,"中世纪"是指公元5世纪到15世纪这段时间。但是在法律史研究中西方学者认为,公元11世纪以后,西方法律制度发生了根本性的巨大的变化,形成了流传至今的西方法律传统。

第一章 导论：刑法的历史是一部人类理性进化史

职业人士、法学家阶层和法律著作，出现了"法律科学"，并首次创立了法学院，自觉地对继承下来的极其繁多的法律材料进行了整理，使法律概念发展成为一种自治的、完整的、不断发展的法律原则和诉讼程序体系。"随着教皇革命而来的是产生了一种新的教会法体系和各种新的世俗法体系，附带产生的有：一个职业的法律家和法官阶层，分等级的法院制度，法学院、法律专著，以及把法律作为一种自治的、完整的和发展的原则和程序体系的概念。"[1]

随着法律科学的出现，11、12世纪的教会法学家们所创造的新的刑法制度，根本不同于以前西方盛行的"上帝的法律"。教会法坚持，教会法院所能审判的罪孽，必须具备三个要件，才能确认。第一，必须是一项严重的罪孽，即只有那些根据犯罪情节足以严重到应受教会法院命令所规定的惩罚的不赦之罪才能构成犯罪。第二，必须表现为一种外在的行为。有罪的思想和欲望只可以由上帝加以惩罚，而不能由教会的"人间法庭"即教会法院进行惩罚。因为只有上帝才能看透一个人的思想、内心和灵魂，而人间法官只能知道外部表现出来的行为。第三，必须是对教会产生了滋扰后果的行为才能构成犯罪。教会法学家们也对犯罪的主观因素加以强调，并界定了确定一种外在的行为为犯罪行为所需要的故意的种类和因果关系的种类，区分了"直接故意"与"间接故意""故意"与"过失""近因"与"远因"等。同时也形成了一些使某些犯罪行为成立正当性的规定和宽恕规则。如一个故意对他人予以攻击的人，可以由于是自卫或保护另外的人而被认为是正当的；或者

---

[1]〔美〕伯尔曼：《法律与革命——西方法律传统的形成》，中国大百科全书出版社1993年版，第140页。

因为在行使惩戒性权威而获得宽恕；或者由于他年幼或其他无责任能力的情况而免于承担刑事责任。[1] 教会法还发展了刑事审判的程序制度，法官须将自己置于接受法庭审判者的地位，以明察被告人和证人所了解的情况，并通过敏锐的提问，引导其说出他本人也许没有意识到的或者由于羞耻而试图隐瞒的情况。法官必须将他的判决完全建立在书面记录的基础上，没有得到记录的诉讼行为是无效的。教会法还发展出一门对案件事实进行司法调查的科学，这门科学要求法官依据理性和良心原则对当事人和证人进行询问。而这类原则之一便是法官必须发自内心地确信他所作出的判决。教会法学家们倡导理性和良心原则，并将它们作为抵制11世纪以前的法律形式主义和神明裁判的工具。[2]

教皇革命不仅使一个独立的、自主的教会国家和教会法体系首次形成，而且也使各种不具有教会职能的政治实体和各种非教会的法律秩序首次形成，使世俗法的理论得到发展。"法治的概念既得到盛行的宗教意识形态的支持；又得到统治者流行的政治经济缺陷以及多元的权威和管辖权的支持；最后还得到在12、13世纪逐渐盛行于整个欧洲的高水平的法律意识和法律复杂性的支持。人们完全理解，维护法治不仅需要有关正义、公平、良心和理性的抽象准则，而且还需要诸如那些体现在1215年英格兰的《大宪章》中和1222年匈牙利的《金玺诏书》中的特定的原则和规则。"[3] 在《大宪章》中，贵族们为

---

[1] 〔美〕伯尔曼：《法律与革命——西方法律传统的形成》，中国大百科全书出版社1993年版，第217—241页。
[2] 〔美〕伯尔曼：《法律与革命——西方法律传统的形成》，中国大百科全书出版社1993年版，第303—305页。
[3] 〔美〕伯尔曼：《法律与革命——西方法律传统的形成》，中国大百科全书出版社1993年版，第357页。

第一章 导论：刑法的历史是一部人类理性进化史

自己的同时相对于国王也为所有平民争得了一系列权利。其中包括：自由民犯罪，可根据其轻重程度分别给予罚金、没收财产的处罚，但应留取足够的生活必需品；商人犯罪，其货物免于没收；自由农犯罪，其农具免于没收；执法官不得擅自拘捕他人，有确凿证据证明其犯有该拘捕罪行者除外；不经贵族依据法律审判，自由民不受拘留、监禁、没收财产、褫夺公权、放逐、伤害、搜查、逮捕。[1]

中世纪西方法律中的上述特点和规定，在一定程度上说明，即使在这个罪刑擅断的黑暗统治时期，刑事法律还是在向着严密化、科学化的方向发展。其中关于犯罪必须有行为的要求，关于区分故意与过失、直接故意与间接故意的规则，特别是《大宪章》中对公民权利的保障和对正当程序的要求，都反映了人类理智发展对刑法理性的要求，反映了刑法向理性化发展的趋向。

三、近代刑法中的三大原则

近代刑法是在反对封建制刑法独断、专横、残酷的过程中随着资本主义国家的建立和资本主义刑法的产生而形成和发展起来的。理性，是资产阶级在反封建的过程中高举的一面旗帜。在启蒙思想家们的著作中，理性的呼唤比比皆是。而在资产阶级夺取国家政权之后，资本主义国家按照理性的要求建立了自己的刑法，开始了近代刑法的发展史。

近代刑法虽然在形式上以及在基本内容上不可避免地继承了古代刑法的衣钵，但是由于在刑法中注入了人类理性发展的新成果，自觉地抑制和摒弃了古代刑法中的某些非理性成分，

---

[1] [英] 戴维·M. 沃克：《牛津法律大辞典》，光明日报出版社1988年版，第575—576页。

因而使刑法更趋于合理。

近代刑法中的理性特征,突出的表现在刑法三大原则之中。

启蒙运动以来,资产阶级思想家们提出了罪刑法定、罪刑相适应和刑罚人道主义这三大原则。资产阶级革命胜利后,这些原则在近代各国的刑法立法中得到了普遍的认可和不同程度地反映。

罪刑法定,是指法无明文规定不为罪、法无明文规定不处罚。罪刑法定是针对封建专制时代罪刑擅断的刑法原则提出来的。它从根本上否定了任意出入罪的封建制刑法,是刑事立法上的一次根本变革。罪刑法定原则的确立,不仅有效地保障了犯罪嫌疑人和被告人的基本人权不被任意践踏,而且使刑法理念从实质合理性向实质合理性与形式合理性并重的方向发展。因而它是人类更加理智地控制刑法适用的里程碑。

罪刑相适应,是指刑罚的轻重应当与犯罪行为对社会的危害大小相均衡。罪刑相适应,是在古代刑法中的等量报应理念的基础上发展而来的等价报应的刑法思想在刑事立法中的体现。罪刑相适应的原则,不仅满足了人们对刑罚公平的追求,而且使人类的报复情结得到了有效的节制,使不必要的和多余的刑罚成为非法,因而也是人类理性发展的成果。

刑罚人道主义,是指废除肉刑和羞辱刑,给犯罪人以人道主义待遇。刑罚人道主义旨在反对刑罚的残酷性和非人道性,禁止对犯罪人进行刑讯逼供和体罚虐待,尊重和保护包括犯罪人在内的所有公民的人身权利和人格尊严,因而也是理性的表现。

刑法三大原则的确立,具有世界历史意义地标志着刑法理性进入了一个新的时代,表明刑法的进步和发展。刑法三大原则的确立促进了近代刑法的发展,使刑法的规范体系更加严密、更加完善。

四、现代刑法改革运动

20世纪上半叶，以德国的李斯特、意大利的菲利、日本的牧野英一等人为代表的刑法理论，在否定刑事古典学派所主张的刑罚报应主义和威吓主义的过程中，提出了教育刑主义的刑法改革方案。他们认为，刑罚不应当是基于原始本能的同害报复或等价报应，而应当是以改造教育犯罪人、保全社会为目的的。李斯特在其所著的《刑法目的论》一书中，系统阐述了刑法改革的基本原则。他强调刑罚是以预防再犯、防卫社会为目的的，所以应当以犯罪反复的强弱程度为标准对犯罪人进行分类，根据犯罪人的不同情况，给以不同处遇以防再犯。他将犯罪人分为机会犯罪人和习惯犯罪人，并主张对机会犯罪人应处以罚金刑；对习惯犯罪人中有改造可能的，可处以自由刑以便进行改造，使其习惯于正常的社会生活因而成为普通人回归社会；对没有改造可能的，应处以终身监禁或者死刑，使其永久与社会隔离，以免危害社会。

菲利认为，刑罚不应当是对犯罪的报应，而应当是社会用以防卫罪犯威胁的手段。"合法判决的目的不是确定犯人的不可确定的道义责任，也不是将刑法典中的条文非个别化地适用于该犯罪，而是将最适合于犯罪人的法律按照犯罪人所表现出来的或多或少的生理和心理的反社会性加以适用。"[1] 因此，菲利主张，"对于任何一个犯罪，刑罚问题都不应当仅仅配给罪犯与其道德责任相应剂量的药，而应当被限定为根据实际情况（违法及其造成的损害）和罪犯个人情况（罪犯的人类学类型），视其是否被认为可以回归社会，确定是否有必要将罪犯

---

[1]〔意〕恩里科·菲利：《犯罪社会学》，中国人民公安大学出版社1990年版，第102页。

永久、长期或短期地隔离，或者是否强制他严格赔偿他所造成的损失就足够了。"[1] 教育刑主义着眼于犯罪人的主观因素，强调刑罚对罪犯本人的特殊预防功能和刑罚个别化原则，希望通过刑罚的适用达到矫治、改善犯罪人、消除罪犯的人身危险性的目的。

在教育刑主义刑法理论的影响下，西方国家的刑罚体系和行刑制度普遍地发生了一系列相应的变化。如在刑罚体系上进一步向轻刑化方向发展；在行刑制度上则通过缓刑、假释等制度的推行和充分运用，增强了适用刑罚的灵活性。对此，我国台湾地区学者韩忠谟总结道："新刑法理论倡导之结果，各国始从事于刑法之改革，如德国、法国、奥国、瑞士、意大利，莫不致力于刑法法典之革新与修订，实为改革运动之先声，各国继之，刑法面目为之一新。此时期刑事制度，应注意者有三（一）刑法精神，注重共同生活利益之维护。（二）刑罚观念，由报应主义趋向于预防主义。（三）刑罚之实施，务求合理化，并制定种种预防措施，如保安处分，乃此时期之最大成就"。[2]

教育刑主义重视对犯罪的社会预防措施，主张通过对社会的改良和刑罚替代措施来最大限度地减少犯罪。菲利指出："刑罚，并不象在古典派犯罪学者和立法者的主张影响之下而产生的公众舆论所想象的那样，是简单的犯罪万灵药。它对犯罪的威慑作用是很有限的。因此，犯罪社会学家自然应当在对犯罪及其自然起因的实际研究中去寻找其他社会防卫手段。"基于这种认识，菲利主张："刑罚的替代措施则应当成为社会

---

[1] [意]恩里科·菲利：《犯罪社会学》，中国人民公安大学出版社1990年版，第141—142页。

[2] 韩忠谟：《刑法原理》，北京大学出版社2009年版，第53页。

防卫机能的主要手段,因此刑罚尽管是永久的但却要成为次要的手段"。[1]

20世纪中叶以来,在安赛尔的新社会防卫论影响下,出现了"人道主义刑事政策运动"。新社会防卫论承认道义责任的合理性,怀疑传统的社会防卫论把犯罪者预先简单地区分为惯习犯罪人、机会犯罪人、激情犯罪人的做法,探求下决心着手实施犯罪时的各种原因,主张根据健全的刑事政策的各种构想修改刑法,以保障应当重返社会的人的自由和权利,并认为应当把刑罚和保安处分合并为刑事制裁的统一体系,以适应行为的种类或行为人的必要性选择刑罚或保安处分。[2] 新社会防卫论强调社会具有使犯罪者复归社会的义务,认为能够把犯罪者教育改造成为新人使之复归社会,是真正的最高的人道主义。因此,新社会防卫论一方面对传统的纯粹报复性的法律规定进行抨击,另一方面积极寻求既保护社会整体又保护个人的刑事政策,主张"只有在尊重人类和社会价值的前提下,这种保护社会、惩罚犯罪的刑事政策才能为人们接受"。[3]

根据新社会防卫论的主张,西方一些国家扩大了法官的权力,设立了"附考验期的缓刑制度",制定了"考验监督委员会"和"释放者救助委员会",采取了一系列刑法改革措施。

现代刑法改革运动的突出特点是:(1)主张具体分析犯罪的原因特别是社会和被害人在犯罪形成过程中对犯罪人的影响,而不是绝对地笼统地把一切责任都完全归责于犯罪人,从

---

[1] [意]恩里科·菲利:《犯罪社会学》,中国人民公安大学出版社1990年版,第79—99页。

[2] 马克昌:《新社会防卫论》,载杨春洗等主编:《刑事法学大辞书》,南京大学出版社1990年版,第551页。

[3] [法]马克·安赛尔:《新刑法理论》,天地图书有限公司1990年版,第7页。

而使对犯罪人的处罚更为合理;(2)自觉遏制惩罚犯罪时的报复情感,强调刑法适用的目的性,按照实现刑法目的的要求节制刑罚的适用和执行,使刑罚的执行更加人道;(3)尊重犯罪者的人格尊严,自觉地保护犯罪嫌疑人、被告人和罪犯的诉讼权利和合法权益,重视在刑罚执行过程中对被判刑人的教育、矫正和治疗,重视帮助和挽救犯了罪的人。所有这些,都表明了现代刑法的理性化发展趋势。

五、中国古代刑法中的"慎刑"思想

中国是世界文明的发祥地之一,中华民族是讲求中庸的民族,中国刑法中历来充满着理性思维的特征。

西周初期,统治者总结刑法创设以来的历史,提出了"明德慎罚"的思想,主张"祥刑""慎刑"和用刑惟中。这些刑法思想集中反映了中国古代刑法中的理性。

西周初期,周公旦在告诫康叔的训词中提出:"惟乃丕显考文王,克明德慎罚,不敢侮鳏寡"。所谓明德,就是提倡尚德、敬德。它是慎刑的指导思想和保证,因而强调"告汝德之说,于罚之行"。所谓慎刑,就是刑罚适中,不乱罚无罪、杀无辜,以免"怨有同,是丛于厥身"。慎刑是明德的具体落实。[1] 按照《尚书》中《康诰》中的说法,慎刑主要是指不要滥用刑罚,杀害无辜;对罪犯应当慎重决定其应处的刑罚;要区分故意与过失、贯犯与偶犯;缩小株连的范围;注重教化。对此,《中国法律思想史》中写到:明德慎罚总的原则是"庸庸,祗祗,威威,显民"(尚书·康诰),即用其所当用,敬其所当敬,威其所当威,以示下民。明德慎罚的具体内容有四:一是定罪量刑要区别情况,分别对待;二是依法定罪,罪

---

[1] 张晋藩等:《中国刑法史新论》,人民法院出版社1992年版,第139页。

第一章 导论：刑法的历史是一部人类理性进化史

刑相当；三是慎重地审查犯人的供词，避免滥刑；四是紧于内而缓于外，内外有别。[1]

在西周后期，周穆王命司寇吕侯制定了一部刑书。为此周穆王发布了一篇文告，即《尚书·吕刑》。在这篇文告中，周穆王系统地总结了中国古代刑法产生以来用刑的经验教训，提出了谨慎用刑的"祥刑"思想。周穆王认为，古代司法官懂得公正合理用刑的道理，辅行礼教治理人民，审理案件，不以显示刑威为目的，而以为人民谋福利为目的，并通过用刑教导人民敬重德行。即"士制百姓于刑之中，以教祗德。""典狱非讫于威，惟讫于富。"而苗民的统治者在适用刑罚时，不按简册的规定，任意淫刑滥罚，残害无辜之人，以致触怒了上帝，遂降罚于苗民的统治者，并断绝了他们后代的统治地位。即"惟时苗民匪察于狱之丽，罔择吉人，观于五刑之中；惟时庶威夺货，断制五刑，以乱无辜。上帝不蠲，降咎于苗。苗民无辞于罚，乃绝厥世。"周穆王警告自己的后人：只有"惟敬五刑"，才能"以成三德"，要用祥刑来治国安邦。祥刑的核心是谨慎用刑，疑罪从轻、用刑惟中。即所谓"两造具备，师听五辞。五辞简孚，正于五刑。五刑不简，正于五罚。五罚不服，正于五过。""五刑之疑有赦，五罚之疑有赦，其审克之。简孚有众，惟貌有稽。""哀敬折狱，明启刑书胥占，咸庶中正。其刑其罚，其审克之。""朕敬于刑，有德惟刑。""咸中有庆，受王嘉师，监于兹祥刑。"

春秋战国时期，随着中国社会的急剧变革，各种法律思想纷纷登场，并逐渐形成了以严刑峻法为主旨的法家思想和以德

---

[1] 栗劲、孔庆明主编：《中国法律思想史》，黑龙江人民出版社1983年版，第25—26页。

主刑辅为主旨的儒家思想。但是经过儒法两家的激烈交锋，又经过秦王朝奉行法家思想的实践，至汉朝开始，中国的统治者逐渐将儒家德主刑辅的思想确定为刑法的指导思想，并在长达两千年的封建社会里，至少在意识形态领域，德主刑辅被推崇为适用刑法的理想境界。

"以德配天""敬德保民"，本是商周统治者提出的治国思想。孔子将这一思想发扬光大，在批评"折民惟刑"的法家思想的过程中，系统地提出了德主刑辅的思想。他认为，以刑罚来教导民众，并对违反刑罚而实施犯罪的，依法惩治，虽然可以使民众免于犯罪，但不能去其犯罪之心；而以德化民，并以礼来调整不接受德化而犯罪的人，就会使民众认识到所犯罪行的不道德，从而心悦诚服地改恶从善。即所谓"道之以政，齐之以刑，民免而无耻。道之以德，齐之以礼，有耻且格"[1]。所以，孔子主张以德化民，礼主刑辅，明刑弼教。

汉初的统治者在总结秦王朝覆灭的历史教训时认识到秦始皇专任法治，实行严刑峻法的恶果，主张"约法省刑"。汉高祖刘邦夺取咸阳后，首先宣布："与父老约，法三章耳：杀人者死，伤人及盗抵罪，余悉除去秦法"。刘恒执政后，也提出要废除"诽谤妖言罪""夷三族"、肉刑等苛刑。他认为："法者，治之正也，所以禁暴而率善人也"；"法正则民悫，罪当则民从"。在汉初的统治者以秦为鉴，采取一系列改革措施的基础上，董仲舒总结陆贾、叔孙通、贾谊等汉代思想家的思想成果，提出了一个比较完整的政治法律思想体系。其中"德主刑辅"是这一思想体系的重要内容。董仲舒主张"前德而后刑""先教而后诛""大德而小刑""厚其德而简其刑"，强调要把

---

[1]《论语·为政》第二。

德教放在第一位而加以重视，其次才是刑罚。他认为："刑防其末，礼防其本也。""刑者德之辅，阴者阳之助也。"[1] 因为，"王者欲有所为，宜求其端于天，天道之大者在阴阳，阳为德，阴为刑；刑主杀而德主生。以此见天之任德而不任刑也。……王者承天意以从事，故任德教而不任刑。刑者不可任以治世，犹阴之不可任以成岁也。为政而任刑，不顺于天，故先王莫之肯也。"[2]

唐代刑法继承和发展了自汉代董仲舒以来一贯倡导的"德主刑辅""礼法并用"思想，在刑事立法的理论和实践中，都取得了重大的成果[3]。如"死者不可复生，用法务在宽简"[4] 的主张；"德礼为政教之本，刑罚为政教之用"的规定；"三奏五复"的制度等，都进一步体现了德主刑辅、恤刑慎杀的思想。

这些思想都强调不能把刑法作用维护统治的主要手段，都主张谨慎地施用刑罚。尽管这些思想的理论根据和提出的社会背景并不完全相同，但是其中都包含着对刑法有限性的认识和对报复情结的自觉节制。因而可以说是在刑法的适用和发展过程中人类理性的表现。

六、结论

以上五个片段表明，在刑法的发展过程中，人类理性一直在制约着刑法的价值取向，并在一定程度上遏制着人类的任性对刑法的支配，从而防止刑法的适用成为人类社会发展的灾难。

当然，毋庸置疑的是在历代刑法中都存在着某些非理性的规定，并且在刑事司法过程中存在着某些（甚至许多）基于人

---

[1] 董仲舒：《阴阳位》。
[2] 《汉书·董仲舒传》。
[3] 张晋藩等：《中国刑法史新论》，人民法院出版社1992年版，第175页。
[4] 《贞观政要·刑法》。

类报复本能的无节制的滥用刑罚的现象。特别是在一个朝代进入腐朽没落的阶段时，对刑法的依赖和滥用刑罚的现象就会十分严重。但是一旦新的政权建立，新的统治者要结束野蛮残酷的统治而争取人民的支持时，都会或多或少地克制自己的报复情结，理智地对待犯罪问题，理智地施用刑法。这正说明理性始终代表着历史发展的方向、反映着人民群众的本质要求，始终是在与非理性的抗争过程中为自己创造生存空间的。正如柏拉图指出的，"人类灵魂是由理性与情欲构成的"。情欲意味着冲动和任性，理性则意味着沉思和选择。情欲的本性是冲破理性的羁绊。因此，人类社会始终是在理性与任性的相互斗争中前进的。本能的冲动出现在法律中，是不足为奇的。而人类社会的发展总是呈现出社会管理包括法律规范中的理性色彩逐渐增多、本能冲动逐渐减少的趋势。在人类社会的早期，非理性的报复情结屡屡出现在法律规范中，是很自然的。这也正是历代开明的思想家反复强调理性之于刑法的重要性的原因。这种现象的存在，并不意味着理性在法律中的泯灭。

需要指出的是，刑法的理性及其发展，是与刑法思想的发展因而也是人类理智的发展密切相关的。人类理智的发展为刑法的理性化提供了不竭的源泉。在西方，古代自然法的思想为刑法的理性发展奠定了思想基础[1]。在中国，法家"以刑去

---

[1] 自然法思想始终是与法律制度相伴随的。尤其是在古希腊，自然法思想在支配和影响立法和司法方面几乎是独占鳌头。古希腊人大多是以朴素的、直观的方法考察法律现象的。他们认为，国家和法律，如同江河湖海、山川草木，是自然形成的，而自然的本质是"理性"或"神意"，即所谓"在一切变化和矛盾中唯一常住或保持不变的，是位于一切运动、变化和对立背后的规律，是一切事物中的理性，即罗各斯（the logos）。因此，原始的基质是唯理的基质，它有生命，有理性。"（〔美〕梯利：《西方哲学史》（上册），商务印书馆1975年版，第34页）。所以，法在本质上是自然规律的反映，是理性的产物，应当遵循理性的命令来制定、来适用。

第一章　导论：刑法的历史是一部人类理性进化史

刑"的思想和儒家"德主刑辅"的思想为中国刑法中的理性提供了理论根据。近现代的刑法思想和学派之争，更是为近现代刑法的理性发展提供了有力的理论支撑。

从刑法的历史发展中可以看出，"刑法的发展史就是一种合理的公共刑罚制度逐步替代私人报复的历史。因此，人们不可能理性地接受强加刑罚仅仅是为了满足非理性的报复欲望的刑法。"[1] 刑法在其历史发展的各个阶段，始终表现出理性色彩，或者说它始终是受它所处时代的人类理性支配的。尽管在不同的刑法制度中，理性的表现形式不尽相同，理性化的程度相差悬殊，但是刑法始终具有限制刑罚、遵循目的、追求公正这样一些理性特征。统治者们也总是为刑法的合理性寻找根据。这是因为，刑法本身是理性的产物。"自从有刑法存在，国家代替受害人施行报复时开始，国家就承担着双重责任：正如国家在采取任何行为时，不仅要为社会利益反对犯罪者，也要保护犯罪人不受受害人的报复。现在刑法同样不只反对犯罪人，也保护犯罪人，它的目的不仅在于设立国家刑罚权力，同时也要限制这一权力，它不只是可罚性的源由，也是它的界限，因此表现出悖论性：刑法不仅要面对犯罪人保护国家，也要面对国家保护犯罪人，不单面对犯罪人，也要面对检察官保护市民，成为公民反对司法专横和错误的大宪章。"[2] 刑法正是在这种惩罚与保护的理性选择中实现自己的存在价值，并不断为自己的存在开辟道路。[3]

---

[1] 迈克尔·D. 贝勒斯：《法律的原则——一个规范的分析》，中国大百科全书出版社1996年版，第340页。

[2] 〔德〕拉德布鲁赫：《法学导论》，中国大百科全书出版社1997年版，第96页。

[3] 有一种观点认为，刑法是重要人物一念之间的产物。历史上确实存在着这种现象。但是这种观点只看到现象，而没有看到支撑重要人物一念之间后面的社会历史背景，没有看到这种一念之间的选择之所以能够维持的社会理念。

当然，刑法的理性是有阶级特征和时代特征的。理性选择所采用的价值标准，不仅要受制定刑法的统治阶级的阶级利益所支配，而且不可避免的要受立法者在当时所具有的认识能力和社会发展过程中人类所创造的知识财富的制约，要受统治阶级所处的社会生存环境特别是生产力发展水平所决定的经济关系和社会关系样态的制约，要受到被统治阶级的认同程度的制约。立法者"可以把其需求按其意志付诸每一项法律内容——但法律上的效力只能在毫不脱离民众生活实际的情况下才能实现，否则民众生活就会拒绝服从它；一项法律只有在其实际运用于大多数情况下时都能指望切实可行时，才会'产生效力'。因为对法权而言，法律实质上不仅是欲然和应然，而且还是人民生活中的一种实际有效的力量。"[1] 这些因素的影响，决定了刑法理性在不同的历史时期、不同社会制度的国家，有着不同的内容和不同的表现形式。这也是我们理解刑法理性的多样化和比较刑法理性之优劣的基础。

---

[1] 〔德〕拉德布鲁赫：《法学导论》，中国大百科全书出版社1997年版，第2页。

第二章 理性的一般考察

法律是以人类的理性来解决社会争纷所形成的规则,是凝结在规则中的理性。因此,对人类理性的分析是达到对刑法本质的认识和把握的基础。

一、关于理性的不同解释

在西方哲学史和政治法律思想史上,自从古希腊哲学家们在他们的著作中使用"理性"一词以来,理性始终作为人们赞许、追求的东西或状态,反复不断地出现在西方哲学家、政治家、思想家和法学家的著作里。尽管在西方历代的哲学家、政治家、思想家和法学家的著作中充满了对理性的追求和分析,对非理性的批评和抨击,但是人们对理性的认识和解释,却是五花八门,莫衷一是。不同的学者往往从不同的视角使用"理性"一词,从而使其具有多重含义。

关于"理性"(英 Rationality, reason;法 Rationnel, raison;德 Vernunft)一词的含义,有多种解释。如:

理性是指"能够鉴别、判断、评价、认识真理以及能使人的行为适合于特殊目的的能力。……理性是用'人的本能'进行符合自然规律思维的起点,因为它是把人同世界上其他事物区别开来的最基础的本质。"[1]"理性与非理性首先是人类的属性，也是人类信仰和行为的属性。……由于人类具有以推理和行为实现有目的的结果的能力，理性因而被归之于人类。……'理由'（reason）和'理性的'（rational）这两个词最终都源出于同一个拉丁词根'ratio'。过去，'理性的'与'合理的'可以互换使用……但这两个词现在已经分化了，以至'合理性'现在更多的被视作一种社会美德而不是理性。……行为中的理性是阐述行为的理由并依此行动的能力的实施。"[2]

理性，"一般指概念、判断、推理等思维形式或思维活动。在西方哲学中，各种哲学学派对理性有不同的理解：（1）唯理论片面地认为理性是最可靠的知识源泉。笛卡尔认为，知识的源泉是理性本身所固有的'天赋观念'，从经验中获得的知识是不可靠的，只有理性才能提供可靠的知识。通过理性的直观才能把握事物的本质；（2）斯多葛派把理性当作神的属性和人的本性；（3）18世纪法国唯物主义者和空想主义者以合乎自然和合乎人性的为理性；（4）在德国古典哲学中，同'知性'相对。"[3] 康德认为，人的认识能力有感性、知性、理性三个环节。知性把感性材料组织起来，使之成为有条有理的知识，但它所能认识的只是现象，理性则要求对本体的认识。黑格尔认为，知性是抽象的、形而上学的思维；理性是具体的、辩证的思维，也是认识的高级阶段，只有理性才能揭示宇宙的真相。

理性，"本义是指人或事物的心灵，是一种精细的、能动

---

[1]〔英〕戴维·M. 沃克：《牛津法律大辞典》，光明日报出版社1988年版，第750页。
[2]〔英〕戴维·米勒、韦农·波格丹诺编：《布莱克维尔政治学百科全书》，中国政法大学出版社1992年版，第630页。
[3]《辞海》（1979年版）缩印本，上海辞书出版社1980年版，第1213页。

的、物质性的东西,是事物运动的推动力量。在西方哲学史上,它具有多方面的含义:(1)与神的知识相对,指人的认识能力或人的认识,如中世纪或近代用理性来反对神学;(2)与非理性相对,指人以逻辑方式来把握对象的能力,如近代理想主义等;(3)作为一种合乎自然、合乎人性的理想,是衡量一切现存事物的唯一标准,如18世纪法国唯物主义宣传的理性;(4)作为先天的最可靠的知识源泉。如近代早期资产阶级哲学中的唯理论,把理性看作不证自明的天赋观念或真观念;(5)指人们认识中的高级阶段。如康德认为,理性是把知识得到的规则加以综合统一的能力,而黑格尔则把理性作为与知识相对立的辩证认识能力;(6)在费尔巴哈的哲学中,理性指人的本性、本质。"[1]

理性,"人的一种认识能力、精神机能,可分广狭二义:就狭义说,即专门作为一个认识论的范畴,理性指人的高级认识能力或阶段,同'感性'认识能力或阶段相对恃;就广义说,理性泛指人们健全的理智、健全的思想和知识,与迷信、愚昧无知相对立。"[2]

"西方文明的历史提供了大量权威典籍,可以支持这样一个命题,即一个判断或一个结论,只有在它是以确定的、可靠的、明确的认识为基础的情况下,才能被认为是'理性的'。……一个主张,为合乎理性,就必须建立在一种类似于数学家所具有的那种洞察力的基础之上。只有那种被认为具有绝对必然性的而且不会被怀疑的东西,才属于理性认识的范围。"[3] 但是,

---

[1] 廖盖隆等主编:《马克思主义百科要览》,人民日报出版社1993年版,第289页。
[2] 蒋永福等主编:《东西方哲学大辞典》,江西人民出版社2000年版,第433页。
[3] [美] E.博登海默:《法理学——法哲学及其方法论》,华夏出版社1987年版,第247页。

"还存在着一种包括整个研究领域的更为广义的理性观念……在评价领域中,一个理性论证或判断,从其广义来看,是建立在下述基础之上的:(1)详尽考虑所有同解决某个规范性问题有关的事实方面;(2)根据历史经验、心理学上的发现和社会学上的见识去保护规范解决方法中所固有的价值判断。……这一广义的理性观念要比狭隘地把这一概念认为是对必然真理的识别的那种观点,更为可取。"[1]

这些解释,从不同的侧面反映了人们对理性的认识,也说明理性一词本身包含着多层含义。

二、理性的不同种类

纵观西方哲学史上关于理性的解释,可以发现,人们实际上是在以下三种不同的意义上使用"理性"一词的:

(一)作为认识论的理性

作为认识论的理性,既是指作为人类知识的一种类型即通过概念、判断和推理所获得的对事物本质的认识,也是指获得理性知识的能力或认识方法论。

理性作为一种认识,是相对于"感性"认识而言的。感性认识是人们在实践的基础上对客观事物的表面现象和外部联系的认识,是认识的初级阶段。理性认识相对于感性认识而言,是指属于概念、判断和推理阶段的认识,是人们在实践的基础上对客观事物的本质、全体、内部联系的反映。理性认识是认识的高级阶段,是由感性认识发展而来的,它表现为一系列的抽象、概括、分析和综合的过程。理性认识的基本形式是概念(反映对象本质属性的思维形式)、判断(对事物内部联系作出

---

[1] [美] E. 博登海默:《法理学——法哲学及其方法论》,华夏出版社1987年版,第248—249页。

肯定或否定的论断的思维形式）和推理（从已知判断推出新的判断的思维形式）。理性中有感性，感性中有理性。

柏拉图把人的认识区分为心灵的四种功能，即想象、信念、理智和理性，分别与外部世界的四种景象[1]相对应，想象和信念属于感性，理智和理性属于抽象思维，其中理智以数和几何图形为对象，而理性以理念为对象，从一个理念到另一个理念，并且最后归结到理念，即从假设出发上升到一个高于假设的世界，上升到绝对原理，并且在到达绝对原理之后，又回过头来把握那些以绝对原理为根据提出来的东西，最后下降到结论。理性是最高级的心灵状态。[2]

巴门尼德在哲学史上第一次把感性与理性区别开来，提出感觉提供的是意见，理智把握的才是真理。他认为，不要"以你茫然的眼睛、轰鸣的耳朵以及舌头以准绳，而要用你的理智来解决纷争的辩论"。[3]

笛卡尔认为，理性是认识的基本源泉，现实世界的对象和现象是直接通过理性和思维认识的，不依靠知觉和感觉。理性的自然之光是认识的普遍必然性、可靠性的唯一保证。

洛克认为："理性是被认识了的真理，它和另一较少被认识的真理的联系，使我们给后者以同意。但它如果不仅是我们的判断的原因，而且还是真理本身的原因时，我们更特别和突出地称之为理性……最后是那察觉这种真理的联系的功能，或

---

[1] 即：（1）可见世界中的影象；（2）可见世界中的实物；（3）可知世界中的影象即可见世界中的实物；（4）可知世界中的理念即凭着辩证的力量而达到的知识。

[2] 不过，柏拉图也认为，知识和理智合称为理性，信念和想象合称为意见。意见是关于产生世界的，而理性是关于实在的。理性和意见的关系就象实在与产生世界的关系。〔古希腊〕柏拉图：《理想国》，商务印书馆1986年版，第300页。

[3] 北京大学外国语哲学史教研室：《古希腊罗马哲学》，商务印书馆1957年版，第51页，转引自夏桂、张桂岳主编：《中西哲学简史》，江苏人民出版社1987年版，第22页。

推理的功能，也被称为理性"[1]。

孟德斯鸠把法的精神看作是决定历史发展的原因，其最根本的要求是符合人类理性，而理性则在于处理好自然的和社会的、物质的和精神的各种因素之间的关系。

康德把理性分为纯粹理性和实践理性。所谓"纯粹理性"即是作为认识论的理性。纯粹理性是指理性自身，即运用纯粹先天的知识和纯粹概念的演绎来判断正确与错误的能力。"吾人一切知识始自感官进达悟性而终于理性，理性以外则无'整理直观之质料而使之隶属于思维之最高统一'之更高能力矣。"[2]"盖理性乃提供'先天的知识[3]之原理'之能力。故纯粹理性含有吾人由以绝对先天的能知任何事物之原理。一种纯粹理性之机官，殆为一切纯粹先天的知识所依据之始能获得始能实际存在之一类原理之总汇。尽此种机官之用，殆能产生一种纯粹理性之体系。"[4] 因此，"理性自身——即纯粹理性"[5]

（二）作为本体论的理性

作为本体论的理性是指事物的内在规律性、事物的本原或本质，导致事物发展变化的最后原因，也指人的本质。

古希腊哲学家赫拉克利特（公元前535—前475年），被认为是西方哲学史上第一个使用"理性"一词的人。他认为，宇

---

[1]〔英〕洛克：《人类理解论》（下册），商务印书馆1981年版，第569页。

[2]〔德〕康德：《纯粹理性批判》，商务印书馆1960年版，第245页。

[3] 康德认为，先天的知识乃指绝对离开一切经验而独立自存之知识；经验的知识是指仅由经验而可能之知识。当先天的知识未杂有经验的事物时，则名为纯粹的。他认为，"在人类知识中有必然而又普遍（自最严格之意义言之，）之判断，即纯粹的先天的判断"。因此他认为，只有依赖先天的知识，"吾人之理性乃得在感官世界以外经验所不能导引不能较正之领域中，从事于'吾人所视为较之悟性在现象领域中所习知者更为重要其目的更为高贵'之研究。"参见〔德〕康德：《纯粹理性批判》，商务印书馆1960年版，第28—31页。

[4]〔德〕康德：《纯粹理性批判》，商务印书馆1960年版，第41页。

[5]〔德〕康德：《纯粹理性批判》，商务印书馆1960年版，第249页。

宙处于永不止息的变化状态中。宇宙进程不是偶然的或随意的，而是依据"定则"，或者象我们现在所说的，由规律所支配。在一切变化和矛盾中唯一常住或保持不变的，是位于一切运动、变化和对立背后的规律，是一切事物中的理性，即罗各斯（the logos）。因此，原始的基质是唯一的基质，它有生命，有理性。人类必须服从普遍的理性，服从流行于万物中的法则。存在或实在是性质相同、联绵不断和不确定的质料——赋有理性、永恒和不变。[1]

亚里士多德进一步发展了本体论的思想，提出了理性、善和神是最高本体的观点。他认为，运动本身和运动存在的时间是永恒的。而运动总是本体在运动，永恒的运动和永恒的时间说明必然有一个永恒的本体存在。这个永恒的本体是什么？当然不会是物质，因为物质只是一种潜能，不会自己运动起来。这个永恒的本体只能是理性，因为理性是完全现实的，它是永远主动而不被动的。[2] 亚里士多德指出："人们所由入德成善者出于三端。这三端为〔出生所禀的〕天赋，〔日后养成的〕习惯，及〔其内在的〕理性。就天赋（即本能）而言，……人类的某些自然品质，起初对于社会是不发生作用的。积习变更天赋；人生的某些品质，及其长成，日夕熏染，或习以为善，或惯常从恶。……人类〔除了天赋和习惯外〕又有理性的生活；理性实为人类所独有。人类对此三端必须求其相互间的和谐，方才可以乐生遂性。〔而理性尤应是三者中的基调〕。人们既知理性的重要，所以三者之间要是不相和谐，宁可违背天赋和习惯，而依从理性，把理性作为行为的准则。"[3] 亚里士

---

[1]〔美〕梯利：《西方哲学史》（上册），商务印书馆1975年版，第32—39页。
[2] 夏军、张桂岳主编：《中西哲学简史》，江苏人民出版社1987年版，第20页。
[3]〔古希腊〕亚里士多德：《政治学》，商务印书馆1995年版，第384—385页。

多德认为，人的灵魂由理性和情欲组成，具有两个不同部分：其一为"内涵理性"；其二为"内无理性，而蕴藏着服从理性并为之役使的本能"。亚里士多德在强调作为认识论的理性的同时也强调作为实践论的理性，他把理性分为"实践理性"和"玄想理性"（即后世康德所说的"实践理性"与"纯粹理性"），并强调"人们凡是足以造诣于这三项（全部）操行〔即玄想理性和实践理性所表现的操行以及无理性的本能所表现的操行，〕或其中的两项，必须置重点于其中较高较优的一项。""就灵魂而言，具有理性的部分是较高较优的部分。〔所以，人生的目的理应在这一部分中寻求。〕"[1] 亚里士多德所说的理性是与情欲相对的，是对人类本能的节制。他指出："大家既然已经公认节制和中庸常常是最好的品德，那么人生所赋有的善德就完全应当以〔毋过毋不及的〕中间境界为最佳。处在这种中间境界的人们最能顺从理性。"[2]

古罗马政治家西塞罗则指出："要知道，存在过源自万物本性、要求人们正确地行为和阻止人们犯罪的理性，它成为法律并非始自它成文之日，而是始自它产生之时"[3]。"自然本身凭借自己的力量更前进一步，因为它不是受任何教导，而是从它的第一次的、初始的理解形成的各种概念出发，凭借自己的力量，使理性得到巩固和完善。"[4] 基于这种认识，西塞罗认为，"为了人类的幸福和需要，自然赋予人类无比丰富的东西，以至于生成的一切似乎出于精心安排，而非偶然地产生

---

[1]〔古希腊〕亚里士多德：《政治学》，商务印书馆1995年版，第388页。
[2]〔古希腊〕亚里士多德：《政治学》，商务印书馆1995年版，第205页。
[3]〔古罗马〕西塞罗：《论共和国论法律》，中国政法大学出版社1997年版，第218页。
[4]〔古罗马〕西塞罗：《论共和国论法律》，中国政法大学出版社1997年版，第194页。

的"。[1]

洛克认为,"'理性'一词底歧义——在英文中 reason 这个字有几种意义;有时它指正确而明白的原则而言,有时它指由这些原则所推出的明白清楚的演绎而言;有时它指原因而言,——尤其是指最后的原因而言。……在这里,它是指人底一种能力而言的;这种能力正是人和畜类差异之点所在,而且在这方面,人是显然大大超过畜类的。"[2]

正是基于对理性的这种认识,自然法学派一直把理性作为自己的一面旗帜,认为法律应当符合事物本身的自然规律,应当具有理性。[3]

(三) 作为实践论的理性

作为实践论的理性,既是指实践应当遵循的原则,也是指按照目的要求控制行为以求最大满足的自制能力,还指在实践中进行价值判断以寻求更合理的实践活动的实践方法论。

斯宾诺莎在其《伦理学》中指出:最强大的国家是以理性为依据,以理性为指导的国家。在这个国家里,人们在理性的指导下生活较之他们在自己单独的生活中能获得更多的自由和利益。

德国古典哲学中的理性主要是指实践理性。"从康德开始的德国古典哲学中的理性,主要和基本是抽象化了的人的社会

---

[1] 〔古罗马〕西塞罗:《论共和国论法律》,中国政法大学出版社1997年版,第193页。
[2] 〔英〕洛克:《人类理解论》(下册),商务印书馆1981年版,第666页。
[3] 从古代的自然主义自然法到中世纪的神学主义自然法,再到近代的理性主义自然法,其最根本的特征都是符合自然规律的理性。近代自然法是"汲取古代自然法和中世纪自然法、尤其是亚里士多德和阿奎拉自然法学说中的理性主义因素,并排除其朴素直观的自然主义和蒙昧的神学主义,逐渐发展起来的。近代自然法的各种具体特征都是建立在理性主义基础之上,或者都是由理性主义派生出来的"。参见吕世伦:《西方法律思潮源流论》,中国人民公安大学出版社1993年版,第6页。

本质。"[1]

康德认为，理性是感性的对称。感性是人的动物性，理性是人的社会性。人类的理性具有两种意义：一是认识理性（即纯粹理性），二是实践理性。人类生来就有自由权利和意志自由，并表现为选择行动的自由，而法律的作用既限制自由的滥用，又保护自由不受他人的侵犯。康德指出："法则一般地被看作是实践理性产生于意志，准则出现于意志在作出选择过程的活动之中。后者对人来说就构成自由意志。如果意志……为行为的准则提供一种法则，因此，它就是实践理性自身。"[2]

费希特认为，法律是保护自由的个人得以共存的一种手段，是每个理性的自由的人格以他自己的内在自由（精神）限制他的外在自由（行为）。

黑格尔认为，在不同历史时期，理性表现为不同的形式，其内容也是不断变化的。理性并不是抽象的幻想，而是具体的现实。国家是绝对自在自为的理性东西，因为它是实体性意志的现实。理性的作用表现在实践活动上，就是活动的目的性。黑格尔反复指出，人与动物的区别在于人有理性有思想，而动物则没有。动物的"实践活动"无论多么精巧，都没有目的性，而人的任何实践活动，都表现了特有的目的性。黑格尔写到："人类自身具有目的，就是因为他自身中具有'神圣'的东西——那便是我们从开始就称做'理性'的东西"[3]。"在黑格尔，理性就是精神、自由，它是通过历史进程，借助于人间的欲望、利害冲突来实现自己。"[4]

---

[1] 李泽厚：《批判哲学的批判》，人民出版社1984年版，第343页。
[2] 〔德〕康德：《法的形而上学原理——权利的科学》，商务印书馆1991年版，第25页。
[3] 〔德〕黑格尔：《历史哲学》，三联书店1959年版，第73页。
[4] 李泽厚：《批判哲学的批判》，人民出版社1984年版，第345页。

普赫他赞认为，理性不是自由的原则，而是人类本性中一种与自由敌对的因素。这是因为理性将其本身强加给意志，并支配行为的过程。从这个意义上讲，理性是对自由的一种限制。如果法律的原则是理性，那么，人们就要接受大量理性支配的法律，从而使人们的行为受到极大的限制。一种限制的存在只有代表着自由意志的存在，并把自由作为一种理念来实施，并需要借助于这种限制来保障，这种限制才是允许的，否则不应存在任何限制。

博登海默在其《法理学——法哲学及其方法》一书中，对"理性"的概念做了明确的解释。他认为，"理性乃是人类用智力理解和应付现实的（有限）能力。有理性的人能够辨清一般原则并能够抓住事物内部、人与事物之间以及人与人之间的某种本质关系。他有可能客观地和超然地看待世界和判断他人。他对事实、人和事件所作的评价，并不是基于他本人那种不经分析的冲动、成见和癖性，而是基于他对所有能有助于形成深思熟虑的判决的证据所作的宽宏大量和审慎明断的估价。他也不关心由于辨别事实真相而会给他纯个人的重要利益所带去的后果。"[1] 按照他的观点，理性实际上包含了三层含义：第一，理性是以对事物本质的认识为基础的。有理性的人能够辨清一般原则并能够抓住事物内部、人与事物之间以及人与人之间的某种本质关系；第二，理性表现为理智地应付现实的能力。有理性的人不是任凭冲动、成见和癖性的支配来作出判断和应付现实，而是依据客观事实和深思熟虑的判断来行事；第三，理性摆脱了个人利益的束缚。有理性的人处理问题并不关

---

[1]〔美〕E. 博登海默：《法理学——法哲学及其方法论》，华夏出版社1987年版，第436页。

心这种处理方式会给本人带来什么后果。这种理性实际上也是指实践理性。

实践理性"最经常的是用来指人们用以作出实际选择——诸如是否上电影院,是否对熟人撒谎——的一些方法(在此,'深思'和'实践三段论'是重要的表达方式)。这种意义上的实践理性注重行动,它相对于以'纯粹理性'来决定一个命题真假、一个论点有效或无效的方法。""实践理性涉及确立一个目标——愉悦、善良生活或任何其他——和选择达到目标的最便利的手段。"这种用法实际上是把"实践理性理解为决定干什么的方法论"。实践理性还被用来指一种方法论,这种方法论大量依据所研究或努力的特殊领域内的传统来获得结论。实践理性的第三种用法"是指这样的一些方法,通过这些方法不轻信的人们对不能为逻辑或精密观察所证明的事物可以形成种种确信"。司法决定是一种沉思性活动。法官不是决定在自己的生活中干些什么;而是决定诉讼人在他们的生活中应当干了些什么,诉讼人和社会都要求说出决定的理由。[1] 美国学者对理性做了更精辟的解释:"理性是一个价值术语,它常喻示:'应当'。即在某种情况下,一个人应当做什么。一个做了适应社会选择的人会被看成具有理性,而未做这种选择的人会被视为非理性"。[2]

新传统主义者强调实践理性这个多样性概念中正统亚里士多德学派的三个密切联系的方面:首先是深思熟虑居于中心位置,深思熟虑被理解为一种要求高品位个性和智力的研究判断模式;其次是亚里士多德式的实践理性的谨慎、深谋远虑、渐

---

[1] [美]波斯纳:《法理学问题》,中国政法大学出版社1994年版,第91—92页。
[2] [美]理查德·霍金斯、杰弗里·P.阿尔珀特:《美国监狱制度——刑罚与正义》,中国人民公安大学出版社1991年版,第68页。

进的特点；最后是传统作为对理论性思考的矫正措施的重要性。[1]

在中国，"理性"一词，最早出自《后汉书·六七·党钻传序》："夫刻意则行不肆，牵物则其志自流，是以圣人导人理性，裁抑宕佚，慎其所与，节其所偏。"[2] 这种理性，实际上也是指实践理性，即"从理智上控制行为的能力"。[3]

三、对理性的理解

理性是人类所追求的一种状态。这种状态以人们对事物的本质及其规律性的认识为基础，为自己设定合理的目的，并选择最适合目的实现的手段，自觉控制和排除与目的相悖的冲动的干扰，以实现自己的目的。理性的对立面是无知、任性和无节制。

（一）理性的基础

理性的基础问题，在西方哲学史上，历来是唯物主义和唯心主义争论的焦点问题之一。在古希腊，柏拉图认为，理念是万物原始、永恒和超越的原型，先于、脱离和独立于事物而存在。理念构成有理性的宇宙。而亚里士多德则认为，经验是人类知识的基础和出发点，理念不能脱离我们所感知的世界。经验世界是实在的世界，它是我们要研究和了解的对象。在17世纪的欧洲，洛克对法国哲学家笛卡尔主张的"天赋观念"即人类最基本的知识或观念并不借助于感觉、经验而是与生俱来的或天赋的东西进行了激烈地批判，提出了著名的"白板"理论。他认为，人类在没有感觉、经验之前（如初生的婴儿）的心理状态就象一张白纸一样，上面并没有任何字迹，没有任何

---

[1] [美]波斯纳：《法理学问题》，中国政法大学出版社1994年版，第547页。
[2] 《辞源》（修订本），商务印书馆1982年版，第2063页。
[3] 《现代汉语词典》，商务印书馆1979年版，第686页。

观念。因此，人类的知识都是以经验为基础的，而且归根结底都是从经验中来的。洛克论证了人类知识起源于经验，而经验就是客观世界的事物作用于感官的结果。洛克指出："我们底一切知识是建立在经验上的，而且最后是导源于经验的。"[1]对此，莱布尼茨针锋相对地提出："我一向是并且现在仍然是赞成由笛卡尔先生所曾主张的对于上帝的天赋观念，并且因此也认为有其他一些不能来自感觉的天赋观念的。……我甚至认为我们灵魂的一切思想和行动都是来自它自己内部，而不能是由感觉给予它的"[2]。

唯心主义与唯物主义关于理性基础的争论，是就孤立的个人为前提的，并且都是只看到了问题的一个方面。唯物主义强调没有对客观现实世界的感性认识，就不可能进行判断推理进而获得理性的知识；唯心主义强调进行判断推理是必须借助于观念，而这种观念是先于个人的经验而存在的。他们都忘记了任何个人都是历史的存在物，都是在历史发展的过程中出现的。离开了人的历史存在，很难说清楚究竟是人的经验先于观念还是观念先于经验。

作为历史地存在着的人，任何个人都可以从前人在经验基础上形成的理性知识中获得判断推理所需要的观念，并以此为基础进行理性思维，并且摄取历史存在着的那些观念作为推论的前提，这都是根据自己的经验以及自己所处的社会环境决定的。

但是从本原上看，任何观念最初形成时都离不开对客观世界的印象。正是在这一点上，我们说，理性的基础只能是客观世界，只能是进行理性思维的人所生存的现实社会。人的社会

---

[1] [英]洛克：《人类理解论》（下册），商务印书馆1981年版，第68页。
[2] [德]莱布尼茨：《人类理智新论》（下册），商务印书馆1982年版，第36页。

存在决定人的思想观念，决定人的理性选择。正因为如此，不同历史时期的人、不同阶级或阶层的人，才会有内容不同的理性和对理性的不同认识。如果认为理性的基础是天赋观念，那就无法解释为什么不同的人会有不同的理性、不同的时代会有不同的理性标准。

（二）理性的要素

亚里士多德认为，人类的一切行动都有某种目的。这种目的可以成为到达较高目的的手段，这较高目的又是更高目的的手段。如此类推，最后到达最高的目的或目标，每一种生物的目的或目标是要实现它那区别于其他生物的特殊本质或使之明显起来。人的特殊本质是有理性的生活。[1]

当洛克把理性视为人类的特有的认识能力时，他提出了人通过理性获得真理的条件。他指出，理性要发挥作用，首先要具备五个前提条件：（1）有观念。"我们如果缺乏观念，则理性全不中用。因为理性所及的范围，并不能超过观念所及的范围。"（2）观念要明确完整。"我们理性所运用的各种观念如果是含糊的，纷乱的，或不完全的，则它会迷惑而不知所措。在这里，我们就会陷入困难和矛盾中。"（3）要有中间观念。"我们理性如果不能找出一些观念来，借以指示出任何别的两个观念间的确定的或概然的契合或相违，则它会停顿起来。"（4）排除虚妄错误的原则。"人心如果要根据虚妄的原则进行，则它会陷于困难和荒谬，总会陷于桎梏和矛盾而不能自行解救。在那种情况下，要求助于理性，那是很无当的；因此，我们只能返回来发现那些错误原则底虚妄而排斥其影响。"（5）词语首先要明确完整。"暧昧的文字和不定的标记，如果注意不

---

〔1〕〔美〕梯利：《西方哲学史》（上册），商务印书馆1975年版，第105页。

到，亦会在推论中和辩论中，迷惑人底理性，使他们陷于困难。"其次要运用"直觉的知识"。"所谓直觉的知识就是在把两个观念直接比较后，人心对它们底契合或相违所发生的知觉。""它是毫无疑义的，并无须乎证明，亦就不能有所证明；它已经是全部人类确实性底最高点。"如公理。最后，要借助推论而进行解证。"大多数观念，我们并不能凭直接的比较来窥见它们底契合与相违。在这方面，我们必须应用推论，借着推理，发现事物。"推论有两种情况：一种是确定的推论，另一种是概然性的推论。"有些观念，我们虽不能借直接比较知道它们底契合或相违，可是我们可以用别的能同它们比较的观念作为媒介，来考察它们底契合或相违。在这种情况下，我们如果分明看到中介观念和我们所要比较的那两边的观念，是契合的或相违的，则我们便得到解证，产生所谓知识。""另有一些观念，它们的契合或相违，我们虽然亦只能借别的观念为媒介才能加以判断，可是这些别的观念同两端并没有确定的契合，只有一种常见的，或概然的契合"。推论所得到的知识就是理性的知识。"所谓理性的知识，就是在以一个或多个别的观念把两个观念联合以后，人心对那两个观念底契合或相违所发生的知觉。"[1]

托马斯·阿奎拉认为，人是自由的，因为他有理性，他能够在实现善的手段和他的理性所抱有的目的之间作出选择。[2]

"对行为的合理性的最根本的要求是：每一项行为或对行为的抑制都应当是根据某种行动的理由证明其是合理的。这个要求可以用以下两种一目了然的方式予以满足：或者一项行为

---

[1]〔英〕洛克:《人类理解论》（下册），商务印书馆1981年版，第681—684页。
[2]〔美〕梯利:《西方哲学史》（上册），商务印书馆1975年版，第226页。

或抑制可被认为其本身是对的或其本身是好的（在这种情况下它就是'价值上合理的'），而不考虑进一步的目标；或者一项行为或抑制可被认为倾向于达到某种期待的目的或后果（在这种情况下它就是'目的上合理的'）。……合理性的这两种模式或两个方面并不必然是相互矛盾的，因为它们都可以体现在同一行动中。我可以在同一项行为中既认为我自己正在做的事情的本身是对的（或好的），又认为我正在做某种估计可以达到某个目的的事情。然而在另外一些情况下，价值上的合理性和目的上的合理性之间可能有矛盾，例如每当达到一个现实目的的条件是实施一种我认为是错误的或坏的行为时就会发生这种目的。在这种情况下，我必须选择行动的理由，这种情况下的选择意味着在目的理由和价值理由之间作出抉择。矛盾也可能发生在我的相互对立的目标之间（我想今天晚上完成这篇论文的目标与我想早些睡觉的目标矛盾）或者发生在互相竞争的正确行动的理由之间（遵守写论文的诺言的正确性也许与花合理的时间同我的家庭在一起享受天伦之乐的正确性矛盾）。……在任何这样的矛盾的情况下，同样的行动从不同的方面看可以既是合理的又是不合理的。避免这种结论的一个方法是规定：任何行为人有某种理由实施某一行为，并为该理由而实施该行为，即使他也有理由不实施该行为并了解那个相反的理由，该行为仍被认为是合理的。"[1] "在所有可以接受的关于实践理性的体系中，合理性是一个共同的因素，但不是一个能够在同样合理的可能性中决定如何选择的因素。……如果有理性的行为人要在同样合理的关于行动或关于理论的（思想的）信念之间作出

---

[1] 〔英〕麦考密克、〔澳〕魏因贝格尔：《制度法论》，中国政法大学出版社1994年版，第229—230页。

合理的选择时,他就必须根据除合理性本身以外的其他标准来这样做。"[1] 这种"其他标准"应当是带有根本性的价值。

根据前人关于理性的各种论述,笔者认为,理性是指人对事物进行逻辑思维以获得真理性认识的能力以及受这种思维能力所支配而理智地控制自己行为的自觉能力和存在属性。理性本身包含着一些必不可少的要素。这些要素是:

(1) 对对象的理性认识;

(2) 基于价值判断的目的确定和目标设定;

(3) 手段选择;

(4) 行为节制。

这些要素,既是理性存在的标志,同时也是评价一个行为或一种制度是否具有理性的依据。

(三) 理性的实践功能

理性具有基于理智的认识而确定目标、选择手段,并节制与目的相悖的冲动的实践功能。

有理性的人总是寻求行为的合理性。在行为之前,他要根据自己对对象的理性认识,确立行动的目的,进而按照这种目的选择最有助于实现这种目的的手段,并在行为的过程中自觉地抑制与目的相悖的冲动,把自己的活动控制在实现目的所要求的范围之内。所以,理性总是表现为行为的合理性和节制性。

这种合理性是相对的,是在行为选择时所处的具体环境和条件下的合理性,具有"两害相权取其轻、两利相权取其重"的特点。与追求绝对理念中的合理性的纯粹理性相比,它是一种追求现实可能的合理性的实践理性。

---

[1] 〔英〕麦考密克、〔澳〕魏因贝格尔:《制度法论》,中国政法大学出版社1994年版,第240页。

第二章 理性的一般考察

关于纯粹理性与实践理性的关系，康德论道："故今所研讨之纯粹理性概念，乃先验的理念。此等理念乃纯粹理性之概念，盖因其视经验中所得之一切知识为由条件之绝对的全体所规定者。但此等理念非任意所制造者，乃由理性自身之本质所设置，故与悟性之全体使用有必然的关系。……但因另一方面，在悟性之实践的使用中，吾人之唯一任务在实行规律，故实践理性之理念常能具体的实际授予吾人（虽仅部分的）；此实一切理性之实践的使用所不可欠缺之条件。……故实践的理念常有绝大的效果，且因其与吾人现实行为相关，实为绝对所必需者。理性在此处确行使'其为事物原因'之力，以实现其概念中之所包含者；故对于此种智慧，吾人不能轻视之而谓此仅一理念而已。反之，正因其为'必然统一一切可能的目的'之理念，故必视为根本的——最少为限制一切事物之——条件，而用作一切实践行为之标准。"[1] 按照康德的观点，纯粹理性与实践理性是互为条件的，纯粹理性来源于实践之经验，在实践的基础上形成，纯粹理性实际用于实践时构成实践理性，而实践理性对于实践具有指导作用。

"所谓'实践理性'，指与人的行为有关的道德伦理领域的理性。"实践理性既指能够作为道德意志根本动机、为人的行为制定道德律令的理性，又指由它产生的普遍道德法则。实践理性是说理性自身有实践的能力，即能够支配人的意志来选择行为。理性自身就是决定意志的动机。实践理性的实践力量，就在于人的理性为人自身立法，为道德主体的意志立法，并要求人服从、遵循这种法。[2] 这就是康德所说的："这个道德法

---

[1]〔德〕康德：《纯粹理性批判》，商务印书馆1960年版，第260—261页。
[2] 蒋永福等主编：《东西方哲学大辞典》，江西人民出版社2000年版，第701页。

则就建立在他的意志的自律上。这个意志,作为自由意志,同时就能依照他的普遍法则必然符合于他自己原当服从的那种东西。"[1] 实践理性"注重行动,它相对于以'纯粹理性'来决定一个命题真假、一个论点有效或无效的方法。实践理性涉及确立一个目标……和选择达到目标的最便利手段。"[2] "实践理性,在如是进展中,虽无须思辨理性之助力,但亦须严防其有相反之处,使理性不致陷入自相矛盾。"[3]

四、刑法为什么需要理性

历代思想家们在论及刑法问题时,常常提到理性,把理性作为评价刑法优劣的标准。理性之于刑法之所以重要,是因为无论是刑法的产生还是刑法的存续,都须臾不能离开理性的指引。

(一)法律本身是一种理性的选择

亚里士多德认为,"法律可以被定义为不受主观愿望影响的理性"。他指出:"法律恰恰正是免除一切情欲影响的神祇和理智的体现。"[4] 洛克认为:"人的自由和依照自己的意志来行动的自由,是以他的理性为基础的,理性能教导他了解他用以支配自己行动的法律,并使他知道他对自己的自由意志听从到什么程度"。[5]

西塞罗指出:"法律即理性"。[6] "凡被自然赋予理性者,自然赋予他们的必定是正确的理性,因此也便赋予了他们法

---

[1] 〔德〕康德:《实践理性批判》,商务印书馆1960年版,第134页。
[2] 〔美〕波斯纳:《法理学问题》,中国政法大学出版社1994年版,第91—92页。
[3] 〔德〕康德:《纯粹理性批判》,商务印书馆1960年版,第16页。
[4] 〔古希腊〕亚里士多德:《政治学》,商务印书馆1995年版,第169页。
[5] 〔英〕洛克:《建设自由共和国的简易方法》,商务印书馆1964年版,第32页。
[6] 〔古罗马〕西塞罗:《论共和国 论法律》,中国政法大学出版社1997年版,第192页。

律，因为法律是允许禁止的正确理性。"[1] "解释'法律'这一术语本身可以清楚地看出，它包含有公正、正确地进行选择的意思。"[2]

法律是规定人们行为的应然法则。拉德布鲁赫指出，"所有人必然要死亡"与"你不应杀人"是两种不同的法则：前者是必然法则，后者是应然法则。前者是要说明事物不可避免地将要实现，后者则要安排事物尽可能不要实现；前者因与客观存在的实际性相一致而发生作用，后者则无视与客观存在的实际性不一致而发生作用；前者刻画出客观现实世界的大体面貌，后者则表明了一个较好世界的建设方案。[3]

法律要对人类社会作出事先安排，并且这种安排的目标是使社会生存环境更好，它就必须建立在对人类社会发展规律的理性认识的基础之上，并且必须使人们的欲望在一定程度上加以克制。"必须有一种相互克制和妥协的制度，它是法律和道德两种义务的基础。带着这种要求克制的规则的社会生活有时是令人厌烦的，但对如此近似平等的人来说，这种生活无论如何要比放肆的侵犯不那么恶劣、野蛮和短促。当然，这种社会生活是与一个同样公理一致的，即当这样一个克制制度建立时，有些人总会希望加以利用，受其庇护但同时却破坏其限制。正如我们后面要表明的，这其实是使单纯的道德形式的控制必然走向有组织的法律控制的自然事实之一。"[4] 克制与妥协，既是法律作为普遍认可和共同遵守的行为规则的基本特征

---

[1] [古罗马]西塞罗：《论共和国 论法律》，中国政法大学出版社1997年版，第196页。
[2] [古罗马]西塞罗：《论共和国 论法律》，中国政法大学出版社1997年版，第219页。
[3] [德]拉德布鲁赫：《法学导论》，中国大百科全书出版社1997年版，第1页。
[4] [英]哈特：《法律的概念》，中国大百科全书出版社1996年版，第190—191页。

之一,也是法律规则实现对人的行为的有组织地控制从而到达其目的的基本条件之一。

阿奎拉认为,法律在依赖于理性的范围内自有其指导性力量和支配行为的权威性。正是依靠这一点,立法机关的宣示才设定了义务,并且才能作为该社会的有效法律而存在。法律依赖于理性,有两个方面的根据:其一是法律意在实现一个目的,并且理性地为此目的的实现提供指引或计划。在行为的理性指导与愿望的任意表示之间,有一个关键性的区别,即一个非任意性的命令是一个有目的的意志行为。立法本身就是一种有目的的行为,通过它来发出指示和法律,以实现人们作为社会动物和特定社会成员的目标。为了制定法律,有理性的立法者会非常得当地考虑既定的社会条件、经济条件和历史条件。人定法是达到目标的手段,而且它们应当是达到那些目标的合理手段。一项号称的法律是否具有"法律效力",取决于它作为对实现一个既定目标的合理指引。其二是法律是以共同利益为理由的命令。构成理性这种活动的基础是"行善避恶"这一原则。阿奎拉把这个原则称之为自然法的"第一律令"。这个律令,对于立法者来说,可以表示为:追求共同福利、避免有害于社会的事情。因为人在本性上是一个社会动物,他愿意与他人过共同生活,而且只有在与他人的合作事业中才能满足自己的需要。因此,人们应当为了自身利益而与其他人合作。阿奎拉沿着亚里士多德的方向,对人的本质和人类利益做出了合乎理性的理解,从而赋予自然法以内容。[1]

刑法是人类社会最早选择的法律,刑法本身是人类理性的产物。只有当人们认识到社会需要控制报复的欲望、需要把对

---

[1] 〔美〕戈尔丁:《法律哲学》,生活·读书·新知三联书店1987年版,第56—63页。

犯罪的制裁限制在一定范围之内时，才会有刑法。刑法在其历史发展中，也不断地显示出统治者在报复的欲望与保障人们免受不必要的侵害之间克制与妥协的理性。

（二）刑罚的"双刃性"需要理性的制约

哈特指出："在任何时间和地点，法律都有一个最为显著的普遍特征，这就是它的存在意味着特定类型的人类行为不再是任意的，而是在某种意义上具有强制性。"[1]

法律要强制人们的行为不得是任意的，其本身就必须是理性的。尤其是就刑法而言，对理性的要求更为迫切。因为刑法是通过运用刑罚来预防犯罪的，而刑罚这种手段本身具有"双刃性"。它用以禁止人们危害社会的手段本身就能给人造成危害的结果。一方面，它可以通过对实施了犯罪行为的人在一定范围内限制其人身自由，或者剥夺其一定数量的财产，甚至包括剥夺其生命等方式，使其"罪有应得"；另一方面，它可能由于其误用而给没有实施任何犯罪行为的人的合法权利造成非法的侵害，或者由于其滥用而给实施了犯罪行为的人造成法律规定之外的不应有的伤害，以至使人们的人身自由、财产乃至生命在法律面前得不到应有的保护。刑罚本身所具有的这种"双刃性"，决定了国家通过刑法在运用刑罚同犯罪做斗争的时候，必须在惩罚犯罪与保护人权之间谨慎地进行理性选择，以维护社会的稳定。正如德国著名刑法学家耶林指出的："刑罚如两刃之剑，用之不得其当，则国家与个人两受其害。"[2] 因此，刑法运用得当，就是一把惩恶的利剑，可以给犯罪者应有的制裁；刑法运用不当，就可能成为一把伤及无辜的屠刀，使

---

[1] 〔英〕哈特：《法律的概念》，中国大百科全书出版社1996年版，第7页。
[2] 林山田：《刑罚学》，台湾商务印书馆1975年版，第127页。

人们成为公共权力的受害者。"如果人们都知道为了适应保卫社会的需要,无罪者很可能受到逮捕或遭受惩罚的痛苦,社会上就可能出现普遍警惕和恐怖的状态,相对于通过这些方法而导致的安全和社会利益来说,是一件更为不幸的事情。"[1] 因此,"刑事责任旨在保证那些无过失、非故意或处于缺乏服从法律的身体或精神能力状态而犯罪的人们免受惩罚。一个法律制度,至少在伴随严厉惩罚的重大犯罪的情况下,如果不这样做,将面临严肃的道德谴责。"[2]

正因为刑法是"以恶止恶"的制度性设定,刑法运用不当,就可能成为社会的灾难,所以防止刑法成为人类社会的洪水猛兽,便是人类在创制和运用刑法的过程中时刻焦虑的问题。但是人类在进入阶级社会之后又不能没有刑法。因为在阶级社会中不同利益主体之间的利害冲突必然爆发你死我活、永无休止的争斗,这种争斗使社会秩序和国家安宁无法在调和中维持,而必须动用刑罚来遏制。于是人类总是试图给刑法特别是刑法的运用套上理性的缰绳,使刑法在理性设定的必要、合理的范围内发挥其功能。正如亚里士多德指出的:"要使事物合乎正义(公平),须有毫无偏私的权衡;法律恰恰正是这样一个中道的权衡。"[3]

尤其是在现代,人们更多地关注刑法的"保障机能",强调刑法对人权的保护,对刑法理性的呼声越来越高。

刑法的保障机能是指,刑法应当具有保障公民的人身、财产、自由以至生命不受非法侵害的作用。刑法的保障机能意味着,刑罚权的发动必须限制在刑法规定的范围之内,对于没有

---

[1] [美] H. C. A. 哈特:《惩罚与责任》,华夏出版社 1989 年版,第 72 页。
[2] [英] 哈特:《法律的概念》,中国大百科全书出版社 1996 年版,第 175 页。
[3] [古希腊] 亚里士多德:《政治学》,商务印书馆 1995 年版,第 169 页。

触犯刑律的人，不得动用刑罚，以保障其自由和权利不受法律制裁的侵害；对于实施了犯罪行为的人，只能在刑法规定的范围之内对其适用刑罚，以保障其自由和权利在法律制裁中不受不应有的侵害。在刑法的历史发展中，罪刑擅断制度所导致的任意出入罪的现象，引起了人们对刑法的恐惧，从而导致了罪刑法定原则的确立和人们对刑法的保障机能的渴求。但是从刑法的本性来看，它的产生本身就是为了把基于人类本能的报复限制在一定的范围之内，以便使没有犯罪的人不受报复行动的伤害、使犯罪的人不受其应得的报复之外的伤害。这种初衷，正是人们在社会生活中保障各自权利的需要。法治原则对刑法保障机能的追求，正是对刑法的这种本来属性的复归，是刑法理性的再现。

（三）刑法适用的多样性使刑法不得不依赖于人类理性

刑法适用的多样性包括两个方面。其一是刑法适用对象的多样性；其二是刑法适用方式的多样性。

一方面，刑法适用的对象是犯罪，而犯罪在任何社会都是处在不断变化之中。一个社会，总是存在着各种各样的危害行为，这些危害行为构成了若干种不同形态、不同性质、不同危害程度的犯罪。即使是同一个杀人罪，可能表现出各种各样的杀人方式，可能有各种各样的杀人动机，可能是基于各种各样的原因导致杀人行为的实施，可能在各种各样的心理状态支配下实施杀人行为，可能在社会生活中造成各种各样的影响。当相同的法律规则适用于样态各异的具体的犯罪行为时，适用者就不能不考虑具体犯罪行为的特殊性。而如何考虑这种特殊性，就存在着一个价值判断和理性选择的问题。选择的正确与否，直接关系到刑法功能的发挥和刑法目的的实现。

不仅如此，在对具体的犯罪适用刑法时适用者也具有很大的选择空间。犯罪的多样性决定了刑法适用方式的多样性。刑法在对犯罪规定刑罚的时候，总是根据犯罪的多样性对同一犯罪规定出不同程度的刑罚，并授权适用者根据犯罪的情况选择具体的刑罚。这种选择过程，如果违背刑法本身的理性，就可能使刑法适用的结果与刑法适用的初衷南辕北辙。特别是在自由刑的执行过程中，由于执行刑罚的方式不当，常常制造出一批又一批的罪犯，使人们不得不时常怀疑刑法适用的目的，也迫使刑法的制定者和适用者不得不接受理性的评判。

另一方面，刑法适用的对象是犯罪。在刑法适用的任何一个具体场合，应当对之适用刑法的犯罪对于适用刑法的人来说，永远是已逝的未曾看见过的谜。对之适用刑法的依据是人们在事后收集的能够证明其实施了犯罪行为的证据，以及根据这些证据在人们的观念形态中构想的犯罪事实。由于人们事后收集证据的局限性，以及人类认识能力的有限性，人们对已然犯罪事实的认识，只能是接近事实真相，而不可能是完全等同于事实真相。而在实践中，适用刑法的审判人员对犯罪事实的认识有时可能是基本上符合事实真相的，有时则可能是部分地而不是全部符合事实真相，有时甚至与实际发生的犯罪事实完全相反。这些因素的存在，使人们在适用刑法的时候，为了不伤及无辜，就不得不谨慎地对待案件事实，不得不理智地进行分析判断，不得不时刻警惕个人情感和认识能力对事实判断的影响。

因此，理性不只是静态的，而且是动态的。理性不仅表现在刑法本身，不但是对刑事立法的要求，而且要通过刑事司法来实现，贯穿于刑法的制定、适用和执行的整个过程。

第三章　刑法理性的基本内涵

刑法是关于犯罪与刑罚的规范性设定，它不仅通过禁止的方式规定了在社会上生活的人们的行为界碑，而且通过制度性的设定规范了统治者动用刑罚权的活动方式。因此，刑法理性[1]，不仅仅是对刑法基本范畴的理性认识，更重要的是在理性认识的基础上，对刑法目的的执着追求和对人类报复情结的自觉节制。

从这个意义上讲，刑法理性就是国家在制定和适用刑法时所表现出来的自觉设定目的、不断寻求合理有效的惩罚方式，以及自我克制的特性。它以对刑法基本范畴的理性认识为基础，根据所处社会公认的基本价值准则，确定刑法的目的，并使刑法的制度设定和具体适用自觉地服从刑法目的的要求，以追求刑法目的最大限度地实现。刑法理性是贯穿于刑法始终并保障刑法合理性的根本原则。

---

[1]"刑法"的概念，有广义和狭义之分。在狭义上，刑法仅指关于犯罪与刑罚的实体性规定，亦称实体刑法。在广义上，刑法既包括实体性的刑法规定，也包括关于如何认定犯罪、如何适用和执行刑罚的程序性规定，亦称刑事法。本书在论述刑法理性时，多在广义上使用刑法的概念，既包括刑法的实体性规定，也包括刑法的程序性规定，既包括实体刑法的制定和适用，也包括刑事程序法的制定适用。

刑法理性是通过刑法的规范设定和具体适用所表现出来的国家制定和适用刑法的行为特性。因此刑法理性的主体是国家。其中既包括代表国家制定刑法的立法者，也包括运用国家赋予的刑罚权代表国家，依照刑事法律追诉犯罪，具体适用和执行刑法的司法机关和司法人员。无论是刑法立法者还是刑事司法者，其职能活动是否遵循理性的指引，都直接关系到刑法存在的价值和刑法功能的发挥。

刑法理性集中表现为：（1）刑法的目的性；（2）刑法的合理性；（3）刑法的节制性。

一、刑法的目的性

（一）目的性是理性的基本特征

在西方哲学史上，不论是唯物主义还是唯心主义的哲学家们都把目的性视为理性的标志。苏格拉底认为，事物都是为某种有用的目的而存在的东西，是由理智所产生的，即事先经过深思熟虑的工作，经深思熟虑而造成的。柏拉图则认为，世界上的事物之所以发生并且秩序井然，是因为作为创造主的神为宇宙制定了理性目的和方案。目的是现实世界的真实的原因。亚里士多德断言："事物不能够是偶然或自发性的结果，那就可以断定它们一定是有目的的；……由此可见，在那些产生出来而且由自然产生出来的东西里面，是有那种有目的的活动存在的。"康德指出："自然在其产物中的目的性这个概念，虽然它并不涉及对象的确定，然而关于自然，对于人类的判断力来说，乃是一种必需的概念，所以它为着判断力的使用，乃是理性的一条主观原理。""有理性者与世界的其余物类的分别就在于有理性者能够替自己立个目的"[1]。黑格尔也反复强调，人

---

[1] 夏甄陶：《关于目的的哲学》，上海人民出版社1982年版，第8—18页。

与动物的区别在于人有理性。这种理性作用表现在实践活动上，就是目的性。"人类自身具有目的，就是因为他自身中具有'神圣'的东西——那便是我们从开始就称作'理性'的东西"[1]。

目的性是人类按照自己预先设定的目的来活动并使自己的活动自觉地服从这个目的的特性。目的性之所以是理性的标志，是因为人类活动的目的性最能反映理性的要求，最能展示理性的力量。

所谓目的，"是指那种通过意识、观念的中介被自觉地意识到了的活动或行为所指向的对象和结果"[2]。

目的作为人类实践活动的直接动因，是实践活动所要创造的未来事物在观念上预先建立起来的主观形象。目的的本性是要通过实践活动来实现自身。黑格尔指出："目的是由于否定了直接的客观性而达到自由实存的自为存在着的概念。目的是被规定为主观的。因为它对于客观性的否定最初也只是抽象的，因此它与客观性最初仍只是处于对立的地位。……所以那假定在先的客体对于目的也只是一种观念性的自在的不实的东西。目的虽说有它的自身同一性与它所包含的否定性和与客体相对立之间的矛盾，但它自身即是一种扬弃或主动的力量，它能够否定这种对立而赢得它与它自己的统一，这就是目的的实现。"[3]

人提出目的，总是为了实现目的。从目的的设定到目的的实现，既反映了人对客观世界的理性认识，也反映了人对自身需要的执着追求，反映了人为了满足自身的需要而自觉地选择

---

[1] [德]黑格尔：《历史哲学》，生活·读书·新知三联书店1959年版，第73页。
[2] 夏甄陶：《关于目的的哲学》，上海人民出版社1982年版，第227页。
[3] [德]黑格尔：《小逻辑》，商务印书馆1980年版，第387页。

行为和行为的方式，把自己头脑中以主观观念的形式预先设定的目标通过实践的结果而变为现实的努力。

因此，目的的形成过程和现实过程是最具理性的活动。

（二）关于刑法目的的不同认识

耶林在其《法律，实现目的的手段》一书的序言中写道："本书的基本观点是，目的是全部法律的创造者，每条法律规则的产生都源于一种目的，即一种事实上的动机。"[1]

目的之于法律，犹如理性之于法律，是法律的灵魂，是法律活动的主宰。但是在我国，1997年以前，几乎没有人提出关于刑法的目的问题。在刑法中讨论目的问题，多是关于刑罚的目的。刑罚的目的虽然是刑法目的的最主要的方面，但是不能完全等同于刑法的目的，更不能取代刑法的目的。因为刑罚只是刑法用以惩罚犯罪的手段，刑罚的目的虽然在一定程度上反映了刑法的目的，并且包含在刑法的目的之中，但是除了刑罚的惩罚功能之外，刑法还具有其他功能，如规范功能、保护功能、价值评判功能等。刑法在发挥这些功能时所追求的目的是适用刑罚的目的所无法包容的。可见，刑法的目的是刑罚目的的上位概念，它比刑罚的目的包含着更丰富的内涵，比刑罚的目的延伸的范围更为广泛。

刑法的目的，不仅包括适用刑法的目的，而且首先包括制定刑法的目的；不仅包括适用刑罚的目的，而且包括认定犯罪的目的。因此刑法的目的，应当独立于刑罚目的之外，应当对其进行专门的研究，而不能用刑罚目的取代刑法目的。

1997年出版的"九五"规划高等学校法学教材《刑法学》首次在第一章"刑法概说"中设立一个目，论述了"刑法的目

---

[1] Rudolph von Jhering, Law, as a Means to an End, New York, 1924., p.4.

第三章 刑法理性的基本内涵

的"。该教材的作者认为,我国《刑法》第2条关于刑法任务的规定,同时也是关于刑法目的的规定。"刑法的目的是保护合法权益。因为各种犯罪都是侵犯合法权益的行为,运用刑罚与各种犯罪做斗争,正是为了抑制犯罪行为,从而保护各种合法权益;刑法理论的通说认为,刑罚的目的是预防犯罪,之所以要预防犯罪,是因为犯罪侵犯了合法权益,预防犯罪是为了保护合法权益,这正是刑法的目的。"该教材还认为,刑法的目的有三个层次:第一个层次是刑法的整体目的,即保护合法权益;第二个层次是刑法分则各章规定的目的,由分则的章名和有关规定体现;第三个层次是各个条文的目的,由条文的具体规定体现。[1]

1998年出版的普通高等教育"九五"国家级重点教材《新编中国刑法学》,也专设一节(第二章第一节),谓"刑法的目的"。其中认为,根据我国《刑法》第1条的规定,刑法制定的目的就在于惩罚犯罪,保护人民。惩罚犯罪与保护人民是制定刑法的目的的两个方面,这两个方面是密切联系、有机统一的。所谓"惩罚犯罪",就是指对任何触犯我国刑法的犯罪分子,都要依照我国刑法追究其刑事责任,使其受到应有的惩罚。所谓"保护人民",就是指全面保护人民的利益,既包括代表人民根本利益和长远利益的国家政权、社会主义的政治、经济制度,也包括人民的当前利益和具体切身利益,如公民的人身权利、民主权利、财产权利、劳动权利、婚姻家庭权利等。制定刑法就是为惩罚犯罪提供法律武器,通过惩罚犯罪,达到保护人民的目的。[2] 制定刑法的目的,也就是通过刑

---

[1] 张明楷:《刑法学》,法律出版社1997年版,第22—23页。
[2] 高铭暄主编:《新编中国刑法学》,中国人民大学出版社1998年版,第12页。

法所要达到的目的，因而也就是刑法的目的。刑法的目的与制定刑法的目的是一致的。

但是究竟什么是刑法的目的，似乎上述教科书并没有完全解决这个问题。不仅因为上述教科书对刑法目的的界定和所持的依据不同，而且因为其对刑法目的的解释缺乏充分的论证。

保护合法权益与保护人民，可以说是相通的。保护合法权益，就是保护人民的合法权益，保护人民也就是保护人民的合法权益。但是保护人民的合法权益可以说是各种法律共同的目的，何以证明这是刑法的目的而区别于其他部门法律的目的，就需要进一步的说明。保护人民作为刑法的目的，只能是刑法最终所追求的目的，因而需要一定的中介以引导刑法最终达到这个目的，而不能直接作为刑法的目的。

至于惩罚犯罪，就很难说是刑法的目的。因为惩罚犯罪仅仅是对已然犯罪的制裁，已然犯罪已经给人民的利益造成了损害。如果把惩罚犯罪作为刑法的目的，惩罚了已然的犯罪，刑法的目的即已实现，就谈不上对人民的保护。因为已然的犯罪对人民利益的损害已成事实，它不可能因惩罚犯罪而有所改变；刑法只有防止未然的犯罪，才有可能保护人民免受可能的侵害。

有一种观点认为，惩罚犯罪本身是刑法的目的[1]，是刑法的道德目的。人们对犯罪的愤恨影响并引导着社会对犯罪所作的反击。这种愤恨对于社会的正义是不可缺少的，社会始终在通过刑法来维护这种愤恨情感。"罪刑相适应"就是这种道德

---

[1] 在有关刑罚目的的论述中，我国有些学者认为，惩罚是刑罚的目的，如田文昌：《刑罚目的论》，中国政法大学出版社1987年版，第99—105页；谢望原：《刑罚价值论》，中国检察出版社1999年版，第120—132页。

第三章 刑法理性的基本内涵

目的的要求。[1]

如果说人们在最初对犯罪者施以刑罚的时候,首先想到的是对犯罪行为的报复,那么当人们进一步追问自己通过这种报复行动要达到什么样的结果时,其回答决不会仍然是报复,而是希冀通过对这种犯罪行为的惩罚,不再看到这种犯罪的发生。因此惩罚犯罪这种满足报复情感的情结,与其说是刑法的道德目的,毋宁说是人类本能[2]的反映,是刑法产生的最初动机,而不是人们制定刑法所追求的结果状态,因而它不应当成为刑法的目的。正如贝卡里亚指出的:"刑罚的目的既不是要摧残折磨一个感知者,也不是要消除业已犯下的罪行。……刑罚的目的仅仅在于:阻止罪犯再重新侵害公民,并规诫其他人不要重蹈覆辙。"[3] 贝勒斯也指出:"刑罚通过防止为非作歹者逃脱惩罚,可以平息义愤。但是,平息义愤这一价值小于监禁刑的损害。因此,设立监禁刑只是为了平息义愤的制度不是理性的制度。"[4]

惩罚犯罪不是刑法的目的,还在于它不符合目的的特性。目的是隐藏在行为背后并支配行为的观念形态,它是行为所追求的结果,是行为时所预期的并通过行为的实施所要达到的结果,而不是行为本身。但是惩罚犯罪之于刑法,仅仅是它用以制裁犯罪的刑罚手段本身的属性。"刑法的突出特征是严厉禁

---

[1] 〔法〕卡斯东·斯特法尼等:《法国刑法总论精义》,中国政法大学出版社1998年版,第29页。

[2] 本能是理性的基石,同时也是理性的动力源。人类的活动首先是在需要和本能的冲动下实施的。在这种实践的基础上,人类逐渐获得对对象的理性认识,进而追求一定的目的,理智地考虑和选择进一步的行为。但是本能又是理性的对立物,理性的产生及其作用就是抑制本能的无节制性。

[3] 〔意〕贝卡里亚:《论犯罪与刑罚》,中国大百科全书出版社1993年版,第42页。

[4] 〔美〕迈克尔·D. 贝勒斯:《法律的原则——一个规范的分析》,中国大百科全书出版社1996年版,第340页。

止行为的禁律和对罪犯施加损害。"[1] 惩罚犯罪是刑法在适用时的外在表现形式，刑法是通过刑罚惩罚犯罪来表明自己的存在的，惩罚犯罪只是刑罚本身的行为属性或手段特征。作为刑罚所固有的属性，惩罚犯罪永远伴随着刑罚，并且永远是与刑罚的实际运用同时出现的。只要对具体的人适用刑罚，无论这种刑罚是否必要、是否恰当，它都表现为惩罚的特征。正如有的学者指出的，"惩罚与刑罚实为同意词，都是指享有合法惩罚权的人使他人遭受某种痛苦、折磨、损失、资格丧失或者其他损害。因此，说惩罚是刑罚的目的，无异于否定刑罚具有目的。将惩罚说成是刑罚的属性，倒是恰如其分的。"[2] 斯蒂芬认为，"刑法调整、制裁并为报复欲望提供一种合法的满足；刑法支持报复欲望正如婚姻之于性欲的关系一样"[3]。对此，戈尔丁评论道："虽然报复的欲望是一种自然的、合于人性的愿望——正如刚才所说的，报复是获得公平的最好方式——但是它几乎不能为法律的惩罚提供任何比它能为'私刑法'所提供的更多的道德上的正当性。"[4]

目的作为行为所追求的结果，与行为之间总是保持着一定的距离；实施了一定的行为，该行为所追求的结果未必会出现。因此，目的相对于行为，具有独立存在的价值，从而也因此成为行为所追求的、能够对行为的实施发挥制约作用的力量。刑法的目的是隐藏在刑法背后的、支配着刑法的具体运用

---

[1] [美]迈克尔·D.贝勒斯：《法律的原则——一个规范的分析》，中国大百科全书出版社1996年版，第334页。

[2] 高铭暄主编：《刑法学原理》（第三卷），中国人民大学出版社1994年版，第59页；陈兴良：《刑法哲学》，中国政法大学出版社1992年版，第352页。

[3] [美]J.F.斯蒂芬：《英国刑法概观》伦敦1890年版，第99页。转引自[美]戈尔丁：《法律哲学》，生活·读书·新知三联书店1987年版，第170页。

[4] [美]戈尔丁：《法律哲学》，生活·读书·新知三联书店1987年版，第170—171页。

并作为刑法的运用所希望出现的结果状态而存在的。它独立于刑法的具体运用,并且不因刑法的适用而必然出现。

如果把刑法的目的视为惩罚犯罪,那么,只要对犯罪人判了刑,应该说刑法的目的即已达到。但是事实上,人们对刑法的期望值并不是仅仅满足于对犯罪人的刑事追究,而是关注这种刑事追究的效果。这种效果如何,才是衡量刑法目的是否实现的标准,而这种效果显然不是惩罚本身。从历史上看,刑法实际运用的结果与刑法的目的欲求南辕北辙的现象,并不鲜见。

边沁在其《立法理论——刑法典原理》一书中论述了惩罚与预防犯罪的关系。他指出:"尽管犯罪已被禁止,被害人也得到补偿,但仍然需要防止出于同一罪犯或者其他罪犯的类似的犯罪。有两种途径达到这一目的,一种是制止犯罪意图,另一种是消除行为能力。消除其再犯意图称作改造;消除其行为能力称作剥夺能力。无论是根据其犯罪意图进行改造还是根据其性质剥夺行为能力,施行的这种方法令人生畏地被称做惩罚。惩罚的首要目的是防止发生类似的犯罪。过去发生的毕竟只有一个行为,而未来则未可限量。已经实施的犯罪仅涉及某一个人,类似的犯罪将可能影响整个社会。"[1] 按照边沁的观点,惩罚只是一种方法,而不是一种目的,惩罚的目的是防止犯罪人再犯罪和其他人犯类似的罪。戈尔丁也指出:"某种行为被规定为犯罪,是由于我们希望制止人们做这种事,而不是由于我们想要惩罚它。"[2] 我国亦有学者认为,把惩罚作为目的看待,确实是混淆了刑罚的属性、功能、目的三者的关系,

---

[1] [英]吉米·边沁:《立法理论——刑法典原理》,中国人民公安大学出版社1993年版,第26页。

[2] [美]戈尔丁:《法律哲学》,生活·读书·新知三联书店1987年版,第162—163页。

并严重混淆了正义与功利的区别。犯罪必须受到惩罚,这是正义的要求,但是人类并非是为正义而正义,人们所追求的一种应当是并且实际上是正义的功利目的,而不是正义本身。以惩罚为目的,就会歪曲或改变刑罚的真正目的——预防犯罪。[1]

不仅如此,惩罚犯罪在刑法中也不具有目的的功能。目的具有指导行为并在行为过程中自觉地帮助行为人调整行为的方向以有利于达到所追求的结果的功能。但是惩罚犯罪之于刑法,永远也不可能具有这样的功能。惩罚犯罪仅仅是刑罚的属性,它既不能对刑法的制定起到指引作用,也不能对刑法的适用发生制约作用。把惩罚犯罪视为刑法的目的,就如同把吃饭说成是用餐的目的一样,没有任何实际的意义。

诚然,从立法的角度看,制定刑法首先是为了给惩罚犯罪提供一套法律上的依据和标准,对于立法者来说,惩罚犯罪似乎是他的直接动因。但是对刑法而言,制定刑法只是表明刑法本身的运动的开始,是刑法存在的起始行为,而不能反映刑法存在的全过程。刑法的存在包括了从刑法的制定到刑事诉讼的进行和刑法的具体运用的整个行为过程。在整个过程中,不论是通过立法来设定惩罚犯罪的依据和标准,还是通过侦查犯罪、指控犯罪、对犯罪人裁量决定刑罚或者执行刑罚来具体进行惩罚犯罪的活动,都是刑法的存在方式,而不是刑法所追求的结果状态。即使是就制定刑法而言,在制定刑法时支配立法者对某种行为规定刑罚的初衷决不仅仅是为了惩罚该行为,而是并且首先是认识到这种行为对社会的危害从而产生禁止这种行为实施的欲望。如果只看到惩罚犯罪的动因而认识不到支配立法者作出这种选择的真正原因,在理论上就是肤浅的。

---

[1] 曲新久:《刑法的精神与范畴》,中国政法大学出版社2000年版,第309页。

第三章　刑法理性的基本内涵

如果把惩罚犯罪视为刑法的目的，认为刑罚的目的是要满足人们的愤恨情感，那就会导致和滋长为惩罚而惩罚的刑法观，把惩罚作为刑法制定和适用的目的来追求，从而为重刑主义敞开大门。"纵观历史，目睹由那些自命不凡、冷酷无情的智者所设计和实施的野蛮而无益的酷刑，谁能不触目惊心呢？目睹帮助少数人、欺压多数人的法律有意使或容忍成千上万的人陷于不幸，从而使他们绝望地返回到原始的自然状态，谁能不毛骨悚然呢？目睹某些具有同样感官、因而也具有同样欲望的人在戏弄狂热的群众，他们采用刻意设置的手续和漫长残酷的刑讯，指控不幸的人们犯有不可能的或可怕的愚昧所罗织的犯罪，或者仅仅因为人们忠实于自己的原则，就把他们指为罪犯，谁能不浑身发抖呢？"[1]

与之相联系，报应也不是刑法的目的。

在论证刑罚的目的时，有的学者提出，报应是刑罚的目的之一。并且认为，报应作为刑罚目的，体现了社会正义观念。[2]

诚然，在历史上，从神意报应到道义报应再到法律报应，从同态报应到等量报应再到等价报应，报应理念确实曾经在很长时间内支配着人们关于刑罚的认识。但是人们关于刑罚的报应思想，并不是为了说明刑罚的目的，而是为了揭示刑罚与犯罪之间的因果联系，通过强化作恶者必定有恶报这样一种道德意识来增强刑罚的威慑力量。持这种观点的学者认为，在西方历史上，最早将刑罚目的归结为报应的是古希腊哲学家亚里士多德。但是该学者为此而引用的亚里士多德的一段话，恰恰证明亚里士多德主张刑罚的目的不是报应而是预防犯罪。这段话

---

[1]〔意〕贝卡里亚：《论犯罪与刑罚》，中国大百科全书出版社1993年版，第42页。
[2] 陈兴良：《刑法哲学》，中国政法大学出版社1992年版，第356—357页。

即是:"以刑罚惩治罪恶,就某一意义〔例如给人以痛苦而言〕,仍旧只是一件可以采取的坏事,相反〔就惩恶的目的在于消除恶行而言〕,善施恰是可以开创某些善业而成为善德的基础。"[1] 这段话清楚地表明,亚里士多德的观点是认为惩恶的目的在于消除罪恶,而不在于给人以痛苦(即报应)。消除罪恶正是现代人们所说的预防犯罪。

报应之所以不是刑法的目的,是因为它本身并不是制定和适用刑法所追求的一种结果状态,而是说明适用刑罚的原因的一种理论。刑法学家们之所以强调刑罚的报应理念,是要人们充分认识到犯罪与刑罚之间的因果关系,告诫人们:作恶的人最终会给自己带来恶果,从而在社会心理上产生"恶有恶报"的畏惧刑罚进而远离犯罪的效果,以增强刑罚的普遍威慑功能。另一方面,从历史上看,报应理论的出现也是为了论证刑法的正当性,以抨击任意出入人罪、滥用刑罚的现象。

刑法的目的包括制定和适用刑法所直接追求的目的以及制约并通过这种直接目的最终所要达到的目的两个方面。刑法的直接目的是预防犯罪,而最终目的是维护现存社会的生存条件。

(三) 刑法的直接目的

预防犯罪,这是自古以来开明的立法者和卓越的刑法思想家所追求的刑法的目的[2]。"刑法上的义务都是绝对地禁止某些行为——谋杀、殴打、盗窃、抢劫等。刑法的目的就是预防

---

〔1〕 〔古希腊〕亚里士多德:《政治学》,商务印书馆1995年版,第383页。

〔2〕 根据安赛尔的考证,在西方,最早提出预防思想的法学家是柏拉图。柏拉图在其《法律篇》中提出:刑罚不应是对过去罪行的报复,而应是对未来情况的预防。参见〔法〕马克·安赛尔:《新刑法理论》,天地图书有限公司1990年版,第25—26页。在中国,据《尚书》中记载,在西周时就有"刑期于无刑"的思想。

第三章 刑法理性的基本内涵

这些行为发生。"[1] "刑法的目的是要预防犯罪行为的发生。"[2] "预防犯罪比惩罚犯罪更高明,这乃是一切优秀立法的主要目的。"[3] "为什么某些类型的行为受法律所禁止,并因而被当作犯罪或违法?答案是,为了向社会宣告,不得实施这些行为并确保少发生一些这样的行为。这便是把任何行为当作刑事违法行为的一般直接目的。……无论在什么样的社会,某些违反道德的行为如:杀人,总是会被选作犯罪加以镇压的……然而,如果认为法律的目的完全不是为了遏制谋杀(即使是将其视为邪恶而不是危害),而仅仅是为了从谋杀者引出刑罚,则会自相矛盾。"[4] "通过制定刑事法规进行犯罪化本身也是以实现抑止犯罪的预防效果为目的的,因此,毫无疑问,刑事立法是犯罪预防的重要手段。"[5] "犯罪化的目的是:宣布对实施一定犯罪行为的人将处以一定的刑罚,并通过这种心理强制力来预防犯罪。为实现这一目的,就必须通过刑事司法对实际上已实施了犯罪的人即犯罪人进行处罚。……虽然刑事司法制度是实现一般预防机能(通过威吓的心理强制作用)的体系,但其并不仅限于通过对一般人的心理起作用来达到抑制犯罪的目的;对于一旦成为犯罪人的特定者,也应通过对其科处刑罚,使其不致再犯。"[6] 按照刑法思想家们的论述,把刑法的直接目的定义为预防犯罪,可以说是刑法的普适

---

[1] [美]迈克尔·D.贝勒斯:《法律的原则——一个规范的分析》,中国大百科全书出版社1996年版,第334页。
[2] [美]迈克尔·D.贝勒斯:《法律的原则——一个规范的分析》,中国大百科全书出版社1996年版,第335页。
[3] [意]贝卡里亚:《论犯罪与刑罚》,中国大百科全书出版社1993年版,第104页。
[4] [美]H.C.A.哈特:《惩罚与责任》,华夏出版社1989年版,第6—8页。
[5] [日]大谷实:《刑事政策学》,法律出版社2000年版,第84页。
[6] [日]大谷实:《刑事政策学》,法律出版社2000年版,第83页。

性原则。

1. 为什么说刑法的直接目的是预防犯罪

之所以要把刑法的直接目的定位为预防犯罪,其理由主要是:

第一,惩罚已然之罪只有当其是为了防止未然之罪时,刑法才有意义。无论是通过刑事立法来绝对禁止犯罪行为,还是通过刑罚来惩罚具体实施了犯罪行为的人,都是希望犯罪行为不发生,但是对于已经发生了的犯罪行为如何处理,就涉及处理已然犯罪的目的,就要受到这种目的的支配。刑法对已然犯罪的处理是适用刑罚给予制裁。那么,刑法制裁已经实施了的犯罪行为,是为了禁止已然的犯罪,还是为了禁止未然的犯罪?理性地思考这个问题,就会得出一个必然的结论:已然的犯罪是无法禁止的,因为它已经发生;只有未然的犯罪才是可以禁止的,因为它有可能发生但是还没有发生。正如古希腊哲学家柏拉图指出的:"刑罚并不是对过去的报复,因为已经做了的事是不能再勾销的,它的实施是为了将来的缘故,它保证受惩罚的个人和那些看到他受惩罚的人既可以学会彻底憎恶犯罪,还至少可以大大减少他们的旧习。"[1] 刑法只有把防止未然之罪作为自己的目的,通过惩罚已然之罪来预防未然之罪,才能显示其存在的价值。正如古希腊哲学家普罗塔哥拉指出的:"谁要是以理智来处罚一个人,那并不是为了他所犯的不法,因为并不能由于处罚而使已发生的事情不发生。刑罚应该为著未来而处罚,因此,再不会有其他的人,或被处罚者本人,再犯同样的不法行为。"[2]

---

[1] 柏拉图:《法律篇》第六章第934节,转引自〔美〕戈尔丁:《法律哲学》,生活·读书·新知三联书店1987年版,第141页。

[2] 转引自林山田:《刑罚学》,台湾商务印书馆1975年版,第64页。

第二，把防止未然之罪作为惩罚已然之罪的目的，有利于保持刑法自身的合理性。对已然之罪适用刑罚，如果仅仅是为了惩罚已经发生了的犯罪，则只考虑了已然之罪本身，仅仅是基于满足人类报复本能的需要。为了满足本能的需要而适用刑罚，必然会助长人们的报复心理，以致使惩罚犯罪的行为丧失节制。但是如果把对已然之罪适用刑罚的目标定位在防止未然之罪上，就可能使惩罚已然之罪的活动受到防止未然之罪的要求的约束，充分考虑这种惩罚对防止未然犯罪的影响，从而理智地选择和运用惩罚的手段，使惩罚犯罪的活动始终保持在必要与合理的限度之内。因此，把预防犯罪作为刑法的直接目的是理性的追求。

第三，强调预防犯罪并不意味着对刑法正当性的否定。刑法的目的是指刑事立法和刑事司法所追求的结果状态，而刑法的原则则是在实现刑法目的的手段选择中应当遵循的行为准则。因此刑法的目的性并不否定或排除刑法适用的一般原则。强调预防犯罪，并不意味着否定行为责任原则和罪责刑相适应原则。那种认为把刑法的目的界定为预防犯罪就可以对犯罪人任意适用刑罚的观点，认为强调预防犯罪就可以对无辜者适用刑罚或者对有罪的人任意适用严重的刑罚的观点，都是对刑法目的论的一种误解。正如戈尔丁指出的："威慑论回答'为什么完全需要刑罚'的问题，报应论则回答'应当对谁施以刑罚'的问题。"[1] 报应刑论是从刑法正当性的角度论证应当对谁适用刑罚，而威慑刑论和目的刑论则是从刑法目的性的角度论证刑法存在的必要性。二者之间尽管长期存在争论，但是争论的问题并不是同一层面的问题。因此，强调刑法的目的是预

---

[1] 〔美〕戈尔丁：《法律哲学》，生活·读书·新知三联书店1987年版，第142页。

防犯罪，与维护刑法正当性的要求之间并不存在必然的矛盾。哈特在批评把刑事立法的直接目的与刑罚的正当根据相混同的观点时指出了一条真理。他说，"这条真理便是：并非刑罚的目的而是刑事立法的目的才确实是把某些类型的行为当作不应实施的某种行为而予以谴责。相反，刑事立法的直接目的不可能是通常所提到的证明刑罚之正当性的任何东西。"[1] 用刑法正当性的根据来否定刑法预防犯罪的目的，至少在理论上是缺乏逻辑的。

第四，刑法学家们关于刑罚目的的论述进一步证明了刑法的目的是预防犯罪。刑罚的目的是预防犯罪，这几乎是刑法学家们的共识。正如贝卡里亚指出的："刑罚的目的既不是要摧残折磨一个感知者，也不是要消除业已犯下的罪行。……刑罚的目的仅仅在于：阻止罪犯再重新侵害公民，并规诫其他人不要重蹈覆辙。"[2] 霍姆斯认为："预防可能是刑罚的主要的和唯一的普遍目的。法律威胁如果你做某些事就要对你施加某种痛苦，旨在以此给你一个不做这些事的新动机。如果你执意要那样做，为了使人们继续相信法律的威胁，法律就不得不使你遭受那种痛苦。"[3] 对预防论的著名反驳是康德的理论：预防论把人当作工具，而不是以人自身为目的。霍姆斯说：如果一个人生活在社会中，他会发现他正是被这样对待的。因为个人与社会并非处于平等地位，从来没有哪个社会承认过它不能为了它自身的生存牺牲个人的福利。为了公共利益，社会有权牺牲个人，这在征兵、征用个人财产中都是常见的。我国学者也

---

[1] 〔美〕H. C. A. 哈特：《惩罚与责任》，华夏出版社1989年版，第7—8页。
[2] 〔意〕贝卡里亚：《论犯罪与刑罚》，中国大百科全书出版社1993年版，第42页。
[3] OliverWendellHolmes, Thecommonlaw, DoverPublications, Inc. (NewYork, 1991), P. 46。

认为:"我国刑罚的目的是预防犯罪,包括特殊预防和一般预防"。[1]"刑罚通过制定、适用与执行,对犯罪人本人及其周围的一般人产生影响,从而达到预防犯罪的结果,乃是一种符合社会心态的普通的历史事实。因此,预防犯罪,理所当然地应当成为我国刑罚的目的。"[2] "刑罚的目的在于预防犯罪,具体表现为特殊预防与一般预防。"[3] "我国刑罚的直接目的是预防犯罪,它包括特殊预防和一般预防两个方面。"[4] "我国刑罚的目的,就是人民法院对犯罪分子判处刑罚所预期达到的结果。具体表现为特殊预防和一般预防两个方面。"[5] 这些论述,可以说是正确地揭示了我国刑罚的目的。

刑罚是刑法用以同犯罪做斗争的工具,运用刑罚的目的也就是刑法所要达到的目的;而刑罚的目的反过来也证明了刑法的目的是预防犯罪。

2. 犯罪能否预防

如果犯罪不能预防,把预防犯罪作为目的就是不切实际的,因而是毫无疑义的。相反,"如果刑法能够有效地预防犯罪,而且预防目的又与其他目的一致,则预防就是一个值得追求的目的"。[6]

对犯罪的研究表明,犯罪是可以预防的。刑事古典学派认为,人是有理性的,人是否实施犯罪,有一个意志选择的过

---

[1] 高铭暄主编:《新编中国刑法学》(上册),中国人民大学出版社1998年版,第311页。
[2] 张明楷:《刑法学》,法律出版社1997年版,第404页。
[3] 高铭暄主编:《刑法学原理》(第三卷),中国人民大学出版社1994年版,第61页。
[4] 马克昌主编:《刑罚通论》,武汉大学出版社1999年版,第62页。
[5] 赵廷光主编:《中国刑法原理》(总论卷),武汉大学出版社1992年版,第509页。
[6] [美]迈克尔·D. 贝勒斯:《法律的原则——一个规范的分析》,中国大百科全书出版社1996年版,第337—339页。

程，是权衡利弊得失的结果。因此犯罪是可以预防的。刑事人类学派虽然提出了"天生犯罪人"的观点，但是他们也承认社会因素对犯罪的影响，特别是在其后期，他们所指出的天生犯罪人在全部犯人中的比例大大下降，并且刑事人类学派的代表人物之一的菲利也最终转向了刑事社会学派。刑事社会学派认为，社会因素是产生犯罪的最重要的原因，通过改善社会环境，就可以有效地预防犯罪。

从实践中看，社会上经常出现的犯罪，大致可以划分为5种不同的类型：

第一类是预谋性犯罪。这类犯罪是行为人经过深思熟虑的考虑和对各种利弊得失的权衡而决定犯罪的，其犯罪活动也是有目的有计划地进行的。这类犯罪具有"理性人"的明显的意志选择过程。在其意志选择的过程中，有的人是自信自己能够逃避刑法的制裁或者认为受到制裁的风险很小，犯罪所带来的某种满足大于实施犯罪的风险，因而决意实施犯罪行为；另一种人是明知犯罪会给自己带来不利的后果，但是为了追求更大的利益或者为了实现更高的目标而置风险于不顾；还有极个别的人认为自己的犯罪行为是有益于社会的。这类犯罪的犯罪人在实施犯罪之后，如果及时地受到刑法的制裁，多数会后悔自己当初的判断或选择，会产生一种"聪明反被聪明误"的想法，进而在以后的行为选择中更加仔细地斟酌和思考。如果犯罪人通过刑罚处罚，认识到自己行为的危害性，感受到刑罚带来的痛苦，往往会改恶从善，避免再选择犯罪行为。

第二类是机会性犯罪。这类犯罪并不是在深思熟虑的基础上蓄意实施的，而是由于在行为人的活动范围内出现了某种有利于实施犯罪的条件而这种犯罪的实施能够给行为人带来某种好处或者满足其某种需要，以致决意利用这种机会来实施犯罪。这类犯罪的犯罪人，在没有这种机会时，通常不会实施犯罪行为；而在犯罪之后没有被发现、没有受到刑罚处罚时，往往会沾沾自喜，庆幸自己及时地抓住了机会，进而会强化对这种机会的认识，有意识地寻找机会，再次犯罪。但是在实施犯罪之后，如果及时受到刑法的制裁，就会重新认识这种机会的意义而不敢在这种机会再次出现时轻易选择犯罪行为。

第三类是习惯性犯罪。这类犯罪是由于行为人具有某种生活习性、嗜好或思维定式，以致在自己的行为选择中常常把某些现象、环境和他人的言行自觉不自觉地与某种类型的犯罪行为联系在一起，而引起犯罪的冲动，进而习惯性地实施同类型的犯罪。这类犯罪的犯罪人，从表面上看，其所实施的犯罪似乎是一种无意识的或下意识的自然动作，但是实际上也存在着一个意志选择的过程。犯罪之后如果及时地被发现并受到刑法的制裁，这类犯罪人同样会自觉地抑制自己的犯罪动机，不再实施犯罪。特别是在服刑期间，经过严格的行为矫正和心理矫治，多数犯罪人的犯罪习惯都是可以改变的。

第四类是情绪性犯罪。这类犯罪是由于某种突然而来的情况使行为人处于异常激动的状态，以致尚未来得及认真思考而凭一时冲动实施犯罪行为。这类犯罪的实施往往与特定的环境因素有关，同时也与行为人的性格特征有关。这类犯罪人在实施犯罪之后，经过冷静的思考，常常会对自己所实施的犯罪感到悔恨。尽管在遇到新的刺激时，这类犯罪人还会再次实施犯罪。但是如果这类犯罪人在犯罪之后及时地受到刑法的制裁，这种制裁将会对其以后的行为选择产生重大的影响，在新的刺激面前将成为抑制犯罪冲动的强大力量。

第五类犯罪是过失性犯罪。这类犯罪的发生并不是行为人有意选择的结果，但是它与行为人对待生活、工作以及他人的不负责任的心理状态有关,是行为人在自己的行为可能导致某种危险情况下因疏忽大意而全然不知或过于自信的结果。如果在其实施犯罪之后,及时地给予必要的刑罚处罚,也会促使犯罪人更加认真地对待自己的工作,更加谨慎地选择自己的行为,从而有意识地自觉地防止和避免实施犯罪。

上述情况说明,在总体上,犯罪是可以预防的,可以通过改善社会环境和改造犯罪人的方式防止犯罪的发生,减少犯罪的数量。这是预防犯罪目的建立的客观基础。

3. 刑法何以预防犯罪

刑法的目的是预防犯罪,并且这个目的是通过刑法的实际运用可以实现的。刑法所以能够预防犯罪,是由其自身所具有的功能决定的。从刑法本身的属性上看,无论是在哪种社会制度下,刑法至少具有四个最基本的功能:

一是导引功能。刑法通过对某种行为设定刑罚而宣布此种行为是绝对禁止的,实施了此种行为就将受到刑法的制裁,从而为人们的行为设定了一个禁区。这种对行为的规范作用使刑法具有引导一般人的行为避免触犯刑律的功能。在任何一个正常的社会环境中,绝大多数人不犯罪,是因为他们认同社会的价值准则,愿意遵从社会的道德规范和法律规范。刑法的制定和颁布,恰恰是给人们的行为树立了一个界碑,使人们在行为选择时有所遵循。刑法对犯罪行为的禁止性规定,也使人们认识到法律对某些行为的价值评判,从而据以对这类行为作出否定性的评价,并据以约束自己的行为和教育其他人不要实施这类行为。如果没有刑法的明确的禁止性规定,除了某些特别明显的危害行为之外,在绝大多数情况下,人们就很难界定哪些行为是可以实施的、哪些行为是不能实施的,以致无所遵循。在行为选择中,如果没有统一的价值准则,对行为的评价就可能丧失公允性和客观性，就会使人们的活动和对他人行为的评价陷于混乱。如是，不想犯罪的人也就难免不犯罪。所以刑法的制定和颁布本身所具有的引导功能，就能够避免社会上的绝大多数人实施犯罪。

二是威慑功能。威慑是刑法的固有属性，也是刑法的特有属性。刑法通过对犯罪设定和适用刑罚，能够使大多数想要犯罪的人慑于刑罚的严厉性而不敢轻易实施犯罪。美国学者贝勒斯也指出，刑罚通过三种途径，可以推进预防犯罪目的的实现。"第一，通过'特殊威慑'，那些受过惩罚的人因害怕再受到同样的惩罚而不敢实施犯罪行为。第二，通过'普遍威慑'，刑罚也使其他人因害怕受到同样的刑罚而不敢实施犯罪行为。第三，某些刑罚（监禁和死刑）剥夺了罪犯的再犯能力。……而且，除这三种传统的方式外，刑罚本身还可以通过其他方式促进预防犯罪。认识到这两点很重要。"[1] 我国学者也普遍认为，刑罚对于犯罪，具有特殊预防和一般预防的作用。刑法通过对犯罪人适用和执行刑罚，可以预防其再次犯罪。刑罚的特殊预防通过三种方式实现：（1）"淘汰方式"，即对罪行极其严重的犯罪人适用死刑立即执行，将他们从社会上淘汰，使他们不可能再次实施犯罪；（2）"剥夺犯罪条件"，即通过适用无期徒刑、有期徒刑和拘役，将犯罪人关押在特定的场所，使其与社会隔离，在一定时期内剥夺其再犯罪的条件；（3）"改造方式"，即对犯罪人进行改造，使其弃恶从善，不再犯罪。刑罚的一般预防包括：其一，警告、威慑社会上的不稳定分子即具有犯罪倾向的人，使他们因惧怕惩罚而不敢犯罪；其二，

---

[1] 〔美〕迈克尔·D. 贝勒斯：《法律的原则——一个规范的分析》，中国大百科全书出版社1996年版，第335页。

教育和鼓励广大人民群众积极地同犯罪做斗争，防止不稳定分子实施犯罪；其三，安抚被害人，防止其进行私人报复而可能导致的犯罪。[1]

三是教育功能。对犯了罪的人追究刑事责任的过程，本身是运用社会正义观念对其进行教育的过程。无论是对其犯罪行为进行控告，还是在法庭上围绕其犯罪的事实进行辩论，以及法庭对其犯罪行为所宣告的判决，都体现了社会正义观念对其行为的谴责。对犯罪分子适用刑罚的过程，也是对其进行社会正义观念和法制教育的过程。刑法用以惩罚犯罪的方法主要是刑罚。除了死刑之外，刑罚的具体运用或多或少地能够使特定的犯了罪的人得到改造，以消除其再犯罪的念头。特别是在现代，以"教育刑"为主旨的刑罚个别化的执行方法，使刑罚在教育改造犯罪人方面发挥了显著的特殊预防作用。刑法的教育功能不仅表现在教育犯罪者本人方面，而且表现在对社会上的一般公众的教育方面。对犯了罪的人追究刑事责任，本身也是对全体社会成员进行责任义务教育和法制教育的过程，它可以通过形象具体的实例使人们加深对法律责任的认识，增强社会责任感。

四是警示功能。刑法关于犯罪与刑罚的规定本身是对想要犯罪的人的一种警告。它通过对犯罪的否定性评价和对犯罪行为可能给犯罪人带来的受刑后果的揭示，告诫想要犯罪的人不要以身试法。这本身就是抑制犯罪冲动的一种心理压力。刑事古典学派的代表人物之一费尔巴哈很早就提出了著名的"心理强制说"。他认为，行为人在实施犯罪时，总是基于自己的欲望而行动的，欲望得到满足便产生一种"快感"；如果刑罚给

---

[1] 高铭暄主编：《新编中国刑法学》（上册），中国人民大学出版社1998年版，第311—314页。

第三章 刑法理性的基本内涵

行为人带来痛苦，他便会依据自由意志进行选择，当守法的不快小于受刑的痛苦时就会放弃犯罪。此外，刑法通过对具体犯罪人适用刑罚的过程，向人们昭示犯罪与刑罚之间的因果联系，警告人们不要去犯罪。刑罚的具体适用使想要犯罪的人看到犯罪可能给自己带来的恶果，"即便是最小的恶果，一旦成了确定的，就总是令人心悸"。"只有使犯罪和刑罚衔接紧凑，才能指望相联的刑罚概念使那些粗俗的头脑从诱惑他们的、有利可图的犯罪图景中立即猛醒过来。"[1] 按照贝卡里亚的观点，刑罚适用得越及时、越不可避免，刑法的警示功能就越能抑制犯罪。

刑法的功能表明，刑法从不同的角度对于预防犯罪起着重要的作用。刑法功能的发挥确实能够有效的预防犯罪，这是不争的事实。

诚然，刑法并不是预防犯罪的唯一工具，甚至不是预防犯罪最有效的工具[2]。但是刑法对于预防犯罪来说，确实是不可或缺的。

---

[1] 〔意〕贝卡里亚：《论犯罪与刑罚》，中国大百科全书出版社1993年版，第57页。

[2] 笔者认为，预防犯罪最有效的手段是改良社会政策，一方面要着力消除社会上存在的各种导致犯罪的制度性因素，防止社会矛盾的膨胀和激化，减少犯罪发生的动力源；另一方面要强化社会管理，使人们的社会活动和社会生活在常态中有序地进行，同时建立和扩大有序的自由活动的空间，使个人的情绪在正常的社会活动中正常的及时的加以释放。社会政策是从源头上积极主动地预防犯罪，而刑法则是动态堵截的方面消极被动地预防犯罪。菲利指出："一个国家的犯罪在自然领域受个人的生物心理状况和自然环境的影响，在社会领域受经济、政治、行政和民事法律比受刑法典的影响要大得多。"（〔意〕菲利：《犯罪社会学》，中国人民公安大学出版社2004年版，第98页。）"立法者，通过研究个人和集体行为的产生、条件和结果，逐渐认识到人类的心理学和社会学规律，据此能够控制许多导致犯罪产生的因素，尤其是社会因素，并因此确保对犯罪的形成产生一种间接但更确定的影响。也就是说，在各种立法、政治、经济、行政和刑罚手段中，在最大的机构到最小的单位，社会体制将得到调整，从而使人类行为并不总是无益地为镇压所威慑而被不知不觉地导向非犯罪的轨道上去，为在最小限度地导致暴力滋扰和违法机会的条件下发挥个人能力和满足个人需要留下充分的余地。"（〔意〕菲利：《犯罪社会学》，中国人民公安大学出版社2004年版，第81页。）

4. 关于预防犯罪的理解问题

在论述预防犯罪的目的时,许多学者都把预防犯罪的目的分成一般预防和特殊预防两个方面,并认为这两个方面"由于预防对象的不同,决定了实现一般预防与实现特殊预防在方式上的差异。由于刑罚是直接施加于犯罪人的,所以特殊预防的方式侧重于刑罚的物理性强制和由此产生的心理强制。而一般预防的对象不是犯罪分子,因此,只能是通过刑法对各种犯罪配置轻重不同的法定刑和对具体犯罪人依法适用刑罚的方式,来对意图实施犯罪的人产生心理上的影响。"[1] 主张这种观点的学者虽然也认为特殊预防目的和一般预防目的是紧密结合、相辅相成的,但是他们强调"这并不是说对特殊预防和一般预防不分先后同时考虑,不分主次等量齐观"。甚至有的学者认为,"由于作用对象上的这种差别,有时就产生了个别预防与一般预防的矛盾和冲突。这种矛盾主要表现为:在某些情况下,犯罪人本身再犯罪的可能性不大,甚至根本没有,但一般人实施类似犯罪的可能性较大。……在这种情况下,刑罚主要是取决于个别预防的需要还是一般预防的需要,就成为一个尖锐的矛盾。……在另一些情况下,犯罪人再犯的可能性较大,而一般人由于缺乏与之相类似的条件,因而不可能犯类似的罪行。"[2] 因此,这些学者认为,区分特殊预防与一般预防是十分必要的,并且主张在刑事法律活动的各个阶段有所侧重地考虑特殊预防和一般预防的不同需要,即在立法阶段,以一般预防为主,兼顾特殊预防;在定罪量刑阶段,特殊预防与一般预

---

[1] 高铭暄、马克昌主编:《刑法学》北京大学出版社、高等教育出版社2000年版,第235页。

[2] 樊凤林主编:《刑罚通论》,中国政法大学出版社1994年版,第110—111页。

防并重；在刑罚执行阶段，以特殊预防为主，兼顾一般预防。[1]

预防犯罪的目的是一个统一而不可分割的整体。刑法运动的每一个阶段都既要追求对一般人的预防又要追求对犯罪人的预防，不能顾此失彼。在刑法立法阶段，立法者面对的虽然是一般人，但也要考虑到刑法具体适用时可能产生的效果，考虑到对于具体的犯罪人通过刑法的适用是否具有防止其再犯罪的作用。特别是在刑法的具体适用过程中，既不能为了追求一般预防而不顾特殊预防，也不能为了特殊预防而不顾一般预防。否则，刑法的适用就可能变成功利主义的工具而丧失其自身的公正性和合理性。即使是在刑罚执行阶段，执行刑罚的任务主要是教育改造犯罪分子，但是也必须充分考虑到一般预防的需要。如果只是考虑到犯罪人不会再犯罪或者再犯罪的可能性较小而不执行或不严格执行所判处的刑罚，刑罚的适用既不能引起被判刑人的警戒，不能充分发挥刑罚的特殊预防功能，同时也会使社会上的一般人看不到刑罚适用给犯罪人带来的痛苦，从而使刑罚丧失其应有的威慑作用。[2] 同理，如果为了一般预防的需要而对具体人适用（即使是对一般人规定）超过其罪行程度的刑罚，不仅会使刑罚成为过分之刑而丧失其公正性，不仅会破坏刑法规定的罪刑关系体系，而且会使刑罚的适用因其缺乏必要性和合理性而失去人民群众的支持，使受刑人因受到对自己不公的刑罚而产生报复社会的心理，以致制造出新的犯罪。

所以，笔者认为，虽然我们可以从刑罚对不同人的影响中

---

[1] 高铭暄主编：《刑法学原理》，中国人民大学出版社1994年版，第68—75页。
[2] 这并不意味着否定免于刑事处罚、缓刑等刑法适用方式的作用。因为此处讲的是对应该适用刑罚而不适用刑法。这与针对犯罪人的不同情况适用不同的处罚方式是两个不同的概念。

分析刑罚的预防功能，但是这些不同的效果（如对犯罪人的特殊预防与对一般人的一般预防）产生于同一个刑罚运动过程，是刑法在制定、适用和执行过程中一并追求的结果，是刑法目的统一性的不同表现形式。不能把刑法的目的一分为二，并认为刑法在一个阶段或一个案件中追求这一半目的，而在另一个阶段或另一个案件中追求另一半目的。尤其是刑罚在具体适用于犯罪人的时候，决定刑罚轻重的唯一根据是基于同一预防犯罪目的而认定的罪行轻重和行为人的责任大小，而不能是基于一般预防的需要还是特殊预防的需要。否则，刑法将失去它的公理性和正当性。因此本书把主张对刑法的目的作一般预防和特殊预防的区分。

（四）刑法的目的价值

以上我们论述了刑法的直接目的是预防犯罪。为什么要预防犯罪？也就是说刑法的进一步的目的是什么？这是我们在谈论刑法的目的时不能不回答的问题。

这个问题的回答，首先涉及对犯罪的认识，其次涉及对刑法存在价值的认识。

自从人类动用国家权力来惩罚犯罪的时候起，犯罪就不再被视为仅仅是侵犯个人的行为，而是一种危害社会的行为。"公共权力机关最初规定的犯罪行为，主要是'针对人身与财产的暴力行为''背叛祖国与亵渎神圣'的行为……很难说犯罪人显然不知道其行为具有反社会性质。"[1] 刑事古典学派的创始人贝卡里亚指出："衡量犯罪的真正标尺，即犯罪对社会的危害"[2]；"有些犯罪直接地毁伤社会或社会的代表；有些

---

[1]〔法〕卡斯东·斯特法尼等：《法国刑法总论精义》，中国政法大学出版社1998年版，第24页。

[2]〔意〕贝卡里亚：《论犯罪与刑罚》，中国大百科全书出版社1993年版，第67页。

犯罪从生命、财产或名誉上侵犯公民的个人安全；还有一些犯罪则属于同公共利益要求每个公民应做和不应做的事情相违背的行为。任何不包含在上述限度之内的行为，都不能被称为是犯罪"[1]。边沁认为，"犯罪是指一切基于可以产生或者可能产生某种罪恶的理由而人们认为应当禁止的行为。"他把犯罪分为四类，即私罪、反射罪、半公罪和公罪，并认为公罪是"对社会全体成员或者不特定的多数人产生某种共同危险，虽然对任何一个特定的人来说不会比其他任何人具有更大的受到侵害的可能性"，公罪包括对国家安全的犯罪、妨害司法与治安的犯罪、对公共力量的犯罪、对公共财富的犯罪、对国家人口的犯罪、对国民财产的犯罪、对统治权的犯罪、对宗教的犯罪等9种。[2] "主要犯罪就是那些使用严重危害社会的方法威胁或侵害人身或财产的安全或公共机构的运转的犯罪。"[3]

马克思和恩格斯在《德意志意识形态》一书中精辟地指出："犯罪——孤立的个人反对统治关系的斗争，和法一样，也不是随心所欲地产生的。相反地，犯罪和现行的统治产生于相同的条件。"[4] "统治关系"就是掌握国家政权的阶级为了维护自己的统治而建立或认可的各种社会关系。所谓社会关系，就是指人们在社会生活中彼此独立而又相互合作所形成的各种关系。这种合作具有非常丰富的内容，有着纷繁复杂的表现形式。它既包括生产关系、交换关系、国家关系、法律关系，也包括爱情关系、家庭关系、师友关系、民族关系，等

---

[1] [意] 贝卡里亚：《论犯罪与刑罚》，中国大百科全书出版社1993年版，第69页。
[2] [英] 吉米·边沁：《立法理论——刑法典原理》，中国人民公安大学出版社1993年版，第1—4页。
[3] [美] 迈克尔·D. 贝勒斯：《法律的原则——一个规范的分析》，中国大百科全书出版社1996年版，第360页。
[4] 《马克思恩格斯全集》（第3卷），人民出版社1960年版，第379页。

等。这种社会关系的总和，是特定社会的生存条件的反映，而这种社会关系的正常状态则表现为特定社会的社会秩序。破坏这种社会秩序的行为，往往会危害到社会的正常生产和生活，因而被社会的统治者视为犯罪行为。因此，恩格斯又指出："蔑视社会秩序的最明显最极端的表现就是犯罪。"[1]

犯罪所具有的社会危害性，是统治阶级把某种行为规定为犯罪并对之动用刑罚的根本原因。无论某种行为在客观上是否真的危害到统治阶级的利益，只要是统治阶级认为它具有社会危害性并且认为这种社会危害性达到了一定的程度，它就会被规定为犯罪而作为刑法禁止的对象。"任何行为，只要任何特定社会的某一具有足够权力的部门感到它有害于其自身的利益，如危及其安全、稳定或秩序，该部门便通常将其视为特别邪恶，并力图以相应严厉的措施加以镇压。而且，只要可能，它便确保将国家主权所能支配的强制力用于防止危害或惩罚造成危害的任何人。这种危害行为便被称之为犯罪，法院所采取的与之有关的程序便是'刑事诉讼'。"[2]

为什么要禁止这种危害社会的行为？这就涉及刑法目的的价值取向即刑法的最终目的。

刑法的最终目的是维护现存社会的生存条件。耶林指出："从最广泛的意义来看，法律是国家通过外部强制手段而加以保护的社会生活条件的总和"。博登海默认为，这个定义既包含着一种实质要素，也包含着一种形式要素。保护社会生活条件是法律的实质性目的。强制力是法律的形式要素。没有强制

---

[1]《马克思恩格斯全集》（第2卷），人民出版社1957年版，第416页。
[2]〔英〕J. W. 塞西尔·特纳：《肯尼刑法原理》，华夏出版社1989年版，第2页。

第三章　刑法理性的基本内涵

力的法律规则是"一把不燃烧的火，一缕不发亮的光"。[1] 而法律的强制力集中表现在刑法中。耶林认为，作为法律的实质要素的社会生活条件或基础，不仅包括社会及其成员的物质存在和自我保存，而且包括"所有那些被国民判断为能够给予生活以真正价值的善美的和愉快的东西"——其中有名誉、爱情、活动、教育、宗教、艺术和科学。法律用来保护这些价值的手段和方法不可能是一致的和一成不变的。这些手段和方法必须同一定时期的需要和该民族所达到的文明程度相适应。[2]

维护现存社会的生存条件，之所以是刑法的最终目的，是因为刑法产生、存在和发展的全部意义在于维护国家赖以建立的生存条件。刑法是统治阶级为了维护其阶级统治的需要而设计出来的、通过对反对其统治关系的突出表现即犯罪的制裁来防止这种行为的发生进而维护其统治关系的工具。维护社会生存条件的需要导致了刑法的产生，维护社会生存条件的动因也推动着刑法的发展。离开了特定社会的生存条件，刑法就成了无源之水，而放弃了对现存社会生存条件的保护，刑法也就失去了其自身存在的价值。因此，维护现存社会的生存条件，是刑法永恒的价值追求，是刑法最终的目的所在。

维护社会的生存条件，之所以是刑法的最终目的，还在于它是刑法正当性的根据。刑法的规定是一种绝对禁止性的规定。任何人违反了刑法的规定，都要受到刑罚的严厉制裁。国家之所以有权运用公共权力来制裁触犯刑法的人，剥夺其基本的公民权利，就在于它是为了整个社会的生存和发展，为了社

---

[1]〔美〕E. 博登海默：《法理学——法哲学及其方法论》，华夏出版社1987年版，第104—105页。

[2]〔美〕E. 博登海默：《法理学——法哲学及其方法论》，华夏出版社1987年版，第104—105页。

会上绝大多数成员不受到犯罪行为的侵害。如果不是为了最大多数人追求最大限度的利益、自由和幸福的目的，对触犯刑法的人施以刑罚，就是多余的和不正当的。哈特指出："人类之所以有理有权可以个别地或者集体地对其中任何分子的行动自由进行干涉，唯一的目的只是自我防卫。这就是说，对于文明群体中的任一成员，所以能够施用一种权力反其意志而不失为正当，唯一的目的只是要防止对他人的危害。"[1]

社会的生存条件，主要表现为：（1）社会的物质资源及其分配与占有方式；（2）社会活动的主体及其相互关系，如人与人之间、国家之国家之间、社会团体与社会团体之间，以及它们相互之间的存在关系、合作关系、协调关系，以及确定这种关系的权利义务；（3）公共权力的架构及其运作机制；（4）制约社会主体从事社会活动的其他各种外部条件。

特定社会的生存条件，反映在观念形态中，就是该社会主流意识形态中所追求的基本价值。现存社会的生存条件作为刑法的最终目的，也主要表现为刑法所追求的价值。

在刑法所追求的价值中，最根本的是"秩序""安全""自由"等。

秩序和安全，在任何社会形态中，都是刑法所追求的根本价值。

1. 秩序

秩序是按照一定的规则而活动的有条不紊的状态。在自然界，物质按照自然规律运动并彼此发生关系从而构成自然秩序。在人类社会，人们遵循一定的社会活动准则而选择行为并

---

[1]〔美〕哈特：《法律、自由与道德》，斯坦福大学出版社1963年版，第4页。转引自〔美〕戈尔丁：《法律哲学》，生活·读书·新知三联书店1987年版，第108页。

彼此发生关系从而构成社会秩序。

秩序之于人类是极为重要的。因为人生来就是社会的存在物。在人刚刚从动物过渡到人类状态的时候，可供人们享用的现成的自然财富不多，由于生产力的水平特别低下，和人的智力还不够发达，单个人的力量和才能还不足以抵御外来的袭击和恶劣环境的威胁。人们在生产劳动的过程中，不得不结成集团，彼此交往，形成一定的社会。个人的劳动只有作为社会劳动的一部分，个人的活动只有融化在集体的活动中，才能谋求生存和发展。在人类社会发展的进程中，人的社会性就表现得更为突出，更为重要。因为任何人，不仅要同现在的其他人发生着多方面的密切的联系，而且要同过去的人和未来的人发生着关系。马克思和恩格斯指出："一个人的发展取决于他直接或间接进行交往的其他一切人的发展；彼此发生关系的个人的世世代代是相互联系的，后代的肉体的存在是由他们的前代决定的，后代继承着前代积累起来的生产力和交往形式，这就决定了他们这一代的相互关系"，"单个人的历史决不能脱离他以前的或同时代的个人的历史，而是由这种历史决定的。"[1] 特别是在以社会化大生产为基础、高度组织起来的现代社会里，人和人之间、个人和集体之间、个人和社会之间的不可分割的联系，更是不容置疑的。

人的社会性决定了任何个人从获得生命的时候起，就是作为社会的一员而出现的，就必然地同周围的其他人发生着广泛的联系。这种联系是不依任何个人的意志为转移的。不同他人发生任何联系而可以生活在孤独单个状态中的个人是不可思议的，也是根本不存在的。既然任何个人在自己生命延续的过程

---

[1]《马克思恩格斯全集》（第3卷），人民出版社1960年版，第514—515页。

中，总是同其他人存在着千丝万缕的联系，而人又具有积极的能动性，可以运用自己的智力和体力，借用自然力量和社会力量，借用人类创造的成果作用于一定的对象，使之发生某种变化，那么任何个人发挥自己的能动性的行为，就决不单纯是个人的事情，它必然地要对他人、对社会发生一定的影响，或者创造财富，有益于人类生活，促进人类社会的发展，或者毁灭财富，危及他人，威胁人类的生存条件。

因此，人们之间的社会关系就面临着两种前途：一种是合作和发展，另一种是残杀和毁灭。人类的理智促使人们在两种前途的比较中选择第一种前途，摒弃第二种前途。为此，就必须鼓励一切有益于社会的行为，就必须限制各种危害社会的行为，使每个人在发挥自己的能动性时，都对人类共同的生存条件、对社会承担一定的义务，遵守一定的规则。

如上所述，一方面，人的社会性决定了任何人都不可避免地要与其他人发生联系，需要彼此之间保存一种相对稳定的正常状态；另一方面，人又是社会活动的主体，人的主体性决定了他永远要处于不断地运动之中，总是想要打破社会生活的常态。而社会生活的正常秩序一旦被打破，每个人都完全按照个人的意愿行事，人类社会就会陷于混乱，公共权力的统治将无法进行。因此，维护正常的社会生活秩序，是阶级统治的需要，同时也是人们正常的生活和工作的需要。而在这种秩序可能遭受破坏的时候和地方，维护这种秩序以防止其遭受破坏，就成了刑法的最根本的价值追求。正如美国学者博登海默指出的："历史表明，凡是在人类建立了政治或社会组织单位的地方，他们都曾力图防止不可控制的混乱现象，也曾试图确立某种适于生存的秩序形式。这种要求确立社会生活有序模式的倾向，决不是人类所作出的一种任意专断或'违背自然'的努力。"[1]

秩序之所以是刑法最根本的价值追求，是因为秩序在人类社会生活中起着非常重要的作用。它既是维持人类社会生活的最基本的现实需要，也是人类追求有序生活的心理需要。"要求人与人之间有序关系的倾向，主要可以追溯到两个欲望或冲动，它们似乎深深地根植于人类精神之中，第一，人类具有重复在过去被认为是令人满意的经验或安排的先入为主倾向。第二，人类倾向于对一些情形作出逆反反应。……最后，对秩序的追求还具有一种精神（理智）成分，该成分从根本上讲并不源于心理，而是根植于人的思想结构之中的。"[2] 因此，"与法律永相伴随的基本价值，便是社会秩序"[3] 秩序"是理解法律制度的形式结构及其实质目的所必不可少的"[4]。

秩序概念，"意指在自然界与社会进程运转中存在着某种程度的一致性、连续性和确定性"[5]。但是，存在于自然界的自然秩序与存在于人类社会的社会秩序是不同的。自然秩序是由自然物及其运动规律构成的、独立于人类行为之外不依人的意志为转移的秩序系统。社会秩序则是人类在自己的主体性活动中，为了存在和发展的需要建立起来的秩序系统。社会秩序

---

[1] 〔美〕E. 博登海默：《法理学——法哲学及其方法论》，华夏出版社1987年版，第207页。

[2] 〔美〕E. 博登海默：《法理学——法哲学及其方法论》，华夏出版社1987年版，第215页。

[3] 〔英〕彼得·斯坦、约翰·香德：《西方社会的法律价值》，中国人民公安大学出版社1990年版，第38页。

[4] 〔美〕E. 博登海默：《法理学——法哲学及其方法论》，华夏出版社1987年版，第206页。

[5] 〔美〕E. 博登海默：《法理学——法哲学及其方法论》，华夏出版社1987年版，第207页。

是通过特定社会的人们为了实现一定的目的而形成的规则来维系的。这些规则涉及社会的政治生活、经济生活、文化生活等各个领域；表现在特定社会的法律秩序、政治秩序、经济秩序、生活秩序、宗教秩序、道德秩序等各个方面。

刑法所要维护的秩序是社会秩序的底线。社会生活需要多方面多层次的秩序，只有维系人类社会共同体所必需的最起码的秩序，才是刑法所要维护的秩序。因为刑法不同于其他法律的显著特征在于，它不是主动调解社会关系某个方面的规范体系，而是作为保障其他法律所建立的规范体系被遵守的规范体系，是在其他法律所建立的规范体系遭到破坏的时间和场合，作为制裁规范出现的。这种制裁规范的性质和特点，使刑法对社会秩序的维护呈现出两个显著特点：其一是刑法所维护的秩序在范围上是极其广泛的，它几乎涉及人类生活的一切领域，容纳了社会秩序的一切方面；其二是刑法对社会秩序的保护极为谨慎，刑法并不轻易介入维护社会秩序的行列，它只是在社会秩序遭到最严重的破坏时才出面保护。刑法只有在保障最必需、最基本的社会秩序中发挥作用，才是必要的。否则，就可能危及社会生活的正常状态。

2. 安全

安全是人类社会存在的首要条件，也是个人参与社会活动的首要条件。国家只有在安全的状态下才能发挥其对内对外的职能；社会只有在安全的状态下才能组织生产、展现其丰富的生存方式；个人只有在安全的状态下才能从事有目的的活动。可以说，安全是任何社会活动主体的第一需要。因而它必然是刑法维护社会生存条件的首选价值之一。"维持社会和平是实现其他法律价值的先决条件。如果某个公民不论在自己家中还是在家庭以外，都无法相信自己是安全的、可以不受他人攻击

第三章 刑法理性的基本内涵

和伤害,那么,对他侈谈什么公平、自由,都是毫无意义的。"[1] 因此,"法律规则的首要目标,是使社会中的各个成员的人身和财产得到保障,使他们的精力不必因操心自我保护而消耗殆尽。"[2] "在最原始的法律制度中,人类的生命就得到了保护。原因十分简单:'如果可以随意谋杀别人而不必受到惩罚,社会必将四分五裂。'"[3] "一切合理的社会都把保卫私人安全作为首要的宗旨,所以,对于侵犯每个公民所获得的安全权利的行为,不能不根据法律处以某种最引人注目的刑罚。"[4] 不仅如此,"安全有助于尽可能持久地稳定和使人们享有其他价值,如生命、财产、自由和平等等价值。法律力图保护人的生命与肢体、预防家庭关系遭到来自外部的摧毁性破坏,并对侵犯财产权规定了补偿……有关法律的安全目的,集中体现在霍布斯的格言中,'人的安全乃是至高无上的法律'。"[5]

社会之所以需要安全,还在于人性自身的弱点。哈特指出,人是易受攻击并易受伤害的;他们在智力和体力上大体是平等的;他们并不完全自私但对他人只抱有限善意;他们在预见力和自制力方面也都有限。最后,人们所需要或想要的资源则相对稀缺。由于这些事实,如果人们要在社会中生存,就需要规则来提供对人身和财产的保护,保证一定程度的相互克制和对他人利益的尊重。这些规则对一个法律体系来讲是"基本

---

[1] [英] 彼得·斯坦、约翰·香德:《西方社会的法律价值》,中国人民公安大学出版社 1990 年版,第 40 页。
[2] [英] 彼得·斯坦、约翰·香德:《西方社会的法律价值》,中国人民公安大学出版社 1990 年版,第 41 页。
[3] [英] 彼得·斯坦、约翰·香德:《西方社会的法律价值》,中国人民公安大学出版社 1990 年版,第 199 页。
[4] [意] 贝卡里亚:《论犯罪与刑罚》,中国大百科全书出版社 1993 年版,第 72 页。
[5] [美] E. 博登海默:《法理学——法哲学及其方法论》,华夏出版社 1987 年版,第 290 页。

的",没有它们也就谈不上其他规则。[1]

安全的需要,不仅包括生存安全,而且包括财产安全、活动安全和心理安全。安全的需要,具有普遍性。

安全,不仅包含着人们之间在彼此交往中不受对方伤害的含义,而且包含着作为社会活动主体的个人不受其他社会活动主体的侵害的含义,例如个人不受国家公共权力的侵害。因此,刑法不仅要禁止人们之间彼此伤害对方的行为,而且限制着国家在刑法之外动用刑罚的活动,要求国家只能在刑法设定的范围内适用刑罚而不能任意适用刑罚。

3. 自由

在现代社会,自由也是刑法所追求的根本价值之一。

自由是与人类的进步发展和文明的进化密切相关的一个价值,是尊重人作为社会活动主体的自决权利的必然要求。对自由的追求是人类共同的本能,而最大限度地保护个人思想和行动的自由,则是现代人对法律的期盼。当人们把自由作为一种权利来护卫时,这种自由就不仅仅是哲学意义上的自由,而是社会政治意义上的自由。社会政治意义上的自由包含两层含义:一是消极自由或称保护性自由,即不受他人或事物的干预和限制的自由。消极自由由三个命题组成,即自由就是不受他人的干预;限制自由是因为存在着与自由的价值同等或比自由的价值更高的价值;必须保持一种任何权威以任何借口都不能侵犯的最小限度的自由。二是积极自由,即按照自己的愿望选择行为的自由或做自己想做的事情的自由。积极自由意味着人具有获得某种积极效果的能力、权利和机会,强调人们在社会关系中的积极行动、积极参与和积极选择。消极自由的出发点

---

[1] [美]戈尔丁:《法律哲学》,生活·读书·新知三联书店1987年版,第64页。

是把人作为人来尊重；积极自由的出发点则是对人的主体性和自决权的尊重。消极自由与积极自由的有机结合，是社会政治自由的理性追求。

但是，自由并不是不受任何限制而可以随心所欲的任意行动。自由只是意味着人在法律设定的范围内有选择行为的自由。"如果把自由看作一种价值观念的主要理由是出于对人的尊重的话——我们正是这样认为的——那么，自由也必须明确每个人尊重其他人的义务。因此，个人自由的原则必须永远与平等原则结合在一起，以使社会中的所有人都有平等的能力做自己想要做的事，其限度就是每一个人也都可以做同样的事。"[1] 洛克也认为，"人的自由和依照自己的意志来行动的自由，是以他的理性为基础的，理性能教导他了解他用以支配自己行动的法律，并使他知道他对自己的自由意志听从到什么程度"[2]。

自由与法律的约束，既是相互对立的，又是相互依存的。自由一方面强烈地要求摆脱约束和限制，另一方面又迫切地需要约束和限制。这是因为，"任何自由都容易被肆无忌惮的个人和群体所滥用，因此为了社会福利，自由必须受到某些限制，这就是自由社会的经验。如果自由不加限制，那么任何人都会成为滥用自由的潜在受害者。无政府的政治自由会演变为依赖篡权者个人的状况。无限制的经济自由会导致垄断的产生。人们出于种种原因，通常都乐意使他们的自由受到某些对社会有益的控制。他们愿意接受约束，这同要求行动自由的欲望一样都是自然的，前者源于人性的社会倾向，而后者则根植

---

[1] 〔英〕彼得·斯坦、约翰·香德：《西方社会的法律价值》，中国人民公安大学出版社1990年版，第173—174页。

[2] 〔英〕洛克：《建设自由共和国的简易方式》，商务印书馆1964年版，第32页。

于人格自我肯定的一面。"[1] 从这个意义上讲,刑法对自由的追求,实质上是对公民权利的保障。因为,自由并不是不受任何拘束的任所欲为,"不能像鹰那样飞翔、像鲸鱼那样遨游,这并不是不自由"。自由乃是在法律规定的范围内自主地作出决定的权利。"任何社会都不会允许其成员享有不受人类自制的完全自由。很明显,如果每一个人都可以不顾其他人的利益而自由地追求自身利益,那么一些人就会征服另一些人,并把自由作为压迫其他人的手段。"[2] 权利与义务的设定,正是法律在保障个人自由的过程中,对自由设定的藩篱。保障个人的自由,即意味着任何人都可以在不侵犯他人权利的前提下自由地行使法律规定的权利。而刑法作为自由的卫道士,正是通过对非法侵犯他人自由的行为施用刑罚,以确保每个人在法律规定的范围内享有自由的权利。

刑法对自由的追求,主要表现在三个方面:一是为公民的自由划定范围,使每个公民在刑法划定的最低限度内享有充分的自由,可以按照自己的意愿行使自己的权利;二是通过惩罚侵害公民自由权利的犯罪,确保公民在法律规定范围内的自由不受来自其他公民的侵害;三是通过严格守法的法治原则和程序的正当性,确保公民的自由不受公共权力的侵害。

刑法对自由的追求是通过对自由设定范围并在设定的范围内保护自由来实现的,因此它本身也有限制自由的一面。而这种限制,如果超出了一定的范围,就不仅是多余的,而且是对自由的妨害。所以,在保护自由与限制自由之间寻求必要而恰

---

[1] 〔美〕E. 博登海默:《法理学——法哲学及其方法论》,华夏出版社1987年版,第276页。
[2] 〔英〕彼得·斯坦、约翰·香德:《西方社会的法律价值》,中国人民公安大学出版社1990年版,第173页。

当的平衡，以便使刑法对自由的保护尽可能地达到最大化，而对自由的限制尽可能地缩小到最低限度，是刑法理性的价值追求。

秩序、安全与自由，是一个社会维系其生存和发展的最基本的条件。刑法对这些价值的追求本身，意味着刑法的目的从根本上讲是要维护现实社会的生存条件；而保护这些价值的结果，则显示出刑法存在的价值。

(五) 刑法目的及其价值关系

刑法的最终目的对刑法的存在和发展，对于刑法手段的合理化，具有极为重要的意义。因为，同一个目的，可以通过不同的手段来实现，但是最终目的却决定了手段不仅要符合它的直接目的，而且要服从进一步的目的，从而使手段只能在某些特定的范围内选择。例如，"致富"的目的，可以通过诚实劳动的手段来实现，又可以通过盗窃、抢劫、诈骗的手段来实现。但是"致富"的目的如果植根于"促进社会进步和发展"的价值追求即进一步的目的，那么他所选择的手段就只能是诚实劳动，而不可能是盗窃、抢劫、诈骗等犯罪手段。如果没有这种价值追求的限制，就可能出现"为达目的不择手段"的结果。因此，最终目的的价值追求对于手段选择来说，是不可须臾舍弃的。

就刑法而言，犯罪的界定和刑罚的适用，必须受到实现预防犯罪的目的的制约，但同时也必须服从维护现存社会的生存条件的需要，必须受到刑法所追求的根本价值的支配和约束。只有这样，才能保证刑法的合理性，才能摆脱人类本能与任性的支配。例如，盗窃是任何社会都视为犯罪的一种恶。为了防止盗窃，刑法可以对之规定各种不同程度的刑罚。如果仅仅从预防犯罪的角度出发，也许会认为对盗窃罪规定死刑，是禁止盗窃罪的一种很有效的手段。但是如果考虑到刑法保护个人安全的价值追求,就会认为,以死刑来禁止盗窃,是以大恶来禁止小恶,因而有悖刑法所追求的价值,从而放弃死刑的适用。刑法最终目的所包含的根本价值,对于刑法的手段选择,与刑法的直接目的一样,是非常重要的。

从另一方面看,刑法的直接目的源自于刑法的最终目的。任何社会,之所以要把预防犯罪作为适用刑法的直接目的来追求,正是为了保护自己的生存条件,维护社会的基本价值。犯罪对社会生存条件的破坏,引起了保护社会生存条件的客观需要,对这种需要的认识导致了动用国家强制力来遏制犯罪的目的欲求。也就是说,一个社会,把什么样的行为规定为犯罪,为什么要把这样的行为规定为犯罪,从根本上讲,是基于对自己生存条件的认识和对社会根本价值的维护。因此,预防犯罪的直接目的,必须以维护和促进该社会基本价值为前提,必须服从保护社会生存条件的需要。

刑法的最终目的不仅直接决定了直接目的的产生,而且通过直接目的,支配着刑法的具体运用,要求刑法适用的任何时候都必须服从于实现社会基本价值的需要。如果为了有效地预防犯罪,过分地和不适当地使用刑罚手段,以致损害到社会的基本价值,那么,这种实现预防犯罪直接目的所使用的手段的正当性就要受到质疑,这种手段就应当禁止使用。最终目的所追求的基本价值,正是通过对实现直接目的所使用的手段的制约而支配着刑法的具体适用,保障刑法适用的正当性。

当然,刑法的最终目的也离不开刑法的直接目的。只有通过刑法直接目的的实现,最终目的所追求的价值才能得以维护和体现。刑法如果不能卓有成效地预防犯罪,其维护现存社会生存条件的价值追求就只是一句空话。

因此刑法的制定和运用，首先要考虑预防犯罪的需要，通过有效地预防犯罪来实现刑法的价值追求。同时要考虑为了预防犯罪而采取的各种刑法措施是否会使刑法所追求的基本价值受到不应有的损害，从而使预防犯罪的目的行为受到必要的制约。

（六）实现刑法目的的手段选择

立志于某个目的的人，也应立志于求得实现某个目的的手段，这是人的有目的的对象性活动的一种内在的、合乎逻辑的必然性。因为人的一切对象性活动都是一个主体与客体之间相互作用的过程，在这个过程中，除了主体与客体这两个前提之外，还有三个必然的构成要素，即：（1）目的——主体改造或创造客体的对象性要求；（2）手段——主体作用于客体的中介；（3）结果——主体目的在客体对象中的实现。在主体的对象性活动中，目的和手段之间具有极其密切的内在相互制约性。手段是达到或实现目的的桥梁、媒介、方法、工具，是为实现一定目的的对象性活动的一个必不可少的要素。

所谓手段，广义地说，就是置于有目的的对象性活动的主体和客体之间的一切中介的总和，包括实现目的的工具和运用工具的活动方式或操作方式、方法等，其中具有决定意义的是工具。手段的总和是人们提出目的并决定此种目的现实性的实现条件，只有实际地运用或通过手段作用于客体，目的才能摆脱自己的观念形式而与客观现实相结合，达到目的自身的实现。人之所以能够支配自然、控制自然，使自然服务于人的目的，是因为人能够根据自然界的规律，利用自然界的各种物质的属性和力量，转化为为我所用的手段，即制造工具，又凭借手段和工具反作用于自然界。这种手段和工具来自自然界物质的属性和力量，但它们又是人的理性和实践的创造物，因而它又高于自然界那种纯粹自在的物质对象。当人运用手段和工具而反作用于自然界的时候，能够引起自然界的对象发生符合于人的需要的变化，并从中实现自己的目的。这正是人的本质即人的理性和实践的强力之所以能够征服、控制自然界自发的盲目的强力之秘密所在。[1]

"理性指的是手段适合目的。"[2] "威尔曼（V. Wellman）认为使手段适合目的是法律中所使用的合理性证明的唯一手段；他说得很对。……重视一贯性——重视逻辑——是因为一贯性有助于使手段适合目的。这种适合是理性的核心"。在决定法律问题时，"关键的一步是从先前的案件或其他资料中得出一个目的，然后才能确定在新案件中哪些决定最有效并以最少费用推进这一目的"。[3]

确立刑法的目的是根据这个目的来指导刑法的运动，通过刑法的运动推进和实现刑法目的所期盼的结果。刑法的运动包括刑法的制定和刑法的具体适用。刑法的运动作为实现刑法目的的过程，其所使用的工具即手段是犯罪的设定和刑罚的运用。刑法通过对犯罪的设定和刑罚的运用来实现预防犯罪的目的。因此，关于犯罪的设定和刑罚的具体运用构成了刑法的基本手段。犯罪的设定和刑罚的运用必须符合刑法目的的要求。可以说，强调刑法目的的寓意就在于使刑法的制定和运用符合刑法目的的内在要求，从而有助于刑法目的的实现。

刑法目的的内在要求主要是：

第一，刑法应当以危害社会的行为为对象。刑法调整的对象必须是行为，因为只有行为才能在现实社会中留下自己的足

---

[1] 夏甄陶：《关于目的的哲学》，上海人民出版社1982年版，第329—338页。
[2] [美]波斯纳：《法理学问题》，中国政法大学出版社1994年版，第445页。
[3] [美]波斯纳：《法理学问题》，中国政法大学出版社1994年版，第138页。

迹，才有可能给社会造成某种危害。正如马克思指出的："凡是不以行为本身而以当事人的思想方式作为主要标准的法律，无非是对非法行为的公开认可"，因为，"我只是由于表现自己，只是由于踏入现实的领域，我才进入受立法者支配的范围。对于法律来说，除了我的行为以外，我是根本不存在的，我根本不是法律的对象。我的行为是我同法律打交道的唯一领域"。[1] 并且，作为刑法调整对象的行为本身在客观上必须具有社会危害性。只有危害到现存社会的生存条件的行为才应当纳入刑法的视野，才有必要作为刑罚处罚的对象。一种行为，如果没有或者不可能对现存社会的生存条件造成任何破坏或构成任何威胁，就不应该将其规定为犯罪，更不应该对其动用刑罚。因此，行为是否具有危害性是区分罪与非罪的根本标志。

第二，刑法应当以危害行为的可防性为前提。一方面，作为犯罪来禁止的行为，其本身应当是可以预防的。行为是否具有可防性是应该不应该将其规定为犯罪的基础。所谓行为的可防性，是指这种行为是基于人的意志和意识而实施的，人们可以通过自觉地有意识地活动避免这种行为的发生。被刑法规定为犯罪的行为必须是人的意志所能控制的行为。因为只有这样的行为，才能成为预防的对象。如果一种行为，其本身是不受人的意志支配的，从而也是人所不能控制的，那么将其规定为犯罪就没有任何实际意义，就不可能通过刑法的运用达到预防其发生的目的。另一方面，可防性也意味着可归责性。在客观上给社会造成的危害，只有当其是基于行为人的意志和意识而实施的从而也是行为人可以控制的时候，这种危害才应当归责于行为人，才有理由要求行为人对之承担刑事责任。

---

[1]《马克思恩格斯全集》（第1卷），人民出版社1960年版，第16—17页。

第三，刑法应当以危害行为的可责性为基础。作为犯罪来禁止的行为，在法律评价上必须是可以谴责的行为。因为刑法对犯罪的规定反映了法律对犯罪行为的否定性评价，反映着一定社会的价值取向。因此，被刑法规定为犯罪的行为应当是按照社会主流价值观念可给予否定性评价的行为。一种行为，如果在社会一般人的心目中普遍认为它是可接受的，刑法将其规定为犯罪，就会丧失它的社会基础，从而无法发挥其预防犯罪的功能。

第四，刑法的运用必须控制在绝对必要的范围内。刑法的本性是"以恶止恶"，为了维护现存社会的生存条件，刑法所加之恶就必须限制在绝对必要的范围之内，以防止造成更大的恶。为此，刑法一方面应当在欲禁止之行为可能产生的危害与用刑法来禁止该行为可能引起的不利后果之间进行权衡，使刑法的运用符合其本身的价值追求；另一方面，对于危害社会的行为应当首先考虑运用其他社会控制手段预防的可能性，只有在运用其他社会控制和制裁手段不足以禁止某种行为的时候，才应当将其规定为犯罪，才应当给予刑罚处罚。

第五，刑法的运用必须保持在相对合理的限度内。刑罚不应当是报复本能冲动驱使下任意挥舞的屠刀，而应当是在理智选择的基础上节制使用的利剑。不仅在是否动用刑罚上，而且在如何动用刑罚以及动用刑罚的程度上，都应当是理智考虑和节制使用的。对已然之罪的惩罚，一方面要与特定犯罪的危害程度相适应，另一方面要在不同犯罪所受惩罚的相互比较中满足人们的公平观念，符合刑法自身的价值追求。

刑法目的的这种内在要求，不仅直接决定着刑法的制定和运用，而且始终制约着刑法功能的发挥。刑法的制定和运用，只有符合刑法目的的这种内在要求，才具有合目的性和理性，才能够在刑法的制定和运用中看到刑法所追求的结果。如果刑法的制定和运用，背离刑法目的的内在要求，刑法的制定和运用就可能出现南辕北辙的结局。

在刑法的历史发展中，刑法的制定和运用背离其本来的目的欲求而给社会造成不应有的危害的史实并不鲜见。据《史记·陈涉世家》记载，"二世元年七月，发闾左谪戍渔阳九百人，屯大泽乡。陈胜、吴广皆当行，为屯长。会天大雨，道不通，度已失期。失期，法皆斩。陈胜、吴广乃谋曰：'今亡亦死，举大计亦死，等死，死国可乎？'…吴广…召令徒属曰：'公等遇雨，皆已失期，失期当斩。借第令毋斩，而戍死者固十六七。且壮士不死则已，死则举大名耳，王侯将相宁有种乎！'徒属皆曰：'敬受命。'"陈胜、吴广起义作为中国历史上的第一次农民起义，虽然有其深刻的社会历史背景和阶级根源，但是其直接原因可以说是刑法的残酷和不合理。由于秦朝的刑法不问故意或过失的有无，实行不分青红皂白的客观归罪和严刑峻法，以致当客观上无法预料、无法控制的原因可能引起杀身之祸时，本来没有犯罪意图的人选择犯罪的道路，就是不足为奇的了。可以说，"陈胜吴广起义"并不是偶然的历史事件，而是刑法的制定背离其目的所引起的历史的必然。

二、刑法的合理性

刑法的合理性，是指刑法存在的正当理由。如果说，刑法的目的性强调的是刑法的价值追求，那么，刑法的合理性则是在强调实现这种价值追求的正当性。

寻求刑法的合理性，既是刑法思想家们孜孜不倦地追求的学术使命，也是政治思想家们乃至哲学家们津津乐道的话语。因为承认实践活动的某种恰当理由的存在，是良好的社会秩序得以构成的基石。特别是对待刑法这种与个人权利息息相关的法律规范，人们更加注重它的合理性，强调刑法的存在和运用必须具有正当的理由，必须符合人类理性的要求。

但是基于对合理性的价值标准和参照系的不同，人们对刑法合理性的认识和结论也就迥异。由于刑法用以预防犯罪的手段是刑罚，所以在历史上，学者们通常是通过刑罚的正当根据来论证刑法的合理性的。

在西方刑法思想史上，出现过三种主要的刑罚理论，即惩罚主义、功利主义和折衷主义[1]。

惩罚主义或按罪量刑的惩罚理论的代表人物康德认为，蓄意的犯罪行为由于罪犯主观上的罪责为正当的刑罚提供了必要和充分的理由。罪责即指罪犯的应受惩罚性，它包括犯罪时的主观意识（如故意、放纵、过失）和罪行造成损害的严重程度。罪犯的罪责不仅表明谁将因什么原因受到惩罚，而且表明什么样的惩罚措施是合理的。合理即是惩罚与应受惩罚性相当。

功利主义或后果主义的代表人物边沁则认为，合理的刑罚不是要与已发生的蓄意行为对等，而是要能有效地防止罪犯以及其他社会成员实施新的犯罪行为，以求增加社会中痛苦与欢悦平衡之间欢悦的成分。功利主义批评惩罚主义说：在惩罚主义理论中，去掉形而上学的语言之外，文明面对的原理不过是建立在咎由自取基础上的由已经发生的罪行为现今的惩罚提供理由而已。这种主张似乎表明错上加错即为正确。他们认为，如果一种理论所指称的惩罚甚至在对个人和社会都没有裨益时，仍然声称要维护什么，那么这种理论就是无意义的，也是不公正的。

---

[1] 或称报应刑论、预防刑论和教育刑论。

第三章 刑法理性的基本内涵

惩罚主义则对功利主义反驳道：功利主义把威慑受罚对象作为达到某种社会目的的手段，而不是作为惩罚本身的结果，这就违反了尊重人这个有思想的行为者的基本原则。在谋求某种功利主义的目的时，必须施加的惩罚，究竟是惩罚罪犯还是惩罚替罪羊并无二致。假如社会对某桩特定罪行忧患重重而罪犯又无法抓获，那么置某个无辜的替罪羊以及他或她的家庭的痛苦于不顾，对他或她作出看上去正确的判决，难道不是有很大的潜在的好处吗？惩罚主义认为，功利主义在解决有关国家为何必须惩罚罪犯的问题时，却没有解决惩罚谁才是正确的这样一个同样重要的问题。

折衷主义或混合理论的代表人物哈特基于惩罚主义与功利主义的争论，认为建立刑罚理论在于澄清三个独立的问题：一是刑罚的定义；二是实施刑罚的一般正确目标；三是刑罚的责任包括刑罚的实施对象和刑罚的实施程度。要澄清这些问题，对其中一个问题可作出惩罚主义的回答，对其中另一个问题可作出功利主义的回答。因此他认为，对实施刑罚的一般正确目标这一问题应作出功利主义的回答，对刑罚的实施对象应作出惩罚主义的回答即刑罚只能实施于罪犯或某些故意犯下的罪行，而对于刑罚的实施这一问题的回答，既要顾及惩罚主义的按罪量刑的原则，也要考虑功利主义的原则。但是对功利的追求又要受到一个基于公正合理的原则的限制，这是因为做到公正合理与追求功利并不是很容易融合在一起的。[1]

在中国，有的学者认为，刑法存在的合理性，是指刑罚的发动具有正当合理的根据。刑法的正当性的根据应当是报应与

---

[1] [英]戴维·米勒、韦农·波格丹诺编：《布莱克维尔政治学百科全书》，中国政法大学出版社1992年版，第618—619页。

预防的统一。如果仅从报应或仅从预防一个方面来论证刑法的正当性，都是跛足的。只有从报应与预防的统一上，才能全面而科学地揭示刑法的正当性根据。因此，确定某一行为是否犯罪，并非仅仅考虑报应的因素，同样要考虑功利的因素，即对这一行为惩罚是否能够预防这一行为的发生。在发动刑罚的时候，面临着报应与预防的双重考虑，也是双重限制，刑法的正当性也由此得以说明。[1] 报应与功利各具优劣，互有长短，报应之长正是功利之短，功利之长恰是报应之短。因此，只有将报应与功利合而为一，才能对刑罚的正当性予以科学的揭示。科学而完整的刑罚正当论，应该也只能是融报应与功利于一体的刑罚根据统一论。刑罚根据统一化的合理性在于其符合个人与社会、客观与主观、手段与目的的辩证关系。刑罚根据统一化的基本要求是将刑罚的报应性规定与刑罚的功利性规定有机地结合于一体，形成真正的刑法理性规定。在报应性规定与功利性规定不相冲突的情况下，统一两者的基本定律为报应与功利兼顾律；在两者相冲突的情况下，刑罚根据统一化必须坚持报应限制功利、折衷调和与有利让步的定律。[2]

上述观点都是从刑罚与犯罪的关系上来论证刑罚的正当根据进而论证刑法合理性的。由于犯罪与刑罚构成了刑法的基本矛盾，所以通过对犯罪与刑罚及其相互关系的论证，可以在一定程度上说明刑法的正当根据。对犯罪与刑罚及其相互关系认识的不断深化，也反映了对刑法正当根据的认识的不断深化。但是犯罪与刑罚毕竟是刑法本身所包含的内容，通过犯罪与刑罚及其相互关系来论证刑法的正当根据及其存在的合理性，实

---

[1] 邱兴隆：《刑罚理性导论》，法律出版社1999年版，第301—326页。
[2] 邱兴隆：《刑罚理性导论》，中国政法大学出版社1998年版，第76—91页。

际上是就刑法本身来论证刑法的合理性。这种就事论事的研究不免有些肤浅。

事实上,无论是犯罪,还是刑罚,都是现实社会客观需要的产物。离开了现实社会的客观需要,犯罪与刑罚就成了无源之水、无本之木;离开现实社会的客观需要来论证犯罪与刑罚的关系,就无法说明为什么要把某种行为规定为犯罪、为什么要对这种犯罪行为适用刑罚,刑罚根据的合理性也就丧失了存在的根基。

因此,笔者认为,认识刑法存在的合理性的根本依据在于现实社会的客观需要,评价刑法的存在是否具有合理性的主要标准也在于现实社会的客观需要。只有在为了维护现存社会生存条件而需要动用刑法的时候和地方,刑法按照现实社会为其规定的价值追求而出现,才具有合理性。

刑法的合理性应当包括三个方面:

(一) 价值合理性

价值合理性是指刑法的存在具有价值,并且这种价值选择是合理的,即符合社会发展的基本需要和社会成员的根本利益。

价值合理性包括两层含义:一是刑法存在的必要性;二是价值选择的兼顾性。

1. 刑法存在的必要性

刑法存在的必要性,既表现为刑法中每一个规范的设定对于维护社会的根本价值都是必需的和正当的,也表现为刑法在具体适用的每一个场合都是正确的和具有充分理由的。

刑法的特性及其目的决定了国家只有在为了维护社会利益不得不动用刑罚权的时候进行刑事立法,才是必要的。一方面,刑法的最终目的决定了刑事立法的对象只能是危害社会的行为，并且这种行为的危害性达到了足以使对其适用刑罚是正当的程度。行为的危害性是否严重可以用三个指标来衡量：行为所侵害的法益是否属于社会生活中需要绝对保护或需要高度保护的价值；行为是故意和过失实施的还是无过错的；行为所造成的损害是否较大。一种行为，如果没有危害到现存社会的生存条件，或者对现存社会的生存条件的危害没有严重到必须用刑罚来禁止的程度，就不应当纳入刑法立法的视野，就不应该作为刑法制裁的对象。对这样的行为动用立法权并用刑罚来禁止，就是缺乏正当性的。另一方面，刑法是社会常规化统治的最后手段。刑法的禁止性规定具有绝对性。一种行为，一旦被刑法宣布为犯罪，任何人实施这种行为，都意味着国家在正常情况下所能动用的最严厉的制裁手段的启动。而这种制裁手段的启动，必将以对公民权利的侵害或剥夺为代价。因此，正当的刑法立法应当是把刑法作为禁止危害行为的辅助手段，而不应当动不动就动用刑法。刑法立法只有在其他常规化统治手段不能奏效而必须动用刑罚权的情况下，才应当启动，刑法的出现，也才具有正当性。一种行为，如果在动用其他社会控制手段足以防止其蔓延的情况下，不是通过其他社会控制手段来制止其发生，而是直接通过刑法立法的方式将其规定为犯罪。这种刑法立法就是不必要的。

刑法的存在不仅表现在法律条文中，而且表现在实际运用中。刑法的实际运用，应当以已经发生的危害社会的犯罪行为为前提。没有发生任何危害社会的行为，或者虽然发生了严重的损害事实，但是其中没有任何人故意或过失实施的犯罪行为，就不能动用刑法。那种一旦发生损害事实就非得找个人来承担刑事责任的想法和做法，是非理性的。在不应当和没有必要动用刑法的场合动用刑法，就可能使刑法的存在丧失合理性和正当性。

边沁认为,刑罚本身是一种恶。每一种刑罚,都具有强制之恶、痛苦之恶、恐惧之恶、错误控告之恶和衍化之恶。因此立法者在规定刑罚的时候,应当时刻注意这种恶的代价,不应当规定和适用滥用之刑(即对于只是由于政府的偏见、憎恨、错误而被规定为犯罪的虚假之罪适用的刑罚,或者对于由于宗教偏见而被规定为犯罪的物品适用的刑罚)、无效之刑(即对不知法者、非故意行为者、因错误判断或不可抗力而无辜干坏事者适用的刑罚,对儿童、弱智者、白痴等人适用的刑罚,对追求宗教信仰的人适用的刑罚,因其无法预防相似行为而称为"无效的")、过分之刑(当通过更温和的手段如指导、示范、请求、缓期、褒奖可以获得同样效果时,适用刑罚就是过分的)和昂贵之刑(如果刑罚之恶超过罪行之恶,立法者就是制造更大的痛苦而不是防止痛苦,就是以较大恶之代价来消除较小之恶)。[1] 这几种刑罚都是不必要的,因而是缺乏合理性的,立法者应当避免在刑法中规定这类刑罚。反过来讲,这类刑罚的存在,即表明刑法的存在缺乏合理性。

2. 价值选择的兼顾性

价值选择的兼顾性主要表现为刑法在保护某种利益或者满足某种需要的时候,应当兼顾其他各方面的利益和需要,在刑法可能涉及的不同价值之间保持必要的平衡。因为任何一个社会都是由多元化的利益主体构成的,现实社会的客观需要也总是表现为多方面的需要。为了一个方面的利益而不适当地牺牲另一个方面的利益,或者为了满足某一方面的需要而不适当地

---

[1] 〔英〕吉米·边沁:《立法理论——刑法典原理》,中国人民公安大学出版社1993年版,第66—67页。

损害另一方面的需要，都不能说是理性的和正当的。特别是在刑法这种以惩罚即伤害或剥夺为主要工具的制度设定中，用刑法来保护任何一种现实的利益，或者满足任何一种现实的需要，都可能构成对另一种利益或需要的损害。因此，刑法的启动应当充分考虑其可能引起的利弊得失，在权衡不同利益和需要的基础上，进行抉择。

在保护社会利益与保障个人权利之间，刑法在历史上长期是更多的保护社会利益，有时甚至为了保护社会利益而置个人权利于不顾。如历史上长期盛行的"株连责任"和"宁可错杀一千，不肯放过一个"的观念，都是只强调保护社会利益，为了保护社会利益而不顾刑法的适用可能对个人权利造成的侵犯是否必要的表现。而在现代，人们更多的是强调个人权利的至上性，为了保障个人权利，不惜牺牲社会利益。

刑罚理论中的威慑刑论与报应刑论长期争论的焦点问题之一就是能不能为了保护社会利益而牺牲个人利益。报应刑论指责说，威慑刑论在为惩罚无辜者辩解，因为惩罚无辜者有时在实际上可以是正当的——例如有时通过陷害一个无辜者可以避免一场大灾难。威慑刑论允许加害于一个公众认为其有罪的无辜者。即使这样做在一些极端情况下似乎是公正的，然而对受害人来说仍然是不公正的。[1] 而威慑刑论则批评报应刑论的"有罪必罚"是一种粗暴的正义。在对当罚侵害人施加刑罚时，其他人——无罪的人——也可能受到痛苦。报应性惩罚的那种"反击"，不仅能打击罪犯，而且也能打击他的亲属和被赡养人，可能会剥夺了那种他们所需要的扶助。因此，功利主义威慑刑论者认为，我们施用刑罚是为了减少社会中危害事件的总

---

[1]〔美〕戈尔丁：《法律哲学》，生活·读书·新知三联书店1987年版，第156—158页。

第三章 刑法理性的基本内涵

量，为此目的就要付出一定的代价，但是一旦代价太高，就不应当诉诸刑罚了。报应刑论者则认为，正义要求把某种行为作为犯罪对待，而且应当加以处罚。一个不处罚当罚之罪的社会是违背正义责任的。[1] 这两种观点的争论，实际上就是围绕着刑法能否为了社会利益而牺牲个人利益展开的。

解决这种争论，就是要兼顾社会利益和个人利益。一个人，只有在他危害到社会利益的时候，为了保护社会利益的需要，他的个人利益才应当受到剥夺；即使在这种场合，个人所受到的处罚也应当在刑法明确规定的限度内进行。

在维护社会管理秩序与保障个人自由之间往往存在着利益冲突。管理者希望用刑法来禁止破坏秩序的行为，而一般公民则希望刑法少干涉个人活动的自由。如何既能有效地维护社会秩序，又不过分干涉个人的自由，就需要立法者在二者之间进行权衡。表现个人自由以致违反管理规定的行为，如果没有构成对社会秩序的严重破坏，就不应当用刑法来禁止。

在犯罪者与被害者之间，也存在一个利益兼顾的问题。刑法应当充分保护被害者的利益，使其在犯罪活动中所受到的侵害能够在刑事诉讼过程中得以恢复或补偿。但是这种补偿达到何种程度才算公平，就涉及犯罪者的利益问题。特别是在被害者有过错的场合，合理地认定犯罪者的责任，就显得更为重要。立法者和司法者都不能不考虑被害者的利益而仅仅从打击和预防犯罪的需要出发来立法和司法，也不能一味地强调对被害者的补偿而给犯罪者及其家属造成过分的负担。

对不同利益和需要的兼顾，还表现在通过刑罚剥夺公民权利的必要性与刑罚可能导致的有害性之间，应当进行必要的权

---

[1] 〔美〕戈尔丁：《法律哲学》，生活·读书·新知三联书店1987年版，第186—188页。

衡；在单位犯罪中单位责任与个人责任之间，在对合性犯罪中主动主体的责任与受动主体的责任之间，应当进行恰当的区分，以保障刑法适用的合理性。

2001年，加拿大社会曾针对打击有组织犯罪的需要就要不要赋予卧底警官在侦查犯罪的过程中实施犯罪的豁免权问题展开过激烈的争论。一些人认为，为了有效地打击有组织犯罪，应当允许执行卧底任务的警官为了取得犯罪组织的信任而在有组织犯罪的犯罪活动中实施犯罪，并赋予其实施犯罪的豁免权。但是更多的人认为，警官并不都是绝对忠实于法律的人，一旦赋予警察在侦查犯罪中实施犯罪的豁免权，就可能被坏警察利用来实施犯罪而给社会带来更大的灾难。这种危险性的存在，使打击有组织犯罪的战争可能付出昂贵的代价。因此国家不能为了打击有组织犯罪而不顾可能对公民造成的危害。[1] 这种争论的实质，就是如何在不同价值的权衡中寻求更合理的保护基本价值的手段。如果不是这种权衡，就可能使刑法在追求某一种社会利益的同时，威胁到更大的社会利益，以致丧失刑法的合理性。

（二）逻辑合理性

刑法的规范设置要符合其内在的逻辑，其所确立的精神在刑法中能够保持前后贯通和始终一致。贝勒斯指出："在理性人有一套一致的和有限的规范目的这种程度上，一个规范的统一体是存在的。"[2] 德沃金则提出了整体性的主张，他强调，公平、正义和诉讼的正当程序这三大美德应当在所有法律规范中贯彻始终。就立法的整体性而言，"它要求那些以立法制定

---

〔1〕 The Vancouver sun, Monday, JUNE 11, 2001. B3。

〔2〕 〔美〕迈克尔·D. 贝勒斯：《法律的原则——一个规范的分析》，中国大百科全书出版社1996年版，第414页。

第三章 刑法理性的基本内涵

一项法律的人在原则上保持该项法律的一致性"。因此,"如果政府采用下述原则,认为人们有权从粗心大意使他们受到伤害的人那里获得赔偿,就像它认为汽车制造商应对有缺陷的汽车负责一样,那么它也应使会计师要对其帐目错误负责的原则具有充分的效力。如果政府说,对罪犯的定罪需要意见一致的裁决,因为当某人被不公平地定罪时,他在道德上要遭到特殊的伤害,因此必然要考虑他在道德上遭到特殊的伤害,例如考虑在某种情况下招供能否被认可为证据"[1]。这种整体性所要求的,正是法律的精神在逻辑上的一致性,或称逻辑合理性。

逻辑合理性包含四个方面:

1. 刑法的用语应当明确

刑法规范是对人们行为设定的界碑,同时也是适用刑法的准绳。刑法的用语明确,人们才有可能清楚地知道哪些行为是不得实施的,从而遵从刑法的禁令而不去犯罪。刑法的用语明确,也为适用刑法提供了可资鉴别的标准,执法者可以根据刑法准确无误的表述正确把握刑法的精神和意图,从而在各种具体情况下按照刑法的规定认定犯罪、适用刑罚;公众可以根据刑法准确无误的规定预期自己行为的后果,并据以衡量和评价执法者适用刑法的过程和结果是否符合刑法的精神。

因此,刑法的用语明确,可以使刑法确立的规则具有可预见性,从而符合形式合理性的要求。韦伯在论证法律的形式合理性时指出:"对于商品市场的利益来说,法的理性化和系统化,一般而言在保留以后有所局限的条件下,意味着法律维护功能的日益增长的可预见性——经济的,谈不上资本主义方式的持久企业最重要的先决条件之一,企业需要在法律上'交往

---

[1] 〔美〕德沃金:《法律帝国》,中国大百科全书出版社1996年版,第148—151页。

的可靠性'。"[1] 法律功能的可预见性，首先表现在法律用语的明确性上。只有明确无误的语言，才能准确地阐述法律的规则，才能使人们有可能通过对法律的理解预测自己行为的后果。

刑法用语的笼统、含混和捉摸不定，是罪刑擅断的温床。孟德斯鸠指出："按照火诺利乌斯的法律，把一个脱离奴籍的人当作农奴买入或有意使他忧虑不安的人，处死刑。该法不应该使用像'忧虑不安'这样一个含糊笼统的措辞。使一个人忧虑不安，完全要看这个人敏感性的程度而定。……在法律已经把各种观念很明确地加以规定之后，就不应再回头使用含糊笼统的措辞。路易十四的刑事法令，在精确地列举了和国王有直接关系的讼案之后，又加上了这一句：'以及一切向来都由国王的判官审理的讼案'。人们刚刚走出专横独断的境域，可是又被这句话推回去了。"[2] 对此，贝卡里亚也指出："如果说对法律进行解释是一个弊端的话，显然，使人不得不进行解释的法律含混性本身是另一个弊端。尤其糟糕的是：法律是用一种人民所不了解的语言写成的，这就使人民处于对少数法律解释者的依赖地位，而无从掌握自己的自由，或处置自己的命运。……了解和掌握神圣法典的人越多，犯罪就越少。因为，对刑罚的无知和刑罚的捉摸不定，无疑会帮助欲望强词夺理。考虑到这在大部分文明开化的欧洲地区已成了根深蒂固的习惯，我们应当由此联想到什么呢？联想到的一点是：一个社会如果没有成文的东西，就决不会具有稳定的管理形式。"[3]

---

[1] 〔德〕马克斯·韦伯：《经济与社会》（下卷），商务印书馆1998年版，第202页。
[2] 〔法〕孟德斯鸠：《论法的精神》（下册），商务印书馆1963年版，第297页。
[3] 〔意〕贝卡里亚：《论犯罪与刑罚》，中国大百科全书出版社1993年版，第15页。

2. 刑法的精神应当一致

刑法是由多项规范组成的法律体系，其中包含着许许多多的法律规则。这些规范所包含的法律规则或者说所体现的法律精神，应当是一以贯之和相互协调的。刑法精神是在刑法的规范设计中体现出来的基本原理。这种基本原理本身具有普遍适用的效力，它应当适用于它可以适用的一切场合。在它可以适用的场合，如果没有特殊的理由，如必须在与之冲突的基本原理之间进行权衡而需要对其修正的理由，对其所做的任何修正和变通，都会给刑法精神造成不应有的破坏，都会导致刑法规范丧失合理性。因此如果刑法精神在不同的条文规定中彼此之间相互矛盾，或者在某些刑法条文中体现的刑法精神，与另一些刑法条文的规定所体现的刑法精神相互之间存在矛盾，那么刑法的合理性就荡然无存。

在刑法中，人们普遍认为行为对社会的危害性，是犯罪最本质的特征，是刑法之所以要把一种行为作为禁止的对象而规定为犯罪的根本原因，因而也是刑法正当性的根据。如果确认危害性原理是把某种行为规定为犯罪的基本原理，那么，由此得出的结论便是：一种行为如果没有危害性就不应当被刑法规定为犯罪。这个原理看似简单，但是在观念上和立法上却常常难以一以贯之。例如成年人之间自愿发生的性行为（无论这种行为是基于金钱还是基于性爱，无论这种行为发生在同性之间还是发生在异性之间），是否应当纳入刑法的视野，每每成为人们争论的对象。又如智力健全的人的自虐行为，"思想犯"等，是否应当被刑法规定为犯罪，都涉及危害性原理能否一以贯之的问题。

一个行为构成犯罪，必须有故意或过失的心理状态这种对犯意的要求，是刑事责任的基本原则。因为人们坚信只有当一个行为是在行为人的意识和意志支配下实施时，才应当归责于行为人从而作为刑罚处罚的对象；因为经验告诉人们，只有受人的意识和意志支配的行为才是人可以自己决定是否实施该行为，从而是刑法的禁令可以对之发生遏制作用的行为。在刑法中承认犯意原则，就不应当把人们在既没有故意也没有过失的状态下实施的行为规定为犯罪，就不应当因为他人实施的行为而追究对之既无故意也无过失的人的刑事责任。但是在一些国家的刑法中，却有关于严格责任犯罪的规定。这种关于严格责任的犯罪的规定，与刑法关于犯意的要求，恰恰是相互矛盾的。

故意与过失，对于人类行为的性质，具有不同的意义，因而在刑法中对犯罪的构成及其责任程度，具有重要的影响。因此刑法中的一个普遍性原理便是：在客观方面的情况基本相同时，故意实施的犯罪应当比过失造成的犯罪受到更重的刑罚处罚。因此在刑事立法中，如果对故意与过失不加区分地规定在一起，对故意实施的犯罪与过失造成的犯罪规定完全相同的刑罚，那就违背了上述原理，因而也就很难说是合理的。

3. 刑法规定的犯罪与刑罚之间应当均衡

在同一部刑法中，犯罪的轻重，应当按照相同的根据来测定，按照相同的逻辑进行排列；刑罚的轻重也应当按照相同的标准来分配，并适用于不同的犯罪；犯罪的轻重与刑罚的轻重之间应当保持一定的平衡。贝卡里亚指出："犯罪对公共利益的危害越大，促使人们犯罪的力量越强，制止人们犯罪的手段就应该越强有力。这就需要刑罚与犯罪相对称。……如果对两种不同程度地侵犯社会的犯罪处以同等的刑罚，那么人们就找不到更有力的手段去制止实施能带来较大好处的较大犯罪了。无论谁一旦看到，对打死一只山鸡、杀死一个人或者伪造一份重要文件的行为同样适用死刑，将不再对这些罪行作任何区分；道德情感就这样遭到破坏。"[1] 因此，贝卡里亚认为，立法者应当像一位灵巧的建筑师，他的责任是纠正刑罚与犯罪之间的不平衡，使形成建筑物强度的那些方向完全协调一致。他指出："既然存在着人们联合起来的必要性，既然存在着作为私人利益相互斗争的必然产物的契约，人们就能找到一个由一系列越轨行为构成的阶梯，它的最高一级就是那些直接毁灭社会的行为，最低一级就是对于作为社会成员的个人所可能犯下的、最轻微的非正义行为。在这两极之间，包括了所有侵害公共利益的、我们称之为犯罪的行为，这些行为都沿着这无形的阶梯，从高到低顺序排列。如果说，对于无穷无尽、黯淡模糊的人类行为组合可以应用几何学的话，那么也很需要有一个相应的、由最强到最弱的刑罚阶梯。有了这种精确的、普遍的犯罪与刑罚的阶梯，我们就有了一把衡量自由和暴政程度的潜在的共同标尺，它显示着各个国家的人道程度和败坏程度。然而，对于明智的立法者来说，只要标出这一尺度的基本点，不打乱其次序，不使最高一级的犯罪受到最低一级的刑罚，就足够了。"[2] 对此，孟德斯鸠指出："如果刑法的每一种刑罚都是依据犯罪的特殊性质去规定的话，便是自由的胜利。一切专断停止了，刑罚不是依据立法者一时的意念，而是依据事物的性质产生出来的；这样，刑罚就不是人对人的暴行了。"[3]

根据这个原理，边沁提出了罪刑相称的一般规则，即：

第一个规则——刑罚之苦必须超过犯罪之利。作为一个恐惧物的刑罚必须超过作为诱惑物的罪行。一个不足的刑罚比严

---

[1]〔意〕贝卡里亚：《论犯罪与刑罚》，中国大百科全书出版社1993年版，第65页。
[2]〔意〕贝卡里亚：《论犯罪与刑罚》，中国大百科全书出版社1993年版，第66页。
[3]〔法〕孟德斯鸠：《论法的精神》（上册），商务印书馆1963年版，第189页。

厉的刑罚更坏。因为一个不足的刑罚是一个应被彻底抛弃的恶,从中不能得到任何好结果。

第二个规则——刑罚的确定性越小,其严厉性就应当越大。如果刑罚恰好由罪行之获利而产生,且又是不可避免的,那么就不会有人犯罪了。在所有犯罪中,存在一个成功与失败的机会计算,为了平衡受惩罚之机会,必须增大刑罚的分量。

第三个规则——当两个罪行相联系时,严重之罪应适用严厉之刑,从而使罪犯有可能在较轻阶段停止犯罪。一个强盗可能仅仅满足于抢劫,也可能从谋杀开始,以抢劫结束。对谋杀的处罚应该比抢劫更严厉,以便威慑其不犯更重之罪。

第四个规则——罪行越重,适用严厉之刑以减少其发生的理由就越充分。刑罚的痛苦性是获取不确定好处的确定代价。对小罪适用重刑恰恰是为了防止小恶而大量支出。

第五个规则——不应该对所有罪犯的相同之罪适用相同之刑,必须对可能影响感情的某些情节给予考虑。如果罪行是人身伤害,同样的财产刑对富人将无足轻重,而对穷人则沉重不堪;同样的监禁对一个商人可能是毁灭性打击,对一个体弱多病的老人则无异于死刑,对一个妇女可能意味着终身耻辱,而对其他状况的人也许无关紧要。[1]

4. 刑法的规定应当具有稳定性

刑法关于犯罪与刑罚的规定,既然具有充分的理由和根据,既然符合刑法内在的逻辑和规律,就应当保持相对的稳定性。

刑法规定的有效性时间越长,越表明刑法立法的合理性。如果一部刑法或者刑法的一项规定,在颁布以后长时间不能生

---

[1] 〔英〕吉米·边沁:《立法理论——刑法典原理》,中国人民公安大学出版社1993年版,第68—70页。

效，或者生效后很快就被废除，或者今天刚刚生效，明天就要对之进行修改或补充，那就说明这种刑法立法本身是有缺陷的，至少是不慎重、不周全或者不切实际的，因而它在逻辑上就缺乏合理性。

刑法适用的有效性时间越长，它所昭示的准则，在人们的心理上刻下的烙印就越深刻，对人们的行为就越具有规范的作用。如果刑法的规范朝令夕改，人们就无法根据刑法来预测自己行为的后果，刑法也就不可能再指引人们规避犯罪。

上述四个方面，从刑法规范的角度，反映了刑法逻辑合理性的要求。它不仅对刑法立法中立法思想和立法技术具有直接的指导意义，而且对刑法的具体适用具有指导意义，因而是刑法理性的重要内容。

（三）程序合理性

程序合理性，是指刑法的具体适用要有可预测的、符合公平正义要求的诉讼程序，能够保证任何人的权利不因追诉犯罪的活动而受到不适当的侵害，保证有罪的人受到应有的惩罚和无罪的人不受刑罚处罚。

刑法就其本性而言，是要把它的一般规则适用于每一个违反它的禁令的具体行为。只有通过对具体的犯罪行为适用刑罚，刑法的功能作用才能得到充分而完整的发挥。因此，刑法必须借助于一定的诉讼程序来实现自身。

正是在这个意义上，我们说，适用刑法的过程构成刑法存在和运动的一个不可或缺的组成部分。而适用刑法的过程是否遵循着正当程序的要求，则是刑法合理性的一个重要方面。

为了论证刑法适用过程的合理性，贝卡里亚在其名著《论犯罪与刑罚》一书中用了相当多的笔墨，对当时诉讼过程中强制措施的适用、证据的收集和运用、审判的形式和裁判的内容等方面存在的问题，进行了一一地评说，提出了程序合理性的一系列要求。这些要求包括：

——不应当任意逮捕公民。法律应当规定根据哪些证据来羁押犯罪嫌疑人而强制他接受审查。"公开的传闻、逃跑、法庭外的供认、同伙的供述、对侵害目标的威胁和长期仇视、犯罪的物证等类似犯罪迹象，都足以成为逮捕某个公民的证据。但是，这些证据应该由法律来确定，而不是由法官来确定。当法官的决定不是对公共法典中基本准则的具体表述时，就是侵犯政治自由。"因为，"就社会本身的安全来说，同样违背其宗旨的一个错误是：允许执行法律的官员任意监禁公民，允许他根据微不足道的借口剥夺某个私敌的自由，或者无视最明显的犯罪嫌疑，使他的朋友不受处罚。"

——证实犯罪的证据要充分。证实某人是否犯罪的肯定性，是一种对于每个人来说都是生命攸关的事情。"衡量犯罪嫌疑的可靠性时，用得上这样一个一般公式：如果某一事件的各个证据是互相依赖的，即各种嫌疑只能互相证明，那么，援引的证据越多，该事件的或然性就越小。因为可能使先头证据出现的缺陷的偶然情况，会使后头证据也出现缺陷。""那些排除了无罪可能性的证据，……只要有一个，就足以定罪。不能排除无罪可能性的证据，则……需要有足够的数量。"

——审判应当是中立的和公开的。"在那些关系公民自由和幸福的地方，不应该让煽动不平等的那些感情作怪。……当犯罪侵害的是第三者时，法官就应该一半是与罪犯地位同等的人，一半是与受害人地位同等的人，这样，那些改变包括无意中改变事物面目的各个私人的利益得以平衡，这时候，发言的便只是法律和真相。""审判应当公开，犯罪的证据应当公开，以便使或许是社会唯一制约手段的舆论能够约束强力和欲望；

这样,人民就会说:我们不是奴隶,我们受到保护。"

——审判应当有必要的程序。"在进行审判时,手续和仪式是必需的。这是因为它们可以使司法者无从随意行事;因为这样可以昭示人民:审判不是纷乱和徇私的,而是稳定和规则的;因为这样可以比推理更有效地作用于那些墨守成规者的感觉。手续和仪式要想不成为灾难,法律就绝不能把它规定得有损于揭示真相。真相有时过于简单,有时又过于复杂,所以需要某些外在的形式,使无知的人民能够接受它。"

——证据的采用必须遵循一定的规则。"恰如其分地确定证人和犯罪证据的可信程度,这是一切优秀立法的显著特点。"一切有理智的人,都可以作为证人。"衡量这种人可信度的真正尺度,仅仅在于说真话或不说真话同他的利害关系"。"证人的可信程度应该随着他与罪犯间存在的仇恨、友谊和其他密切关系而降低。""一个以上的证人是必需的,因为,如果一个人肯定,另一个人否定,就什么也确定不了,在这种情况下,谁都有权被认为是无辜的。""犯罪越是残酷,或者情节越是难以置信,证人的可信程度就越是明显地降低。""当证人是某一团体的成员,而这一团体的习惯和准则并不为公共社会所理解,或者与社会相忤逆时,这个证人的可信程度可能成倍降低。""当有些证人把别人讲的话指为犯罪时,证人的可信程度几乎等于零。"

——禁止秘密控告和诬告。"秘密控告显然是不正常的现象,却为当局所认可;在很多国家里,由于制度的软弱,它成了必不可少的东西。这种风俗把人变得虚伪和诡秘"。"当诬告被暴政的最坚硬的盾牌——秘密武装起来时,谁又能保护自己不受诬告呢?当统治者把自己的臣民都怀疑为敌人,并且为了社会的安宁而不得不剥夺他们每个人的安宁时,这样的统治将会命运如何呢?"因此,"每个政府,不论是共和国政府还是君主制政府,都应对诬陷者处以反坐的刑罚。"

——禁止提示性讯问和刑讯。"我们的法律禁止在诉讼中进行提示性讯问。所谓提示性讯问,在学者们看来,其含义就是:当应该就犯罪情形进行泛指的讯问时,进行特指的讯问,也就是说,讯问直接针对犯罪,提示罪犯做出直接回答。""不管理由怎样,那些既保持这一习惯又许可刑讯的法律具有明显的矛盾:难道还有什么样的讯问能比施加痛苦的刑讯更富有提示性吗?……因为痛苦将提示强壮者坚持沉默,以便使较重的刑罚换为较轻的刑罚;并提示软弱者做出交待,以便从比未来的痛苦更具有效力的现时折磨中解脱出来。如果说特指讯问使罪犯做出违反自然法则的交待,那么痛苦就更容易造成这种情况。""为了迫使罪犯交待罪行,为了对付陷于矛盾的罪犯,为了使罪犯揭发同伙,为了洗涤耻辱——我也不知道这有多么玄虚和费解,或者为了探问不在控告之列的另外一些可疑的罪行,而在诉讼中对犯人进行刑讯,由于为多数国家所采用,已经成为一种合法的暴行。"这种暴行,使"罪犯与无辜者间的任何差别,都被意图查明差别的同一方式所消灭了"。

——诉讼应当有一定的时效。"法律应该为犯人的辩护和查证犯罪确定一定的时间范围。""对犯罪进行查证并对其确定性做出计算之后,需要为犯人提供一定的时间和适当的方式为自己辩护,但是我们知道,刑罚的及时性是制止犯罪的重要手段之一,为了不影响刑罚的及时性,给犯人的辩护时间应是短暂的。"

——刑罚的及时性。"惩罚犯罪的刑罚越是迅速和及时,就越是公正和有益。说它比较公正是因为:它减轻了捉摸不定给犯人带来的无益而残酷的折磨……在被宣判为罪犯之前,监禁只不过是对一个公民的简单看守;这种实质上是惩罚性的,

第三章 刑法理性的基本内涵

所以持续的时间应该尽量短暂……诉讼本身应该在尽可能短的时间内结束。法官懒懒散散,而犯人却凄苦不堪;这里,行若无事的司法官员享受着安逸和快乐,那里,伤心落泪的囚徒忍受着痛苦,还有比这更残酷的对比吗?""我说刑罚的及时性是比较有益的,是因为:犯罪与刑罚之间的时间隔得越短,在人们心中,犯罪与刑罚这两个概念的联系就越突出、越持续,因而,人们就很自然地把犯罪看作起因,把刑罚看作不可缺少的必然结果。""只有使犯罪与刑罚衔接紧凑,才能指望相联的刑罚概念使那些粗俗的头脑从诱惑他们的、有利可图的犯罪图景中立即猛醒过来。推迟刑罚只会产生使这两个概念分离开来的结果。"

——刑罚的必定性。"对于犯罪最强有力的约束力量不是刑罚的严酷性,而是刑罚的必定性……即使刑罚是节制的,它的必定性也比联系着一线不受处罚的希望的可怕刑罚所造成的恐惧更令人印象深刻。因为,即便是最小的恶果,一旦成了确定的,就总是令人心悸。然而,希望——这一天赐物,往往在我们心中取代一切,它常常使人想入非非,吝啬和软弱所经常容许的不受处罚更加使它具有力量。"[1]

刑法的具体适用,包括了从立案侦查到提起公诉到审判和行刑的整个诉讼过程。"诉讼本身在内部就包含着复杂的要素。……实体形成、追诉、程序之间的目的论的联系,是诉讼内部的目的论联系,它们全体又具有一个超越性的目的,那就是在具体案件中实现刑法。而这个目的,就是要让人们看到,在搞清楚具体案件真相的同时,又通过刑罚法规的适用而科处

---

[1] 以上参见〔意〕贝卡里亚:《论犯罪与刑罚》,中国大百科全书出版社1993年版,第17—60页。

了适当的刑罚。"[1] 因此，诉讼过程是否具有合理性，不仅涉及能否发现案件的事实真相，使有罪的人受到应有的刑罚处罚，而且关系到这个过程本身是否会由于公共权力的运用而给涉案人员造成不应有的伤害。

程序合理性包括四个方面的内容，即诉讼过程的规则设计和具体实施，能够有利于发现真实；能够保障刑法适用的严肃性；能够保障用刑适当；能够防止追诉权的滥用。

1. 有利于发现真实

发现真实，是指收集和审查证据，发现和证实构成犯罪的事实真相。"刑事追诉的直接目的，在于确认被告人是否犯有一定的犯罪事实。这里所说的犯罪事实，是符合犯罪构成要件的事实。刑事程序一开始就以某种构成要件为指导形象去辨明案件，并且就其实体逐步形成心证，最终以对某种符合构成要件的事实达到确实的认识为目标。这就是刑事诉讼中的实体形成过程。"[2] 刑法适用的对象是犯罪，然而这种犯罪必须是已经实际发生的、符合刑法规定的构成要件的犯罪。要证明一个人实施了犯罪，就必须收集足够的证据，根据这些证据分析判断进而认定曾经发生过的犯罪行为其实际情况可能是什么样的。没有充分的证据，就无从认识曾经发生过的事实的真相，就无法判断任何一个具体的人是否实施了某种行为以及该行为是否构成犯罪。因此，发现真实成为刑事诉讼最基本的目的。正如一些学者指出的："刑事诉讼是为寻找实体真实

---

[1] [日] 小野清一郎：《犯罪构成要件理论》，中国人民公安大学出版社1991年版，第116—117页。

[2] [日] 小野清一郎：《犯罪构成要件理论》，中国人民公安大学出版社1991年版，第137页。

第三章　刑法理性的基本内涵

服务的。"[1] "所谓实体真实主义，是历来刑事诉讼法所强调的原则。"[2] "刑事诉讼法，系以适用刑法，确定国家具体的刑罚权为其任务。故刑事诉讼之目的，在发现实体的真实，使刑法得以正确适用。"[3]

发现真实包括两层含义：一是对于已经发生的犯罪，要力求发现犯罪人及其犯罪的具体事实，不使有罪的人逃脱刑法的制裁；二是对于可能包含犯罪事实的事件，要力求查明案件的真实情况，不使无罪的人受到刑罚处罚。日本学者土本武司指出："实体真实主义有两面性：其一方面，是通过查明犯罪事实而不使有罪的人逃脱这一积极作用（积极的实体真实主义）表现出来的。这是因为，刑罚的效果，与其在实体法上实行重刑，倒不如在刑事程序上无遗漏地处罚更为有益。……在另一方面，实体真实主义通过追求不得错误地认定犯罪事实而将无实者[4]认定有罪这一消极作用（消极的实体真实主义）表现出来。'宁可让十个有罪的人逃脱，也不错杀一个无辜'的格言，就是消极实体真实主义理念的体现"[5] 只有从积极的和消极的两个方面来理解发现真实，才能把握发现真实的合理内核。如果片面强调其中一个方面，都有可能使发现真实这种诉讼目的与刑法追求的其他价值相冲突。

有利于发现真实，是刑事诉讼的价值追求。刑事诉讼的制度设计和刑事诉讼的实践活动，都应当有利于查明案件的事实真相。刑事诉讼法要为在刑事诉讼的各个环节上发现真实提供

---

[1] Henkel, Strafverfahrensrecht, Z. Aufl. Henkel, 1968. S. 104. 转引自宋英辉：《刑事诉讼目的论》，中国人民公安大学出版社1995年版，第46页。
[2] 〔日〕小野清一郎：《刑事诉讼法概论》，法文社1954年版，第146页。
[3] 陈朴生：《刑事诉讼法实务》（增订版），1981年自版发行，第8页。
[4] 无实者，是指不能证明为犯罪的人，并非一定是无辜的人。
[5] 〔日〕土本武司：《刑事诉讼法要义》，有斐阁1991年版，第16页。

制度性保障。刑事侦查活动要全面收集证据，为发现真实提供事实基础；刑事起诉要仔细审查证据，在发现真实的基础上准确地指控犯罪；刑事审判要认真听取控辩双方的举证、质证和辩论，确保在发现真实的基础上做出裁判。

由于作为刑事诉讼标的的案件事实，始终是已经发生了的犯罪，起诉所指控的犯罪只能是根据证据推定的事实，而这种事实只存在于人们的观念形态中，所以发现真实的过程，只能是人们根据所收集到的证据，经过分析判断和推理，在观念形态中形成对犯罪事实的认识的过程。在这个过程中，应当把实质真实或称实体真实作为首选目标，还是应当把形式真实或称法律真实作为首选目标，是刑事诉讼中长期争论的一个重要问题。对这个问题的不同主张，导致了两种诉讼模式的长期对峙。

实质真实是指作为刑法的适用所依据的案件事实，应当是符合客观实际的具有真实内容的真实。强调实质真实的学者认为，只有查明案件的事实真相，才有可能正确地处理案件，使犯罪的人受到应有的惩罚，从而实现社会正义，维护法律秩序，才有可能避免错案，防止伤及无辜。正如日本学者指出的：刑事诉讼，是以对具体案件适用刑罚法规为目的的程序。只要以它为刑事诉讼法的基本理念，诉讼的内部结构，就不能不以"实体形成"为中心。追诉的形式只是为此目的服务的一种手段，而一切程序又是进一步为实体形成和追诉目的服务的手段。[1] 因此他们坚持犯罪控制模式，主张不应拘泥于程序而减缓、阻碍案件进行的速度，能够以有限的资源处理数量庞大

---

[1] [日] 小野清一郎：《犯罪构成要件理论》，中国人民公安大学出版社1991年版，第117页。

第三章 刑法理性的基本内涵

的案件并制造出相当高的逮捕率和有罪判决率的刑事程序，才是符合诉讼目的的诉讼程序；主张法律应当尽可能地减少对警察和检察官权力运用的限制，而不应因警察或检察官在履行职责的过程中发生的错误而使有罪的人逃脱法律的制裁。警察和检察官在执法过程中发生错误是在所难免的，如果因此而放纵罪犯，就会使犯罪更加猖獗，就会导致刑法功能的消失。

形式真实是指对案情的认定，只要符合法律规定的程序，不论是否与实际情况相符，都是真实的。强调形式真实的学者认为，法律真实本身具有拟制性，是在遵守法律规则建立在合法证据之上的真实。在这种情况下，为了实现法律真实就应当牺牲客观真实。尽管其结果可能是使个别有罪的人逍遥法外，但能够在更大程度上实现法律真实，因而是一种必要的丧失。[1] 因此他们坚持正当程序模式，主张刑事诉讼的目的不只是发现实体真实，更重要的是以公平与合乎正义的程序保护被告人的人权；主张鉴于刑事制裁的严厉性以及将个人投入刑事诉讼程序可能对其造成的重大损害，必须限制政府权力在刑事诉讼程序中的运用。"法律的正当程序，比起真实的发现这一结果，重视其认定的过程"[2]，因此正当程序模式在程序上为刑事诉讼设置了诸多关卡，如排除非法取得的证据，对逮捕、搜查等侦查活动设置严格的条件和程序，不能证明被告人有罪时应将其释放，禁止迫使被告人"自证其罪"，充分保障被告人的辩护权等。

其实，这两种主张之间并不存在不可逾越的鸿沟。虽然这两种主张讨论问题的出发点不同，但是就认定犯罪而言，它们

---

[1] 陈兴良主编：《刑事法评论》（第6卷），中国政法大学出版社2000年版，第22页。
[2] [日] 铃木茂嗣：《刑事诉讼法的基本问题》，成文堂1988年版，第5页。

都只是强调问题的一个方面。实体真实强调的是认定犯罪的结果必须符合客观存在的事实，而形式真实强调的是认定犯罪的过程必须符合法律规定的正当程序。从刑法适用的角度看，这两个方面都有利于保障刑法适用的正确性，因此应当将二者有机地统一起来。

实体真实与形式真实相统一的标志，是在形式真实的基础上寻求实体真实。一方面，要在形式真实的前提下去发现实体真实，严格遵守刑事诉讼法所规定的正当程序；另一方面要在发现案件的事实真相上下功夫，力求通过刑事诉讼，使有罪的人受到应有的刑罚处罚，使无罪的人不受刑罚处罚。在制度设计上，应当通过法律赋予警察和检察官必要的调查权力，以保证其有足够的能力去广泛收集案件的证据材料，同时应当对这种权力的行使设置必要的制约机制，以防止其滥用。在实践中，应当禁止非法取得的证据在法庭上的运用，但是也应当允许执法人员就同一事项通过合法手段重新收集证据，不能因为执法人员曾经在收集证据的过程中使用过非法手段而放弃对案件事实真相的追求。以排除非法证据为由，而置案件事实于不顾的主张，与刑事诉讼所追求的根本价值，是背道而驰的。

在这个问题上，一些学者存在着一种理论上的误区，即认为保护社会利益与保障个人权利是对立的，强调实体真实就必然侵犯个人权利。不可否认，刑事诉讼所追求的根本价值是保护社会利益，甚至是以必然的牺牲某些个人利益为前提来保护社会利益的。但是这种社会利益与可能牺牲的个人利益之间并不是绝对对立的，因为社会利益包含了作为社会成员的每个个人的利益。对犯了罪的人追究刑事责任，如果从表面上看，是为了社会利益而牺牲犯罪者个人的利益，但是从更深的层面上看，这同时也是对个人利益的一种保护：一方面，它可以防止对犯罪者的私人报复和法外制裁，使犯罪者因其犯罪行为所应当受到的惩罚控制在一定的范围之内；另一方面它可以建立和维持一种正常的社会秩序，使犯罪者在社会生活的其他场合具有安全的保障。因此在法律规定的范围内，对犯罪者个人权利进行必要的限制和剥夺，本身是正当的和必要的，这与保障个人权利的价值追求，并不矛盾。不仅如此，强调实体真实并不意味着就一定要违法办案，就一定要侵犯个人权利。那种认为强调客观真实就一定是主张绝对的、自在的真实，就可以不择手段甚至将刑讯合法化[1]的观点，是没有根据的。

在现代法治国家，人们强调刑事诉讼必须在法律规定的正当程序内进行，并不意味着放弃对客观真实的追求，而对客观真实的追求，也并不意味着对现代法治理念的放弃。事实上，在法律规定的范围内发现实体真实，并不是绝对不可能的事情。不能认为，只要强调实体真实，就是忽视对人权的保障，就是以侵犯人权为代价。即使是在那些个人价值至上的国家，也并没有因为强调对个人权利的保护而放弃刑事司法在打击犯罪方面的职能作用。没有人会主张，刑事诉讼的目的是保障个人权利而不是发现案件的事实真相。这本身也意味着追求实体真实与保障人权并不一定就是矛盾的。就我国的实际情况而言，我们过去过多的强调发现真实而忽视了对犯罪嫌疑人和被告人诉讼权利的保障，以致为追求实体真实而不适当的侵害了个人利益，这是我们应当克服和警惕的。但是不能因为这种现象的存在，而把对实体真实的追求与保障人权对立起来，认为取其一就必须舍其一，不能认为强调依法治国就只能要形式真

---

[1] 陈兴良主编：《刑事法评论》（第6卷），中国政法大学出版社2000年版，第19、24页。

实而不能要实体真实。

正因为"真实"是要由司法人员在司法过程中去"发现"的，所以，诉讼程序的设置、司法的过程要充分保障诉讼参与人的诉讼权利。只有充分保障诉讼参与人的诉讼权利，才有利于发现真实。一是只有充分保障诉讼参与人的诉讼权利，才能保证知道案件事实的人敢讲话、讲真话。使用暴力、威胁或者恐吓，诉讼参与人即使了解某些案件的真实情况，也不敢或者不愿向司法人员讲，司法人员就那样了解案件的真实情况。二是只有充分保障诉讼参与人的诉讼权利，才能保证诉讼参与人把自己知道的案件事实毫无保留地讲出来，以便司法人员全面地了解案件事实。如果不尊重诉讼参与人，无论是被告人还是被害人或者其他证人，都不会把自己所知道的案件情况一五一十、毫无保留告诉司法人员。司法人员像挤牙膏一样问一点，当事人说一点，就很难保证司法人员能够全面掌握案件的全面事实真相。三是只有充分保障诉讼参与人的诉讼权利，才能保证司法人员从不同角度观察和认识案件的事实真相。不同身份的人对同一个案件事实的认识和感受是不同的。只有让每一个了解案件事实的人都充分全面地陈述自己所感受到的案件事实，司法人员才有可能从不同的角度全面地了解案件的事实真相。没有诉讼参与人的充分参与，就无法保证客观全面地发现案件的事实真相。

2. 保障刑法适用的严肃性

程序的制度设计必须能够保障司法人员严格的适用刑法，无论是认定犯罪还是适用刑罚，都必须严格地把刑法的规定准确地适用于已经查明的事实，并使这种依据刑法做出的决定得以严格的遵守。贝卡里亚指出：对于犯罪最强有力的约束力量不是刑罚的严酷性，而是刑罚的必定性，这种必定性要求司法

官员谨守职责,法官铁面无私、严肃认真[1]。为此,在制度设计上,应当注意以下几个方面:

(1) 法律的规定应当具体明确。关于惩罚犯罪的实体性规定和程序性规定,应当尽可能地具体明确,以便使司法人员清楚地知道在适用刑法的时候有哪些规则是必须遵守的、有哪些规定是在具体案件中必须适用的、有哪些措施是在具体案件中可以选择适用的。法律规定的明确性是保障司法人员严格执法的基础。

(2) 程序设计应当严密可行。关于诉讼过程的规定应当环环紧扣,如果前一个诉讼环节没有遵守法律的有关规定,后一个诉讼环节应当能够及时发现,并通过后一个环节使之得以纠正。诉讼环节如果只是"走过场"而不能保证发现和纠正前一个诉讼环节上的违法和错误,各个诉讼环节就可能"以讹传讹"进而导致整个诉讼过程丧失其应有的功能。如果程序设计缺乏可行性,同样不能保证它被严格遵守。如是,刑法的适用就失去了严肃性。

(3) 适用刑法的依据应当公诸于众。司法人员适用刑法的所有实体性规定和程序性规定都应当向当事人和公众公开,以便使司法人员真正在阳光下作业,也便于人民群众监督刑法适用的过程和活动。在适用刑法的过程中,如果在向人民群众公布的法律规定之外,司法人员手里还遵循着某些"内部规定",并按照(或称"结合")这些内部规定来定罪量刑,人们就难以理解法律规定与实际适用法律之间所存在的距离,就难以相信刑法适用的公正性和严肃性,同时也难以避免司法人员利用法律规则与内部规定之间的差异以营私。

---

[1] [意] 贝卡里亚:《论犯罪与刑罚》,中国大百科全书出版社 1993 年版,第 59 页。

（4）违反程序规定的诉讼行为应当受到追究。严格追究一切违反法定程序的诉讼行为，是保障刑法适用的严肃性的先决条件。无论是司法机关还是诉讼当事人，在刑事诉讼过程中，任何主体违反程序规定的行为，都应当毫无例外地受到法律的追究，不允许任何人有违反法定程序的特权。

3. 保障用刑适当

用刑适当，是指根据已经查明的犯罪事实，在刑法规定的限度内，恰当的确定犯罪人应当判处的刑罚。用刑适当包括两层含义：一是刑罚只对犯了罪的人施用；二是对犯了罪的人所施用的刑罚，在刑法规定的范围内，与其所犯罪行相当。如果说发现真实是刑事诉讼的首选目标，那么用刑适当就是刑事诉讼的根本目标。因为在刑事诉讼中，发现真实的目的是认定被告人是否犯有被指控的犯罪，以便使有罪的人受到应有的刑罚处罚、使无罪的人不受刑罚处罚。而用刑适当则是在发现真实的基础上，使有罪的人受到应有的刑罚处罚以实现发现真实的目的的活动。发现真实和用刑适当，都是为了准确地适用刑法。

对用刑适当的追求，根源于刑罚施用的合理性。刑罚施用的合理性包括两个方面：

第一，对犯罪人施用的刑罚应当足以遏制类似犯罪的普遍发生。刑法的重要特征之一是，通过对犯罪人适用刑罚，在犯罪人和意欲犯罪的人心理上产生一种畏惧痛苦或剥夺的意识，进而防止其犯罪或再犯罪。因此，对具体犯罪人所施用的刑罚，应当具有足够的警戒作用，以适应遏制此类犯罪行为再发生的需要。所谓足够的警戒作用，既涉及刑罚的轻重程度，更涉及刑罚的必至性。离开了遏制犯罪的必要而片面强调轻刑化，刑罚的施用就可能成为一种隔靴搔痒的粉饰，就无法发挥其遏制犯罪的作用。但是如果认为刑罚越重就越能遏制犯罪从而一味地奉行重刑主义，刑罚就可能对犯罪人的权利造成不应有的损害。如果只强调刑罚的轻重程度与犯罪的严重程度相适应而忽视刑罚的必至性，就可能使某些犯了罪的人得不到应有的刑事制裁，同样不能保证刑罚施用的合理性和公平性，不能达到预防犯罪的目的。

第二，对犯罪人施用的刑罚轻重应当与他所实施的犯罪行为的程度和行为人的责任相适应。对犯罪人施用的刑罚是否具有合理性，还在于这种刑罚的轻重程度是否与行为人的责任大小相一致。行为人的责任大小，既取决于其所实施的犯罪行为本身的严重程度，也取决于行为人对此应当承担的责任的大小。特别是在以下三种情况下，行为人责任的大小对于刑罚的合理性具有重要的影响：一是在被害人的行为本身是导致犯罪行为发生的原因的情况下，应当合理地区分犯罪人的责任与被害人的责任，根据这种区分来恰当的确定犯罪人的刑事责任，并决定对其应当施用的刑罚；二是在共同犯罪的情况下，应当合理地区分各个共同犯罪人在共同犯罪中的不同地位与作用，进而确定具体的犯罪人应当承担的责任，并根据这种区分对不同的犯罪人施用不同程度的刑罚；三是在单位犯罪的情况下，应当准确地认定有关个人在单位犯罪中所扮演的角色和所起的作用，合理地区分单位的责任与有关个人的责任，并根据刑法的有关规定来决定对有关个人和单位施用的刑罚。

要保障用刑适当，首先必须在法律上对裁量决定刑罚的规则加以明确规定。在英美法系国家，法官必须遵循上级法官或前任法官以前在相同或类似案件中所做出的有关刑罚轻重程度的判例来决定对犯罪人应当判处的刑罚。在大陆法系国家，对犯罪人裁量决定刑罚，往往需要几个法官在合议的基础上做出。遵循先例的制度和合议制度，都是为了从制度设计上保障用刑适当。为了保障用刑适当，我国在刑事诉讼法中规定了法官合议制度，而且在刑法中对裁量决定刑罚时应当考虑的因素做出了明确的规定，如"对于犯罪分子决定刑罚的时候，应当根据犯罪的事实、犯罪的性质、情节和对于社会的危害程度，依照本法的有关规定判处"；"犯罪分子具有本法规定的从重处罚、从轻处罚情节的，应当在法定刑的限度以内判处刑罚"；"犯罪分子具有本法规定的减轻处罚情节的，应当在法定刑以下判处刑罚"。刑法同时规定了应当从重判处的各种情节和应当从轻、减轻处罚或者免除处罚的各种情节。对这些情节的规定，正是用刑适当的制度性保障。

要保障用刑适当，同时还应当在具体适用过程中对裁量决定刑罚的主体权力进行必要的限制。这里涉及法官自由裁量的范围。如果法官毫无自由裁量的余地，那就只能机械的适用刑法，就很难做到用刑适当。但是如果一个法官可以在法律规定的范围之外任意决定刑罚的轻重，那么其所做出的判决虽然可能更加适应具体案件的特殊性，更能做到用刑适当，但是也完全可能导致法官任意出入人罪的现象发生。这样的制度设计就潜伏着一种使被告人的合法权利得不到保障的危险。因此必须对法官裁量决定刑罚的权力做出必要的限制，将其限定在刑法规定的限度内。我国刑法明确规定：对于犯罪分子决定刑罚的时候，应当"依照本法的有关规定判处"；犯罪分子如果不具有本法规定的减轻处罚情节，但是根据案件的特殊情况，需要在法定刑以下判处刑罚时，必须"经最高人民法院核准"。这类规定，就是为了限制法官自由裁量的范围，防止自由裁量权的滥用。

在程序设计上保障用刑适当，还必须规定对用刑不当的法律救济措施，使不当适用刑法的司法裁决能够及时地得以纠正。没有及时有效的纠错机制，以及对故意滥用刑罚的制裁措施，就很难从制度上保障用刑适当。

当然，要保障用刑适当，还必须有称职的法官和良好的司法理念。但是这个问题已经超出了制度设计的范围，所以本书在此暂且不谈。

4. 防止追诉权的滥用

程序合理性的另一个方面是在制度设计和实际操作中能够有效地防止追诉权的滥用。除了防止法官自由裁量权的滥用之外，防止追诉权的滥用还包括防止追诉权的随意启动和防止在追诉过程中滥用强制措施两层含义。"自从有刑法存在，国家代替受害人施行报复时开始，国家就承担着双重责任：正如国家在采取任何行为时，不仅要为社会利益反对犯罪者，也要保护犯罪人不受受害人的报复。现在刑法同样不只是反对犯罪人，也保护犯罪人。它的目的不仅在于设立国家刑罚权力，同时也要限制这一权力，它不只是可罚性的源由，也是它的界限，因此表现出悖论：刑法不仅要面对犯罪人保护国家，也要面对国家保护犯罪人，不单面对犯罪人，也要面对检察官保护市民，成为公民反对司法专横和错误的大宪章。"[1]

由于刑事追诉过程本身是对公民权利的一种侵害，所以防止在不必要的时候启动追诉权，是在刑事诉讼中保障个人权利的一个十分重要的方面；而防止在应当启动追诉权的情况下不启动追诉权，同样是刑事诉讼的一个重要方面。从实践中看，刑事诉讼通常是通过三条线索启动的：一是确有犯罪事实发生，需要查明该犯罪系谁人所为；二是某人可能实施了犯罪行

---

[1] 〔德〕拉德布鲁赫：《法学导论》，中国大百科全书出版社1997年版，第96页。

为，需要查明该人是否属于真正的罪犯以及该人实施的是何种犯罪；三是某人实施了某种犯罪，需要对其追究刑事责任。在上述第一种情况下，应当确认：已经发生的事实是不是刑法规定的应当追究刑事责任的犯罪事实。如果不问已经发生的事实是否确实构成了犯罪、是否应当追究刑事责任，就一味地启动追诉程序，就可能滥用追诉权，给个人权利造成不适当的侵害。如在合同纠纷导致欠债不还的场合。但是在明知已经发生的事实构成犯罪的情况下不启动或者不及时启动追诉权，同样是追诉权的（消极的）滥用。在上述第二种情况下，应当确认：是否有合理的根据怀疑某人可能实施了犯罪行为。如果没有根据地怀疑某人实施了某种犯罪，就动辄启动追诉权，就可能构成对个人权利的不适当、不必要的侵犯。但是在有足够理由怀疑某人可能实施了某种犯罪的情况下，麻木不仁，拒不启动追诉权，以查明该人是否真的实施了某种犯罪，同样是对追诉权的（消极的）滥用。在上述第三种情况下，明知某人实施了某种犯罪而不启动追诉权来追究其刑事责任，就是对追诉权的滥用。

在追诉权启动之后，防止滥用强制措施，则是在刑事诉讼中保障个人权利的又一个重要方面。滥用强制措施包括在不该使用的情况下使用法律规定的强制措施和使用非法的强制手段两种情况。前者如对不符合逮捕条件的人或者在没有逮捕必要的情况下对犯罪嫌疑人使用逮捕、拘留等强制措施，超过法定羁押期限而不释放被羁押的人，未经合法授权而进行强制搜查等；后者如使用刑讯逼供、精神折磨等非法手段来取得犯罪嫌疑人的口供，以及使用各种违反人道或道义的手段获取证据等。

在历史上，滥用强制措施的现象，与刑事诉讼中的"犯罪控制模式"有关，是片面追求最大限度地揭露和惩罚犯罪的诉讼理念支配的结果。在现代，由于犯罪控制模式建立在正当程序的理念之上，所以滥用强制措施的做法，与犯罪控制模式之间已经失去了必然的联系。滥用强制措施的现象，既可以在追求最大限度地揭露和惩罚犯罪的诉讼理念中找到，也可以在权力缺乏制衡的制度设计中找到。

因此防止追诉权的滥用，既需要继续不断地清除错误的诉讼理念，也需要完善刑事诉讼的制度设计，其中最主要的是需要从制度上防止追诉权的滥用。

关于这种制度设计，应当着眼于以下几个方面：

（1）尽可能具体的规定追诉权启动的根据和强制措施适用的对象和条件，并明确规定滥用追诉权的法律后果。对刑事立案的条件作出明确的规定，既可以防止在不该启动追诉权的时候任意启动刑事追诉权，也可以防止对应当追诉的犯罪行为或犯罪嫌疑人不予启动刑事追诉权的情况发生。

（2）限制侦查人员和检察人员接触犯罪嫌疑人的机会和时间。没有一定的证据，执法人员就不应当以其执法者的身份正面接触犯罪嫌疑人，更不应当对犯罪嫌疑人采取强制措施，除非确有必要。对于已经采取强制措施的人，侦查人员和检察人员每次为讯问或审查而接触犯罪嫌疑人的时间应当有一定的限制，并且接触犯罪嫌疑人的时候应当进行全程跟踪录像，全面记录讯问的情况；并且看押人员应当由侦查、检察部门以外的人员担任。

（3）强化刑事诉讼中的监督机制。对于有案不立、有案不查的现象要追究有关人员的渎职责任；对于非法使用强制措施，或者任意使用酷刑，或者对犯罪嫌疑人实行非人道待遇的执法人员，应当剥夺其从事司法活动的资格。

（4）建立健全刑事救济机制。对于由于追诉权的滥用而受到不当侵害的人,及时适量地给予赔偿。对于刑事损害赔偿案件,应当允许当事人直接向人民法院提起诉讼。

三、刑法的节制性

刑法的节制性是指刑法的制定和适用在范围和程度上要受到人类理性的控制。

刑法,从其产生的时候起,就不是人类本能驱使下任意奔驰的野马,而是人类理智地运用公共权力以维护社会基本价值的工具。因此它在本质上是要受人类理性支配的。但是从另一方面看,刑法之所以产生和存在,其动力源又是人类的复仇本性和保卫自身安全的本能。这种本性和本能必然要隐现并伴随着刑法产生、存在和发展的始终。刑法前进的每一步,都是人类理性与人类自身的这种本性和本能苦苦抗争的胜利。然而这种本性和本能在人类进化的过程中并没有完全丧失其存在的价值,因而它必然要在各个领域包括刑法领域顽强地表现自己。在刑法的制定和运用过程中,理性的力量稍有微失,这种本性和本能的欲望就会显现出来。由于刑法具有"以恶止恶"的特性,这种本性和本能的欲望一旦在刑法中占据支配地位,就会给人类自身带来灾难。因此,理性必须时刻警惕这种本性和本能的冲动对刑法的制定和运用的影响,自觉地节制刑法对社会生活的干预范围和程度,防止和控制其可能产生的负效应。

除了上述原因之外,刑法节制性的思想基础还在于"刑法并不是社会控制的唯一手段"这种理念的普遍认同和深化。"虽然在有组织的社会的历史上,法律作为人际关系的调节器曾产生过巨大的决定性的作用,但在任何这样的社会,将法律作为唯一的社会控制力量仍是不可能的。还存在一些能够指导或引导行为的其他工具,这些工具是用来补充或部分取代法律手段以实现社会目标的。这些工具有：权力、行政、道德与习惯。"[1] 这种理念的普遍认同和深化，促使人们在刑法之外寻求对人类更有益的控制和预防犯罪的途径，从而淡化在社会控制过程中对刑法的过分地推崇和依赖。

所谓节制，按照柏拉图的理解，就是一种具有一致性和协调的好秩序或对某些欲望的控制，即做自己的主人。人的灵魂里面有一个较好的部分和一个较坏的部分，而所谓"做自己的主人"就是说让自身中较坏的部分受天性较好的部分控制。因此，节制也可以说是靠理智和正确的信念帮助，由人的思考指导着的简单而有分寸的欲望。"节制就是天性优秀和天性低劣的部分在谁应当统治，谁应当被统治——不管是在国家里还是在个人身上——这个问题上表现出来的这种一致性和协调。"[2]

刑法的节制性主要表现在三个方面：一是谦抑；二是宽和；三是人道。

（一）谦抑

在刑法思想史上，康德主张刑罚就是对罪恶行为的报复；正义要求相同的规则适用于每一个人；如果有人违反了刑法规则，则该人从他人处取得了不正当的利益，正义就要求通过刑罚报复或赎救这种罪恶。他强调，即使除了报复罪恶行为外没有任何价值，也应当强加刑罚。对此，贝勒斯反驳说，人们是否可以有理由不管刑罚有无价值而接受按制度强加的刑罚？人们绝不会这样做。因为这样做有作茧自缚的危险，却毫无价值可言。虽然人们会接受一种潜在的安全利益超过刑罚的潜在的损害的制度，但人们绝不会接受一种他们只会受到损害的制

---

[1] [美] E. 博登海默：《法理学——法哲学及其方法论》，华夏出版社1987年版，第340页。

[2] [古希腊] 柏拉图：《理想国》，商务印书馆1985年版，第150—152页。

度。贝勒斯认为:"报复心理并非一种理性的感情,因为它只是一种要使那些危害他人的人遭受损害的欲望。它的实际作用只是增加了社会中损害的总量。当然,并非社会中的每一个人都是理性的,而且每一个人都会偶尔不理智。因此,人们(包括我们自己)都可能产生报复心理。虽然人们会理性地接受一种允许人们依非理性的感情行事、但只有行为人才会遭受损害的制度,可如果其他人(包括我们自己)也会遭受损害,人们就不会接受那种制度。人们无疑不会制定一个鼓励报复的法律制度。……刑法的发展史就是一种合理的公共刑罚制度替代私人报复的历史。因此,人们不可能理性地接受强加刑罚仅仅是为了满足非理性的报复欲望的刑法。"据此,贝勒斯提出:"设立监禁刑只是为了平息民愤的制度不是理性的制度。"[1] 贝勒斯对康德的批判,正是现代刑法的谦抑性理论对古典报应刑理论的否定。

刑法谦抑的思想,在现代刑法中,应该说是与刑事社会学派反对刑罚万能而主张的刑事政策思想结伴而生。"刑罚谦抑主义之原则,即排除刑罚万能的思想。……刑事政策本身即根据此刑罚谦抑思想而发达。"[2]《德国刑法教科书》在论及"刑事政策的基本原则"时,提出了一个"法治国家原则"。该原则包含形式的和实体的两个概念。作为形式的法治国家原则,刑法主要是突出保证法安全性的要素。由于刑法可能对公民的个人自由予以最严厉的干涉,所以尤其需要采取特殊的预防其被滥用的措施。因此,宪法不仅要求有明确的法律规定作为可罚性的基础,而且还排除了构成刑罚和加重刑罚的法律的

---

[1] 〔美〕迈克尔·D.贝勒斯:《法律的原则——一个规范的分析》,中国大百科全书出版社1996年版,第339—340页。

[2] 张甘妹:《刑事政策》,台湾三民书局股份有限公司1979年版,第13页。

溯及力。在司法实践中，刑事法官受刑法的约束程度同样较大：不得基于未直接被法律包括在内的犯罪事实对被告人适用刑法。作为实体的法治国家原则，刑法的内容必须尽可能地与法治国家的理想模式相适应。如基于人的尊严产生了进一步废除酷刑或侮辱性刑罚，以及禁止在刑罚执行中不人道地对待犯人的规定；基于一般公众的行为自由的基本权利，使罪责原则被认可为宪法原则。"实体上的法治国家原则的必然结果，体现了对整体刑事政策的制约。"[1] 这个原则，实际上就是刑法谦抑思想的表现。

1. 刑法谦抑的基本含义

"刑罚谦抑主义，即排除刑罚万能，严刑峻法，可以维持社会秩序的思想，只承认刑罚是维持社会秩序，防止犯罪的方法之一；在刑罚之外，尚须有别的办法，并须和其他社会安全设施，紧密的结合，才能够达到防卫社会，预防犯罪的目的。这个主义的发生，亦是现代刑事学的重要成果之一，盖从前以刑罚为万能，认为严刑峻法可以根除犯罪，其后事实证明并非如此，故现代刑事学者倡为谦抑之说，力言不可过于重视刑罚的效用，必须和其他设施——尤其是各种社会安全设施，互相为用，才能达到预想的效果，这种主张，已为各国刑事政策所共认。"[2] 另一位我国台湾地区学者张甘妹则认为，刑罚谦抑主义，实际上就是20世纪中叶在各国所流行的所谓"非犯罪化"和"非刑罚化"。

陈兴良教授认为，刑法的谦抑性，是指立法者应当力求以最小的支出——少用甚至不用刑罚（而用其他刑罚替代措施），

---

[1] [德]汉斯·海因里希·耶赛克、托马斯·魏根特：《德国刑法教科书》，中国法制出版社2001年版，第33—35页。

[2] 林纪东：《刑事政策学》，台湾国立编译馆1969年版，第11页。

获得最大的社会效益——有效地预防和控制犯罪。刑法的谦抑性，包括刑法的紧缩性即刑法在整个法律体系中所占比重逐渐降低；刑法的补充性即由于刑法具有暴力强制性，代价较大，因而只有在其他法律措施不能奏效时才动用刑法，使之成为其他法律的补充性措施；刑法的经济性即以最少量的刑法资源投入，获取最大的刑法效益。[1]

在笔者看来，刑法谦抑的核心是反对基于报复情感的滥用刑法，主张刑法应当少用、慎用，刑法的启动应当限定在绝对必要的范围之内。刑法谦抑，主要包含三个方面的内容：

（1）政策上的宽容性。在刑事政策上，强调刑法的必要性原则，对没有社会危害性或者社会危害性较小因而不是必须动用刑罚的行为，采取一种宽容的态度，尽量不将其规定为犯罪。正如意大利学者杜里奥·帕多瓦尼指出的：鉴于很多现代国家（特别是意大利）的法律制度中，都存在着立法者滥用立法权的现象，最新的刑事政策倾向于认为，为了能理性地防止在刑法方面滥用立法权，必须对实际上是否有必要规定刑事制裁进行评估，或者说必须坚持人们所说的"（刑法）辅助性原则"（这个原则的内容为，不在不用刑事措施就不足以有效地处罚和预防某种行为时，就不允许对该行为规定刑事制裁）。[2]

（2）立法上的谨慎性。对于现实社会中存在或者出现的危害行为要不要启动立法程序将其规定为犯罪，应当进行充分地论证和谨慎地权衡，在确实认为必需动用刑法来禁止这种行为的时候，才通过刑法立法将其规定为犯罪。这是刑法立法谨慎性的表现。通过刑法立法（或刑法修改）把某些犯罪行为非犯

---

[1] 陈兴良：《刑法哲学》，中国政法大学出版社1992年版，第6—9页；《本体刑法学》，商务印书馆2001年版，第75—83页。

[2] 〔意〕杜里奥·帕多瓦尼：《意大利刑法学原理》，法律出版社1998年版，第3页。

罪化[1]，同样可以体现刑法的谦抑。对于某些已经规定为犯罪的行为，伴随着社会宽容度的提高，当其对社会心理的影响已经不再十分严重而客观上本来就没有多大的物质性损害时，立法者就应当通过修改刑法而废止其为犯罪的法律规定，或者减轻刑法中对该犯罪所规定的法定刑。

（3）司法上的非犯罪化和非刑罚化。某些行为，虽然刑法将其规定为犯罪，但是在司法实践中，基于刑事政策上的考虑，在那些没有造成严重危害后果的行为，以及情节并不严重或者有某种显然不需要判处刑罚的情况的案件中，就可以不将其作为犯罪来认定，或者虽然承认其构成犯罪，但不对其提起公诉或者不对其判处刑罚。

2. 刑法谦抑的思想基础

刑法谦抑性的思想基础是基于这样两个理念：一个是对公民自由和权利的尊重与保护；另一个是对刑法功能有限性的认识。

在现代社会里，人们往往以极大的同情心来尊重他人的自由与权利，法律也应当以更大的宽容度来对待公民的自由与权利，允许人们在更大的范围内选择自己的行为、行使自己的权利。因此，人们在行使自由权利的时候，应当受到充分的尊重，即使某些行为给他人或社会造成了某种不适或不便，但是如果这种后果不是足以威胁到社会的安宁和秩序，不是足以妨害到他人自由与权利的行使，刑法就不应当介入其中。另一方

---

[1] 非犯罪化与犯罪化是一个问题的两个方面。一方面，某些行为，原来不具有社会危害性或者社会危害性比较小，因而没有被规定为犯罪，但是由于社会生存条件的变化，这种行为可能具有了社会危害性或者其社会危害性可能在新的社会条件下增加并凸现出来了，因而有必要将其犯罪化。另一方面，某些原来具有社会危害性或者社会危害性比较严重的行为，由于社会经济的发展和社会关系的变化，可能丧失了社会危害性或者其社会危害性相对减弱了，因而有必要将其非犯罪化。因此，强调非犯罪化，并不意味着对犯罪化存在必要性的否定。

面，对于某些比较轻微的侵犯个人自由权利的行为，由于其不致威胁到社会的整体利益，应当尊重被侵犯人的选择，把是否提请司法机关进行追诉的权利，交给当事人。

为了预防犯罪，人们寄希望于刑法，但是刑法的历史使人们认识到刑法对于犯罪并不是万能的。一方面，"犯罪是人类学因素、自然因素和社会因素相互作用而成的一种社会现象。……每一个社会都有其应有的犯罪，这些犯罪的产生是由于自然及社会条件引起的，其质和量是与每一个社会集体的发展相应的。"[1] 犯罪存在的必然性决定了任何社会、任何个人都不可能希图通过任何一种手段在一朝一夕之间把犯罪完全消灭。另一方面，"刑罚虽在今日仍不失为对付犯罪之主要手段，但并非唯一的手段。刑事学研究之发达，更证实仅盲目的科以严刑峻罚，并不足以达到预防犯罪之效果。"[2] 因此，为了有效地实现预防犯罪的目的，应当努力寻求更有效的预防手段，而不能一味地强调刑法的功能，不能把刑事制裁作为对付犯罪的唯一手段。这种理念本身蕴含着对刑法的制定和运用的适度限制和对刑法宽容性的追求。

除了人类文明的发展所造就的上述两个理念之外，刑法的谦抑性之所以有其存在的价值，还在于社会经济的发展和社会关系的变化，必然要引起保护社会利益需求的变化。作为保护社会利益和个人利益的刑法规范，也就需要根据这种变化，适当的调整其保护的范围。对于与经济关系和社会关系有关的犯罪，应当根据这种变化，对那些不再具有社会危害性的行为或者社会危害性相对减弱的行为，适时地将其非犯罪化，以便集

---

[1] 〔意〕菲利：《实证派犯罪学》，中国政法大学出版社1987年版，第43页。
[2] 张甘妹：《刑事政策》，台湾三民书局股份有限公司1979年版，第18页。

中力量对付严重危害社会的行为。不仅如此，社会的发展必然引起社会观念的变化。对于那些与社会意识形态有关的犯罪，也应当根据社会观念的变化，把人们普遍认可的行为或者普遍容忍的行为非犯罪化，以便维护新型的社会关系，保护社会心理不因起诉和处罚已经容忍的行为所引起的不安。

当然，刑法谦抑的实现是与政治上的宽容紧密联系在一起的。没有政治上的宽容，就不可能实现刑事政策和刑法上的谦抑。孟德斯鸠认为，在不同的政体中，由于政治和法律的性质不同，因此其宽容程度也有差异。在专制的国家里，人的命运和牲畜一样，就是本能、服从与惩罚。在这种情况下，人们不知宽容为何物，唯一适用的就是严刑峻法。只有在民主政体下，政治是宽容的，因此，刑法也较为宽容。他指出："在专制国家里，人民是悲惨的，所以人们畏惧死亡甚于爱惜其生活。因此，刑罚便要严酷些。在政治宽和的国家里，人们害怕丧失其生活，甚于畏惧死亡，所以刑罚只要剥夺他们的生活就够了。"[1]

刑法谦抑的实现，还在于克服"治乱世用重典"的传统观念。"治乱世用重典"，是法家提出的一种刑法思想。这种刑法思想对中国历代统治者制定和适用刑法的活动产生过重大影响。但是实际上，"治乱世用重典"的思想，在客观效果上只顾眼前、不顾长远；在思想理论上只知其一、不知其二。用它指导刑法立法和司法的结果，虽然可以在较短时间内有效的遏制犯罪的发案率，但是从长远效果上看，容易导致罪刑关系的失衡，使刑法丧失其合理性，从而也就丧失了人民群众对刑法的认同和支持。

---

[1] [法] 孟德斯鸠：《论法的精神》（上册），商务印书馆1963年版，第83页。

(二) 宽和

贝卡里亚在抨击欧洲中世纪的残酷刑罚时,提出了刑罚应当宽和的思想。贝卡里亚指出:严峻的刑罚造成了这样一种局面:罪犯所面临的恶果越大,也就越敢于规避刑罚。为了摆脱对一次罪行的刑罚,人们会犯下更多的罪行[1]。刑罚最残酷的国家和年代,往往就是行为最血腥、最不人道的国家和年代。因为支配立法者双手的残暴精神,恰恰也操纵着杀人者和刺客们的双手。残酷的刑罚还造成两个同预防犯罪的宗旨相违背的有害结果。第一,不容易使犯罪与刑罚之间保持实质的对应关系。因为,无论暴政多么殚精竭虑地翻新刑罚的花样,刑罚终究超越不了人类器官和感觉的限度。一旦达到这个极点,对于更有害和更凶残的犯罪,人们就找不出更重的刑罚以作为相应的预防手段。第二,严酷的刑罚会造成犯罪不受处罚的情况。[2] 一种对于人性来说是过分凶残的场面,只能是一种暂时的狂暴,决不会成为稳定的法律体系。如果法律真的很残酷,那么它或者必须改变,或者导致犯罪不受处罚。[3]

刑法宽和的核心是反对重刑主义,主张刑罚应当和缓,以便减少刑罚的施用可能造成的损害。刑法的宽和性主要包括三个方面的内容:

---

[1] "过度严厉的刑罚可能成为严重犯罪的原因,正如法国在18世纪对抢劫犯处以绞刑一样。……抢劫犯几乎经常在抢劫中实施谋杀行为,这仅仅是因为谋杀行为消灭了证人,而其证词将会导致抢劫犯被处以绞刑。"参见〔意〕加罗法洛:《犯罪学》,中国大百科全书出版社1996年版,第220页。

[2] 关于这一点,加罗法洛曾举例说:"在18世纪,例如在那不勒斯王国,对内部盗窃行为是处以死刑。但是,尽管这样,雇主却很少或从来不对犯罪的佣人提出控诉而乐意解雇他。因此,正是残酷的刑罚导致罪犯不受惩罚。"参见〔意〕加罗法洛:《犯罪学》,中国大百科全书出版社1996年版,第219—220页。

[3] 〔意〕贝卡里亚:《论犯罪与刑罚》,中国大百科全书出版社1993年版,第42—44页。

1. 主张轻刑

刑法对犯罪所规定的刑罚应当尽量轻缓，尽量避免对不是最严重的犯罪规定最重的刑罚，以便使刑罚的严厉程度与犯罪的严重程度之间有可能保持均衡。例如，对于经济犯罪规定死刑，就面临一个多少个货币单位就属于"数额特别巨大应当判处死刑"的棘手问题。过去，贪污受贿10万元以上，就判处死刑。随着社会经济发展提高到贪污受贿100万元以上，才判处死刑。现在，贪污受贿100万元以上，是否判处死刑，就成了问题，因为贪污受贿100万元以上的已经不是鲜见的了。如果贪污受贿超过100万元的都判处死刑，势必导致死刑适用范围的扩大，并且社会上已经出现了贪污受贿上千万元、经济诈骗上亿元的犯罪。随着经济的发展，经济犯罪的数额还会增加。因此，要在经济犯罪的严重程度与刑罚的严厉程度之间保持平衡，始终存在着难以应对的挑战。但是如果我们换一种思维方式和制度设计，把经济犯罪的刑罚规定得比较低，并且废除死刑，同时规定利用担任公共职务的便利条件实施经济犯罪的，在服刑期满以后若干时间内不得担任任何公共职务；经济犯罪所得一律如数没收，不能如数交回的，在任何时候发现其有财产，都要强制收归国库。这样规定，不但符合刑罚经济的原理，而且就有利于实现刑法目的而言，恐怕也比大量适用死刑要强得多。

当然，刑罚轻缓的程度，应当与人类文明的进程相一致，应当与特定社会普遍认可的价值观念和治安状况相协调。一方面，如果说在人的价值相对较低的社会里，没有重刑就不足以遏制犯罪，那么在人的价值大大提高了的社会里，人们普遍地珍视和关注自己的尊严、自由和权利，即使是比较轻缓的刑罚，也能够引起人们的足够重视，起到儆戒的作用。另一方面，一个社会，在治安状况不好的情况下，是绝对不能废除较重的刑罚的。相反，在社会的治安状况好转的情况下，废除过重的刑罚处罚就显得极为必要。因为，"刑场与其说是为罪犯开设的，不如说是为观众开设的，当怜悯感开始在观众心中超越了其他感情时，立法者似乎就应当对刑罚的强度做出限制。"[1] 按照贝卡里亚的观点，对人类心灵发生较大影响的，不是刑罚的强烈性，而是刑罚的延续性。因为，最容易和最持久地触动我们感觉的，与其说是一种强烈而暂时的运动，不如说是一些细小而反复的印象。处死罪犯的场面尽管可怕，但只是暂时的，如果把罪犯变成劳役犯，让他用自己的劳苦来补偿他所侵犯的社会，那么，这种丧失自由的鉴戒则是长久的和痛苦的，这乃是制止犯罪的最强有力的手段。它同人们总感到扑朔迷离的死亡观念相比，更具有力量。

2. 主张有条件的减轻处罚和免除处罚

刑法应当在对犯罪的一般情况规定刑罚的同时对某些比较轻微的情节作出减轻处罚或者免除处罚的规定，以鼓励人们不去实施更严重的犯罪和减少犯罪的危害。这种减轻处罚和免除处罚的规定，并不违反罪责刑相适应的原则，因为减轻处罚或者免除处罚的原因是犯罪情节的轻微，而这种犯罪情节的轻微本身就包含着其行为中具有比一般情况下实施该行为相对较轻的危害性和可责性，因而也就包含着减轻处罚或者免除处罚的理由。

刑法也应当对那些在年龄、生理、心理等方面尚未达到或者丧失正常人标准的犯罪人作出减轻处罚或者免除处罚的规定，以显示立法者的宽和与仁慈。

---

[1]〔意〕贝卡里亚：《论犯罪与刑罚》，中国大百科全书出版社1993年版，第47页。

在刑事司法领域，司法人员则应当严格遵守刑法的规定。司法人员必须在刑法规定的范围内对犯罪人减轻处罚或者免除处罚，并且必须严格按照刑法规定的条件在具体场合适用减轻处罚和免除处罚的规定。"仁慈是立法者的美德，而不是执法者的美德；它应当闪耀在法典中，而不是表现在单个的审判中。"[1] 但是这并不是说司法人员不得有任何仁爱之心，只是说司法人员不得任意施舍自己的仁爱之心，不得在刑法的规定之外适用刑法。当然实践中，也会出现这样一种情况，即在具体案件中，根据犯罪的情节和刑法的精神确实应当对犯罪人减轻处罚或者免除处罚，然而刑法中没有相应的规定。对此，法律可以授权司法人员不起诉犯罪人或者对其减轻处罚或者免除处罚，但是对于这种情况，法律应当同时规定严格的适用条件和程序，如限制授权适用的主体、规定附加的审查程序等，以防止这种权力的滥用。

3. 主张有条件的适用缓刑

缓刑是根据犯罪的轻重判处一定刑罚，同时根据犯罪人的情况决定在一定期限内暂缓执行刑罚，如果犯罪人在该期限内没有违反有关规定，就不再执行刑罚的制度。

缓刑制度起源于19世纪中期的美国。1841年美国马萨诸塞州波士顿市的一个鞋匠约翰·奥古斯特斯向法院申请保释一名酗酒犯，答应在监狱外帮助该犯人改过自新。鞋匠得到法院允许，在监狱外对该酗酒犯进行监督和劝导，效果甚佳。于是法院以1美分的象征性罚款，撤销了原判刑罚。到1858年，该鞋匠自称以这种方式帮助了1900多人。1870年波士顿市制定缓刑法、1878年马萨诸塞州制定州法，将这种在监狱外监督

---

[1] [意]贝卡里亚：《论犯罪与刑罚》，中国大百科全书出版社1993年版，第60页。

帮助犯人的办法在法律上固定下来。这是世界上最早关于缓刑的法律〔1〕19世纪末，缓刑制度传入欧洲。"当时规定这一制度的主要目的是，避免某些犯罪人因关在监狱而接触恶习、受到'腐蚀'"〔2〕。缓刑制度的设立，是对短期自由刑缺陷的纠正。

创设缓刑制度的思想基础是刑事社会学派主张的刑罚改革理念。菲利在其1882出版的《犯罪社会学》一书中指出：在法国，1879年至1888年这10年中被轻罪法庭判处监禁和被警察局拘禁的总数是167.5万人，轻罪法庭判处6天以下监禁的就有11.3万人。此外，被巡回法庭、轻罪法庭和治安法庭判处各种刑罚的数量在上述10年中达到了644万人的巨大数字。这意味着现行刑事司法是一部庞大的机器，吞食并吐出大量的人。这些人轮番失去生命、荣誉、道德感和健康，因而留下不能消除的创伤，流入不断增加的职业犯罪和累犯的队伍中去，一般没有希望复原。那么，毋庸置疑，用一个与犯罪的主要原因相适应的、对社会防卫更有效的，同时减轻对其处理的人所造成的无端损害的刑罚制度来代替现行刑罚制度，就是十分急迫的。〔3〕在这种思想的支配下，刑事社会学派提出了一系列刑罚改革措施，其中包括对累犯实行不定期刑和对犯了轻罪的偶犯实行监禁刑的替代措施如赔偿、缓刑等。

缓刑制度的实施，亦体现了刑事古典学派主张的刑法宽和的精神，即尽可能减少刑罚施用的思想在行刑方面的体现。缓刑适用的范围大小和频率高低，则是刑法宽和程度的反映。

---

〔1〕 林榕年主编：《外国法律制度史》，中国人民公安大学出版社1992年版，第247—248页。

〔2〕〔法〕卡斯东·斯特法尼等：《法国刑法总论精义》，中国政法大学出版社1998年版，第602页。

〔3〕〔意〕恩里科·菲利：《犯罪社会学》，中国人民公安大学出版社1990年版，第137—138页。

缓刑作为实践刑法宽和的一种刑罚执行制度，无疑应当扩大其适用的范围和频率。但是缓刑制度的适用，至少必须有两个方面的保障措施：一是适用缓刑的条件必须严格，否则就可能违反罪刑均衡的原理，从而也违背刑法宽和的初衷。二是缓刑的实施必须有相应的制度和配置。如果仅仅是在刑法中规定法官可以判处刑罚缓期执行，而没有对适用缓刑的人实施监督管理的制度、设施和人员，不能有效地对判处缓刑的犯罪人进行监督管理，那就失去了判处刑罚缓期执行的意义。

应当指出，刑法宽和与刑罚严厉是相辅相成的。一方面，刑法宽和并不意味着可以对犯罪分子不适用刑罚，也不意味着可以任意减轻犯罪人的刑事责任。刑法宽和的基础是罪责刑相适应的原则。只有在罪责刑相适应的基础上，减少刑罚的严厉程度才是有意义的，才能不失社会正义的要求。另一方面，刑法宽和也不是说刑罚越轻越好。犯罪所引起的刑罚，如果轻到对犯罪人无关痛痒的程度，也就丧失了预防犯罪的功能，刑法的存在也就没有实际意义了。因此，刑法宽和只能是相对的，刑罚本身应当保持一定的严厉性，能够成为行为人在选择犯罪不犯罪时不敢忽视的因素，能够使社会上的一般人畏惧刑罚而不敢或不愿以身试法。

（三）人道

刑罚人道是刑事古典学派的一面旗帜。贝卡里亚指出："立法者应当是温和的、宽大的和人道的。他们是一些明达的建筑师，使自己的大厦以自爱为基础平地而起，使普遍利益集中地体现个人利益。他们任何时候都不会被迫用片面的法律和混乱的措施将普遍利益同个人利益割裂开来，以恐惧和猜疑为基础建立起公共幸福的虚伪形象。他们是深沉而敏感的哲学家，让作为自己兄弟的人们安宁地享受那一小份幸福；自在的第一动因所创立的无限体系，安排人们在宇宙的这一角落领略这种享受。"[1] 福柯在其所著的《规训与惩罚》一书中，一开始就用了大量的篇幅来形象的描述1757年法国对因刺杀国王而被判处死刑的达米安执行死刑的场面以及法国历史上断头台的场面。在此基础上，他指出："刑罚应当是'人道的'这一原则，是由改革者以第一人称的形式提出的。这样，说话者的情感似乎正在直接地表达出来，哲学家或理论家的肉体似乎呈现在刽子手和受刑者之间，用以证实他自己的法则并最终将其强加给整个惩罚结构。这种个人抒情风格不是表明一种软弱无力吗，即无力为一种刑罚算术找到一个理性基础？……人们绝不应对一个罪犯，哪怕他是一个叛逆或怪物，使用'非人道'的惩罚。如果说法律现在必须用一种'人道的'方式来对待一个'非自然'的人（旧的司法以非人道的方式来对待'非法'的人），那么这不是由于考虑到罪犯身上隐藏着某种人性，而是因为必须调控权力的效果。这种'经济'理性必定要计算刑罚和规定适当的方法。'人道'是给予这种经济学及其铢计算的一个体面的名称。'把惩罚减到最低限度，这是人道的命令，也是策略的考虑'。"[2]

古典学派关于刑罚人道的主张，主要是针对欧洲中世纪残忍的、非人道的刑罚执行方式提出来的。但是，人道并不限于刑罚的执行方式，甚至也并不限于刑罚。就刑法本身而言，也有一个是否人道、应否人道的问题。人道，只是指爱护人的生命、尊重人的人格尊严和自由权利的道德。因此人道的精神应当贯彻在刑法的制定、适用以及刑罚执行等刑法运动的各个

---

[1] [意] 贝卡里亚：《论犯罪与刑罚》，中国大百科全书出版社1993年版，第60页。
[2] [法] 米歇尔·福柯：《规训与惩罚》，生活·读书·新知三联书店1999年版，第101—102页。

环节。

在刑事立法中,立法者应当时刻牢记"犯罪人也是人"的理念,在刑罚种类及其执行方式的设计上,要尽可能地避免规定生命刑和终身剥夺自由的刑罚,应当尽可能地给被判刑人回归社会的希望,使其在承受一定的刑罚之苦之后,有望回到社会上过正常人的生活。如果刑罚的制度设计使相当多的被判刑人丧失了回归社会的希望,这种刑法就不是人道的刑法。

在刑事诉讼中,司法人员应当充分尊重犯罪嫌疑人和被告人的人格尊严和自由权利,切实保障被告人的辩护权利,坚决禁止刑讯的侦查方式,禁止对犯罪嫌疑人和被告人施行任何形式的酷刑和其他残忍的、非人道的待遇。司法活动中曾经存在的那种认为犯罪嫌疑人反正不是好人,可以任意打骂和"不打不招(供)"的思维定式和工作方法,是对公民人格和尊严的不尊重,因而也是缺乏人道精神的表现。防止司法人员对犯罪嫌疑人和被告人施行非人道的待遇,是刑事司法中人权保护所要着力解决的一个突出问题。为此,应当在制度设计上,为司法人员施用刑讯和变相刑讯设置必要的障碍,以防止其滥用刑讯等非人道的侦查取证手段;同时要规定司法人员施用刑讯或其他非人道手段的纪律责任和法律责任。

在刑罚的执行过程中,人道精神不仅要求绝对禁止对被判刑人施用任何形式的酷刑和其他残忍的、非人道的待遇,而且要求保障被判刑人生存的权利、医疗的权利、通讯的权利、会见其近亲属的权利等作为人应当享有的最基本的权利。当然,这些权利的行使,应当受到监管人员的监督,以便维持监管场所的正常秩序。即使是执行死刑,也应当尽可能地使用痛苦最少的方法。行刑过程的人道,往往最直接、最明显地反映着刑法的人道精神。但是行刑过程的人道,也往往是最难以做到、因而也是最需要强调的。

正如德国学者指出的,刑法人道的原则,意味着刑罚的科处和执行必须考虑到被告人和被判刑人的个性,以负责任的态度人道地对待被告人或被判刑人,以便使其能够顺利地重返社会。人道主义原则要求废除死刑、废除强行对危险的性犯罪人去势,废除不名誉的刑罚,强调对犯人应当得到人道的和作为人所应有的尊重。[1]

刑法的目的性、合理性和节制性,从不同的侧面反映了人类对刑法的存在、功能和实施的理性认识,反映了人类理智和文明对人类自身的报复本能的自我约束。目的性强调犯罪的设定和刑罚的运用要符合预防犯罪目的的内在要求,有利于刑法目的的实现,因为手段本身是可以独立于目的而存在的,手段如果不受目的的制约,就可能背离目的而出现事与愿违的结果。目的性指引着刑法运动的方向,也是刑法发展的动力。合理性则强调手段符合目的的原理必须受合理性的制约,只有在合理性的限度内,手段符合目的才是值得追求的价值,因为实现目的的手段可以通过不同的方式表现出来,而不同的方式之间是有优劣差别的。合理性提醒立法者和司法者始终选择最适当的手段来实现目的,而不违反目的本身所包含的价值追求。节制性进一步强调,实现刑法目的的手段即使是合理的,也应该控制其使用的范围和强度,因为这种手段毕竟是以对公民权利的限制或剥夺为要素的。手段不受节制,就可能走向自己的反面,丧失其合理性而背离其目的。因而,刑法的目的性、合理性和节制性应当并重,以保证刑法的制定和适用符合人类理

---

[1] 〔德〕汉斯·海因里希·耶赛克、托马斯·魏根特:《德国刑法教科书》,中国法制出版社2001年版,第35—36页。

性的要求。刑法的目的性、合理性和节制性的有机统一，构成了刑法理性的基本内核，是我们研究刑法中其他一切问题的出发点。

第四章　刑法理性的彰显

刑法理性是人们基于对刑法的理性认识而驾驭刑法运动时的理智选择。这种选择对刑法的制定和适用具有直接的指导意义。刑法理性对制定和适用刑法的活动的指导作用集中表现在刑法的基本原则之中。

所谓刑法的基本原则，是指体现刑法理性的内在要求，并对一切刑事立法和刑事司法活动具有指导和制约作用的根本准则。

刑法基本原则产生的依据是刑法理性。对刑法在社会发展中的存在价值的科学分析、对刑法功能及其内在规律的认识和把握，是提出和确立刑法基本原则的认识论基础。而对刑法目的的追求和对刑法所及的各种价值和利益的权衡，则是保障刑法基本原则合理性和合目的性的基础。因此刑法基本原则，应当建立在刑法理性的基础上，应当反映刑法理性的价值追求和基本要求。从这个意义上讲，刑法基本原则是刑法理性的集中体现，也是连接刑法理性与刑事立法和司法的桥梁。

刑法基本原则的功能是提供刑事立法和刑事司法的根本准则。刑法基本原则是一切刑事立法和刑事司法活动必须始终遵循的根本性的活动准则。在制定和适用刑法的过程中，刑法基

第四章 刑法理性的彰显

本原则始终是作为一种高度概括的要求出现的，它并不告诉人们在什么情况下应该做什么或者不该做什么，它不是具体的行为规则。但是对刑事立法和刑事司法过程中一切问题的处理都必须符合它的要求，而不得违背它的精神。刑事立法和刑事司法活动如果不符合刑法基本原则的要求，就可能使刑法丧失理性。

刑法基本原则的价值是对刑事立法和刑事司法起指导作用。作为刑事立法和刑事司法的一切活动必须贯彻和遵循的内在精神，刑法基本原则能够为人们指明处理问题、选择行动的基本方向，从而指导人们在刑事立法和刑事司法过程中正确选择方案和行动。特别是在主体性非常突出的刑事立法活动和在刑事司法中行使自由裁量权的活动中，刑法基本原则如果能够支配主体的这种意志选择，就可以为选择结果的合理性提供保障。刑法基本原则对刑事立法和刑事司法的这种指导作用，是其存在的价值所在。

因此，"刑法基本原则问题是刑事立法和刑事司法中一个带有全局性、根本性的问题"[1] 在刑事立法和刑事司法的整个过程中，只有始终坚持和贯彻刑法基本原则，才能保持刑法的理性发展。

关于刑法的基本原则，在刑法中作出规定之前，我国刑法学界先后提出过 10 个大致相同的原则[2]，以后刑法学界逐渐将其统一为四个原则，即罪刑法定原则、罪刑相适应原则、罪责自负原则和惩罚与教育相结合的原则[3]。1997 年修改后的

---

[1] 高铭暄主编：《新编中国刑法学》（上册），中国人民大学出版社 1998 年版，第 18 页。
[2] 高铭暄主编：《新中国刑法学研究综述》（1949—1985），河南人民出版社 1986 年版，第 47—48 页。
[3] 高铭暄主编：《中国刑法学》，中国人民大学出版社 1989 年版，第 30—37 页。

刑法明确规定了三大原则，即罪刑法定原则、适用刑法人人平等原则和罪责刑相适应原则。但是刑法学界仍然认为，除了刑法中规定的三大原则之外，还有一些原则也应当包括在刑法的基本原则之内，如罪责自负原则、主观与客观相统一的刑事责任原则、惩罚与教育相结合原则[1]、刑罚个别化、刑罚人道主义[2]等。

罪责自负原则和主观与客观相统一的刑事责任原则在逻辑上已经暗含在罪责刑相适应原则之中了。只有在"一人犯罪一人当"的基础上，才谈得上罪责刑相适应，如果是株连无辜，就不可能有罪责刑相适应。同时，罪责刑相适应也意味着主客观相统一的刑事责任原则，无论是实行"客观归罪"还是实行"主观归罪"，都不可能做到罪责刑相适应。适用刑法人人平等原则，是法律面前人人平等的宪法原则在刑法中的具体体现。修改刑法时之所以将其在刑法中加以明确规定是因为刑法适用中的特权思想和不平等现象比较严重，有必要特别强调。但是这个原则毕竟是宪法原则，如同法制原则一样，对刑事立法和刑事司法都是非常重要的，但不是刑法所特有的，因而不应当作为刑法的基本原则。至于刑罚个别化和刑罚人道主义，虽然也可以视为刑法的原则，但是它们在刑法中并不具有基本原则的地位，因而也不应当作为刑法的基本原则。

按照本书关于刑法理性的分析，笔者认为，能够充分体现刑法理性的要求而应当作为一切刑事立法和刑事司法活动必须遵循的根本准则，最重要的是动用刑法的必要性原则、罪刑法

---

[1] 前三个原则参见高铭暄主编：《新编中国刑法学》，中国人民大学出版社1998年版，第19页；张明楷：《刑法学》（上），法律出版社1997年版，第38—39页。

[2] 后两个原则参见曲新久：《刑法的精神与范畴》，中国政法大学出版社2000年版，前言第1—2页。

定原则、罪责刑相适应原则[1]。罪刑法定原则的适用必然要涉及刑法解释的问题，但是对刑法的解释又是罪刑法定原则所不能完全包括的一个十分重要的问题，所以本章将刑法合理解释原则作为一个独立的原则，一并论述。

一、动用刑法的必要性原则

（一）必要性原则的基本含义

动用刑法的必要性原则是指刑法规范的设定和刑事法律的适用，应当以维护社会最根本的价值所必需为基础和限度。一种行为，只有当其危害到社会和他人的利益并且动用其他社会控制手段和制裁措施不足以防止其发生而必需动用刑法手段时，才有必要在刑法规范中对其作出禁止性的规定；一个人，只有当其所实施的行为触犯了刑法并且对其不适用刑法就不足以达到预防犯罪的目的时，才有必要对其适用刑法。

必要性原则包含五层含义：

1. 严格区分刑法问题与非刑法问题，对不是刑法所能解决的问题，不应当采取刑法的手段来解决

刑法所要解决的问题是用刑事制裁的手段禁止破坏社会的安全和秩序、侵犯公民的自由和权利因而危害到社会的生存和发展的犯罪问题。犯罪问题具有两个显著特征：

其一是社会危害性。犯罪必须是具有一定程度的社会危害性的行为。换句话说，一种行为只有当其危害到社会的生存和发展从而为社会所不容时，才应当将其作为犯罪来禁止和制裁。不具有社会危害性或者社会危害性没有达到需要动用刑事制裁的手段来禁止的程度的行为，以及由这类行为所引起的社

---

[1] 适用刑法人人平等的原则，本身也是刑法理性的体现。但是这个原则实质上是一种政治宣言而不是刑法原则，不符合刑法基本原则的逻辑要求。

会问题，就不是刑法所要解决的问题。例如，两个诚实的经济主体之间因双方对经济合同条款的不同理解而产生的纠纷，就不具有危害社会的性质，因而不应当用刑事制裁的手段来解决。

其二是可责性，或称可罚性。一种行为，只有当它所引起的后果可以归咎于行为人从而使这种行为具有可罚性基础时，才可以将其作为犯罪来禁止。例如由于政府的政策或决定失当或者由于国家机关工作人员的职务行为错误而侵害了人民群众（某一部分群众）的利益，群众要求政府解决问题而又得不到解决，以致引起群众到国家机关办公场所静坐、示威。这种静坐、示威行为，就不具有可责性。虽然它可能妨碍了国家机关的正常工作秩序，但由于事出有因，原因主要不在于行为人，并且没有危害到社会的根本利益，就不应当将其作为犯罪问题动用刑法的手段来解决。又如言谈举止不文明的行为，是一个人的修养和精神文明建设的问题，同样不应当作为刑法问题来解决。

在社会发展的任何阶段、任何时期，都会有一些社会问题是刑法所无法解决的，刑法就不应当介入这些领域充当解决问题的工具。比如失业问题、意识形态领域的问题，以及某些社会政策所引起的具有一定普遍性的问题。对于诸如此类的问题，应当通过改善社会管理、强化社会教育以及有关方面的改革来解决，而不能动用刑法手段来解决。历史上尽管不乏用刑法手段来解决非刑法问题的事例，但其效果都是与立法者的初衷南辕北辙的。

2. 随着社会的发展，危害性已经减轻而不需要动用刑法的行为，不应当继续将其作为犯罪对待

某些行为，在一定时期内或者在特定的社会环境下，可能

被认为是具有社会危害性或者社会危害性的程度比较严重的行为。但是随着社会的发展和社会环境的改变以及社会成员的宽容度的提高，这类行为的社会危害性就可能丧失或者其危害程度可能下降，以致不需要动用刑法。对于这类行为，应当按照社会发展和社会环境的变化的情况，及时地将其从犯罪行为中排除，消除其犯罪性。例如随着对外开放政策的进一步实施，我国的出入境管理将逐渐放宽，偷越国边境、组织或运送他人偷越国边境的行为，对社会的危害性就将大大减小，是否继续需要作为犯罪来对待，特别是是否需要对组织他人偷越国边境的行为规定十年以上有期徒刑、无期徒刑，就值得研究。在实行出口退税政策的情况下，骗取出口退税款的行为可能给国家税收造成严重的危害。但是一旦国家取消了出口补贴政策和开放海关的政策，在出口申报中弄虚作假的行为就不再可能具有骗取国家巨额出口退税款的危害性质，因而也就没有必要将其继续作为特别严重的犯罪来对待，对其继续保留死刑的规定，就失去了存在的合理性。同性恋、鸡奸、兽奸、淫乱等问题，随着社会宽容度的提高，也将逐渐失去可罚性的社会基础。

3. 以前没有认识到其危害的严重性或者随着社会的发展其危害性显著增加的行为，应当及时地将其规定为犯罪并用刑法手段来禁止

一方面，随着社会的进步、人民生活水平和道德水准的提高，某些原来不为人们看重的价值可能受到人们的青睐从而成为人们普遍关注的社会价值。与之有关的侵害行为，其社会危害性也会随之增加。如果某些原来不被认为是犯罪的行为的社会危害性达到一定程度，以致不得不动用刑法来禁止的时候，将其通过刑事立法规定为犯罪，同样是必要性原则所主张的。例如，"滥用某人之软弱地位或依附地位，置该人于与人之尊

严不相称的劳动或住宿条件之下";"在自然人之间,基于其出生、性别、家庭状况、健康状况、身体残疾风俗习惯、政治观点、工会活动等,进行任何区分"或者"在法人之间,基于其成员之出生、性别、家庭状况、健康状况、身体残疾、风俗习惯、政治观点、工会活动等,进行任何区分";在亲属之外,"抛弃因年龄或身体状况或精神状况而不能自我保护之人于任何场所"等行为,在我国目前的社会发展阶段,还没有被主流社会认为是严重危害社会价值的行为,但是随着社会的发展,当人们普遍认识到这些行为所侵犯的社会价值应当高度珍视时,就可能将其纳入刑法的视野。

另一方面,随着社会的发展和新型劳动工具的出现,滥用或不当使用这些劳动工具危害社会利益的行为也会出现。当这类行为的社会危害性达到一定程度时,刑法就应当将其纳入自己的视野。例如计算机方面的犯罪、网络方面的犯罪等。

4. 在具体案件的处理中,对于不需要定罪的行为或不需要判刑的人,不应当定罪或判刑

虽然刑法将某种行为规定为犯罪,但是在具体行为的场合,如果这种行为的实施方式和危害程度并不十分严重,并且可以通过其他社会管理手段来解决,因而不需要动用刑法时,就不应当用刑法的手段来处理。所谓"不需要"是指,虽然其已经实施的行为按照刑法的规定可以定罪、可以判刑,但是无论从预防一般人犯罪的角度看还是从预防行为人再次犯罪的角度看,都没有必要对其定罪、判刑的情况。"不需要"的前提是按照刑法的规定可以定罪、可以判刑。对于本来就没有触犯刑法的行为,压根就不应该定罪、不应该判刑,因此也就无所谓需要不需要的问题。只有对其行为已经构成犯罪可以追究刑事责任的行为和行为人,才会存在一个是否需要的问题。例如

因个人之间的矛盾纠纷而发生的侮辱、诽谤他人或者打架斗殴造成他人轻微伤害等行为，被害人没有坚持起诉的，就没有必要非对行为人定罪不可。又如为了筹钱给亲人治病而偶然行窃但是一次性得手数额较大，如果这种人以前从未实施过类似行为并且有悔过之意，就没有必要非得对其判刑不可。

在这种情况下之所以不需要动用刑法，是因为对于这些行为在客观上存在着多种解决方式，刑法手段只是其中的一种而不是唯一的方式。如果用其他比较缓和的方法能够解决的，就没有必要动用刑法这种比较严厉的方法来解决，因为与其他方法相比，刑法方法的负作用相对要大的多。例如两家人因邻里纷争而发生的互殴行为，只要没有造成重大伤害，就不一定非要定罪判刑不可。因为在这种情况下，当事人之间既可以通过村民委员会或街道委员会的调解，在互谅互让的基础上平息纷争；也可以通过公安机关的行政管理处罚方式，解决纷争；还可以通过民事诉讼的方式，由人民法院调解或判决，裁判解决争纷包括损害赔偿。只有当这些解决方式不能息争定纷，或者当事人坚持通过刑法的方式来解决时，才应当启动刑事程序，用刑法的方法来处理该案件。而与其他解决方式相比，动用刑法的方式解决纷争，成本是最高的。因此在其他方式能够解决问题的时候，应当尽量避免动用刑法。

5. 对于轻刑能制止的犯罪，不要动用重刑

需要用刑法来禁止的行为，并不意味着一律都要用重刑来禁止。犯罪有轻重之分，刑罚也有轻重之分。对于性质并不严重的犯罪，或者不是在严重的反社会心理支配下实施的危害性很大的犯罪，就没有必要动用严重的刑罚。这既包括在刑事立法上不对轻罪规定重刑，也包括在刑事司法实践中不对轻罪判处重刑。重刑只有适用于严重的犯罪，才是必要的；如果将重

刑适用于并不严重的犯罪，就不符合必要性原则的要求。

至于轻罪与重罪的划分和轻刑与重刑的划分，每个国家、每个时期，可能会有不同的标准，但是在同一个国家的同一个时期，这种划分的标准应该是相同的。

(二) 必要性原则的理性基础

必要性原则是从积极的方面控制刑罚权的运用。主张在需要动用刑法的时候毫不犹豫地、适时地动用刑法，维护社会的利益，而在不需要动用刑法的时候，绝不动用刑法伤及无辜。

在对待犯罪的问题上，主张"宽严相济"，历来是中国刑法思想的重要内容。在古代中国，就有一些思想家们主张对犯罪人应当以教化为主而慎用刑罚。例如中国在奴隶社会，就提出了"明德慎罚"的思想，主张以"教化"统治、以刑罚辅之。即"惟乃丕显考文王，克明德慎罚"[1]。所谓慎罚，就是刑罚适中，不乱罚无罪、杀无辜，以免"怨有同，是丛于厥身"，慎罚是明德的具体落实。[2] "明德慎罚"的思想，在西周时期，主要包括不得滥用刑罚、区分故意过失、缩小株连、注意教化等。[3] 到了春秋战国时期，这种思想进一步发展，明确提出"德主刑辅、以德去刑"的思想。孔子在批判"折民惟刑"思想的基础上，主张"以德服人"。他认为，"礼乐不兴，则刑罚不中"。他甚至认为，"不教而杀谓之虐，不戒视成谓之暴，慢令致期谓之贼"。正是在这种认识的基础上，孔子提出了"宽猛相济"的思想，即"政宽则民慢，慢则久之以猛。猛则残民，残则施之以宽。宽以济猛，猛以济宽，政是以和"[4]。

---

[1] 《尚书·康诰》。
[2] 张晋藩等：《中国刑法史新论》，人民法院出版社1992年版，第139页。
[3] 张国华主编：《中国法律思想史》，法律出版社1982年版，第24页。
[4] 《左传·昭公·昭公二十年》。

第四章 刑法理性的彰显

孔子以后的儒学诸思想家，都推崇"前德而后刑"，"尊德而卑刑"。在中国历代封建社会，统治者在夺取政权的初期，都主张慎用刑罚。如汉王朝建立后，就汲取秦王朝"严刑峻法"的教训，推行"约法省刑"、除秦苛法。隋王朝建立之初，隋文帝杨坚即提出："以公执律修德，慎狱恤刑"的主张，允许当事人不服断狱时逐级申诉直至皇帝，要求对死刑的判决更得特别慎重，死刑案件必须报告皇帝，"三奏而后决"，地方无权处决。[1] 唐王朝建立后，唐太宗李世民则提出"守文定罪""恤刑慎杀"的主张，强调"死者不可复生，用法务在宽简"[2]。这种"省刑""恤刑"的主张，并不是不要刑法，而是强调刑法的适用必须十分慎重，必须是在不得不用刑的时候才使用刑法。其理由正如李世民所言："古来帝王以仁义为治者，国祚延长，任法御人者，虽救弊于一时，败亡亦促"，"为国之道，必须抚之以仁义，示之以威信，因人之心，去其苛刻，不作异端，自然案静"[3]。

新中国成立后，国家在对待犯罪问题上始终坚持惩办与宽大相结合的刑事政策。1952年4月18日中央人民政府政务院政治法律委员会副主任彭真在《关于中华人民共和国惩治贪污条例草案的说明》中就指出："为了把惩办与教育相结合、把镇压与宽大相结合以达到惩前毖后和除恶务尽的目的，我们在处理贪污、盗窃案件时，必须贯彻执行毛主席所指示的过去从宽、今后从严，多数从宽、少数从严，坦白从宽、抗拒从严和对国家工作人员从严、对非国家工作人员（除一小部分罪大恶

---

[1] 张国华主编：《中国法律思想史》，法律出版社1982年版，第242页。
[2] 张国华主编：《中国法律思想史》，法律出版社1982年版，第250—252页。
[3] 《贞观政要·仁义》。

极者外）从宽的原则。"[1] 惩办与宽大相结合作为一个刑事政策，在过去很长一段时间内，讲的都是区别对待的精神。其一是区分两类不同性质的矛盾，对敌对势力和敌对分子要运用刑法手段严厉制裁，对人民内部的错误和违法行为主要是通过说服教育的方法解决，不轻易采用刑罚的手段加以制裁；其二是对犯罪行为和犯罪分子要根据其犯罪轻重分别给予从宽或从严处罚。

惩办与宽大相结合的刑事政策，就其具体内容而言，具有历史的局限性和不完全合理的成分，但是它体现了一种动用刑法的必要性原则。它反对不分青红皂白地对犯罪行为和犯罪分子一律动用刑法严厉惩处，而主张区别不同情况，需要严厉惩处的，决不心慈手软；不需要惩处的，尽量不动用刑罚。

惩办与宽大相结合的刑事政策在新的时代背景下发展为宽严相济的刑事政策。与惩办与宽大相结合相比，宽严相济更加强调"宽"的一面，更加强调对于不需要动用刑罚的行为不适用刑法，对于通过刑事和解、赔偿道歉而真诚悔罪的犯罪人在法定范围内适用较轻的刑罚，只有对于严重的犯罪和多次犯罪的人才应当适用较重的刑罚予以严厉的制裁。

这种思想与现代西方刑事政策学中所讲的犯罪化与非犯罪化的思想，在强调动用刑法的必要性这一点可以说是不谋而合。所谓"犯罪化"，是指"将不是犯罪的行为在法律上作为犯罪，使其成为刑事制裁的对象"[2]；所谓非犯罪化，则是指"将迄今为止作为犯罪加以处罚的行为不作为犯罪，停止对其

---

[1] 高铭暄、赵秉志编：《新中国刑法立法文献资料总览》（上），中国人民公安大学出版社1998年版，第114页。
[2] 〔日〕大谷实：《刑事政策学》，法律出版社2000年版，第85页。

处罚"。[1] "犯罪化可以源于两个不同的思路。一个思路是保护社会免受新型犯罪的侵害，这些犯罪通常是与新技术联系在一起的，这种政策可以称之为现代化的政策，另一个思路是确认新的权利并加以保护，这种犯罪化的刑事政策可以称之为保护的政策。"[2] "不论非犯罪化的起因是官方的选择或是不干预主义的一般实践，非犯罪化总是基于两种不同的战略。如果非犯罪化是社会真正期盼的，就是容忍的政策；如果非犯罪化是一种需要加以承受的失败，表明干预的无能为力，那么就是放弃的政策。"[3]

犯罪化与非犯罪化是一个事物的两个方面，或者说是一个政策的两种思考，其结合点就在于动用刑法的必要性。需要动用刑法的时候，以前没有规定为犯罪的行为，可以通过犯罪化的过程，将其在法律上明确规定为犯罪；不需要动用刑法的时候，即使以前被刑法规定为犯罪的行为，可以通过立法宣布其不再是犯罪或者在司法实践中不再将其作为犯罪处罚。这种政策思想作为一项刑法原则，就是动用刑法的必要性原则。

必要性之所以要作为刑法的一项基本原则，是基于以下理由：

1. 刑法是对危害社会行为的社会反映方式，但是社会不是只有刑法这一种反映方式

任何一个社会，对于危害社会的行为，都会有多种控制方式。如政治手段、经济手段、说服教育手段、道德手段、监督

---

[1] [日]大谷实：《刑事政策学》，法律出版社2000年版，第88页。
[2] [法]米海依尔·戴尔马斯.马蒂：《刑事政策的主要体系》，法律出版社2000年版，第243页。
[3] [法]米海依尔·戴尔马斯.马蒂：《刑事政策的主要体系》，法律出版社2000年版，第255页。

手段、宗教手段、法律手段等，在法律手段中，又有民事法律手段、行政法律手段、刑事法律手段等。其中每一种手段都能适用于一定的危害行为，并产生一定的效果，从而达到控制和防止危害行为发生的作用。在所有的社会控制手段中，对于危害社会的行为而言，刑法手段并不总是最有效的控制手段。

随着人类社会的发展和文明程度的提高，社会控制危害行为的方式和途径将会越来越丰富、越来越多样化。而在社会所能使用的所有常规化控制手段中，刑法应当永远是最后采取的手段，并且应当永远是作为其他社会控制手段的保障措施来使用，即在能够使用其他手段的时候和地方，刑法就不去介入。只有在其他手段难以控制危害行为的时候和地方，刑法才有必要出现。因为与其他任何常规化的社会控制手段相比，刑法是以最严厉的制裁措施为特征、以限制和剥夺人的权利、自由乃至生命为内容的社会控制手段，是人类为之付出的代价最大的一种控制手段。刑法本身所具有的损害性，使它在介入社会生活的时候必须慎之又慎，不在迫不得已的时候，亦即在运用其他社会控制手段能够控制的场合，就不应当让刑法介入其中。正如西方学者指出的："当一种制裁措施直接或潜在地涉及剥夺人身自由时，立法者是不能随心所欲的：只有在最适当，即'完全必要的'情况下，立法者才有权规定刑事制裁。"[1] 特别是在现代，社会的发展为人们的自由提供了广阔的空间，人们的权利和自由越来越受到人们的珍视。立法者应当顺应社会的发展，充分尊重和保障人们的权利和自由，把刑法对社会生活的介入（即对人们社会行为的限制）控制在最低限度。

另一方面，任何社会控制手段的功能都是通过社会成员的

---

[1]〔意〕杜里奥·帕多瓦尼：《意大利刑法学原理》，法律出版社1998年版，第5—6页。

认同而实现的。一种社会控制手段，如果得不到社会成员的普遍认同，它就不可能对危害社会的行为起到控制作用。特别是对于任何剥夺权利和限制自由的社会控制手段，随着人类文明的发展，它都必然要受到人们普通认可的价值准则的审视。如果社会成员普遍认为它对自由的限制和对权利的剥夺不是确实必要的，它的实施就很难达到设置它的目的。

因此，明智的立法者应该充分运用它所拥有的广泛的权力，尽可能地去寻求对社会成员的自由和权利损害最小、从而也是最容易得到人们认同和遵从的社会控制手段来预防和制止危害社会的行为，而不应该是动不动就制定刑法，动不动就对危害社会的行为规定刑事制裁。

2. 刑法是通过刑事制裁的方式禁止犯罪行为的，而这种方式本身包含着给社会带来一定损失的性质

不可否认，在遏制和预防犯罪的各种社会控制手段中，刑法具有其他任何手段所无法替代的功能。但是对于刑法的功能，应当具有全面的认识。应当看得：

第一，刑法是保护社会的最有力的手段，但是刑法也具有损害社会的作用。刑法是通过对犯罪人人身权利和财产权利的限制以及对犯罪人自由乃至生命的剥夺所形成的威慑力量，来强制人们尊重和遵从刑法的禁令而不去实施犯罪行为的。在刑法适用的每一个场合，都有人要承受刑事制裁所带来的痛苦。并且，承受刑事制裁之痛苦的人并不完全是犯罪行为的实施者本人。在许多情况下，犯罪人的家庭、亲友要分担犯罪人所承受的痛苦，如为犯罪人所承受的罚金筹措金钱，因犯罪人的财产被没收而失去经济上的资助，因犯罪人被监禁或被执行死刑而使妻子无法享受天伦之乐、子女失去父母的关爱等。同时，国家为了关押和教育改造犯罪人，需要投入巨大的人力和财

力。所有这些，都是动用刑罚必然引起的损失。对于犯罪人而言，这种损失和痛苦是其危害社会的犯罪行为的必然后果，可以说是"罪有应得"（至少在绝大多数场合可以这么说）；对于社会而言，也可以说，这是为了保护整个社会的利益而值得支付的费用。但是对于犯罪人的家庭和亲友，就很难说是其必须付出的代价。因此，社会应当考虑到惩罚犯罪可能造成的不必要的痛苦，把刑法的适用控制在不得不适用的场合。至于什么是不得不适用的场合，也许立法者与司法者之间，或者立法者、司法者与刑法专家和普通公民之间，会有不同的理解和标准，但是，尽可能地减少刑法的适用应该说是理性的基本要求。

第二，刑法是运用国家强制力制裁犯罪人的社会控制手段，但是这种手段运用不当，就会伤及无辜。

刑法是用来制裁犯罪的，但是由于刑法所适用的对象是已然的犯罪，而已然的犯罪总是在事后被人们所发现和认识的，因而惩罚已然的犯罪必然要面临着承担对犯罪事实认定错误的风险。惩罚犯罪的依据只能是在刑事诉讼过程中所能收集到的证据，而这种证据一方面要受到侦查机关及其侦查人员的侦查能力和责任心的制约，另一方面要受到犯罪过程中以及犯罪之后各种人为因素变化情况的影响。如果没有收集到全面的、真实的证据，对案件事实的认定，就可能出现错误。

另一方面，刑法规定的犯罪是类型化了的犯罪形态。刑事司法系统要用这种类型化了的犯罪形态为标准在现实的具有各种各样不同情况的危害行为中认定犯罪，必然存在一个对刑法规定的理解和对案件事实的认识问题，存在着罪与非罪的区分问题。而能否准确、合理地区分罪与非罪的界限，既受到法律专业知识和办案水平的限制，也受到诉讼过程中所能收集到的证据质量的限制,甚至还可能受到人为因素的影响。

在上述两种情况下,都存在着一个错判误判的问题。而一旦错判误判,刑法的适用就可能对无辜的人或者不该受到这种判决的人造成不应有的伤害,这种可能性也告诫国家要尽可能地少用刑法。如果利用刑法的规定,为了追逐其他利益而人为地出入罪,对没有犯罪事实或者不构成犯罪或者没有必要动用刑罚的人采取刑事强制措施,进行侦查、起诉和审判,更是与刑法的目的要求背道而驰的,其可能对社会的伤害亦更大。

3. 刑法的目的是预防犯罪,但是刑法手段运用不当就可能制造出新的犯罪

刑法具有预防犯罪的功能,但是刑法也具有制造罪犯的作用。20世纪以来,犯罪学的研究取得了令人信服的进展。犯罪学的研究表明,犯罪与社会对犯罪的反应之间具有相互作用的特点。刑事司法系统运用刑法制裁犯罪的活动,既有控制和预防犯罪的作用,同时也具有制造犯罪的作用。其中一个著名的理论是"贴标签理论"。这种理论认为,社会在把实施了社会越轨行为即具有社会危害性的行为的人当作犯了罪的人来处理时,它就同时给这些人贴上了"犯罪人"的标签,从而使其与社会上的其他人相区别。这种标签久而久之,就使犯罪人在内心认同自己是犯罪人以致按照犯罪人的心理暗示来选择行为,进而成为真正的罪犯。刑法是社会有组织地对犯罪作出的反应,而这种反应必然要反作用于犯罪人。"这种反作用通常涉及的要素有对罪犯加上污名、惩罚以及实际的或象征性的隔离。对于被逮捕的'犯罪人',刑事司法系统作出的是这种'或多或少有组织的反应'。在这个时候,被逮捕者就可被贴上'犯罪人'的标签。刑事司法系统将会如此坚定地将该犯罪人标明为并视为一名犯罪人,以至被如此定义的该人通过'自我

实现的预言的机能'迟早将会改变其个性和行为以适应这种新获得的称谓。"[1] 这种"贴标签理论"忽视了犯罪产生的根本原因在于社会自身的矛盾冲突,因而具有很大的片面性。但是这种理论在一定程度上反映了刑法适用的副作用。

  刑法的适用,除了给犯罪人贴上"犯罪人"的标签从而使其很难回归社会之外,还可能给犯罪人进一步学习犯罪提供机会。由于迄今为止的刑事制裁主要是通过监禁刑来实现的,刑法的适用在许多场合都意味着犯罪人被投入监狱或其他监禁场所服刑。而在这类场所,犯罪人接受教育改造的机会永远都不可能超过犯罪人之间交叉感染的机会。在西方国家,曾经尝试对犯罪人进行单独关押的措施以防止犯罪人之间的交叉感染,但是终因代价昂贵和不人道而被迫停止。现在流行的集体关押(包括分类关押)的措施,不可避免地使那些具有犯罪倾向甚至犯罪成习的人相互关押在一起以及与那些没有犯罪倾向的人共同关押在一起,一方面使具有犯罪倾向的人彼此鼓励学习而强化了犯罪意识,另一方面使没有犯罪倾向的人在他们之间模仿学习到犯罪的技巧和思想。虽然教育改造的力量可以在一定程度上抵抗犯罪人之间的交叉感染,但是正面教育的力量总是没有彼此生活在一起的人们之间的耳濡目染更具吸引力[2]。在一定意义上,可以说监禁状态下犯罪人之间的交叉感染是一种难以抗拒的犯罪诱因。

  在我国,自从20世纪80年代初以来,刑事司法系统先后进行了多次严厉打击刑事犯罪的活动。这些严打活动,对于遏

---

  [1] [美]D.斯坦利·艾兹恩、杜格·A.蒂默:《犯罪学》,群众出版社1989年版,第28页。

  [2] 监禁刑的效果在很多情况下、在很大程度上是刑罚之苦的威慑作用使服刑人不敢再以身试法,而不是正面教育的说服力使服刑人认识到犯罪的危害而不想犯罪。

制犯罪的增长,应该说起到了不可低估的重要作用。但是也应当看到,多年来我国社会中的重大恶性案件居高不下,虽然根本原因在于社会转型时期各种价值观念的碰撞和各种利益的冲突以及转型过程中必然出现的社会分配不公、社会管理不合理、不完善等,但是在实施重大恶性案件的犯罪人中再犯罪比率居高不降的事实使人不得不承认,严打的长期实施无形中造就了一批又一批"破罐子破摔"的胆大妄为的犯罪人。重大暴力犯罪案件往往是这类犯罪人所为或唆使。这种惨痛的教训应当引起我们的深刻反思。

正是由于以上原因,在制定和适用刑法的时候,立法者和司法者就不能不慎重地考虑其利弊得失,尽可能地不动用刑罚,尽可能地用其他社会控制手段来禁止危害社会的行为,以避免刑罚可能造成的负面影响。因而刑法的动用必须以确实必要为理由、为限度。

二、罪刑法定原则

(一) 罪刑法定原则的历史发展

罪刑法定原则 (nullum crimen, nulla poena sine lege),是现代世界各国刑法中普遍认可的基本原则,也是刑法理性发展的结果。

在中国刑法的发展史上,很早就出现了"铸刑鼎"的故事。公元前536年,郑国的执政者子产"铸刑书于鼎,以为国之常法"。[1] 铸刑鼎的目的是使老百姓知刑法之可畏,而防犯罪于未然。但是在客观上,由于向社会公布了刑法,并强调依所公布的刑法治罪,从而打破了奴隶主贵族垄断法律的特权,

---

[1] 《左传·昭公·昭公六年》。

使他们不能随意地化无罪为有罪,变有罪为无罪。[1]

在古代罗马刑法中,就已出现了"适用刑罚必须根据法律实体"的规定。[2] 1215年6月15日英王约翰(John,1167—1216)签署的《自由大宪章》第39条规定:"任何自由人,如未经同级贵族之依法裁判,或经国法判决,皆不得被逮捕,监禁,没收财产,剥夺法律保护权,流放,或加以任何其他损害。"[3]

在反对中世纪罪刑擅断的过程中,启蒙思想家们从不同的角度阐述了罪刑法定的思想。孟德斯鸠指出:"专制国家是无所谓法律的。法官本身就是法律。君主国是有法律的;法律明确时,法官遵照法律;法律不明确时,法官则探求法律的精神。在共和国,政制的性质要求法官以法律的文字为依据;否则在有关一个公民的财产、荣誉或生命的案件中,就有可能对法律作有害于该公民的解释了。"[4] 洛克认为:"制定的、固定的、大家了解的、经一般人同意采纳和准许的法律,才是是非善恶的尺度。"[5] 贝卡里亚指出:"只有法律才能为犯罪规定刑罚。只有代表根据社会契约而联合起来的整个社会的立法者才拥有这一权威。任何司法官员(他是社会的一部分)都不能自命公正地对该社会的另一成员科处刑罚。超越法律限度的刑罚就不再是一种正义的刑罚。因此,任何一个司法官员都不得以热忱或公共福利为借口,增加对犯罪公民的既定刑

---

[1] 张晋藩等:《中国刑法史新论》,人民法院出版社1992年版,第44页。
[2] 甘雨沛、何鹏:《外国刑法学》(上册),北京大学出版社1984年版,第231—232页。
[3] 董云虎、刘武萍编:《世界人权约法总览》,四川人民出版社1991年版,第231页。
[4] [法]孟德斯鸠:《论法的精神》(上册),商务印书馆1963年版,第76页。
[5] [英]洛克:《政府论》(下篇),商务印书馆1964年版,第16页。

罚。"[1] 启蒙思想家们的这些思想，在1789年8月法国国民议会通过的《人权和公民权宣言》中得到明确体现。该宣言第5条规定："法律仅有权禁止有害于社会的行为。凡未经法律禁止的行为即不得受到妨碍，而且任何人都不得被迫从事法律所未规定的行为。"该宣言第8条进一步规定："法律只应规定确实需要和显然不可少的刑罚，而且除非根据在犯法前已经制定和公布的且系依法施行的法律以外，不得处罚任何人。"[2]

根据启蒙思想家们的上述论述和法国《人权和公民权宣言》的规定，费尔巴哈（Feuerbach, Paul Johann Anselm von 1775—1833）在其1801年出版的《德意志普通刑法教科书》（Textbook of General Criminal Law in Germany）中明确提出了罪刑法定原则。费尔巴哈提出："没有法律，也就不存在市民的刑罚。现在的法律不适用时，刑罚也不能适用。"[3]"法国大革命时期颁布的一系列法律文献，最先在立法中为这个原则的现代含义披上了神圣光环"[4] 1810年的《法国刑法典》第4条规定："不论违警罪、轻罪或重罪，均不得以实施犯罪前未规定之刑罚处罚之。"此后，在1871年的《德国刑法典》第2条、1889年的《意大利刑法典》第1条、1882年的《日本刑法》第1条，都明确规定了罪刑法定原则，从而使这一原则成为现代刑法中的一项基本原则。

（二）罪刑法定原则的基本含义

在现代刑法中，罪刑法定原则是指："无法律规定，既无

---

[1] [意] 贝卡里亚：《论犯罪与刑罚》，中国大百科全书出版社1993年版，第11页。
[2] 董云虎、刘武萍编：《世界人权约法总览》，四川人民出版社1991年版，第296页。
[3] 转引自赵秉志主编：《刑法基础理论探索》（第一卷），法律出版社2003年版，第363页。
[4] [意] 杜里奥·帕多瓦尼：《意大利刑法学原理》，法律出版社1998年版，第12页。

犯罪，也无刑罚"。[1] 罪刑法定原则的展开，最初体现在四个派生原则之中，即：（1）排除习惯刑法的原则；（2）禁止刑法类推解释的原则；（3）刑法不溯及既往的原则；（4）禁止绝对的不定期刑原则。[2] 随着刑法理论和刑事立法的发展，罪刑法定原则在实践中不断赋予新的含义。日本学者认为，罪刑法定原则在当代增加了两个原则：一是刑法的明确性原则，即刑法的规定，无论是关于犯罪的规定，还是关于刑罚的规定，都应当是具体的，其含义应当明确无误；二是内容适当原则，即刑法只是在形式上规定犯罪和刑罚是不足的，刑法的内容还必须是合理的，被规定为犯罪的行为必须是真正当罚的行为，并且对这种犯罪行为所规定的刑罚也应当是与其罪行的严重程度相当。[3] 意大利学者则认为，罪刑法定原则包含三个方面的内容，从而形成三个从属性原则：（1）法律专属性原则，即只有法律才是刑法的渊源；（2）明确性与确定性原则，即刑法关于犯罪和刑事制裁的规定必须清楚，不得将它们适用于法律没有明确规定的案件；（3）不得溯及既往原则，即禁止将刑法规范适用于其生效前的行为。并且认为，"罪刑法定原则的这三个方面的内容是相互依存的，缺少其中任何一方面，其他方面的作用必然会受损害"。[4]

我国1997年修改后的刑法，在其第3条中对罪刑法定原则作了明确规定："法律明文规定为犯罪行为的，依照法律定罪处刑；法律没有明文规定为犯罪行为的，不得定罪处刑。"

---

[1]〔法〕卡斯东·斯特法尼等：《法国刑法总论精义》，中国政法大学出版社1998年版，第114页。

[2]〔日〕大冢仁：《刑法要论》（第三版），成文堂1984年版，第19页。

[3]〔日〕大冢仁：《刑法要论》（第三版），成文堂1984年版，第19—20页。

[4]〔意〕杜里奥·帕多瓦尼：《意大利刑法学原理》，法律出版社1998年版，第14页。

按照这个规定,罪刑法定原则包括以下四项内容:

(1) 只有法律明文规定为犯罪的行为,才能对之定罪处罚。一个行为,无论它是否具有社会危害性,无论它在社会上的影响如何,也无论行为人的心理态度和一贯表现如何,只要法律没有明文规定其为犯罪行为,就不能把这种行为作为犯罪来看待,就不能对行为人动用刑法的手段。

(2) 法律明文规定为犯罪的行为,应当按照法律的明文规定确定罪名。对于法律明文规定为犯罪的行为,应当按照法律条文所明确规定的具体犯罪的构成要件来衡量,并确认其所构成的具体罪名。一个行为,如果只符合刑法总则的一般性规定,而不符合具体条文所规定的具体犯罪的构成要件,就不能认定为犯罪。对任何犯罪行为确定罪名都必须是被定罪的行为要素符合法律有关条文关于该罪名所规定的构成要件。

(3) 对于法律明文规定为犯罪的行为,应当按照法律的明文规定适用刑罚。一旦确认某种行为符合法律明文规定的具体犯罪的构成要件,就应当按照法律对该犯罪所规定的刑罚来处罚,没有法律规定的特殊情况,不得在法律规定的刑罚种类和幅度之外对任何人适用刑罚。

(4) 对于任何犯罪行为追究刑事责任,都必须严格按照法律规定的程序进行,即"依照法律"进行定罪和处罚,不得在法定程序之外或者违反法定程序,对任何人适用定罪判刑。

(三) 罪刑法定原则的价值追求

罪刑法定原则之所以为人们所推崇,并成为刑法中的一个世界性原则,是因为它维护着对人类社会的存在和发展来说是最为重要的、从而也是人们最珍视的两个价值——自由与安全。一方面,罪刑法定原则直接源自保护自由的思想;另一方面,罪刑法定原则有助于实现预防犯罪的目的,从而保护社会的安全。同时，罪刑法定原则在刑法中的确认，也是从消极的方面限制国家的刑罚权，防止刑罚权的扩张和滥用。这三个方面也就成了罪刑法定原则的价值追求。

1. 罪刑法定是自由的界碑

罪刑法定的思想直接源自《自由大宪章》这一史实本身表明，罪刑法定最初的价值取向在于保护公民的自由。《自由大宪章》除了确认"英国教会当享有自由，其权利将不受干扰，其自由将不受侵犯"（第1条）之外，还确认"伦敦城，无论水上或陆上，俱应享有其旧有之自由与自由习惯。其他城市、州、市镇、港口，余等亦承认或赐予彼等以保有自由与自由习惯之权"（第13条）。正是在这个基础上，《自由大宪章》进一步规定："任何自由人，如未经同级贵族之依法裁判，或经国法判决，皆不得被逮捕，监禁，没收财产，剥夺法律保护权，流放，或加以任何其他损害。"因此，日本学者认为："罪刑法定主义，在其本质上被刑事人权思想支配的范围内，大宪章的确可以说是罪刑法定主义的历史的、思想的渊源。"[1]

在启蒙思想家们看来，罪刑法定原则使刑法成为保障自由的大宪章。正如孟德斯鸠指出的："公民的自由主要依靠良好的刑法"[2]。因为，"在一个国家里，也就是说，在一个有法律的社会里，自由仅仅是：一个人能够做他应该做的事情，而不被强迫去做他不应该做的事情。我们应该记住什么是'独立'，什么是'自由'。自由是做法律所许可的一切事情的权利：如果一个公民能够做法律所禁止的事情，他就不再有自由了，因为其他的人也同样会有这个权利。"[3] 贝卡里亚认为：

---

[1] [日] 大野义真：《罪刑法定主义》，世界思想社1982年版，第45页。
[2] [法] 孟德斯鸠：《论法的精神》（上册），商务印书馆1963年版，第188页。
[3] [法] 孟德斯鸠：《论法的精神》（上册），商务印书馆1963年版，第154页。

第四章　刑法理性的彰显

"人们牺牲一部分自由是为了平安无扰地享受剩下的那份自由。为了切身利益而牺牲的这一份份自由总合起来，就形成了一个国家的君权。君主就是这一份份自由的合法保存者和管理者。但是，实行这种保管还不够，还必须保卫它不受每个私人的侵犯，这些个人不但试图从中夺回自己的那份自由，还极力想霸占别人的那份自由，需要有些易感触的力量来阻止个人专横的心灵把社会的法律重新沦入古时的混乱之中。这种易感触的力量就是对触犯法律者所规定的刑罚。……由此可见，正是这种需要迫使人们割让自己的一部分自由，而且，无疑每个人都希望交给公共保存的那份自由尽量少些，只要足以让别人保护自己就行了。这一份份最少量自由的结晶形成惩罚权。……如果刑罚超过了保护集存的公共利益这一需要，它本质上就是不公正的。刑罚越公正，君主为臣民所保留的安全就越神圣不可侵犯，留给臣民的自由就越多。……由上述原则得出的第一个结论是：只有法律才能为犯罪规定刑罚。"[1] 即使是在现代，西方学者仍然认为，罪刑法定原则的价值在于保障公民的自由。如法国学者认为："罪刑法定原则也是对个人自由的基本保证，这一原则是对公民的保护，可以使公民免受法官的擅断行为，因为公民事先了解哪些行为是受到社会禁止的行为，同时也了解如果实行这些行为将受到何种惩处。"[2] 意大利学者则认为："从根本上来说，认为刑事责任关系到人的自由，只有法律才能加以限制的观念是罪刑法定原则的理论基础。……根据上述作为罪刑法定原则理论基础的基本观念，人们认为这个原

---

[1] [意] 贝卡里亚：《论犯罪与刑罚》，中国大百科全书出版社1993年版，第8—11页。
[2] [法] 卡斯东·斯特法尼等：《法国刑法总论精义》，中国政法大学出版社1998年版，第115页。

则最基本的功能是在适用刑法的过程中保障公民的自由。"[1]

罪刑法定原则之所以保障自由,就在于:任何人,只要不触犯刑法,国家的刑罚权就不能干预他的活动,他就可以按照自己的利益要求、道德准则、思想观念甚或自己的喜怒哀乐,自由地选择自己的行为,而不必担心自己的权利会因为这种选择而被刑罚所剥夺。

2. 罪刑法定原则有助于实现预防犯罪的刑法目的

首次提出罪刑法定原则的费尔巴哈认为,由法律事先规定犯罪及其应当判处的刑罚,并通过执行刑罚,可以对犯罪人以及一般公众产生一种威吓的心理强制机制,从而达到预防犯罪的效果。"因为人是在避免不快、追求快乐、权衡利害之下进行活动的动物,如果把刑罚作为犯罪的后果预先予以规定,实施犯罪时立即执行法律上规定的刑罚,那末人们就会把不犯罪而产生的小的不快和因受刑罚而产生的大的不快,合理地加以权衡,因为为了避免大的不快抑制小的不快而不去犯罪,就有必要在法律上预先规定犯罪与刑罚的关系。"[2]

的确,罪刑法定原则本身具有预防犯罪的功能。刑法明确规定什么样的行为构成犯罪、构成什么犯罪,并且明确规定对于什么样的犯罪应当判处什么样的刑罚,这至少有两个方面的作用:一方面有威慑和教育作用。刑法关于犯罪的规定特别是对犯罪规定的刑罚,警告人们不要实施刑法所禁止的行为,否则就会受到刑罚的制裁,给自己带来不利的后果,特别是使那些想犯罪而又慑于刑罚之苦的人不敢轻举妄动,使一些决意实施犯罪的人不得不在犯罪可能带来的好处与犯罪引起的刑罚可

---

[1] [意]杜里奥·帕多瓦尼:《意大利刑法学原理》,法律出版社1998年版,第12—13页。

[2] 转引自[日]赤坂昭二:《罪刑法定主义》,载《法学译丛》1981年第1期。

能带来的痛苦之间进行权衡。只有极少数死心塌地地要与社会为敌的人以及那些激情犯罪的人，罪刑法定原则的有无甚至刑罚的轻重对其才不起作用。另一方面有规范作用。刑法的禁止性规定，为人们分析判断行为的合法与否提供了一个价值标准，使遵纪守法的大多数人自觉地遵守法律有了可资借鉴的依据。正如法国学者指出的："为了社会的利益，法律的条文本身应当具有预防的效果，而对什么是犯罪规定得越具体详细，刑罚规定得越准确，刑法的预防效果就越可靠。"因为，"法典的制定者明确规定的刑罚已经为每一个人提供了'计算方法'，每一个人都可以从法律规定的刑罚中衡量并计算出他的行为可能遇到的风险"。[1] 这两个方面的作用，就使罪刑法定原则在实现刑法的预防犯罪目的方面发挥着重要的作用。特别是罪刑法定原则在刑事司法实践中的贯彻，可以不断强化罪刑法定的法治理念，树立法律的权威，从而引导人们自觉地遵守法律。

3. 罪刑法定原则反映了刑法理性的要求

在笔者看来，罪刑法定原则在刑法中的确立，是刑法理性发展的结晶。

从理性的角度看，罪刑法定原则有一个非常重要的价值追求，这就是对国家刑罚权的限制。把罪刑法定明确宣布为刑法的基本原则，意味着国家对公民作出了一种承诺：国家保证不在刑法规定的范围以外追究任何人的刑事责任，从而使公民可以在刑法所确立的界碑之外放心地从事自己想要干的事情而不必担心受到刑罚的惩罚。因此，罪刑法定原则从根本上讲是对国家刑罚权的限制。这种限制，集中表现在两个方面：

---

[1] [法] 卡斯东·斯特法尼等：《法国刑法总论精义》，中国政法大学出版社1998年版，第146—147页。

（1）限制刑事立法权。由于再高明的立法者都不可能对社会上的所有犯罪现象作出精确的概括，刑法规定得无论多么处心积虑，总是会有遗漏。正如西方学者所说的："人类的预见力还没有完善到可以可靠地预告一切可能产生的事这种程度，况且，人类所使用的语言也还没有完善到可以绝对明确地表达一切立法意图的境界。人们所预料不到的或法律所没有规定的种种案件必然会不断产生"[1]。对于法律没有明文规定的危害社会的行为，是类推适用刑法规定予以治罪，还是不作为犯罪对待，历来存在着两种价值观的争论。从社会利益优于个人自由的价值观出发，当然要求对这种行为类推治罪，但是从个人自由优于社会利益的价值观出发，就反对为了惩罚个别行为而给个人自由的法律界碑罩上一层阴影。宣布罪刑法定原则，无疑是国家自觉地限制自己对其没有在刑法中作出明确规定的行为动用刑法的权力。尽管国家可以通过制定新的法律特别是通过补充修改刑法的方法不断增加被遗漏的犯罪行为，但是形式上固定的法律规范，与永远处在动态中的犯罪相比，总是滞后的。罪刑法定原则中禁止法律溯及既往的要求，正是对国家通过补充修改刑法的方法弥补刑法之不足的限制。这种自觉限制国家刑罚权的做法，反映了国家为了保障公民的自由而自我克制其刑罚权的理智态度。

（2）限制刑事司法权。罪刑法定原则强调法律没有明文规定为犯罪行为的，不得定罪处刑，实际上就是针对刑事司法而言的。在罪刑法定原则的限制下，国家的刑事司法系统尤其是法院和法官，认定任何人有罪或者对任何人判处刑罚，都必须

---

[1] 〔美〕彼得·斯坦、约翰·香德：《西方社会的法律价值》，中国人民公安大学出版社1989年版，第4页。

有行为时的法律上的依据,不依据行为时的法律的明文规定,不得认定任何人有罪,更不得对任何人判处和执行刑罚。正如有的学者指出的:适用事先存在并已为大众所知的法律条文,是对抗法官的专横行为的可贵保证。[1]

因此,西方学者认为,罪刑法定原则,是从保障个人自由的角度,限制国家刑罚权的。罪刑法定原则三个方面的内容,"分别从不同的角度发挥保障公民自由的作用。法律专属性原则主要是为了避免行政机关(通过制定行政法规)擅立刑事规范,保障公民自由免受政府专横的侵犯。……明确性与确定性原则的主要目的在于防止法官专横,如果法律规定不清楚、内容不确定,要求法官在审理具体案件时必须服从法律就是一句空话;如果允许将刑法规范类推适用于法律没有明确规定的行为,实质上就是默认议会之外还有其他立法权存在。不得溯及既往原则是防止立法者滥用立法权的有利保障,如果允许'现在为过去'规定刑罚,公民行使的自由权就受到了威胁(因为任何人都不敢担保,一个行为当时完全合法的行为,不会被事后的法律规定为非法)。"[2] "适用事先存在并已为大众所知的法律条文,是对抗执行权力机关与法官专横行为的可贵保证。没有这种保证,在复杂的现代生活中,个人就很可能对其行为是否会被认为是反社会的行为一无所知,因此就有可能受到压抑,或者有可能受到不公正的追诉。"[3]

罪刑法定原则的确立,正是国家自觉地防止刑罚权的专横

---

[1] 〔法〕卡斯东·斯特法尼等:《法国刑法总论精义》,中国政法大学出版社1998年版,第146页。

[2] 〔意〕杜里奥·帕多瓦尼:《意大利刑法学原理》,法律出版社1998年版,第14页。

[3] 〔法〕卡斯东·斯特法尼等:《法国刑法总论精义》,中国政法大学出版社1998年版,第146页。

和滥用的举措,因而是国家在刑法问题上表现出来的理智和克制的态度。只有在决心实行法治的国家,在理智地对待犯罪问题的时候,罪刑法定原则才有可能真正得到贯彻。

(四) 贯彻罪刑法定原则所要解决的问题

在刑法中确立罪刑法定原则,是刑法的一大进步。但是真正贯彻罪刑法定原则,还有许多事情要做,还有许多问题需要研究。其中突出的问题有:

1. "法"的明确性问题

贯彻罪刑法定原则,在立法上所要解决的问题主要是立法的明确性问题。由于罪刑法定原则的基本含义是"法律明文规定为犯罪行为的,依照法律定罪处刑;法律没有明文规定为犯罪行为的,不得定罪处刑",所以法律上的"明文"规定是贯彻罪刑法定原则的关键,也是罪刑法定原则本身包含的一个派生原则。如果刑法规定得不明确,不仅无法保障刑事执法人员准确无误地执行刑法,而且还可能为某些刑事执法人员利用刑法规定的不明确恣意解释刑法的某些规定,在"执法"的幌子下推行罪刑擅断、任意出入人罪留下可乘之机;刑法规定得不明确,就无法保障全体公民和法律监督机关依据刑法的规定监督刑法的执行情况,督促刑事执法系统在解决具体人的刑事责任问题时严格依照刑法;刑法规定得不明确,也无法使刑事执法过程中的违法现象在有关人员和机关面前曝光,无法保障对之进行追究;刑法规定得不明确,既不能使自己成为广大人民和刑事执法系统同犯罪做斗争的有力武器,也不能使刑法本身成为公民用以保护自己的合法权利免受非法追诉的有效依托。因此,"法律的性质要求它尽可能地表达明确,以使每一个人都能够清楚地了解,如果违反了它,就可能受到它所规定的某种制裁;相反,如果避免违反它,那么也就不会受到法律的任

第四章 刑法理性的彰显

何打搅"[1]。坚持罪刑法定原则，首先需要在刑事立法上解决法律的明确性问题。

法的明确性，涉及四个方面：

（1）什么是罪刑法定中的"法"？在中国，按照宪法和立法法规定的立法权限，法的概念中包括四个层次的规范[2]，即全国人民代表大会有权制定的宪法，全国人民代表大会及其常务委员会有权制定的法律，国务院及其所属各部委有权制定的行政法规，省、自治区、直辖市和特大城市有权制定的地方性法规。这四个层次的法与罪刑法定中的"法"是什么关系，就值得研究。

第一，罪刑法定中的"法"即法律，是否包括宪法？有的学者认为："法律首先包括宪法，宪法是一切法律的母法，也是刑法的根本渊源。"[3] 但是在我看来，正因为宪法是一切法律的母法，所以它本身不可能也不应当是作为具体的行为规范的法律，而是高于一切法律的法。刑法尽管是根据宪法的授权和宪法的精神制定的，但是宪法并不没有直接规定哪些行为是犯罪，也不会对犯罪规定具体的刑罚，因此罪刑法定中的"法"不应该包括宪法，不能要求宪法对犯罪和刑罚问题作出明确的规定，也不能把宪法的规定直接作为认定犯罪和判处刑罚的依据。

宪法与法律的关系，集中表现在两个方面：其一是一切法律都不得与宪法的规定和精神相抵触。任何法律规范自然包括刑法规范如果违反了宪法，就丧失了法律效力（当然，由谁来

---

[1] [美]彼得·斯坦、约翰·香德：《西方社会的法律价值》，中国人民公安大学出版社1989年版，第4页。
[2] 此处不包括我国香港、澳门特别行政区的法律体系。
[3] 曲新久：《刑法的精神与范畴》，中国政法大学出版社2000年版，第360页。

认定以及如何认定有关法律是否违反了宪法，即违宪审查权的问题应当由宪法作出专门的规定）。对法律的解释和适用，如果违反了宪法的规定和精神，同样是无效的。其二是任何法律都有其独立存在的价值。法律并不是对宪法中高度概括的原则规定的简单重复，而是针对特定事项作出的具体规定，因此它的内容必然要比宪法的规定具体而实用，能够直接成为人们行为选择的依据和执行机关处理问题的准绳。因此在解决任何一个具体问题时，宪法都不能代替有关法律而直接成为执行机关处理问题的依据。在刑法领域，规定什么是犯罪、什么是刑罚以及犯罪与刑罚之间的关系，是刑法的任务。这个任务是宪法所无法替代的。

第二，就法律本身而言，《刑法》第3条的规定并没有限定"法律"的范围。这就意味着全国人民代表大会及其常务委员会制定的一切法律中规定的犯罪都属于"法律明文规定的"犯罪行为。但是从实际情况看，在1997年刑法修订之前，全国人民代表大会及其常务委员会在其制定的非刑事法律中有130个条文规定了刑事条款。其中多数没有关于犯罪构成和刑罚的具体规定。如1993年2月22日第七届全国人民代表大会常务委员会通过的《中华人民共和国国家安全法》第23条规定："境外机构、组织、个人实施或者指使、资助他人实施，或者境内组织、个人与境外机构、组织、个人相勾结实施危害中华人民共和国国家安全的行为，构成犯罪的，依法追究刑事责任。"1989年10月31日第七届全国人民代表大会常务委员会通过的《中华人民共和国集会游行示威法》第30条规定："扰乱、冲击或者以其他方法破坏依法举行的集会、游行、示威的，公安机关可以处以警告或者15日以下拘留；情节严重，构成犯罪的，依照刑法有关规定追究刑事责任。"类似这样的规定，本身既没有明确的犯罪构成要件，也没有具体的刑罚，与罪刑法定原则的要求就是不相符合的。这样的法律能否成为罪刑法定原则中的"法"，能否作为认定犯罪和判处刑罚的依据，就是一个值得研究的问题。尽管刑法修订以后，这种情况得以改变，但是很难说以后的立法中再也不会出现这类法律。如果类似的规定出现在其他法律中，那么我认为，就应该按照罪刑法定原则的要求，将其排除在"法律明确规定"的范围之外。对其中关于"构成犯罪的，依照刑法有关规定追究刑事责任"的规定，应当按照刑法中规定的犯罪构成要件来认定具体行为是否构成犯罪。

与之有关的一个问题是国际条约的适用问题。在一些国家，国际条约可以直接作为国内司法机关适用的法律依据。在中国，尽管《刑法》第9条明确规定："对于中华人民共和国缔结或者参加的国际条约所规定的罪行，中华人民共和国在所承担条约义务的范围内行使刑事管辖权的，适用本法。"但是在中国的司法实践中，司法机关并没有直接适用国际条约的传统，并且从国际条约所规定的具体内容上看，也缺乏直接适用的可行性。因为绝大多数国际条约所规定的犯罪，都只有关于犯罪行为的定义，而没有关于刑罚的规定。如中国参加的《消除一切形式的种族歧视国际公约》第4条中规定："应宣告凡组织及有组织的宣传活动与所有其他宣传活动的提倡与煽动种族歧视者，概为非法，加以禁止，并确认参加此等组织或活动为犯罪行为，依法惩处。"对于这类行为，如果直接按照国际条约进行审判和定罪，就必然会涉及一个如何判处刑罚的问题。而这个问题，在国际条约中是不可能找到法律依据的。只有通过国内立法，在国内法中对国际条约所规定的犯罪作出明文规定（犯罪构成可以援引国际条约的规定，但是对之应当判处的刑罚必须是明确具体的），才会有罪刑法定原则所要求的"法"的规范。

因此，笔者认为，中国在自己缔结和参加的国际条约中所承担的制裁犯罪行为的条约义务，应当及时地由立法机关以法律的形式作出明确的规定。只承诺承担国际条约义务，但是如果没有将国际条约中规定的犯罪通过国内立法转换为国内法律中的明文规定，按照罪刑法定原则，就不具备履行条约义务的法律基础。目前，中国缔结和参加的国际条约中涉及30多个国际犯罪，其中绝大多数在中国刑法中都没有明确规定或者规定的范围与国际条约的要求不一致。对于这些国际犯罪，中国的刑事司法机关要履行条约义务行使刑事管辖权，是非常困难的。这种状况，应该说，并不符合罪刑法定原则的内在要求。

第三，关于行政法规。在中国的法律体系中，行政法规不属于"法律"的范畴，应该说是很明确的。但是刑法中规定的某些犯罪却需要根据行政法规的相关规定才能确定犯罪的构成要件。如《刑法》第133条规定："违反交通运输管理法规，因而发生重大事故，致人重伤、死亡或者使公私财产遭受重大损失的，处……"；《刑法》第410条规定："国家机关工作人员徇私舞弊，违反土地管理法规，滥用职权，非法批准征收、征用、占用土地，或者非法低价出让国有土地使用权，情节严重的，处……"。对于这类犯罪来说，行政法规与法律具有同等重要的意义，直接决定着犯罪的构成与否。因为在这类条文中，刑法规定的犯罪构成要件之一就是违反有关法规，是否具备违反有关法规的构成要件，就必须根据刑法条文中所指明的有关法规来认定。这种情况，显然是与《刑法》第3条中所规定的"法律明文规定为犯罪行为的"情况相左的。在此需要研究的问题是：这样的规定是否合理、是否必要？

第四章 刑法理性的彰显

国家在立法权限上把刑事立法的权限限定在全国人民代表大会及其常务委员会,是因为刑事立法所涉及的事项直接关系到国家和社会的重大利益、直接关系到公民最重要的权利的剥夺与否,应当由最高国家权力机关来决定。但是如果行政机关可以决定刑事问题,刑事立法权就没有必要限定在最高国家权力机关了。而根据行政法规来决定犯罪的构成,恰恰是在没有授权的情况下用行政立法来补充刑事立法。正如有的学者所说的,在这类立法中,犯罪到底包括哪些具体的行为类型,"不是由立法机关决定的,而主要是依靠——并且实际上是完全依赖行政法规甚至部门、地方规章的规定,这种空白罪状的存在,导致行政机关窜升到刑事立法者的位置,罪刑法定的精神与价值自然也就无从谈起"。[1]

当然有人可能会认为,这种情况是不得已而为之,因而有其存在的必要性。但是在笔者看来,这样的规定是与罪刑法定原则的基本精神相悖的,并且是完全可以避免的。首先,就中国刑法中目前所规定的多数这类规定而言,在犯罪构成要件中删除"违反管理法规"或"国家规定"的要件,并不影响犯罪的构成。例如《刑法》第338、339条中"违反国家规定"[2]就纯属多余,因为"排放、倾倒或者处置有放射性的废物、含传染病病原体的废物、有毒物质或者其他有害物质,严重污染环境的"行为,以及"将境外的固体废物进境倾倒、堆放、处置的"行为,本身就是这两个条文所要禁止的构成犯罪的行为,"违反国家规定"并没有增加新的构成要件,并且这两种行为本身都是违反国家规定的行为,不可能在这种行为

---

[1] 曲新久:《刑法的精神与范畴》,中国政法大学出版社2000年版,第366页。
[2] 按照《刑法》第96条的规定,"违反国家规定"包括违反国务院制定的行政法规、规定的行政措施、发布的决定和命令。

中还存在着不违反国家规定的情况。而加上"违反国家规定"的限制词，反而使人认为，这两种行为中还有国家规定允许的情况。又如《刑法》第405条规定："税务机关的工作人员违反法律、行政法规的规定，在办理发售发票、抵扣税款、出口退税工作中，徇私舞弊，致使国家利益遭受重大损失的，处……。"这个规定中之所以加上"违反法律、行政法规的规定"这样的限制词，就意味着税务机关的工作人员在办理发售发票、抵扣税款、出口退税工作中徇私舞弊，致使国家利益遭受重大损失的行为，如果不违反国家规定，就不构成犯罪。难道国家规定中还有允许税务机关工作人员徇私舞弊的规定？显然刑法中的这类规定，不仅是多余的，而且是不恰当的。其次，在某些这类规定中，行政法规确实对犯罪构成起着重要的作用，但是立法者完全可以将有关行政管理法规中对犯罪构成有意义的内容直接引述在刑法条文中，而不一定要用空白罪状的方式来规定。比如对于交通肇事罪、破坏金融管理秩序罪等犯罪，可以通过明文规定其行为特征的方式，直接规定其犯罪构成要件，而不把构成要件的内容留给行政法规去填充。立法者之所以没有这样做，无非是担心规定得不全面而使某些行为遗漏。这种担心虽然不无道理，但是并不符合刑法理性的要求和罪刑法定的精神。因为它反映了立法者没有勇气来面对罪刑法定原则必然会带来的使某些危害行为无法受到刑罚制裁的后果。

第四，关于地方性法规。按照宪法和立法法的规定，省、自治区和直辖市以及某些特大城市的人民代表大会及其常务委员会，并没有制定刑事法律的权力，因此地方性法规与行政法规一样，本身不应该具有刑事法律方面的内容，不应该成为罪刑法定中的"法"。但是有的地方制定地方性法规，直接对刑法条文中的某些规定进行"具体化"。这种做法,应该说,与罪刑法定原则的要求是相悖的,因而也应当是无效的。

(2)什么是罪刑法定中的"罪"?关于罪刑法定中的"罪",有四个问题值得研究:

第一,罪刑法定中的"罪",必须是法律明确规定了其构成要件的行为。构成要件规定得不明确,就不符合罪刑法定原则的要求。罪刑法定原则要求:"法律明文规定为犯罪行为的,依照法律定罪处罚"。如果法律对犯罪行为的规定不明确,就无法完全依照法律来定罪处罚,这在客观上就给法院和法官留下了专横擅断的余地。这与罪刑法定原则确立的目的就是不相容的。例如,我国刑法的条文规定中把"情节严重""情节恶劣""数额较大"等作为犯罪构成的要件之一[1]。对于这些条文所规定的行为,依照法律是无法定罪的,而必须有另外的标准来确定何为情节严重、何为情节恶劣、何为数额较大,从而在这类行为中区分罪与非罪。这种区分罪与非罪的标准由谁来确定,就意味着谁具有刑事立法权。如果由具有刑事立法主体资格以外的机关或人员来决定这类情况下犯罪构成的标准,就与罪刑法定原则的初衷南辕北辙。又如,《刑法》总则第22、23、24条分别规定了对预备犯、未遂犯和中止犯的处罚原则,但是《刑法》分则并没有规定哪些犯罪的预备犯、未遂犯和中止犯应当处罚。按照这样的规定,似乎每个故意犯罪的预备犯、未遂犯和中止犯都应当比照既遂犯处罚,但是实际上这是不可能的,因为刑法中规定的许多犯罪都是以情节严重、情节恶劣、数额较大或后果严重作为构成要件的,这类犯罪,即使

---

[1] 现行刑法中,把"情节严重"作为犯罪构成要件的有72个条文,把"情节恶劣"作为犯罪构成要件的有8个条文,把"数额较大"作为犯罪构成要件的有37个条文。

是既遂行为，也未必构成犯罪，预备行为和未遂行为包括中止行为，就更难以构成犯罪了。因此，按照罪刑法定原则的要求，哪些犯罪的预备行为、未遂行为和中止行为构成犯罪并应当处罚，在刑法中应当作出明文规定。否则，就为刑事司法中的任意裁判留下了余地。

第二，规定犯罪构成的语言必须有明确而确定的含义。任何词语都可能具有多义性。但是同一个词，在同一部法律的不同条文中使用时，应当保持含义的一致性。如果同一个词语在不同的条文中包含着不同的含义，就使法律明文规定的犯罪构成要件处以不确定的状态，同样无法做到罪之"法定"。例如中国刑法中有24个条文是把"徇私舞弊"作为构成要件加以规定的。但是其中有的条文把徇私舞弊作为犯罪的行为特征来规定，如《刑法》第405、418条，除了"徇私舞弊"，没有任何具体行为；但是在其他条文中，徇私舞弊只是犯罪的动机即行为构成犯罪的条件之一，而不是犯罪行为本身。这些规定，对如何定义徇私舞弊，带来了无法克服的困难。

第三，罪刑法定中的"罪"，还必须是法律对其规定了刑罚的行为。《刑法》第13条明确规定："一切危害国家主权、领土完整和安全，分裂国家、颠覆人民民主专政的政权和推翻社会主义制度，破坏社会秩序和经济秩序，侵犯国有财产或者劳动群众集体所有的财产，侵犯公民私人所有的财产，侵犯公民的人身权利、民主权利和其他权利，以及其他危害社会的行为，依照法律应当受刑罚处罚的，都是犯罪，但是情节显著轻微危害不大的，不认为是犯罪。"按照这个规定，只有危害社会依照法律应当受刑罚处罚的行为，才是犯罪。如果一个行为在法律上没有对其规定刑罚处罚，那么它无论是否具有危害性，都不是犯罪。例如，《刑法》第100条第1款规定："依法受过刑事处罚的人，在入伍、就业的时候，应当如实向有关单位报告自己曾受过刑事处罚，不得隐瞒。"尽管该条规定了应当如实报告的义务，但并没有规定违反这种义务时应当受到什么样的刑罚处罚，所以，如果依法受过刑事处罚的人，在入伍、就业的时候，没有如实向有关单位报告自己曾受过刑事处罚，他的行为就不能构成犯罪。

第四，刑法中规定的犯罪构成是否越具体越好？1997年修改刑法的时候，为了克服以往立法时"宁疏勿细"的做法，在规定罪刑法定原则的同时，对一些犯罪的构成要件尽可能地作出了明确具体的规定。但是其中的一些规定，由于对犯罪构成要件规定得过于具体，而使其所能涵盖的行为极为有限，从而使刑法难以胜任同犯罪作斗争的需要。例如刑法分则中有许多条文规定的犯罪是以特殊主体构成的（不包括单位犯罪）。这就使这类行为只有由特定的人实施时，才能构成犯罪；其他人实施这类行为就不构成犯罪（或者不构成该罪）。其中有相当一部分条文所规定的主体又是非常狭窄的。如《刑法》第165条规定的非法经营同类营业罪就只能由"国有公司、企业的董事、经理"构成，如果是国有公司、企业的党委书记、厂长、业务主管、纪委书记，或者对国有公司、企业有领导或监管权的国家机关的领导，实施了完全相同的行为，就不能构成犯罪。又如，《刑法》第330条规定："违反传染病防治法的规定，有下列情形之一，引起甲类传染病以及依法确定采取甲类传染病预防、控制措施的传染病传播或者有传播严重危险的，处……"由于"甲类传染病"仅限于鼠疫和霍乱，如果有人违反传染病防治法的规定，引起其他传染病如"非典"等传播，无论造成多么大的危害，也无法根据该条的规定进行追究。《刑法》第360条规定："明知自己患有梅毒、淋病等严重性病卖淫、嫖娼的，处五年以下有期徒刑、拘役或者管制，并处罚金。"如果明知自己有其他严重的传染病，但又不是性病，同样不能按照该条的规定进行处罚。

这样的规定，从形式上看，似乎很明确具体，便于司法机关掌握认定，但是实际上，它由于容量非常小，很容易使相当一部分可能实施同类行为并且具有同样危害性和可罚性的人实施了相同的行为而不能构成犯罪。这种规定所导致的价值选择上的不合理性是显而易见的。因此，立法时如何在"疏"与"密"之间选择，是一个值得研究的问题。

（3）如何看待罪刑法定中的"刑"？就刑法中规定的刑罚而言，法律应当就其作出明确的规定。所谓刑之法定，至少应当包括刑罚种类的确定性（在有期徒刑中还应当包括刑期幅度的确定性）、适用范围的确定性、加重处罚之标准的确定性和减轻、从轻处罚或者从重处罚的刑罚幅度的确定性。但是我国刑法中，关于刑罚的某些规定，可以说是不够明确。

其一是就主刑来看，有的条文对同一个犯罪规定的刑罚包括或者几乎包括刑法中所有的主刑，从死刑到无期徒刑、有期徒刑，到拘役、管制，甚至到不予以刑事处罚。如贪污罪、贿赂罪，即属于这种情况。生产、销售假药罪也类似于这种情况，重则可以判处死刑，轻则只能判处罚金。此外，刑法中规定的生产、销售伪劣产品罪和走私罪等，虽然《刑法修正案（八）》废除了这些罪的死刑，但法定刑还是包括了从无期徒刑到不予处罚的情形。由于这类犯罪各自所包含的具体罪名的行为特征几乎是完全相同的，所不同的仅仅是行为所及的对象，而在实践中这种对象往往不是互不相容的，甚至有时连行为人也不可能截然地把它们明确区分开来。对于这类情况，尽管刑法都作了情节上的区分，根据情节的不同规定了相对确定的法定刑档次，但是这种区分的标准通常都是原则性的，没有具体可以衡量的标准，无法据以对适用它的不同主体提供相同的标准。这与罪刑法定原则所要求的刑之法定，至少还存在着较大的差距。

其二是就附加刑来看，刑法中规定的附加刑最多的是罚金刑，实践中适用最多的也是罚金刑。但是刑法恰恰对罚金刑没有作出额度上的限制。在刑事司法实践中，有的法院可以对犯罪人判处30万元的罚金，有的法院对实施相同罪名犯罪的犯罪人，则判处1万元的罚金。如果在两个情节大致相同的同一种犯罪的案件中，一个法院判了50万元罚金，另一个法院只判了3万元的罚金。这两个判决是否都符合罪刑法定原则的精神呢？

其三是从轻、减轻处罚和从重处罚的规则不明确。刑法中规定了从轻、减轻处罚和从重处罚的情况，但是对从轻、减轻处罚和从重处罚的幅度没有限制性规定。而刑法分则中对许多犯罪规定的法定刑中包含了不同的刑种。当被告人具有法定从轻处罚或者从重处罚的情节时，究竟是对其在不同刑种之间从轻处罚或者从重处罚，还是可以跨越刑种的限制，在不同的刑种之间选择应当判处的刑罚？例如一个人所犯之罪本该判处死刑，但是他在审判之前有揭发他人犯罪行为的情节，依法可以减轻处罚，对该人究竟是减为死刑缓期执行，还是减为无期徒刑或10年以上有期徒刑，甚或减为10年以下有期徒刑？实践中就存在着不同的做法。至于哪一种做法符合刑法规定的精神，至少在刑法的明文规定中是找不到根据的。而这种状况的存在，与罪刑法定原则的要求显然是相悖的。

有鉴于此，笔者认为，罪刑法定中的刑，应该是法律明确规定了处罚幅度的刑罚。如果没有相对固定的处罚幅度，这样的刑，与不实行罪刑法定就没有实质性的区别，因而是违背罪刑法定原则的要求的。

2. 对刑法规范的理解问题

贯彻罪刑法定原则,在刑事司法方面所要解决的问题之一是如何正确理解刑法规定的问题。

在刑事司法实践中贯彻罪刑法定原则,首先必须正确理解刑法中规定的罪与刑。不能正确理解刑法规范,就不可能正确贯彻罪刑法定的原则。在这方面,容易出现的问题主要有:

(1) 不理解刑法规范。在实践中,经常可以听到有人抱怨刑法中没有明文规定,动不动就要求补充修改刑法。然而事实上,这种抱怨相当多的是基于对刑法条文的不理解。例如,对于橇门拧锁侵入他人住宅进行盗窃,正在翻箱倒柜时被突然回家的主人发现的案件,有人就认为按照刑法规定不构成犯罪。原因是刑法规定盗窃罪必须是盗窃财物数额较大或者多次盗窃的才能构成,入室盗窃未遂,如果既不能证明其以盗窃数额较大为目的,又不能证明其多次盗窃,就不能构成盗窃罪,所以行为人就应当无罪释放(正是基于这种理由,《刑法修正案(八)》在第264条的盗窃罪中增加了"入户盗窃"的内容)。但是如果全面理解刑法的规定,就不会得出无罪的结论。因为刑法除了关于盗窃罪的规定之外,还有关于非法侵入他人住宅罪的规定。上述情况虽然不构成盗窃罪,但却完全符合非法侵入他人住宅罪的构成要件。如果只知其一不知其二,那就很难说可以严格贯彻罪刑法定原则。

(2) 不严格按照字面含义来理解刑法规范。罪刑法定原则要求严格按照法律条文的字面含义来理解刑法规范,不得超越法律用语的逻辑内涵。但是在司法实践中,有的人对某些刑法规范的理解就可能超出其字面含义。如1979年《刑法》第153条、1997年《刑法》第269条规定:"犯盗窃、诈骗、抢夺罪，为窝藏赃物、抗拒抓捕或者毁灭罪证而当场使用暴力或者以暴力相威胁的"，依照刑法关于抢劫罪的规定定罪处罚。在此，刑法条文的字面含义非常清楚的标明，按照抢劫罪定罪处罚的前提是"犯盗窃、诈骗、抢夺罪"。但是对此规定，实践中就有一些人认为，只要是实施了盗窃、诈骗、抢夺的行为，并且在抓捕过程中使用暴力或者以暴力相威胁而又不能构成其他暴力犯罪的，就一律按照抢劫罪来定罪处罚。至于行为人所实施的盗窃、诈骗、抢夺行为是否构成犯罪，则不予考虑。这种理解，就违背了罪刑法定的精神，超出了刑法条文字面规定的逻辑内涵。这种扩大刑法条文字面含义的解释，只有立法机关才有权进行。

（3）机械地理解刑法规范。对于刑法的规定，应当根据刑法的精神，作融会贯通地理解，而不能望文生义，机械地理解刑法的规定。机械地理解刑法规范，从现象上看，似乎是严格按照刑法条文的字面含义理解刑法，其实是对刑法规范的生搬硬套，忽视了刑法的内在精神。它与严格按照刑法条文的字面含义理解刑法规范是不可同日而语的。例如，《刑法》第17条第2款规定："已满十四周岁不满十六周岁的人，犯故意杀人、故意伤害致人重伤或者死亡、强奸、抢劫、贩卖毒品、放火、爆炸、投放危险物质罪的，应当负刑事责任。"根据该款规定，有的人就认为，实践中发生的已满十四周岁不满十六周岁的人实施绑架并杀害被绑架人的行为不负刑事责任，其理由是刑法中规定已满十四周岁不满十六周岁的人犯故意杀人罪应当负刑事责任，而按照《刑法》第239条的规定，绑架致使被绑架人死亡或者杀害被绑架人的，构成绑架罪，应当按照《刑法》第239条的规定定罪处罚。《刑法》第17条第2款的规定中没有明文规定绑架罪，所以按照罪刑法定的原则，对于已满十四周岁不满十六周岁的人实施的绑架并杀害被绑架人的行为,不能追究刑事责任。这种观点,就是机械地理解刑法规范的结果。因为《刑法》第17条第2款虽然规定的是故意杀人罪而不是绑架罪,但是实施绑架行为并杀害被绑架人的,实际上是绑架罪与故意杀人罪的竞合。如果是已满十六周岁的人在同一个案件中实施这两个行为,当然是按照刑法的规定,以绑架罪定罪处罚。但是对于已满十四周岁不满十六周岁的人而言,虽然按照刑法的规定,其对绑架罪不负刑事责任,但是对于故意杀人罪,则应当负刑事责任。所以按照《刑法》第17条第2款的规定,对于已满十四周岁不满十六周岁的人实施的绑架并杀害被绑架人的行为,按照故意杀人罪追究刑事责任,完全符合刑法的明文规定。

(4)误解刑法规范。贯彻罪刑法定原则的前提是正确理解刑法的明文规定。如果对刑法规定的内容,不能正确理解,就谈不上正确贯彻罪刑法定原则的问题。《刑法》第20条第3款规定:"对正在进行行凶、杀人、抢劫、强奸、绑架以及其他严重危及人身安全的暴力犯罪,采取防卫行为,造成不法侵害人伤亡的,不属于防卫过当,不负刑事责任"。对此,有的人就认为是"无限防卫"即不受任何限制。这种观点,就是对该规定的误解。因为刑法的这个规定并不是规定了不受任何限制的防卫权。首先,这种防卫行为要受到前提条件的限制,即必须是针对正在进行的"行凶、杀人、抢劫、强奸、绑架以及其他严重危及人身安全的暴力犯罪"实施的防卫;其次,防卫的对象必须是"不法侵害人",并且这种"不法侵害人"的范围应当有一定的限制,例如对于抢劫、强奸犯罪中的帮助犯就不能采取致其死亡的防卫行为。

上述种种,都涉及一个对刑法规范的理解问题。如果不能正确理解刑法的明文规定，就很难说可以严格按照刑法的规定定罪量刑，贯彻罪刑法定原则也就难免是一句空话。

3. 自由裁量权的运用问题

我国刑法在许多地方使用了"情节严重""情节特别严重""情节恶劣""数额较大""数额巨大""后果严重""严重损失"等程度性用语。这类规定，实际上就赋予了刑事司法人员特别是法官自由裁量的空间。在这类场合，如何运用自由裁量权，直接关系到罪刑法定原则的贯彻问题。

有人认为，自由裁量权的行使必须依法，并且只要依法就够了。这就意味着，在上述情况下，法院和法官可以任意认定案件的情节是否属于刑法规定的构成犯罪的情节。这种理解是十分危险的，也容易导致刑法适用的不统一。

因此，在上述场合，有必要对法院和法官在适用刑法中的自由裁判权问题作出一定的制约性规定。这类规定，在立法不足的情况下，应当由依法有权制定司法解释的最高司法机关统一解释。也就是说，最高司法机关应当就刑法中规定的有关情节"严重""恶劣"等程度性构成要件进行统一解释，以明确设定其标准。如果任由各个法院和法官自行决定，就可能违背刑法规定的精神。另一方面，在没有司法解释或者司法解释不明确的情况下，法院和法官在适用这些规定的时候，应当努力探求刑法有关规定的精神和刑法的基本原则，并结合审判实践的传统做法，慎重地认定这类情节并合理地决定这类情节对定罪或量刑的影响。特别是，对于这类具有一定的伸缩性并对被告人具有重要影响的情节的认定，不应该由法官个人说了算，而应当在这类情节轻重决定被告人命运的案件中，由审判委员会集体决定情节对定罪量刑的作用。

三、刑法合理解释原则

刑法的精神,不仅表现在刑法规范的文本之中,而且表现在对刑法文本的权威解释之中。因为刑法是一种实践性很强的法律,刑法在实际运行的过程中,必然要涉及对刑法的解释问题,而权威机关和权威人士对刑法文本的解释,作为人们理解刑法精神和适用刑法规范的重要根据,对刑法的实现,具有举足轻重的影响。特别是在实行罪刑法定原则的现代法治国家,刑法解释的状况直接关系到罪刑法定原则的实现程度。

(一)合理解释原则的提出

刑法解释,是指对刑法文本所包含的具体内容的阐明。[1] 在奉行成文法的国家,刑法解释的对象是国家立法机关制定的现行有效的刑法文本,其中包括刑法典、单行刑法和其他法律文本中包含的刑法条款。因此刑法解释具有从属性的特点,它永远是附属于刑法本身的,它所涉及的范围不能超越刑法规定的内容的范围;它的效力不能超越刑法文本的效力。从动态的角度看,刑法解释的活动是一个过程,是人们理解、选择和确定刑法文本的含义的过程,尤其是人们根据自己对刑法文本的理解确定刑法的具体规定是否适用于某种类型的情况的过程。并且这种过程在刑法适用中又是一个必然的和必要的过程。因而就产生了对刑法解释进行规范的必要性。这种必要性,主要来自两个方面:

1. 刑法解释的必要性

对刑法文本进行解释,是刑法学研究和刑法的实际运用过

---

[1] 我国传统的观点认为,刑法解释就是对刑法规范含义的阐明(参见高铭暄主编:《新编中国刑法学》(上册),中国人民大学出版社1998年版,第42页)。但是有的学者提出,刑法解释的对象不仅包括刑法规范,而且应当包括非规范性的刑法规定(参见李希慧:《刑法解释论》,中国人民公安大学出版社1995年版,第42—47页)。

程中必然要面临的问题。因为刑法解释无论是对于学习理解刑法、构建刑法学的理论体系，还是对于具体适用刑法，都是非常必要的。刑法解释的必要性来自四个方面：

（1）立法的局限性。法律规范是立法者的意志和智慧的结晶。而立法者永远是由具体的普普通通的人构成的，他们的意志和智慧注定要受到他们认识能力的局限性和他们所感知事物范围的局限性的制约。立法的完美和精当只能是可望而不可及的良好愿望。因为一方面，立法者对于立法时就已经存在的问题未必都具有清楚而全面的认识，立法时可能只考虑到或者只关注于同一问题的某些情况而可能遗漏另外一些情况，以致所制定的法律本身是不完备的。而一旦立法者发现这个问题时，就需要通过立法解释来赋予该条规定以更完整的含义。另一方面，人类的社会生活始终是永无止尽地盛开着五彩缤纷的鲜花的常青树，新事物、新问题的出现是源源不断的。面对新的情况、新的问题和新的认识，立法者又不可能经常不断地修改自己制定的法律。高明的立法者考虑到这种情况，在立法时往往会预留出一定的空间，让适用法律的主体去裁量以适应社会的变化。于是就产生了对已有的法律进行解释以适应新情况、新问题的需要。

（2）规范的抽象性。任何法律规范都是对现实社会中已经出现或者可能出现的千姿百态的行为样态进行抽象概括的结果。特别是刑法中规定为犯罪的行为，永远是并且只能是类型化了的行为。每一种犯罪，都可能通过许多种不同的方式表现出来。人们要想确定某一个具体的行为是否构成刑法中规定的某种具体犯罪，就需要对刑法的具体条文规定进行解释，进而衡量该具体行为中是否包含着刑法条文中规定的行为类型的构成要素。离开了对刑法文本的具体解释，就很难在错综复杂、千姿百态的具体行为中认定犯罪和适用刑法。

（3）语言的多义性。人类的语言具有丰富的内涵，词和词的组合往往具有多层含义。当立法者的意志通过具体的语言文字表达出来的时候，语言文字的多义性就自然而然地在立法者的特定意志与阅读和适用法律的人们之间树立起一面模糊的镜子。人们通过这面镜子，可能隐隐约约地看到、可以读懂立法者的意志，但无论是人们看到的还是读懂的内容，都与立法者立法时的意志之间，或多或少地具有一定的距离或偏差。另一方面，语言的多义性，也容易使立法者通过语言文字表达其立法意志的时候，尽管其所使用的语言可以准确无误地表达其意志，但是却难以避免这些语言文字同时还包含着其他含义或者具有作其他理解的可能性。特别是刑法中使用的某些专业术语，与人们日常生活中对它的理解可能不尽相同。因此，人们在理解刑法文本的含义时，就需要对刑法文本所使用的语言进行解释。尽管这种解释本身也存在着一个是否明确具体的问题，但是解释至少可以使法律条文的含义进一步明确，尤其是根据对法律文本的理解所作出的对某种具体情况是否属于某个法律条文所包含的情况的判断，对于适用法律来说，是必不可少的。

（4）刑法适用的主体性。在刑法的具体适用过程中，适用主体必然是按照自己对刑法文本的理解来适用刑法的。而不同主体对刑法文本的理解可能是不尽相同的。这在客观上就可能导致刑法适用的不公平。因此为了保障刑法适用的普遍效力，也需要对刑法文本进行统一解释，以便使不同的司法机关在适用刑法的时候，对刑法文本具有基本相同的理解。

基于以上原因，刑法解释成为刑法学研究和刑法适用中不可或缺的活动。正如有的学者所指出的："准确地解释刑法是正确适用刑法的前提。这是因为：①刑法规范是抽象、概括的准则，而社会犯罪现象则是形形色色的，刑法不可能对千差万别的犯罪作出详尽无遗的规定，因而有必要根据立法精神和刑事政策，对刑法规范赋以新含义的解释，以弥补立法的不足；②刑法条文简明扼要，含义深刻，执法人员在适用刑法处理案件时，难免产生不同认识，为了使司法工作人员对刑法条文的理解切合立法的原义，保障刑法的正确实施，维护国家法制的统一，必须加强刑法解释工作；③刑法中使用的许多概念、术语，同日常生活中使用的相同词语在含义上不尽一致，为了避免混乱和误解，也需要通过刑法解释来明确它们的含义。"[1] 按照德国学者的说法，"每一个法规范均需要进行解释，即使'表达清楚的条文'也需要解释"。[2]

2. 刑法解释的多样性

正是由于刑法解释的必要性，刑法解释出现了多样性的状况。这种多样性可以从三个方面看出：

（1）解释主体的多样性。与刑法创制的专属性不同，刑法解释是一种非专属性的活动。对刑法进行解释的主体，可以是立法机关、司法机关，也可以是其他国家机关、人民团体和社会组织；可以是法官、检察官和警察，也可以是其他任何公民。法律没有限制任何主体解释刑法的行为。"由于现代社会生活的各个领域几乎都不同程度地涉及法律和法律调整，法律解释的主体甚至可以与现实生活的主体相提并论。"[3] 而在实践中，解释刑法的主体，既有立法机关和司法机关，也有专家

---

[1] 赵廷光主编：《中国刑法原理》（总论卷），武汉大学出版社1992年版，第45—46页。
[2] 〔德〕汉斯·海因里希·耶赛克、托马斯·魏根特：《德国刑法教科书》（总论），中国法制出版社2001年版，第190页。
[3] 张志铭：《法理思考的印迹》，中国政法大学出版社2003年版，第98页。

学者和执法人员。当然，不同主体对刑法的解释，具有不同的法律效果。国家立法机关和司法机关运用法定权力解释刑法，对于刑法的适用具有一定的拘束力，而其他机关、单位和个人解释刑法，就只是自己对刑法文本的理解，其解释的结果对于刑法的适用不具有拘束力。

（2）解释类型的多样性。通常认为，刑法解释的类型，可以分为有权解释和学理解释。

有权解释，是指国家机关依照宪法和法律赋予的职权对刑法文本及其具体应用所作的解释。根据解释机关、解释权限和解释效力的不同，有权解释又可划分为立法解释和司法解释。立法解释是立法机关对刑法文本本身的含义所做的解释；司法解释是司法机关对司法工作中具体应用刑法的问题所做的解释。

学理解释，是指国家宣传机构、法学教学科研单位、法学专家学者和法律工作者对刑法文本所作的学术性、知识性解释。学理解释又可以分为学说解释与宣传解释。学说解释是指法学教学、科研单位和法律专家、学者对刑法文本所作的解释；宣传解释是指国家宣传机构和其他社会组织针对实际情况和问题，利用典型案例，对刑法进行通俗的解说。[1]

进而言之，司法解释在实践中又有"意见""解释""解答""批复""答复""通知""规定""复函"等多种形式。

（3）解释方法的多样性。由于刑法解释的重要性和必要性，人们试图用各种各样的方法来解释刑法。据有的学者统计，刑法解释的方法有21种之多。[2] 常见的有：文理解释，

---

〔1〕 赵廷光主编：《中国刑法原理》（总论卷），武汉大学出版社1992年版，第46—49页。
〔2〕 赵秉志、曾粤兴：《刑法解释方法研究》，载《中国刑法学年会文集》（第一卷），中国人民公安大学出版社2003年版，第8—11页。

即对刑法条文的字义包括名词、概念、术语等从文理上进行解释；论理解释，即根据立法精神，联系有关情况，对刑法条文的含义从逻辑上进行解释；扩张解释，即根据立法原意，对刑法条文作出超过字面意思的解释；限制解释，即根据立法原意，对刑法条文作出狭于字面意思的解释；法意解释，即根据立法者制定法律时所作的价值判断，从逻辑上对刑法条文的含义进行解释；目的解释，即根据立法者制定法律时所欲实现的目的，从逻辑上对刑法条文的含义进行解释；语境解释，即将法律文本视为一个整体或体系，并把所要解释的条文放在该整体或体系的特定语境中来理解、把握和解释其含义。

刑法解释的多样性在实践中必然导致不同解释之间的矛盾和冲突。对于同一个刑法条文，可能出现法官有法官的解释、律师有律师的解释、学者有学者的解释，谁也说服不了谁，甚至不同的司法机关对于同一刑法条文也会作出不同的司法解释。这种状况势必影响到刑法的适用。如何使不同的解释主体在运用不同的解释方法对同一刑法文本进行解释时能够获得大致相同的认识？如何使对刑法文本的解释有利于刑法目的的实现？这在客观上就产生了一种要求，即刑法解释必须遵循一定的原则，无论是什么主体、无论采取何种方法，只要是对刑法条文进行解释，就必须遵守这些原则。违背了这些原则，对刑法的解释就不能被接受。

刑法解释必须遵循的最基本的原则，笔者认为，就是合理解释原则。

(二) 合理解释原则的基本内涵

刑法的合理解释原则，是指对刑法文本含义所作的解释，应当具有合理性。在任何时候、任何场合，无论采取何种方式，只要是对刑法文本进行解释，都应当坚持合理性的原则，都应当使通过解释所得出的结论具有合理性。

刑法解释的合理性原则,包括四个方面的内容:

1. 合法性

刑法解释首先必须合法。只有合法,才有合理可言。因为刑法解释是对刑法文本所作的阐明,如果这种解释本身是违法的,它就从根本上丧失了"刑法解释"的特性,丧失了合理性的基础。合法性是刑法的基本原则——罪刑法定原则的必然要求,也是刑法解释必须遵循的原则。

在美国法中,合法性是指法律解释必须合乎宪法,必须受到宪法原则的限制。这种限制体现在法律解释必须遵循的规则之中。这些规则包括:(1)刑事法律必须被严格地加以解释,以排除刑事法律适用上的不公正;(2)法院务必使指控为犯罪的行为处于所用法律词义的普通常识的范围之内,而不曲解这些词义,除非这样的适用明显地违背立法意图;(3)同一法律词语在不同场合,必须保持相同的解释,除非通过起草说明或立法注释明确表达出来的法律政策对解释这类词语另有明显意图;(4)如果一个罪名详细规定了犯罪要件,法院只能按照这些要件来理解和适用法律;(5)如果一项法律在表面上意义不明确时,则这项法律的总体政策应当予以考虑,普通法原则和定义具有决定作用,这项法律应当从有利于被告人的角度去解释;(6)同一项法律里的两个不同部分在词语表述上的显著改变,表明立法意图方面经过深思熟虑地差别;(7)根据"明定此一事物意味着排除另一事物"的法律解释格言,如果一项刑事法律明确地列举了某个原则的几个例外情况,这就意味着不包括其他未列举的例外情况;(8)根据"只含同类"的法律解释格言,如果一项刑事法律在列举了几个情况之后跟随着一个总括词语,如"以及诸如此类",那就意味着只限于包括未

第四章 刑法理性的彰显

列举的同类情况,而不包括不同类情况;(9)刑事法律不能被解释为颠倒或者转移被告人的证明责任;(10)不能把有利于控告的假设塞进一项法律,除非其中必须明显地作如此理解。[1]

在法国刑法中,合法性作为罪刑法定原则的一个直接的必然结果,是通过刑法严格解释原则体现出来的。按照刑法严格解释原则,如果刑法规定不甚明确,或者刑法的规定有可能作多种解释时,法官应当努力深入理解法律规定的真正意义,并按此意义来适用这些规定;在法律的意义很清楚的时候,法官实际上无须对法律作出解释,而只是适用法律;只要所发生的情形属于法定形式范围之内,法官均可将立法者有规定的情形扩张至法律并无规定的情形;法官可以根据立法者的思想与意图,来订正某一法律条文在事实上或语句上的错误。刑法严格解释原则,也意味着法官有义务严格解释"不利于被告的规定",而不阻止法官对那些"有利于被告"的规定作出宽松的与扩张的解释。[2]

在德国,强调解释的自由,对法律问题没有解释规则,法官有义务从诸多解释法律的可能性中选择一个有利于被告人的可能性。在疑罪情况下,在对法律规范的解释方面,法院不是选择对被告人最为有利的解释,而是选择正确的解释。但是解释的根据产生于刑法规范的结构之中,"所有的解释均始于对法律条文的研究",条文的词义是解释的要素,因此在任何情况下必须将"可能的词义"视为最宽的界限,不得超出词义所允许的范围。只有在法律条文中存在编辑错误时,才可不拘泥于可能的词义。并且,解释法律必须根据法律的目的。在根据

---

[1] 储槐植:《美国刑法》(第二版),北京大学出版社1996年版,第45—46页。
[2] [法]卡斯东·斯特法尼等:《法国刑法总论精义》,中国政法大学出版社1998年版,第138—144页。

法律的目的进行解释时，法官总是将宪法的价值判断放在首位，力求作出符合宪法的解释，"他虽然不得任意改变刑法规定的意思，但他必须尝试，在法律规定的范围内与宪法规范保持一致，如果这样做不可能，他必须根据《宪法》第100条的规定终止诉讼程序，由联邦宪法法院裁决"。[1]

在我国，笔者认为，合法性应当包括三个方面：

（1）对象合法，即刑法解释的对象必须是刑法文本中所包含的内容。刑法文本，包括刑法典和单行刑法以及其他包含刑法规范的法律文本中的文字。刑法解释应当以刑法文本为限。例如，2000年1月25日最高人民法院公布的最高人民法院《关于审理拐卖妇女案件适用法律有关问题的解释》第1条规定："刑法第二百四十条规定的拐卖妇女罪中的"妇女"，既包括具有中国国籍的妇女，也包括具有外国国籍和无国籍的妇女。被拐卖的外国妇女没有身份证明的，不影响对犯罪分子的定罪处罚。"其中所解释的对象就是《刑法》第240条中规定的"妇女"。这种解释是对刑法文本中包含的内容进行的，无论其解释的内容是否正确，至少其所解释的对象，是合法的。但是，如果对于与刑法文本无关的内容进行阐明，就不属于刑法解释的范围。例如，2000年11月5日最高人民法院公布的最高人民法院《关于对变造、倒卖变造邮票行为如何适用法律问题的解释》规定："对变造或者倒卖变造的邮票数额较大的，应当依照刑法第227条第一款的规定定罪处罚。"这个解释所适用的对象，就不是《刑法》第227条规定的内容。因为，《刑法》第227条所规定的行为是"伪造或者倒卖伪造的车票、

---

[1]〔德〕汉斯·海因里希·耶赛克、托马斯·魏根特：《德国刑法教科书》（总论），中国法制出版社2001年版，第190—199页。

船票、邮票或者其他有价票证"的行为，而在刑法中，"变造"与"伪造"是有明显区别的两个概念（如《刑法》第170条规定的伪造货币罪与第173条规定的变造货币罪）。该司法解释把"变造"行为解释为刑法条文中的"伪造"行为，其解释的对象就不具有合法性。

对刑法进行解释，除了学习、宣传刑法的内容和进行刑法学研究之外，通常都是针对实践中提出的或遇到的问题进行的。而这种问题与刑法的规定之间有无关联性，是否属于同一类事物，是刑法解释首先必须考虑的问题。如果把一个与刑法的规定毫无关系的问题或者刑法文本中不包括的问题，通过刑法解释来纳入刑法的规范体系，就违背了刑法解释以刑法文本为对象的基本前提，就违反了刑法解释对象的合法性。

在实践中，对刑法中没有规定的内容进行解释，主要表现为用司法解释代替刑法立法。例如，1985年7月8日，最高人民法院和最高人民检察院联合公布的《关于当前办理经济犯罪案件中具体应用法律的若干问题的解答（试行）》中，就"关于挪用公款归个人使用或者进行非法活动以贪污罪论处的问题"，做了解释。其中规定："国家工作人员，集体经济组织人员和其他经手、管理公共财物的人员，挪用公款归个人使用，超过六个月不还的，或者挪用公款进行非法活动的，以贪污罪论处。"该规定所解答的问题本身，并不是1979年《刑法》第155条规定中明示的贪污罪的行为类型，并且也不符合贪污罪的本质特征，因而不能视为对刑法条文的解释，而是创立新的法律规范的活动。这种把本应通过刑法立法来规定的行为，通过司法解释的方式规定为犯罪，本身是违法的。又如，1988年12月26日最高人民法院《关于假冒商标案件两个问题的批复》中规定："企业事业单位或者个体工商业者，假冒他人注册商标，包括非法制造或者销售他人注册商标标识的，可以直接依照刑法第127条定罪判刑。由于情况变化；对于没有营业执照的个人违反商标法规，假冒他人注册商标，包括非法制造或者销售他人注册商标标识，构成犯罪的，今后也应按假冒商标罪论处。"而当时1979年《刑法》第127条所规定的假冒商标罪是"违反商标管理法规，工商企业假冒其他企业已经注册的商标的"行为。也就是说，刑法规定的假冒商标罪的犯罪主体是"工商企业"，而司法解释所规定的主体在"工商企业"之外，增加了"事业单位""个体工商业者""没有营业执照的个人"。这种解释实际上是对刑法文本中没有规定的内容所作出的规定，应当属于新的立法，而不是对刑法的已有规定所作的解释。

（2）主体合法，即解释刑法的主体符合法律的规定。对于刑法，虽然任何主体都可以进行解释，但是能够对刑法运作过程产生制约作用的，只有有权解释的机关所作出的解释。

有权解释的机关对刑法所作出的解释，只要不被有权否定其效力的机关所否定或者作出解释的机关自己宣布废除，它就对受其约束的其他机关执行刑法的活动具有拘束力。因此，有权解释的主体应当严格地在法律授权范围内解释刑法。如果无权解释的主体对刑法进行具有拘束力的解释，或者有权解释的机关超越了自己的权力范围对刑法进行解释，其所作出的解释就是违法的。有权解释的主体，在对刑法条文作出解释时，还必须遵守法定程序。例如，全国人大常委会制定刑法立法解释时，必须按照《立法法》和《全国人大常委会议事规则》的规定，经过提出刑法解释议案、审议刑法解释议案、拟定刑法解释草案、审议刑法解释草案、表决通过刑法解释草案、公布刑法解释文本等程序。最高人民法院制定刑法司法解释，必须

第四章 刑法理性的彰显

经过最高人民法院审判委员会审议通过；最高人民检察院制定刑法司法解释，必须经过最高人民检察院检察委员会审议通过等程序。未经法定程序而发布的有权解释，同样是不合法的。

在实践中，既有无权解释的主体对刑法进行解释的情况，也有有权解释的主体超越自己的权限范围对刑法进行解释的情况。前者主要表现为最高司法机关的业务部门以自己的名义发布司法解释性文件，以及地方人民法院、人民检察院根据最高司法机关的授权或者自行发布司法解释性文件的情况。如各地高级人民法院根据最高人民法院的授权确定盗窃罪定罪和量刑标准的做法[1]；有的地方法院自行规定罪与非罪标准的做法[2]。后者主要表现为有权解释的司法机关超越自己的权限对刑法进行立法解释的情况。按照1981年全国人大常委会通过的《关于加强法律解释工作的决议》和1999年全国人大通过的《立法法》的规定，凡属于法律本身需要进一步明确的问题，由全国人大常委会进行解释；凡属于法院审判工作中具体应用法律的问题，由最高人民法院进行解释；凡属于检察院检察工作中具体应用法律的问题，由最高人民检察院进行解释。但是在实践中，对于某些应当由全国人大常委会解释的问题，最高司法机关自行进行解释，以致出现了一些违反法律规定的越权解释。

（3）内容合法，即对刑法所作的解释必须符合宪法和刑法的基本精神，符合法治的一般原理。对刑法所作的解释，如果其结论与法治的一般原理相悖，违反宪法的规定，或者违反刑

---

[1] 最高人民法院1997年1月4日发布的《关于审理盗窃案件具体应用法律若干问题的解释》第3条第2款。

[2] 山东省高级人民法院2003年6月17日公布的《关于为解放思想、干事创业、加快发展服务的意见》中规定的"十条法律界限"。

法的基本精神和基本原则，就丧失了合法性，因而也就很难说它是合理的。无论刑法文本本身的字面含义如何，对刑法所作的解释，如果符合法治的一般原理和刑法的基本精神和基本原则，并且这种解释不是牵强附会的，是可以说是内容合法的解释；相反，如果对刑法文本的解释违反了法治的一般原理和刑法的基本精神和基本原则，这种解释即使字面上并没有明显地超出法律条文可能具有的含义，它也是违法的。

2003年1月8日最高人民法院公布了《关于行为人不明知是不满十四周岁的幼女，双方自愿发生性关系是否构成强奸罪问题的批复》。该批复规定："行为人明知是不满十四周岁的幼女而与其发生性关系，不论幼女是否自愿，均应依照刑法第二百三十六条第二款的规定，以强奸罪定罪处罚；行为人确实不知对方是不满十四周岁的幼女，双方自愿发生性关系，未造成严重后果，情节显著轻微的，不认为是犯罪。"对此，有的学者提出了强烈地质疑，认为该批复违反了1997年《刑法》第236条第2款的规定。因为1997年《刑法》第236条第2款规定："奸淫不满十四岁的幼女的，以强奸论，从重处罚。"其中并没有区分奸淫幼女的不同情况。而该批复将奸淫幼女的行为区分为构成强奸罪与不构成强奸罪两种情况，明显违反了1997年《刑法》第236条的明文规定，是一个违法的解释。但是也有学者认为，该批复并不违法。因为主客观相统一是1997年《刑法》第14到16条的规定中体现出的一个基本原理。行为人在与幼女自愿发生性关系的时候，如果确实不知对方是幼女，在主观上就不具有犯奸淫幼女罪的故意，因而不应当按照奸淫幼女的行为来处罚。这场争论，直接表现为在刑法解释中如何看待刑法条文与刑法原理的关系的问题，但实质上涉及刑法解释的合法性问题。

对刑法条文的解释，尽管是有权解释的机关在自己的权限范围内作出的，但是如果解释的结论不具有合法性，它就丧失了合理性的基础，同时也丧失了其应有的拘束力。然而如何判断刑法解释的合法性，是一个需要深入研究的问题。对刑法条文字面含义的解释，可以从四个方面来判断其内容是否合法：

第一，宪法的规定。对刑法文本的任何解释，都不得违背宪法的精神，限制和剥夺宪法规定的公民基本权利，不得损害宪法确立的国家政治制度和经济制度。

第二，刑法的基本原则。我国刑法明确规定了三大基本原则，即罪刑法定原则、罪责刑相适应原则、适用刑法人人平等原则。这三大基本原则是贯穿于全部刑法的、具有指导和制约全部刑事立法和刑事司法并体现我国刑事法制基本精神的准则。无论是刑事立法、刑事司法，还是刑法解释，都不得违背这三大基本原则，不得对刑法条文作出违背刑法基本原则的解释。

第三，刑法的基本原理。体现在刑法规范体系中的基本原理是刑法的内在生命，也是刑法理性的凝结。如罪责自负的原理、主客观相统一的原理、犯罪构成的原理等。对刑法具体条文的解释，如果违反了刑法的基本原理，同样是不合法的。

第四，具体刑法条文中体现的该项立法的精神。例如，《刑法》第343条第1款规定的非法采矿罪：1997年刑法对之规定的构成要件是："违反矿产资源法的规定，未取得采矿许可证擅自采矿的，擅自进入国家规划矿区、对国民经济具有重要价值的矿区和他人矿区范围采矿的，擅自开采国家规定实行保护性开采的特定矿种，经责令停止开采后拒不停止开采，造成矿产资源破坏的"。2011年《刑法修正案（八）》将其修改为"违反矿产资源法的规定，未取得采矿许可证擅自采矿，擅自进入国家规划矿区、对国民经济具有重要价值的矿区和他人矿区范围采矿，或者擅自开采国家规定实行保护性开采的特定矿种，情节严重的"。显然，刑法修改的基本精神是严格了非法采矿罪的构成要件。如果在《刑法修正案（八）》生效以后，还认为非法采矿的行为，只有在有关部门责令停止后拒不停止开采，造成矿产资源严重破坏的，才能构成非法采矿罪，就是违背了具体刑法条文中所体现的立法精神。

2. 合目的性

合目的性，是指对刑法条文的解释符合立法者创设该条文的目的，并能够满足解释该条文的需要。合目的性包括两层含义：其一是解释要符合立法目的；其二是解释的结果要符合解释的目的。

立法目的是理解刑法条文的钥匙，也是衡量解释的合理与否的重要标准。因为立法目的反映了法律条文存在的法律价值，对法律条文的解释，只有根据对其存在的价值的判断，才有可能得出合理的结论。如果单纯依据法律条文的字面含义，很难解释清楚为什么要这样立法而不那样立法，很难对实践中遇到的问题是否属于法律条文所包含的情况作出正确的判断。正如学者们指出的，"在法解释学上无论是追求立法者意思的主观解释论或追求文本客观意义的客观解释论，均承认立法者的目的，即立法目的对于法条含义的决定作用。以致于依立法目的而为解释，成为一种独立的解释方法，并且具有决定性意义。"[1] "在解释法律时，我们采用（会促使立法的目的实现）的方法，而立法的目的是构成法律条文的基础。"[2]

---

[1] 梁慧星：《民法解释学》，中国政法大学出版社2000年版，第147页。
[2] 〔英〕丹宁勋爵：《法律的训诫》，群众出版社1985年版，第15页。

第四章 刑法理性的彰显

其实，合目的性并不总是指符合立法的总目的。在对具体法条的解释中，除了联系该立法的总目的之外，设立相关刑法规范的具体目的，也是解释时必须关注的。通过对具体法条设置目的的探求，可以明确哪些情况应该包含在法条所规定的范围之内，而哪些情况不应该属于法条所规定的范围。

关于法律解释的方法，在传统上人们将其划分为四种：

一是文理解释方法，即从语言的意义上推论出法律的意思。这种解释的主要难点在于，必须首先搞清楚，是法学上的语义起决定作用，还是一般的语言适用起决定作用。

二是体系解释方法，即借助于系统化的解释方法，从需要解释的法律条文所处的上下文的相互联系中得出法律意思。

三是历史解释方法，即从法律一般的历史联系及法律本身特殊的产生史中，尤其是从法律资料（草案、立法理由、记录等）中来加以解释，以表明法律的意思。

四是目的论的解释方法，即借助于历史解释方法，寻找出法律的主导目的思想和价值思想，以便从中直接推论出法律条文的意思。目的论的解释方法被认为是最佳的解释方法，"因为只有目的论的解释方法直接追求所有解释之本来目的，寻找出目的观点和价值观点，从中最终得出有约束力的重要的法律意思；而从根本上讲，其他的解释方法只不过是人们接近法律意思的特殊途径。"[1]

这四种方法，都是探求立法目的的途径。对刑法条文进行解释，应当运用这些方法，努力达到对立法目的的正确把握。同时，对刑法条文进行解释，还必须满足解释的需要，即能够

---

[1]〔德〕汉斯·海因里希·耶赛克、托马斯·魏根特：《德国刑法教科书》（总论），中国法制出版社2001年版，第193页。

回答实践中遇到的需要通过解释来明确的问题。

3. 合逻辑性

合逻辑性,是指通过解释所得出的结论符合思维逻辑和语言逻辑的基本要求。合逻辑性是法律解释的基本规则。任何解释,如果在逻辑上讲不通,它就丧失了合理性。正如英国学者所理解的:"解释的第一条原则是对词语必须赋予其在英语中通常所用的意义,对技术术语必须赋予其在该门科学、专业或行业中所用的意义。第二条原则是对词语必须联系上下文,赋予它在上下文中、在整句中,整个章节中可以理解的意义。"[1]

合逻辑性包括四层含义:

(1) 解释的结论与被解释的刑法条文之间没有语言逻辑上的矛盾。刑法解释是对刑法文本的阐明,这种阐明所依据的是刑法文本本身所使用的文字。对刑法文本含义的阐明,应当是刑法文本所使用的文字在逻辑上所能涵盖的外延之内的情况。如果解释的结论超过了刑法文本所使用的文字本身所能涵盖的范围,这种解释就很难说是合理的。对刑法文本文字外延的界定,离不开对其本质属性的认识。而这种认识的分歧往往是导致对解释结论的正确性不同看法的原因。

(2) 解释的结论与其他刑法条文和有权解释之间没有实质上的矛盾。由于刑法本身是一个由诸多条文构成的法律体系,对刑法中某些条文的解释,可能涉及与其他条文之间的关系问题,所以对任何一个具体条文的解释,都应当考虑到与其他条文的含义之间的协调问题。如果对刑法中某一个条文的解释,与刑法的其他条文的含义发生矛盾,或者与已有的有权解释发生矛盾,或者一种解释自身包含着逻辑上的矛盾,就要考虑这

---

[1] 〔英〕戴维·M. 沃克:《牛津法律大辞典》,光明日报出版社1988年版,第463页。

种解释的合理性问题。例如，在上面提到的最高人民法院关于奸淫幼女的批复中，学者们之间最有争议的后一句话，即"行为人确实不知对方是不满十四周岁的幼女，双方自愿发生性关系，未造成严重后果，情节显著轻微的，不认为是犯罪"，就是一个自相矛盾的解释。因为这句话在逻辑上包含着两层含义：其一是行为人确实不知道对方是不满十四岁的幼女而双方自愿发生性关系，"未造成严重后果，情节显著轻微的"，不认为是犯罪；其二是行为人确实不知道对方是不满十四岁的幼女而双方自愿发生性关系，但是造成了严重后果，情节不属于显著轻微的，就不能不认为是犯罪。在此，解释者显然是用两个标准来限定奸淫幼女的行为不构成犯罪的，即主客观相统一的原理和社会危害性的原理。但是基于对幼女的特殊保护，刑法在将奸淫幼女行为规定为犯罪的时候，并没有关于后果和情节的要求，社会危害性的原理并不适用于行为人在奸淫幼女时是否明知的情况。按照主客观相统一原理，即主观上没有奸淫幼女的故意，客观上发生的行为与行为人主观上的故意相分离，因而不能构成犯罪。既然"确实不知道"不符合主客观相统一原则，因而不认为是犯罪，那么，在后一种情况下，同样存在着"确实不知道"的情况，同样是主客观不统一，为什么就不能不认为是犯罪呢？这在逻辑上显然是讲不通的。

（3）解释的结论与刑法的基本精神和基本原则之间没有矛盾。对刑法具体条文的解释，如果违背了刑法的基本精神和基本原则，既是不合法的解释，也是不合逻辑的解释。刑法的基本精神和基本原则被认为是贯穿于刑法全部条文中的灵魂，因而具有内在的一致性。对刑法具体条文的解释，应当从这种精神出发作出合乎逻辑的阐明。如果某个刑法条文本身难以从逻辑上作出符合刑法基本精神和基本原则的解释，那么这样的条文就应当考虑被废除，而不是对其进行解释。

（4）解释与被解释的刑法条文之间不存在循环解释的问题。解释的目的是要阐明被解释的刑法条文的含义，如果用以解释的文字本身需要被解释的文字来说明，或者用以解释的文字只是被解释的刑法条文文字的同义重复，那就不能达到解释的目的。

4. 合常理性

合常理性，是指通过解释所阐明的刑法条文的含义符合人们日常生活中公认的道理。

刑法解释，从根本上讲是就实际遇到的问题是否应当纳入刑法的视野以及如何用刑法来惩处有关行为所作的判断。这种判断，既要考虑它是否符合刑法文本的原义，也要考虑它是否能够为人们所接受。因此，对刑法条文的解释，应当使人们能够从中看到刑法规定的正当性，从而为人们所认可。

常理，主要体现在以下几个方面：

（1）社会公理即社会主流价值观和社会正义的基本理念。刑法解释的结论应当符合一定社会的主流价值观，因为这种主流价值观反映了人们普遍认可的公平正义理念。而这种普遍认可的公平正义理念是人们尊重和遵守刑法的社会基础。如果对刑法条文的解释违反一定社会的主流价值观，人们就会拒绝承认它的合理性。

（2）行业规则。对于刑法条文中使用的某些专业术语和行业用语，应当按照该专业的一般含义和行业标准来解释，而不能借口刑法的特殊性而违反专业术语和行业用语的基本涵义和用法。

（3）人伦常理即人性的基本要求。某些刑法条文的规定涉及人伦道德。对这些刑法条文的解释，就应该考虑到一般人的感情和理性，符合一定文化传统下人们公认的处理人际关系的常理。

（4）社会安全和秩序的需要。社会的安全和秩序是刑法所追求的根本价值。对刑法条文的任何解释都应当符合维护社会安全和秩序的需要。如果对刑法条文的解释明显地不利于维护社会的安全和秩序时，这种解释的合理性就是值得怀疑的。当然，这种需要决不意味着可以不顾对个人权利的保障，因为保障人权正是社会的安全需要。特别是当对刑法条文的解释不是针对具体案件进行时，刑法解释的结果可能适用于每一个人。如果这种解释妨碍依照已有的法律保护公民的权利，那就可能使整个社会失去安全感。

（5）社会发展需要。对刑法条文的解释往往是根据已经发展变化了的客观现实来解释以前制定的法律，因此就可能涉及原有的刑法条文与社会发展需要之间的矛盾。对于这个问题，当然是要按照罪刑法定原则的要求来解释刑法条文。但是在解释的过程中，应当考虑到社会发展的需要，不能作出与社会发展需要相冲突的解释。如果不得不作出这样的解释，那就应当建议立法机关修改刑法，以适应社会发展的需要。

（三）合理性原则的理性基础

法律解释从一开始就面临着一个二难境地：法律解释不是立法，不得创造新的法律规范，因而不能侵入立法权；法律解释又不是法律文本的翻版，而必须对法律文本的含义作出进一步地说明，否则就丧失了解释的功能，因而又不能不是一种创造性的活动。在这二难境地之间，解释主体就必然会面临一个选择的问题，即解释要不要受制约、受什么的制约？

围绕着这个问题，法律解释经历了从自由解释到禁止解释、主观解释、客观解释、混合解释的历史发展过程。

在古罗马，市民法最初是一种习惯、一种传统。对这种传统的解释，曾经由祭司们所垄断。人们想了解某些情况如何从法律上得到解决时，就向祭司寻求解答。不仅个人向祭司寻求解答，执法官也要向祭司寻求帮助。《十二铜表法》的出现，确定并公布了某些规则，从而开始避免祭司在法律解释上的垄断。随着关于法的知识和解释的公开，逐渐形成了世俗法学，并使得一些人有可能不依靠祭司而取得在法的知识和解释方面的权威。这些因个人威望和人们对其能力的信任而立住脚的自由法学理论家，推动了罗马法的发展，开辟了允许自由解释法律的历史。[1] 在自由解释法律的过程中，出现了各种各样的注释法学派。这种自由解释法律的状况一直延续到中世纪。在英国中世纪的某些时期，普通法对法规解释所持的看法同罗马法与大陆法所持的一般态度并无二致。14世纪初叶，普通法法官在对待法规方面具有很大的自由，这种自由之大，乃至由司法机关对成文法进行实质性的修改，已属家常便饭。[2] 欧洲中世纪罪刑擅断的黑暗时期，与法官自由解释法律的权力过大，具有极为密切的联系。

正是基于对这种状况的反思，刑事古典学派明确提出了禁止法官自由解释法律的主张。贝卡里亚在其名著《论犯罪与刑罚》一书中强调："刑事法官根本没有解释刑事法律的权利"。他认为，人们的知识和观念是相互联系的，知识愈是复杂，观念的差距也就愈大。每个人都有自己的观点，在不同的时间里，会从不同的角度看待事物。因而，法律的精神可能会取决

---

[1] [意] 朱塞佩·格罗索：《罗马法史》，中国政法大学出版社1994年版，第100—104页。

[2] [美] E.博登海默：《法理学——法哲学及其方法》，华夏出版社1987年版，第508页。

于一个法官的逻辑推理是否良好,对法律的领会如何;取决于他感情的冲动;取决于被告人的软弱程度;取决于法官与被侵害者之间的关系;取决于一切足以使事物的面目在人们波动的心中改变的、细微的因素。所以,我们可以看到,公民的命运经常因法庭的更换而变化。不幸者的生活和自由成了荒谬推理的牺牲品,或者成了某个法官情绪冲动的牺牲品。因为法官把从自己头脑中一系列混杂概念中得出的谬误结论奉为合法的解释。人们还可以看到,相同的罪行在同一法庭上,由于时间不同而受到不同的惩罚,原因是人们得到的不是持久稳定的而是飘忽不定的法律解释。贝卡里亚进而认为,严格遵守刑法文字所遇到的麻烦,不能与解释法律所造成的混乱相提并论。这种暂时的麻烦促使立法者对引起疑惑的词句作必要的修改,力求准确,并且阻止人们进行致命的自由解释,而这正是擅断和徇私的源泉。[1]

按照刑事古典学派的观点,"当一部法典业已厘定,就应逐字遵守,法官唯一的使命就是判定公民的行为是否符合成文法律"。[2] 这种绝对禁止法官解释法律的观点,在遏制和结束中世纪罪刑擅断的黑暗统治中发挥了重要的作用。但是禁止解释法律的观点,源自一个集中人类全部聪慧和美德的圣明立法者能够为人们制定一部完美法典的构想,而这样的立法者和法典实际上并不存在,法律解释的必要性依然存在。面对客观上确实需要解释的法律,在禁止解释法律的思想基础——尊重立法的基础上,逐渐形成了法律解释中的主流观点,即严格按照立法者的立法原意来解释法律。这就是对法律的主观解释

---

[1] [意]贝卡里亚:《论犯罪与刑罚》,中国大百科全书出版社1993年版,第12—13页。

[2] [意]贝卡里亚:《论犯罪与刑罚》,中国大百科全书出版社1993年版,第13页。

理论。

在18、19世纪,主观解释论在法律解释问题上,始终占据统治地位。主观解释论认为,"对法规之目的所应予以的关注与追求,应当超过对法规刻板措词的关注与追求,因为这些事物的扩展范围与该法规制定者的意图相一致;解释议会法规的最好办法,乃是根据其目的而不是根据其语词对之进行解释。"[1] 按照主观解释论的观点,法律解释的目标在于探求立法者在制定法律时事实上的意思。因为,第一,只有立法者知道自己所要的是什么。立法行为是立法者的意思行为,立法者通过立法以表达他们的看法与意图,借助于法律以实现他们所追求的社会目的。而这一点,只有立法者知道得最清楚。第二,立法者的意思是一种可以借助于立法文献加以探知的历史事实,只要法律解释取向于这种可被探知的立法者意思,法院的判决或决定便不会捉摸不定。因此贯彻主观说的见解可以确保法律秩序的安定性。第三,法律只能由立法机关制定,法院的职能只是依法裁判,立法者的意思是法律适用上的决定性因素,因此法律解释应当以探求立法者的意思为目标。[2] 按照主观解释论的主张,立法者的意图即使是不合理的,法院也不能通过解释来摈弃它。因为,如果当某一法规的主要目的是不合理的时候法官便有权摈弃它,那就会把司法权力置于立法机关的权力之上,而这将会对整个统治产生破坏作用。[3]

但是,人们发现,探求立法者在立法时的意思是一件非常

---

[1] 〔美〕E. 博登海默:《法理学——法哲学及其方法》,华夏出版社1987年版,第508页。

[2] 黄茂荣:《法学方法与现代民法》,台湾大学1993年增订版,第295页,转引自梁慧星:《民法解释学》,中国政法大学出版社2000年修订版,第202—203页。

[3] 〔美〕E. 博登海默:《法理学——法哲学及其方法》,华夏出版社1987年版,第509页。

困难的事情,有时甚至是不可能的。并且随着社会生活的发展变化,当客观上发生了立法者未能预见的各种事态时,如果仍然依照立法者的意思进行解释,将无法适应新的情况。于是,从19世纪末以来,出现了客观解释的理论。

客观解释论认为,法律一经制定,即与立法者分离而成为一种客观存在。立法者于立法时赋予法律的意义、观念及期待,并不具有拘束力;具有拘束力的,是作为独立存在的法律内部的合理意义。因此,法律解释的目标,在于探究和阐明这种法律内部合理性所要求的诸目的;法律解释的课题是在法律条文语义上可能的若干种解释中选择现在最合目的的解释。因为,第一,一个具有意思能力的立法者并不存在。第二,具有法律效力的,是以法律形式表达于外部的表示意思,而不是所谓立法者的内心意思。第三,受法律规范之一般人所信赖的,是存在于法律规范之中的合理意思,而非立法者的意思。第四,如果法律的发展要受制于立法者的古老的意思,就不能适应社会发展的需要。[1] 当一个人为了了解他的权利与义务或其他人的权利与义务而研读法律时,应当能够使他信赖该法律文本,而不应强迫他对立法者在通过此法律时脑子里所真正思考的东西进行费力的调查。[2] "条文的词义是解释的要素,因此在任何情况下必须将'可能的词义'视为最宽的界限。……从法治国家理由出发,可能的词义标准是不可缺少的,因为他提供了唯一的在客观上可检验的特征,而该特征可从能达到的可

---

[1] 梁慧星:《民法解释学》,中国政法大学出版社2000年修订版,第203页。
[2] 〔美〕E.博登海默:《法理学——法哲学及其方法》,华夏出版社1987年版,第515页。

靠性上来加以认识,由此使得法官对自己创造之法律开始负责任。"[1]

对于客观解释论的主张,现代主观解释论也提出了批评,认为客观解释论所谓从制定法探求合于目的的合理意思,其结果则是将解释者自己的愿望和目的插入制定法,实际上是以解释法律作为伪装,以追求解释者自己的目的,将解释者的恣意转嫁给制定法,这必然松弛法律对法官的拘束力。现代主观解释论主张探求法律规范命令背后的与之有因果关系的各种利益状态及其衡量,以尽量扩展法律规范的意义内容。[2]

由于主观解释论与客观解释论各有其合理性,于是就出现了试图调和这两者解释论的折衷解释论(混合解释)。按照折衷解释论的观点,解释者首先应当依据历史解释方法,确定立法者的意图、目的和评价,据以对法律文本作出解释;在立法者的意思无法认知或对现代情势所生问题未提供解决基准的场合,则应考虑在法律文本可能的语义范围内,检讨可能的理由和基准,确认对现在法律适用合乎目的的意义。依据这种历史的解释,明确了立法当时的利益状况、利益衡量、立法意图和立法目的,并通过确定在什么样的范围内发生了变动,就可以为超过立法者意思的解释提供实质根据。[3] 持这种观点的学者认为,在对待成文法时,我们从普遍的经验中获知,一条法律的词语往往不能完整地或准确地反映该法律制定者的意图与目的,如果按字面解释法律可能会导致一个不公平的判决时,还要求法官服从法律词语,这样做是否必要、是否合乎需要?尽

---

[1] [德]汉斯·海因里希·耶赛克、托马斯·魏根特:《德国刑法教科书》(总论),中国法制出版社2001年版,第197页。
[2] 梁慧星:《民法解释学》,中国政法大学出版社2000年修订版,第204页。
[3] 梁慧星:《民法解释学》,中国政法大学出版社2000年修订版,第204页。

管一个立法机关的众多成员,甚或一个立法委员会的成员,对于某一法律的有效范围或目的往往也是不具有一致的理解,而且他们还会就某些成文法条款或规定的适用范围问题发生实质性的分歧,但是,立法意图并不是不可认识的。通过对立法委员会的报告以及对在立法辩论期间被接受或遭否定的动议修正案的历史考察,人们往往能够发现,在讨论过程的某个阶段,委员会成员或其他有关立法者实际上曾就某一特定规定或一些规定的实质性含义取得过谅解。并且,对当时的立法资料进行研究,往往还可以把引起该立法时产生的一些舆论、使它得以通过的一般社会状况以及立法机关所试图加以调整的特殊"损害行为"都明显反映出来。通过揭示该法律背后的动力即政治目的、社会目的或经济目的,这种资料便能在确定一般立法意图时提供重大帮助。[1]

法律解释发展历程中这些观点的演进,反映了法治文明的进步,同时也反映了法律理性的发展。而贯穿于法律解释理论发展过程中的促进其演进的内在动力,正是人们对法律解释合理性的追求。无论是主观解释论还是客观解释论,抑或是折衷主观解释论和客观解释论的混合解释论,其所追求的,都是如何使对法律文本的解释更具合理性而又不破坏法治的藩篱。

在实践中,法律解释的必要性通常出现在三种场合:(1)法律规定存在缺漏;(2)法律的用语模糊而不确定或者所包括的范围不明确;(3)法律规定虽然明确,但不妥当。在这三种情况下,法律解释者都面临着在相互冲突的价值中如何进行选择的难题。主观解释论认为,在这些情况下,应当按照立法者在

---

[1]〔美〕E. 博登海默:《法理学——法哲学及其方法》,华夏出版社1987年版,第514—517页。

立法时所持的意图，对之作出合理的解释，而不能拘泥于法律文本的词语意义。客观解释论则认为，应当按照法律文本本身的字面含义所表达的意思，在可能的解释中选择相对合理的解释。这两者解释理论，表面上看，争论的焦点似乎在于究竟是以立法者的意思为依据来解释法律，还是以法律文本的意思来解释法律文本。但是实际上争论的实质是如何寻求一种合理性的解释。因为在任何法律解释中，都必然存在着立法者的意思、法律文本所表达的意思和解释主体自己的意思。面对法律适用实践中出现的情况，法律解释主体要从对法律文本的各种可能的理解中选择其中一个，而这种理解必须是最具合理性的。

在通常情况下，从法律文本的用语中合乎逻辑地得出的结论，就是合理的。但是在上述三种情况下，显然难以从法律文本的用语中合乎逻辑地得出解释者认为是合理的结论，因而才需要另辟他途，于是就出现了如何解释法律文本的争议。主观解释论主张拘泥于立法目的，探求立法者在新的问题前面会如何处理，进而得出对法律文本的解释，而客观解释论主张直接对法律文本进行扩展或限制解释，使之满足解决新问题的需要。这两者解释方法，实际上都包含着解释主体的创造性活动，其目的都是解决新的问题、满足新的需要。仔细想来，很难说这两种方法哪一种优于哪一种。但是作出衡量其结论之优劣的标准，应该说是合理性原则。只有对法律文本所作出的最具合理性的解释，才应当是解释主体所追求的解释。对法律文本的解释，既不能完全局限于立法者在立法时的认识；也不能完全局限于法律文本本身的表述；更不能任意解释。解释的选择，以合理性为限度。就刑法解释而言，解释的结果如果能够使刑法条文所体现的刑法精神更趋合理，更有利于刑法目的的

第四章 刑法理性的彰显

实现，就是可接受的。否则，就很难说是一种可取的解释。

刑法解释应当以合理性为限度的思想，也可以从法国学者对待法国刑法典中明文规定的严格解释原则的态度和德国学者对疑罪解释的态度中看出。法国新《刑法典》第111-4条规定："刑法应严格解释之。"法国学者认为，这是作为罪刑法定原则的一个直接的必然结果而作出的规定。严格解释原则适用于不利于被告人的刑法规定，但不适用于有利于被告人的刑法规定。这意味着，对于刑法中有关确定什么是犯罪以及犯罪的相应刑罚的规定，法官应当严格解释。但是对于证明行为合法性之事实的规定，如正当防卫、紧急避险等，则应该作宽松的解释。[1] 德国学者则认为："在疑罪情况下，在对法律规范的解释方面，法院不是选择对被告人最为有利的解释，而是选择正确的解释。在解释法规范时，允许以构成要件特征的广义解释为基础，但必须禁止类推。"[2] 这表明，寻求正确而合理的解释，是刑法解释的价值追求。

因此，刑法解释的合理性，既是刑法解释的价值追求，也是衡量刑法解释的结论正确与否的根本标准。

强调刑法解释的合理性，从根本上讲，就是要保障刑法不被任意解释，从而防止刑法适用中的任性。因为在刑事司法实践中，通过对刑法文本的任意解释，可以使刑法适用于刑法所没有规定的行为和人员。这就可能构成对刑事法治的极大破坏和对公民权利的严重侵犯。但是要禁止对刑法文本的解释，包括对刑法文本的扩大解释，又是不可能的。因此，任何刑法的

---

[1] [法] 卡斯东·斯特法尼等：《法国刑法精义》，中国政法大学出版社1998年版，第137—144页。

[2] [德] 汉斯·海因里希·耶赛克、托马斯·魏根特：《德国刑法教科书》（总论），中国法制出版社2001年版，第190—191页。

适用都面临一个如何解释刑法文本的问题。无论是通过严格限制有权解释的主体的方法，还是通过规定严格解释的规则的方法，都难以避免解释主体任意解释刑法文本，进而不当适用刑法的问题。而比较可取的选择是设定一个原则性的要求，作为刑法解释之标准。无论由谁来解释刑法，无论采取什么方法来解释刑法，只要符合这个要求，就是允许的，否则，就是不允许的。这个要求只能是合理解释。正是基于这种理解，笔者认为，刑法的合理解释原则是在刑法解释中贯彻刑法理性，保障刑法适用的合目的性、合理性和节制性的根本原则。

（四）刑法解释实践中的两个争议问题

对于刑法解释实践中有争议的问题，应当在合理解释原则的指导下加以解决。不同的理论观点、不同的解决争议的方式，都应当受到合理解释原则的制约，都应当按照是否具有合理性的标准来分辨是非曲直。

1. 关于法律缺漏问题

如何对待法律缺漏，历来是法律解释中最困难的问题，因而也是法律解释理论中长期争论的问题。

所谓法律缺漏，是指法律文本中出现的缺陷和漏洞。这种缺漏主要是根据新出现的情况对法律文本进行解释时，解释主体所认为的法律文本中存在的有缺欠或不完整的规定。这些缺漏，可能导致明显的荒谬、不合逻辑，或者使某些具有同样危害性的行为无法追究，或者违反法律的基本原则，或者违背该项立法的旨意。

在英美法系国家，对于法律缺漏，曾经存在着两种截然不同的态度。从严解释派认为，法律解释必须服从这样一个限制，即通过解释所赋予文字的含义是它的本来可以具有的含义，如果逾越了这一限制，那就不再是解释法律，而是修改、

第四章 刑法理性的彰显

补充或制定法律。而法院是无权修改、补充或制定法律的。即使发现法律条文有漏洞或不完善的地方，法院也不能去进行填补空白的工作。诸如填补空句、修补漏洞的工作，只能由立法机关通过立法程序解决，否则，就是法院对立法权限的赤裸裸的篡夺。从宽解释派则认为，如果立法机关没有预见到某种情况，因而没有针对这种情况制定专门的法律条款，在这种情况下，法院可以根据法律解释的原则以及立法的指导原则，对该条款进行补充性的解释。因此，如果法律暴露了缺点，法官们不能袖手旁观，而必须开始完成找出立法意图的建设性工作。法官们应该根据立法意图对法律的文字进行补充，以便使立法机关的意图得到真正实现。如果法律有漏洞、间隙、空白之处，法官可以也应该找出立法意图，采取填补空白与弄懂法律意思的方式去做这一工作，而不应该零散地、机械地理解法律。[1] 在现代，一般认为，立法机关应把对法律字面用语进行某些纠正的权力授予司法机关，如果这种纠正是确保基本公平与正义所必要的。只要这一权力得以审慎地节制地行使，只要对法律的重大司法修改得以避免，那么将有限的衡平法上的纠正权力授予法院，就不会导致对规范体系的实质性部分的破坏。[2]

大陆法系国家的学者认为，方法论中的古老的有争议的问题，即立法者的主观意志优先还是客观的法律意志优先，对于解决对法律条文中的缺陷是否可以通过解释的途径而得到更正的问题，具有重要的实践意义。就法律漏洞的弥补而言，用客观理论加以弥补会容易些，因为人们可以从现代权威的评价出

---

[1] 郭华成：《法律解释比较研究》，中国人民大学出版社1993年版，第51—54页。
[2] [美] E. 博登海默：《法理学——法哲学及其方法》，华夏出版社1987年版，第520页。

发，而无须重新恢复遥远的过去的观念。但是另一方面，单纯用客观理论来解释也可能造成法律规范的不稳定性，具有被掩饰的主观主义的缺点。所以应当尝试在客观理论和主观理论之间，努力寻找一种综合体，即将法律中所明确表述的历史上的立法者的意志作为标准的意思内容而加以尊重和忠实，只要公正性上的迫切理由、社会关系的发展或时代精神不将过去的价值判断视为过时。但是条文的词义是解释的要素，因此在任何情况下必须将"可能的词义"视为最宽的界限。解释在任何情况下都不得超过词义界限的最宽点，否则就不是允许的解释，而是不允许的类推。在可能的词义范围内，解释者可以通过"目的论的缩减"，使"法律意志"受到尊重。只有法律条文中存在编辑错误时，才可不拘泥于可能的词义。[1] 法国学者也认为，既然只有广义的法律（法律或条例）唯一有权以刑罚威慑来禁止某些行为，限制个人的自由，那么，法官就不得托词进行"解释"，在法律之外增加并专横地惩处立法者并未明文规定加以惩处的行为。在法律有"疑问"的情况下，法院不能因此而免于适用法律，法院也没有义务一定要采取"最有利于犯罪人的限制性解释"，而是应当借助于一般的解释方法，找到法律的真正意义，依据立法者追求的目的来确定某一法律条文的意义。当然，法官始终可以依据立法者的思想和意图来订正某一法律条文在事实上或语句上的错误。[2]

在中国司法解释的实践中，存在着对法律缺漏进行自由解释的现象。例如，20世纪80年代初，"借鸡下蛋"即挪用公

---

[1] 〔德〕汉斯·海因里希·耶赛克、托马斯·魏根特：《德国刑法教科书》（总论），中国法制出版社2001年版，第191—199页。
[2] 〔法〕卡斯东·斯特法尼等：《法国刑法精义》，中国政法大学出版社1998年版，第137—144页。

款进行营利活动的现象比较严重，但是刑法中对这种行为没有任何规定。为了有效地禁止这种行为，最高人民法院和最高人民检察院就在其1985年7月18日发布的《关于当前办理经济犯罪案件中具体应用法律的若干问题的解答（试行）》中，直接对之作了解答。其中规定："挪用公款归个人使用或者进行非法活动的，以贪污罪论处"。又如，1979年《刑法》第170条规定："以营利为目的，制作、贩卖淫书、淫画的，处三年以下有期徒刑、拘役或者管制，可以并处罚金。"该条并没有关于淫秽影片、录音带、录像带的规定，而实际上制作、贩卖淫秽录音带、录像带的行为，并不比制作、贩卖淫书、淫画的行为危害程度小。面对80年代后期淫秽录音带、录像带大量传播的现实，最高人民法院和最高人民检察院在其1990年7月6日发布的《关于办理淫秽物品刑事案件中具体应用法律的规定》中亦直接规定对制作、贩卖淫秽录音带、录像带的行为，依照当时1979年《刑法》第170条的规定追究刑事责任。对此，有的认为，是司法解释弥补了法律之不足；有的认为是司法权侵犯了立法权。

对法律缺漏能否通过解释来弥补，关键是要看什么样的缺漏。在刑法中，如果这种缺漏涉及刑法的基本原则、犯罪构成的基本要件、刑罚制度等重要问题，就不应该通过刑法解释来弥补，而应由立法机关通过补充修改刑法的方式来弥补。但是如果这种缺漏只是涉及刑法具体应用中的某些细节问题，尽管这些问题也可能影响到对具体人如何定罪量刑的问题，但没有必要动用立法的方式来弥补，因而应当允许通过有权解释的机关进行刑法解释的方式来弥补。

总之，对于通过刑法解释来弥补刑法文本不足的活动，不能完全禁止，但是应当进行严格地限制。立法缺漏主要的应该是通过完善立法来解决,而不能由司法解释来解决。只有对于那些明显违背法律的基本精神而又比较细微的文字错误或漏洞,由于没有为之专门动用立法的必要,才应当允许直接通过法律解释的方式予以修正,以弥补立法之缺漏。

2. 关于我国刑法中有权解释的主体问题

按照宪法、立法法和《人民法院组织法》《人民检察院组织法》的规定,以及1981年全国人大常委会通过的《关于加强法律解释工作的决议》,在我国,有权对法律进行解释的机关有:

(1) 全国人大常委会:凡关于法律法令条文本身需要进一步明确界限或作补充规定的,由全国人大常委会进行解释;

(2) 最高人民法院和最高人民检察院:凡属于法院审判工作和检察院检察工作中具体应用法律、法令的问题,分别由最高人民法院或最高人民检察院进行解释;

(3) 国务院及主管部门:不属于审判和检察工作中的其他法律、法令如何具体应用的问题,由国务院及主管部门进行解释;

(4) 省级人大常委会和人民政府:凡属于地方性法规条文本身需要进一步明确界限或作补充规定的,由制定法规的省、自治区、直辖市人大常委会进行解释,凡属于地方性法规如何具体应用的问题,由省、自治区、直辖市人民政府主管部门进行解释。

(5) 有权解释法律的机关,只能在法律规定的范围内解释法律、法规和地方性法规。结合宪法和立法法的规定,对于刑法而言,有权解释的机关,只有全国人大常委会、最高人民法院和最高人民检察院。全国人大常委会有权就刑法、单行刑法和其他法律中的所用刑事条款进行解释;最高人民法院只能就审判活动中涉及的具体运用法律的问题进行解释；最高人民检察院只能就检察活动中具体运用法律的问题进行解释。

按照立法法的规定，国务院及其所属部门、地方人大常委会和地方人民政府都没有刑事立法权，不能就刑事问题进行立法，其所制定的行政法规和地方性法规中自然不应当包括刑法方面的内容，对其进行解释，也不应当涉及刑法问题。但是，由于我国刑法中某些关于犯罪构成的规定，是把违反有关行政法规作为构成要件之一来规定的，并且某些犯罪情节严重与否也需要根据相关的行政法规中的规定来确定，所以国务院及其所属部门对某些行政法规的解释，可能影响到对刑法中的某些规定的理解。上述机关，在其有权解释的范围内，就有关法律法规的解释，应当属于具有拘束力的解释，司法机关在执行刑法的时候应当尊重和执行这些解释所包含的规则。

在此，值得研究的问题是，国务院及其所属部门在依照法律授权对经济法律、行政法律进行有权解释的时候，是否有权对这些法律中包括的刑事条款进行解释？笔者认为，国务院及其所属部门只有权解释属于经济、行政法律法规的部分，而没有权力解释这些法律中包含的刑事法律部分。因为按照立法法对权力的划分，凡是涉及刑事法律的问题，国务院及其所属部门都没有权力进行解释。对于经济、行政法律中的刑事条款，应当留待全国人大常委会或最高司法机关去解释，而不应当直接由行政机关来解释。如果国务院及其所属部门就经济、行政法律中的刑事条款进行解释，那就是一种越权解释。

在实践中，无权对刑法进行解释的机关对刑法进行具有拘束力的解释的，主要有两种情况：一是公安部、司法部、党务机关，甚至社会团体与最高人民法院和最高人民检察院一起，就刑法、刑事诉讼法适用中的问题,联合发布司法解释;[1] 二是地方人大及其常委会、地方政府、地方司法机关就刑法适用中的问题进行具有拘束力的解释。这两种情况,在刑法有权解释的主体上,显然是不合法的。

---

[1] 1980年至1990年10年间,最高人民法院共制发152个刑事司法解释,其中有62个是与没有司法权的单位联署制发的。参见周道鸾:《论司法解释及其规范化》,载《中国法学》1994年第1期。

第五章　刑法立法中的非理性评析

刑法理性首先表现在刑法立法中。"人类理性的命令将更深刻的限制条件强加于立法方面的完全自由意志之上，……自然法的理性部分，在很大程度上是植根于人类认识能力之中的，这种能力清楚地意识到人类非理性的与破坏性的冲动所会导致的社会危害，而且也清楚地意识到有必要通过法律力量来控制这些冲动。"[1] 刑法的存在必须通过刑法立法才能实现。现实社会对刑法的需要和要求，只有通过刑法立法作为法律规则表现在刑法中，才能规范人们的行为，才能成为约束人们可能实施的危害社会的犯罪行为的国家意志。在奉行成文法的国家，刑法立法是刑法规范产生的最主要的渊源，所有需要动用刑罚来禁止的行为，都必须通过刑法立法将其确认为犯罪，才能对其施以刑罚。没有刑法立法，就没有刑法、没有犯罪，就不能对任何人施以刑罚。在奉行习惯法[2]和普通法的国家，刑

---

[1]〔美〕波斯纳：《法理学问题》，中国政法大学出版社1994年版，第265页。
[2] 习惯法主要是古代国家早期奉行的法律传统。而在现代社会，几乎没有哪个国家奉行习惯法。

法规范是通过多数人的实践和权威法院的判例形成[1]的。权威法院对以前所没有的事项所作出的判决或者对已有判例的修改，就是立法，就创设了一种新的法律规则。这两类国家的造法方式和程序虽然不同，但是在强调法律规则必须经过一定的立法过程才能产生、才具有法律权威、才能成为全体社会成员必须一体遵行的行为准则这一点上，却是相同的。这一点也就决定了刑法理性只有通过刑法立法才能实现。而在这个过程中，刑法立法是否具有理性、是否符合刑法理性的要求，对于刑法的理性化，就是至关重要的。

从另一方面看，立法活动本身又是自由意志发挥作用的过程。尽管立法的需要来自现实社会的客观存在，立法的内容要受到现实社会存在和发展的规律、现存政治制度、经济制度、法律制度以及文化传统等多种因素的制约，但是立法活动毕竟是以人的自觉意识为前提的。这种表象总是使人们把立法活动看作是自由意志活动的过程，立法思想的确立、立法过程的选择和法律规范的设计，都充分体现了人的主体性，充分体现了人的意志选择的自决力量。而这种意志选择的自决力量，最容易使人类本性中固有的非理性的和任性的冲动在立法活动中表现出来，甚至支配立法的过程。特别是当刑法立法的需求来自对严重危害社会的行为的认识时，要求严惩这种行为的强烈冲动，常常会促使立法者的意志力量陷入难以克制的状态。所以充分认识刑法理性在刑法立法中的要求，深刻揭示任性的冲动和非理性的思维对于刑法立法的危害性，使刑法立法最大限度地符合它的目的性，是非常必要的。

---

[1] 在奉行判例法的国家，越来越多地出现了成文法。可以说，随着罪刑法定原则的确立，成文法越来越成为刑法立法的发展方向。

刑法立法是由三个要素构成的：立法思想、立法过程、立法结果。立法思想既是立法的动因，也是立法的灵魂，直接关系到立法过程的运行和立法结果的优劣。立法过程是将刑法思想外在化的手段，也是现实社会所需要的客观法向具有法律权威的实在法转化的必要程序。只有通过具体的立法活动，才能形成国家意志并把这种国家意志表现为可以具体适用的刑法规范。立法结果是在立法思想的指导下通过实际的立法过程所形成的刑法规范。这三个要素从不同的方面反映了立法的活动，它们既是相互独立的，又具有内在的联系。它们的有机结合创造了刑法，也决定了刑法存在的质的规定性，决定了刑法的内在精神和外在形式。

因此，刑法理性应当始终贯彻在创设刑法的各个要素中，通过各个要素中的理性，保障刑法存在的合理性。

一、刑法的立法思想

立法思想，是指指导立法活动的基本观念和原则。刑法立法思想则是贯穿于刑法立法始终的、对刑法的规范选择具有指导意义的刑法观念和刑法原则。

刑法立法思想包含着两个层面的观念：一个是刑法精神的层面；另一个是刑法制定的层面。

在刑法精神的层面上，因为刑法精神是维护现存社会的生存条件的最终目的通过预防犯罪的各种手段折射在刑法中的国家意志，所以刑法理性要求刑法立法在指导思想上把能够反映现存社会经济关系和社会发展的客观要求，能够满足人民群众对刑法价值观的期望，能够适应维护社会稳定的需要作为根本依据，使刑法关于犯罪与刑罚的制度设定符合目的合理性和价值合理性的要求。理性也要求刑法的立法思想在全部刑法规范中能够一以贯之，始终保持基本原理上的一致性。

在刑法制定的层面上，刑法理性则要求刑法立法在指导思想上既要坚持从实际出发，又要使所定刑法具有前瞻性[1]，把总结本国的立法实践与借鉴他国的立法经验有机地结合起来，把现实需要与未来需要有机地结合起来，使刑法的制度设定既能满足现实的需要又能保持相对的稳定性。在刑法制定的层面上，刑法理性还要求刑法立法在指导思想上既要保持法律的概括性特征，又要使法律具有可操作性，满足罪刑法定原则的内在需要，使概括性与具体化有机地结合起来。

按照刑法理性对刑法立法的要求，综观我国1997年修订的刑法，可以看出，其中反映的立法思想在许多方面都是颇具理性的。

第一，我国刑法比较充分地反映了我国社会现实发展的客观需要。1979年以来，我国社会发生了巨大的变化，尤其是在经济领域，我国成功地实现了从计划经济向商品经济再向市场经济的过渡，经济主体和经济关系发生了根本性的变化，经济活动出现了许多新的特点。经济领域的变化也引起了政治领域的某些变化，并使社会管理活动面临许多新的情况。我国刑法力求反映这种变化，满足新的经济关系和新的社会现实的需要，补充修改了92个与市场经济秩序直接相关的刑法条文、91个与社会管理秩序直接相关的刑法条文，同时废除了关于"反革命罪"的规定。所有这些，都适应了新的历史时期现实社会的客观需要，有助于维护社会的经济安全和社会的正常秩序。

第二，我国刑法借鉴近代刑法发展的文明成果，明确规定了罪刑法定、刑法面前人人平等、罪责刑相适应三大原则，明

---

[1] 从实际出发与具有前瞻性，并不矛盾，因为实存本身就包含着事物发展的趋势，预示着未来。认为二者绝对对立的观点，是由于只看到实存中表象出来的现状，而没有看到实存中蕴含的未来。

确宣布废除类推制度。这充分体现了刑法精神的理性化，也满足了人民群众对刑法价值的要求。

第三，我国在刑法立法的指导思想上逐渐放弃了"经验立法"的观念，在总结立法的实践经验的基础上，采取了比较开明的态度，吸收了外国刑法立法方面的一些成功经验，在刑法的条文设计上，借鉴了一些外国刑法的规定，如关于组织、领导、参加恐怖组织罪的立法，关于计算机犯罪的立法，关于洗钱罪的立法，关于侵犯商业秘密罪的立法等，从而使我国刑法具有前瞻性。

第四，我国刑法基本上摒弃了"宜粗不宜细"的传统立法思想，删除了原有刑法中的一些原则性条款、弹性条款和任意条款，并使一些条文的规定尽可能地具体化。对于某些不易理解的或者可能引起歧义的犯罪构成要件和法律用语，刑法中作了一些定义性的规定，以便明确界定其适用范围。如《刑法》总则第五章"其他规定"对刑法中涉及的某些用语的界定；《刑法》分则第141条中对"假药"的规定、第196条对"恶意透支"的界定、第219条对"商业秘密"和"权利人"的界定、第357条关于"毒品"定义的规定、第367条关于"淫秽物品"的规定等，都使刑法规范更加符合明确性的要求。

第五，我国刑法在刑罚制度的设计上增加了一些限制性的规定，如《刑法》第63条第2款对没有法定减轻情节而减轻处罚的限制性规定，《刑法》第79条关于"非经法定程序不得减刑"的规定和第82条关于"非经法定程序不得假释"的规定，以及刑法第247、248、305、306、307、308、399、400、401条中有关对司法人员在刑事诉讼过程中违法行为的规定，都表明我国刑法在立法思想上更加理性化，更加注意防止刑罚权的滥用。

当然，修改后的刑法在具体规定中，也反映出我国刑法在立法思想上的某些非理性的成分。这主要表现在以下三个方面：

（一）罪刑法定原则没有在刑法中一以贯之

罪刑法定原则是刑法领域人类文明的重大成果之一，是刑法理性的重要体现。我国刑法在总则中明确规定罪刑法定原则，表明我国刑法在立法思想上确认了罪刑法定原则的合理性。但是修改后的刑法在具体条文的设计上并没有完全贯彻罪刑法定的要求。其集中表现为以下三点：

1. "兜底性"规定

1997年修改后的刑法在其452个条文中有171个条文使用了242个"其他"（至2019年增加到388个）。有的一个条文中就包含了7个"其他"，如《刑法》第169条之一。"其他"的使用，多数都是作为"兜底性"条款来规定的。这些关于"其他"的规定，主要出现在以下几种情况中：

（1）关于权利：如《刑法》第2、13条"公民的人身权利、民主权利和其他权利"，《刑法》第20、21条"国家、公共利益、本人或者他人的人身、财产和其他权利"；

（2）关于人员：刑法中多处出现的"直接负责的主管人员和其他直接责任人员""其他依照法律从事公务的人员"；

（3）关于机构：如《刑法》第271、272条"公司、企业或者其他单位"；

（4）关于财物：如《刑法》第91条"用于扶贫和其他公益事业的社会捐助或者专项基金的财产"，《刑法》第92条"公民的合法收入、储蓄、房屋和其他生活资料""依法归个人所有的股份、股票、债券和其他财产"，《刑法》第227条"车票、船票、邮票或者其他有价票证"；

(5) 关于行为：如《刑法》第 13 条 "其他危害社会的行为"，《刑法》第 156 条 "提供运输、保管、邮寄或者其他便利"；

(6) 关于情节：如《刑法》第 179 条 "数额巨大、后果严重或者有其他严重情节的"，刑法第 268、275 条 "数额较大或者有其他严重情节"；

(7) 关于方法：如《刑法》第 114 条 "以其他危险方法危害公共安全"，《刑法》第 182 条 "以其他方法操纵证券、期货市场的"，《刑法》第 191 条 "以其他方法掩饰、隐瞒犯罪所得及其收益的来源和性质的"，《刑法》第 193 条 "以其他方法诈骗贷款的"；

(8) 关于场所：如《刑法》第 291 条 "车站、码头、民用航空站、商场、公园、影剧院、展览会、运动场或者其他公共场所"；

(9) 关于物品：如《刑法》第 350 条 "醋酸酐、乙醚、三氯甲烷或者其他用于制造毒品的原料、配剂"，《刑法》第 364、367 条 "淫秽的书刊、影片、音像、图片或者其他淫秽物品" 等。

这些关于 "其他" 的规定，不仅使此前的列举性规定统统成为多余，而且意味着条文中没有列举的在性质上类似于所列举事物的任何事物，都符合该条文的规定。

此外，1997 年刑法还在 31 个条文中使用了 36 个在列举性规定中意味着没有列举尽的 "等" 字（至 2019 年增加到 71 个）。如《刑法》第 50 条 "犯罪情节等情况"；《刑法》第 53 条 "不能抗拒的灾祸等原因"；《刑法》第 56 条 "故意杀人、强奸、放火、爆炸、投毒、抢劫等严重破坏社会秩序的犯罪分子"；《刑法》第 114 条 "毒害性、放射性、传染病病原体等物质"；《刑法》第 120 条 "杀人、爆炸、绑架等犯罪"，第 120 条之三 "讲授、发布信息等方法"，第 120 条之四 "婚姻、司法、教育、社会管理等制度";《刑法》第 154 条"原材料、零件、制成品、设备等保税货物";《刑法》第 194 条"委托收款凭证、汇款凭证、银行存单等其他银行结算凭证";《刑法》第 175 条之一"贷款、票据承兑、信用证、保函等";《刑法》第 229 条"承担资产评估、验资、验证、会计、审计、法律服务等职责";《刑法》第 299 条"以焚烧、毁损、涂划、玷污、践踏等方式"等。这些关于"等"的规定，同样意味着前面没有列举但是具有后面所说的性质的任何事物都可以符合该条文的规定（其中有些"等"前面的列举确实存在着挂一漏万的现象，这样的列举不如不列举）。

　　所有这类规定，都是与罪刑法定原则的要求相悖的。因为它确认了刑法中没有明文规定的东西可以成为定罪的要素。[1]同时也为任意解释刑法的规定提供了合法性的外衣。如《刑法》第 120 条之四规定的利用极端主义破坏法律实施罪，在构成要件中列举了利用极端主义煽动、胁迫群众破坏国家法律确立的婚姻、司法、教育、社会管理等制度实施的行为。人们知道，国家法律所确立的制度是多方面的，如果构成该罪仅限于刑法条文列举的 4 种制度，显然是不利于保护国家法律制度的，但是扩大到什么程度就是一个令人疑惑的问题。是否应当扩大到与社会管理制度相对应的行政管理制度、金融管理制度？是否应当扩大到国家的政治制度、国家的外交制度？是否应当扩大到国家的经济管理制度？经济管理制度中每一个具体的管理制度如财务管理制度、不动产登记制度等包括在内？如

---

[1] 也许有人会说，这种"其他"或"等"本身就是"明文规定"，因而这类规定并不违反罪刑法定原则。但是依笔者之见，这类规定都是在列举性条文中出现的。在列举性规定中，没有明文列举的东西，是不能因为有一个"其他"或"等"字，就视为有了明文规定，否则，列举还有何意义？

果所有的法律制度都包括在内,那直接规定"破坏国家法律制度"就可以了,为什么还要列举"婚姻、司法、教育、社会管理"制度?如果不包括所有的法律制度,那么,哪些包括、哪些不包括,无论是普通老百姓还是法律专业人士,恐怕都是无法知晓的。

这类规定的出现,除了体现了立法技术上的不成熟之外,可以看出立法者在立法思想上的矛盾心理:一方面,试图按照罪刑法定原则的要求使法律尽可能的明确具体;另一方面又担心其所制定的法律有遗漏,不足以有效地惩罚犯罪。正是这种矛盾心理使立法者在采取列举式规定的时候,大量使用"其他""等"之类的兜底性用语,唯恐列举没有穷尽而使犯罪分子钻了法律的空子。立法思想上的这种矛盾心理,正是我国刑法立法中的非理性的突出表现之一。

2. 程度性规定

我国刑法中大量使用了"情节严重""情节特别严重","情节恶劣""情节特别恶劣","数额较大""数额巨大""数额特别巨大"等模糊不清的程度性规定。现行刑法条文中有176次使用了"情节严重",59次使用了"情节特别严重",52次使用了"情节恶劣",7次使用了"情节特别恶劣",49次使用了"数额较大",52次使用了"数额巨大",26次使用了"数额特别巨大"。其中有些涉及犯罪的成立与否,有些涉及对犯罪应当判处的刑罚档次。

这类规定,与我国传统的立法思想有关,即认为犯罪是严重危害社会的行为,对于虽然具有社会危害性但是危害不大、不需要动用刑罚的行为,不认为是犯罪,从而把犯罪控制在严重危害社会的行为的范围之内。这样做,适应了我国社会历来把犯罪看得很重、很坏的传统观念,同时也有助于控制刑罚的适用范围。可以说，这种刑法传统具有合理性的一面。但是从另一方面看，这类规定也存在着不尽合理的地方。它给司法机关和司法人员认定一个行为是否构成犯罪留下了很大的自由裁量的权力，使行为是否构成犯罪在许多场合取决于司法机关和司法人员对"严重""恶劣"等程度的认识和态度。[1] 而在缺乏高素质的司法人员、司法腐败和司法不公的现象还比较严重的司法环境下，这类规定就给司法人员滥用刑法，任意出入罪，提供了合法的外衣。即使是在一个主持社会正义的司法环境中，这类程度模糊的规定，也不能为公正司法提供法律上的保障。因为它使一个行为是否构成犯罪、是否应当适用更重的刑罚的标准处于一种不确定的状态，从而也就使同一个刑法典对不同的行为人来说，没有公平可言。这与刑法本身的价值追求、与罪刑法定原则的基本精神，都是背道而驰的。因此，这种立法思想，很难说是合理的。

3. 犯罪构成要件不清楚

刑法分则对一些犯罪规定的构成要件不清楚，使人无法确切地知道构成有关条文所规定的犯罪，究竟需要哪些要素。如《刑法》第228条规定："以牟利为目的，违反土地管理法规，非法转让、倒卖土地使用权，情节严重的，处……"。在该规定中，"违反土地管理法规"与"非法转让、倒卖土地使用权"究竟是指同一个要件，还是指两个不同的要件？有的认为，后者就是前者，二者说的是同一个意思；有的认为二者是两个不同的要件，但是后一个要件是否包含前一个要件，则不得而知。又如，《刑法》第291条中规定的"聚众堵塞交通或者破坏交通秩序"，"聚众堵塞交通"本身就是"破坏交通秩

---

[1] 这也与我国法制传统中赋予司法官员很大的权力而缺乏必要的限制有关。

序",二者之间使用"或者"一词,就使其犯罪构成处于令人难以捉摸的状态(因为从语义上看,二者之间应当是包容关系而不是并列关系)。再如,《刑法》第294条中规定的"违法犯罪活动""为非作歹""欺压、残害群众"都是极不确定的用语,而"残害群众"则可能包括故意杀人罪、故意伤害罪以及非法拘禁、刑讯逼供、虐待等方面的犯罪,这些犯罪是否属于组织黑社会性质的组织罪的犯罪构成所包含的要素,无人可以从该条的条文规定中搞清楚。2018年以来全国范围内开展的"扫黑除恶专项斗争"的实践,进一步证明这个罪名的设置,为司法机关扩大打击面留下了太多的空间。

这类规定表明,立法者在他们自己还没有搞清楚想要运用刑法禁止什么样的行为时,就试图在刑法中对之作出规定,对其适用刑罚。这种没有经过深思熟虑就轻易立法的做法,再清楚不过地表现出立法者在立法思想上的任性。

4. 法定刑的幅度过宽

刑法对某些犯罪规定的法定性幅度过宽,违背了规定法定性的初衷。如《刑法》第111条规定:"为境外的机构、组织、人员窃取、刺探、收买、非法提供国家秘密或者情报的,处五年以上十年以下有期徒刑;情节特别严重的,处十年以上有期徒刑或者无期徒刑;情节较轻的,处五年以下有期徒刑、拘役、管制或者剥夺政治权利。"又据《刑法》第113条关于"本章上述危害国家安全罪行中,除第一百零三条第二款、第一百零五条、第一百零七条、第一百零九条外,对国家和人民危害特别严重、情节特别恶劣的,可以判处死刑"的规定,对于为境外窃取、刺探、收买、非法提供国家秘密、情报罪,可以适用的刑罚实际上就包括了从剥夺政治权利的附加刑到死刑6个刑种,从不关押到关押终身乃至判处死刑。而这其间决定刑罚轻重的只是"情节特别严重"还是"情节较轻",或者"危害特别严重""情节特别恶劣"。类似的,如《刑法》第141条生产、销售假药罪,轻者可以判处拘役,重者可以判处死刑。至于同一犯罪的刑种横跨管制、拘役、有期徒刑、无期徒刑4个刑种的,就更多了。

许多条文如《刑法》第115、125、127条等,把处10年以上有期徒刑与无期徒刑、死刑这些对犯罪人具有重大影响的不同刑种规定在一起,而其所依据的都是"致人重伤、死亡或者使公私财产遭受重大损失"或者"情节严重",甚至仅仅是"抢劫枪支、弹药、爆炸物或者盗窃、抢夺国家机关、军警人员、民兵的枪支、弹药、爆炸物"等行为本身。这样的规定,难以为法定刑的正确适用提供法律标准。如实施了以危险方法危害公共安全的行为致人重伤的,究竟是判处死刑还是无期徒刑,是判处无期徒刑还是10年有期徒刑?只能由司法人员在具体案件中根据具体案件的情况来判断。但是,如果是同样的情节,有的法院判处被告人死刑,有的法院判处被告人10年有期徒刑。而这样的判处又都是合法有效的。那么,究竟哪一个判处才是正确的,就不得而知了。

更有甚者,如刑法关于贪污罪、受贿罪的规定,同一个性质的行为,轻者可以不构成犯罪,重者可以判处死刑。

立法者在刑法中作出这样的规定,是为了使刑罚适应犯罪的不同程度。但是这种立法思想缺乏科学性,因为,任何犯罪行为对社会的危害都是首先取决于它的性质,其次才是取决于它情节和后果,在性质相同的情况下,行为的情节和后果之间的差别是否大到诸如拘役与死刑之间的差距的程度,亦即在性质相同的犯罪行为中区分出应当适用拘役的情节和应当适用死刑的情节是否具有合理性,是令人怀疑的。

刑法之所以要对每一种犯罪明确地规定出法定刑，其本意就是要限制司法机关和司法人员在法定刑之外对犯罪人适用刑罚。然而当刑法本身对同一个犯罪规定了从最轻的刑罚到最重的刑罚的所有刑种时，它就赋予司法机关和司法人员在刑法确立的刑罚体系中任意适用主刑的权力。这与规定法定刑幅度的初衷（即限制司法人员在适用刑罚时的自由裁量权）恰恰是背道而驰的。

此外，在如此宽泛的法定刑幅度内用以划分轻重等级的，又是外延模糊的"情节严重（恶劣）""情节特别严重（恶劣）"之类难以把握的标准。这就从立法上为罪刑擅断提供了法律依据。在实践中，每个审判人员对情节是否严重（恶劣）的认识总是不尽相同的，有时甚至相去甚远。这就使刑法的适用在实践中必然出现较大的差异，特别是当不同地区、不同时间判处的罪犯在同一监狱执行时，这种差异就显得更为突出。这对在每个公民包括犯了罪的公民之间树立刑法的严肃性和公正性是极为不利的。因此，要满足人民群众对刑法公平的基本要求，就应当尽可能地缩小法定刑的幅度，对同一罪名规定不同等级的法定刑时应当明确规定各自的适用条件，以便使刑法的适用有可能符合人们普遍的公平要求。

上述四个方面都表明了我国刑法中某些规定的不明确性。这样规定的结果，就给司法机关和司法人员留下了巨大的自由裁量的空间，使罪刑法定的原则形同虚设。

罪刑法定原则的基本精神是"法无明文不为罪，法无明文不处罚"。因此它对刑法立法的逻辑要求就是明确性。刑法的存在和延续是以其具有明确性为前提的。一部刑法，不论是刑法典还是单行刑事法律，只有当它的规定明白无疑、清晰可辨时，它才有可能在现实社会中存在下去。缺乏明确性的刑法，不可能具有法的规范功能，因而也就不可能具有生命力。

首先，刑法的目的性本身就要求刑法的规定必须明确，要求在刑法立法中遵循明确性原则。刑法存在的全部价值在于预防和减少犯罪，以保障现存社会的生存条件免受犯罪的侵害。所以，在刑法立法中，人们总是追求预防犯罪的效果，并把预防犯罪作为刑法的直接目的。如果刑法不能有效地预防犯罪，那就丝毫谈不上刑法任务的完成。刑法所追求的更高层次的目的就成了空中楼阁，刑法的存在也就失去了自身的价值。

刑法要想有效地预防犯罪，就必须使自身明确化。刑法是通过对一定行为追究刑事责任的方式向人们发布禁止性命令的，只有刑法本身规定得清晰明白，人们才能通过刑法对应受刑罚处罚的犯罪的明文规定，知道哪些行为是刑法所禁止的，从而明确不可涉足的领域；通过刑法对各种犯罪所规定的不同刑罚知道刑法对该行为禁止的程度，从而对这种禁令予以不同程度的重视，对相应的行为冲动予以不同程度的抑制。如果刑法的条文含糊其词，人们就不清楚刑法所要禁止的究竟是什么样的行为，禁止到何种程度。这对于所有守法的人，由于不能提供区分罪与非罪的明确界限，从而很难保障其不实施犯罪行为；对于想要实施犯罪的人，由于不能使其清楚地认识该种犯罪行为可能给自己带来什么样的不利后果，从而无法保障其犯罪冲动能够受到来自刑法的足够的威慑力量的抑制。同时，刑法规定得不明确，也无法使人们在刑法的适用中看清罪与刑之间的必然联系和刑法禁令的绝对性，从而无法遏制想要犯罪的人实施犯罪行为，无法防止犯了罪的人再次犯罪。

其次，明确性是刑法立法的起码要求。对于刑法立法，人们可以提出各种各样的要求，其中明确性是最起码的要求；刑法立法应当遵循若干个原则，其中明确性原则是最基本的原则。虽然这个原则并不涉及刑法的实质问题，但是在刑法立法中解决每一个具体问题时，它都是必须考虑的因素。因此，它是刑法立法中必须坚持的原则之一。

在刑法立法中坚持明确性原则，往往会受到某些模糊认识的干扰。例如有的同志认为，刑法立法"宁疏勿密""宁粗勿细"；甚至有的认为刑法规定得过于明确具体会束缚司法人员的手脚，不能适应同犯罪作斗争的需要。他们认为，犯罪现象是复杂的，一部刑法不可能对社会上已经出现和可能出现的犯罪都做出具体明确的规定，所以刑法应当具有高度的概括性和一定的伸缩性，以便为运用刑法同新出现的犯罪做斗争留下余地。这种认识，从表面上看，似乎在强调更有效地发挥刑法在同犯罪作斗争中的作用，孰不知它会把刑法立法引向宽泛、含糊的窘境，不但可能使某些犯罪在刑法中找不到确切的禁止性规定和相应的刑罚规定，而且还可能为曲解和滥用刑法提供便利，使刑法无法在同犯罪作斗争中充分发挥作用。另外，宽泛、含糊的刑法虽然看起来简炼、易记，包罗万象，但在适用过程中却难以被司法人员所驾驭，最后不得不依靠不断地制定单行刑事法律、不断地补充修改刑法、不断地进行司法解释来弥补刑法典之不足，从而最终使刑法典在实质上被取代，或者使其变得更加浩繁、更缺乏稳定性。因此从效果上看，"宁疏勿密""宁粗勿细"的立法，在实践中必然走向自己的反面，背离立法者原有的愿望。

最后，明确性是依法治国对立法的必然要求。依法治国，建设社会主义法治国家，已经作为治国方略，写入我国宪法。依法治国的首要环节是有法可依。只有"有法可依"了，才有可能做到"有法必依，执法必严，违法必究"。无法可依，依法治国就无从谈起。"有法可依"的前提是"有法"，但是有了法并不意味着就一定"可依"。虽然制定了法律，如果法律的条文过于简单、法律的用语含糊不清或者法律的规定不切实际，人们照样无所适从，那实际上仍然无"可依"之法。所以，要做到"有法可依"，就不仅要制定法律，而且要保证所制定的法律能够为人们提供遵守的可能。为此就必须在立法中遵守明确性原则，使所制定的法律明确无误。尤其是刑法这种关系到剥夺人所能具有的一切重大权利的法律，更应当保障其内容的明确性。这也是罪刑法定原则之所以会在所有法治国家被确认的根本原因。

　　刑法的任何规定都是针对被类型化了的行为的，它要求适用于同类型中的每一个具体行为，然而每一个具体行为除了具有同类行为的共性之外，总是具有自己的个性，因此一般的法律规定适用于具体行为时，就不可避免地要给法院和法官留下一定的自由裁量权，以便法院和法官在法律规定的范围内根据具体行为作出抉择。然而，刑法给法院和法官留下的选择余地如果过大，就会使刑法形同虚设而使刑法的适用取决于法官个人或司法机关的刑法意识。因此，刑法的明确性原则要求在刑法立法的过程中尽可能减少任意性规范，尽可能缩小法官自由裁量的范围。一方面，应当消除对同一行为有两种以上罪名的规定，杜绝一种行为可以在几个罪名中选择的现象；另一方面，对同一种犯罪规定的法定刑幅度不应当过大，如果规定一种犯罪可以适用几个量刑幅度，那就应当对适用各个量刑幅度的情节做出具体的规定。不然就会出现极不公平的"合法"执法，损害刑法在人们心目中的形象。

　　因此，在立法思想上，既然要确立罪刑法定的原则，就应当按照罪刑法定原则的要求，使刑法的条文规定尽可能地明确具体，而不应当有如此多的不确定性规定。这也说明，我国刑

第五章　刑法立法中的非理性评析

法在立法思想上还没有完全摆脱自由意志的任性。当然,明确性原则并不意味着刑法条文规定得越具体越好,而是要求对所欲禁止的行为进行类型化,类型化了的犯罪构成要件应当明确清晰,便于人们认识和区别。

(二) 没有充分反映市场经济的要求

在任何国家,刑法都是建立在一定经济基础上的政治上层建筑,它应当反映现存社会的经济关系以及与这种经济关系相适应的思想关系,从而有效地保护该社会的经济发展。这是刑法目的的逻辑要求。"为了制定法律,有理性的立法者会非常得当地考虑既定的社会条件、经济条件和历史条件"[1] 我国现行刑法正是在我国建设和发展社会主义市场经济的过程中修改的。因此它应当反映社会主义市场经济的要求。修改后的刑法确实在许多方面反映了市场经济所要求保护的经济关系和要求禁止的危害市场经济关系和市场经济秩序的行为。但是这种保护还不够完善,甚至在某些方面违背了市场经济的要求。例如,我国修改后的刑法对经济活动的保护,并没有完全按照市场经济的要求进行平等的保护,没有充分反映与市场经济相适应的价值观。这主要表现在以下三个方面:

1. 对客体保护的不平等

我国1979年刑法在立法思想上对公共财产和私人财产采取了明显不同的态度,体现在刑法的具体规定中,就是重视保护公共利益,而没有同样地重视个人利益。如1979年《刑法》第125条关于破坏集体生产罪的规定,就只注意到对全民所有制单位和集体所有制单位的生产活动的保护,而把私营企业和外资企业的生产活动排除在受保护之外;1979年《刑法》第

---

〔1〕 〔美〕戈尔丁:《法律哲学》,生活・读书・新知三联书店1987年版,第58页。

127条关于假冒商标罪的规定，就只是规定假冒其他企业已经注册商标的行为，而把个人已经注册的商标排除在受保护之外。1997年修改后的刑法虽然改变了这些规定，但是又增加了一些类似的规定。如修改后的1979年《刑法》第271条第1款规定："公司、企业或者其他单位的人员，利用职务上的便利，将本单位财物非法占为己有，数额较大的，处五年以下有期徒刑或者拘役；数额巨大的，处五年以上有期徒刑，可以并处没收财产。"但是按照1997年《刑法》第382、383条的规定，受委托管理、经营国有财产的人员如果是利用职务上的便利，将国有财物非法占为己有的，法定最高刑就可以达到无期徒刑和死刑。1997年《刑法》第272条第1款规定："公司、企业或者其他单位的工作人员，利用职务上的便利，挪用本单位资金归个人使用或者借贷给他人，数额较大、超过三个月未还的，或者虽未超过三个月，但数额较大、进行营利活动的，或者进行非法活动的，处三年以下有期徒刑或者拘役；挪用本单位资金数额巨大的，或者数额较大不退还的，处三年以上十年以下有期徒刑。"但是按照该条第2款和第384条的规定，国有公司、企业或者其他国有单位中从事公务的人员，国有公司、企业或者其他国有单位委派到非国有公司、企业以及其他单位从事公务的人员，实施同样的行为时，其法定最高刑就可以达到无期徒刑。上述四种犯罪都是对财产关系的侵犯，并且其侵犯财产关系的行为方式在相互对应的两种犯罪之间是基本相同的，所不同的仅仅是侵犯的对象即财产关系的性质不同（即国有财产与私人财产的）[1]。因此可以说这些规定，从立

---

〔1〕 至于犯罪主体身份的不同以及由此引起的另一种客体即"职务的廉洁性"，笔者认为，由于这四种犯罪都是利用职务上的便利实施的犯罪，而且它们对职务的廉洁性的侵犯，应当是相同的。

法思想上看，仍然是对公共财产的保护重于对私人财产的保护的意识形态的反映。

此外，1979年《刑法》第167条关于妨害公文、证件、印章罪的规定，只规定了伪造、变造或者盗窃、抢夺、毁灭国家机关、企业、事业单位、人民团体的公文、证件、印章的行为，而把在市场经济条件下与单位公文、证件、印章具有同等重要意义的私人文书、证件、印章排除在受保护之外。1997年《刑法》第280条不仅同样没有规定伪造私人文书、证件、印章的行为，而且删去了伪造、变造、买卖公司、企业、事业单位、人民团体的公文、证件的行为。这样规定，对于保护公司、企业、事业单位的文书和私人的文书、印章是极为不利的。因为在市场经济条件下，任何经济活动的主体，对其合法取得和所有的文书、证件和印章都享有独占权，并且这种独占权对于其经济活动的进行以及债权债务关系和合同关系的确立与废止，具有重要的作用。公司、企业、事业单位和个人的文书与国家机关的公文、证件，虽然在国家管理活动中其意义不同，但是在市场经济条件下的经济贸易活动中，具有同等重要的作用和相同的意义，而公司、企业、事业单位和个人的印章，与国家机关的印章，在市场经济条件下的经济贸易活动中亦具有相同的价值。只保护国家机关的公文、证件、印章和公司、企业、事业单位的印章，而不保护私人的文书、印章和公司、企业、事业单位的文书，显然是与市场经济所要求的平等保护各类经济主体的利益的理念相悖的。

2. 对主体处罚的不平等

我国刑法在总则中明确规定了适用刑法人人平等的原则。适用刑法人人平等的前提是刑法立法上的平等性。当然立法上的平等，并不意味着排除关于特殊主体的规定。因为在现实生活中，行为主体本身所具有的某些特殊身份，可能影响到行为的实施及其行为对社会的危害程度，所以刑法要对其作出特别的规定。但是一种身份是否应当成为区别对待的理由，应当考虑其对犯罪行为的实施及其对社会的危害程度的影响。如果缺乏充分的理由，就不应该在犯罪构成或者法定刑的幅度上予以区别对待。否则就是刑法立法上的不平等。遗憾的是，我国修改后的刑法中，仍然存在着某些缺乏充分理由的不平等的规定。

首先，对单位犯罪中自然人的法定刑与自然人犯罪的法定刑规定不平等。修改后的刑法规定了许多单位犯罪，并且对单位犯罪确立了"两罚原则"，即"对单位判处罚金，并对直接负责的主管人员和其他直接责任人员判处刑罚"。在单位犯罪的条件下，如何对有关人员判处刑罚？刑法分则在多数情况下对单位犯罪中的有关人员规定了与自然人犯同种罪相同的刑罚。但是在某些类似的犯罪中，刑法分则却对单位犯罪中的有关人员规定了与自然人犯罪不同的法定刑。如同样是走私罪，走私特定物品的，单位犯罪中的有关人员与自然人犯罪同样处罚；而走私一般物品的，对单位犯罪中的有关人员，《刑法》第153条却规定了与自然人犯罪完全不同的法定刑（单位犯走私普通货物、物品罪的，对有关人员可以判处的法定最高刑为十年以上有期徒刑，自然人犯走私普通货物、物品罪的，可以判处的法定最高刑为无期徒刑，并处没收财产）。又如《刑法》第175条规定的高利转贷罪，自然人犯该罪时，法定最高刑为七年有期徒刑，而单位犯该罪时，对有关人员可以判处的法定最高刑只有三年有期徒刑（《刑法修正案（六）》增加的第175条之一骗取贷款、票据承兑、金融票证罪，则对单位犯罪中的直接责任人员规定了与自然人犯该罪完全相同的刑罚。充分说明刑法立法的非理性)。类似的规定还有《刑法》第180、181条。

其次,对国家工作人员规定的法定刑不平等。刑法分则第八章对国家机关工作人员利用职务上的便利实施的贪污贿赂犯罪与国有公司、企业工作人员利用职务上的便利实施的相同犯罪规定了完全相同的刑罚。其立法精神显然是在刑法上将其同等对待的,无论是国家机关工作人员还是国有公司、企业、事业单位的工作人员,只要是利用职务上的便利实施了贪污贿赂犯罪行为,都应当受到同样的处罚。这种立法精神也同样体现在某些其他方面的渎职犯罪中[1]。如《刑法》第167条关于签订、履行合同失职被骗罪(犯罪主体是国有公司、企业、事业单位直接负责的主管人员)的规定,与《刑法》第406条关于国家机关工作人员签订、履行合同失职罪的规定,其犯罪构成要件和法定性幅度的设定,就是完全相同的。但是,同样是这些人员,同样是利用职务上的便利实施的犯罪,刑法却对其他渎职犯罪规定了不同的刑罚。如《刑法》第168条规定:"国有公司、企业的工作人员,由于严重不负责任或者滥用职权,造成国有公司、企业破产或者严重损失,致使国家利益遭受重大损失的,处三年以下有期徒刑或者拘役;致使国家利益遭受特别重大损失的,处三年以上七年以下有期徒刑。国有事业单位的工作人员有前款行为,致使国家利益遭受重大损失的,依照前款的规定处罚"。国有公司、企业、事业单位的工作人员,徇私舞弊,犯前两款罪的,依照第一款的规定从重处罚。《刑法》第169条规定:"国有公司、企业或者其上级主管

---

[1] 1997年刑法在贪污贿赂罪的主体中包括了国有公司、企业或者其他国有单位中从事公务的人员,而在渎职罪的犯罪主体中却没有包括国有公司、企业及其他国有单位中从事公务的人员,这本身在逻辑上就是难以自圆其说的。

部门直接负责的主管人员,徇私舞弊,将国有资产低价折股或者低价出售,致使国家利益遭受重大损失的,处三年以下有期徒刑或者拘役;致使国家利益遭受特别重大损失的,处三年以上七年以下有期徒刑。"但是按照《刑法》第 397 条的规定,国家机关工作人员徇私舞弊,滥用职权或者玩忽职守,致使公共财产、国家和人民利益遭受重大损失的,轻者可以判处五年以下有期徒刑,重者可以判处五年以上十年以下有期徒刑。这种处罚程度上的不平等,很难在立法精神上找到合理的根据。

最后,刑法对司法工作人员与辩护人、诉讼代理人犯同一罪的规定不公平。《刑法》第 306 条中规定:"在刑事诉讼中,辩护人、诉讼代理人毁灭、伪造证据,帮助当事人毁灭、伪造证据,威胁、引诱证人违背事实改变证言或者作伪证的,处三年以下有期徒刑或者拘役;情节严重的,处三年以上七年以下有期徒刑。"但是《刑法》第 307 条又规定:"以暴力、威胁、贿买等方法阻止证人作证或者指使他人作伪证的,处三年以下有期徒刑或者拘役;情节严重的,处三年以上七年以下有期徒刑。帮助当事人毁灭、伪造证据,情节严重的,处三年以下有期徒刑或者拘役。司法工作人员犯前两款罪的,从重处罚。"按照第 306 条的规定,辩护人和诉讼代理人在刑事诉讼中只要实施了"帮助当事人毁灭、伪造证据"的行为,就要判处三年以下有期徒刑或者拘役;如果情节严重,就要判处三年以上七年以下有期徒刑。然而,同样是"帮助当事人毁灭、伪造证据"的行为,如果是司法工作人员在刑事诉讼中实施的,按照第 307 条第 2 款的规定,轻者可以不构成犯罪;情节严重的,也只能判处三年以下有期徒刑或者拘役。按理,司法工作人员执法犯法,应当判处比其他人实施同一行为更重的刑罚。遗憾的是,刑法却作出了与常理相反的规定。这种规定,对于辩护人和诉讼代理人是显失公平的。

3. 对经济犯罪挽回损失与没有挽回损失在法定刑上没有区别

在市场经济条件下，所有经济活动的主体所关注的重心是经济效益。这个规律延伸到经济犯罪方面，有关当事人所关注的更多的可以说是经济上的获得与丧失。的确，实际的财产损失与获得，对于有关当事人来说绝不是无足轻重的。因而在经济犯罪中，行为的危害程度并不仅仅表现在行为本身，而且表现在行为实际造成的经济损失上。正是因为这个原理，我国刑法对有关经济犯罪的规定，都将数额大小作为衡量犯罪轻重的要素之一。但是刑法在对经济犯罪规定刑罚的时候，恰恰没有把实际造成的损失作为裁量刑罚时必须考虑的因素，没有把犯罪分子是否返还非法取得的财产以及返还的多少作为对其裁量刑罚的法定情节。所谓实际造成的损失，并不完全是行为在实施过程中或者实施终了时所造成的损失，而是犯罪行为实际造成的、对于被害人意味着无法挽回的损失。因为对于财产而言，其所有权和占有权是可以相互转移的，而这种转移并不意味着实际数量的减少和质量的降低。如果由于他人的犯罪行为而使被害人暂时损失了一大笔财产，但是经过追诉活动犯罪人又将相同价值的财产返还给被害人，那么，对于被害人来说，他就没有实际损失这笔财产[1]。这与对人身权利的侵犯是不同的。而我国刑法对经济犯罪的规定并没有考虑这种返还的情况，只要构成犯罪，不论是否返还非法取得的财产，更不论返还的多少，其法定刑都是一样的。这种法律规定，就使一些犯

---

[1] 在这种情况下，犯罪行为的社会危害性就只表现在其行为本身对财产关系的侵犯或对经济秩序的破坏上，而不表现在实际造成的损失上。因而返还财产与不返还财产，对于其他方面完全相同的犯罪来说，其危害社会的程度，是不同的。

罪分子在犯罪被发觉之后，宁愿咬紧牙关坐牢也不愿交出非法获得的财产。在经济犯罪分子中普遍存在着一种心态，即不交出非法所得，虽然坐几年牢，出来以后仍然可以享受荣华富贵，至少家里人可以过好日子；交出非法所得，同样要坐牢，而且以后没有好日子过。因此，这种立法，在其内在精神上并没有反映出与市场经济相适应的价值观念。

所有这些，都与市场经济的精神支柱——公平观念相去甚远。

公平是市场经济对刑法立法的基本要求。这是因为市场经济离不开竞争，竞争则必须公平地进行。在市场经济中，只有公平地竞争，才能保障各类经济活动主体所生产和需要的商品按照价值规律的基本要求在市场上等价交换，交换的状况才能真实地反映社会供给与需求的关系，促使社会资源更合理地配置；交换的结果也才能使真正的优者胜、劣者汰，从而促使商品生产者和经营者节约生产成本、提高技术和经营管理水平。

市场经济对公平的客观要求，在刑事法律中虽然不像在经济法律中表现得那么普遍，但却更为强烈、更为集中。这是因为：第一，刑法虽然不直接规范经济活动主体的行为，但却具有运用最严厉的法律制裁手段处罚经济犯罪的职能，刑法一旦插足经济活动，其对经济活动主体可能产生的影响是极为重大的，甚至可能决定特定经济活动主体的命运。第二，经济活动主体的合法权益虽然可以通过各种法律手段来保护，但是当经济活动主体的合法权益遭到严重侵犯的时候，最有力量的保护莫过于刑法的保护。刑法如果在保护企业和公民的合法权益、规定和制裁犯罪、适用刑罚等方面，不能公平地对待不同类型的经济活动主体，不能有力地制裁采取不正当手段严重侵犯他人权益的竞争者，市场经济中的竞争就无法公平地进行，市场调节机制的正常运转就得不到应有的保障,市场经济体制就不可能顺利建立。因此,刑法公平,可以说是市场经济对刑法立法最强烈、最集中的要求。

刑法公平不仅是市场经济的客观要求在刑法中的集中反映,而且也是刑法自身发挥功能的基本条件。刑法是通过设定和追究刑事责任的方式发布禁令,阻止人们实施犯罪行为来发挥保障和保卫功能的。而刑事责任的设定和追究只有最大限度地满足特定社会普遍信奉的公平观,才有可能受到众人的尊重和遵守;如果刑法被普遍认为是不公平的,便会遭到众人的藐视、抵制和唾弃。因为公平是公理和正义的保障,没有公平,就谈不上公理和正义。人们遵循公理和正义,便要求公平地解决他们之间的争端,要求公平地对待他们的功过和正谬。在刑法领域,人们也就自觉或不自觉地用公平的尺度来衡量刑事责任的设定和追究,要求立法者和司法者公平合理地解决人的刑事责任问题,并根据这种要求的满足程度决定对刑法所发布的禁令的服从程度。因此,公平原则,虽然名不见经传,却始终作为一种潜在的无形的力量牵制着刑法功能的发挥。

在市场经济条件下,人们的公平观有了新的内容并被市场上激烈竞争的需要强化,人们对刑法公平的要求也相应地更显明确、更为迫切。

当然,公平是一个历史的范畴。在历史发展的不同阶段,公平要求的具体内容是不尽相同的。但是构成公平观的基本方面即公平的基本含义是相同的,这就是:必要、合理和平等。公平于刑法,并不是要求刑法适用主体与适用对象平等,而是要求刑法应当在必要的情况下适用于必须适用的对象;在解决人的刑事责任问题时应当对所有的犯罪主体实行一视同仁的平等原则,不仅仅因为主体身份的不同而实行区别对待;在对不同性质的犯罪规定刑罚的时候应当在它们之间根据社会危害性的程度保持基本均衡，避免畸轻畸重。在社会主义市场经济条件下，公平观在刑法领域主要表现在以下几个方面：（1）要求保护公平竞争，禁止严重破坏公平竞争原则从而危害社会主义市场经济健康发展的不正当竞争行为，把严重破坏市场经济的某些不正当竞争行为规定为犯罪，给予必要的刑事制裁；（2）要求平等地保护社会主义市场经济中作为平等主体的不同所有制性质的商品生产者和经营者的合法权益，在刑法保护的范围内切实保障市场经济中所有合法主体的合法权益；（3）要求公正合理地解决各类犯罪主体的刑事责任问题，对相同的犯罪规定相同的定罪和量刑标准；（4）要求刑法具有全社会一体遵行的效力，任何实施犯罪行为的人都不能逃脱刑法的追究，都不能躲避应负的刑事责任，保障没有构成犯罪的人不受刑事追究。

刑法在立法思想上，应当充分反映市场经济对公平的要求，应当维护和引导人们的公平观。

（三）重刑主义思想的残余依存

所谓重刑主义，是指无论轻罪重罪一律适用重刑，在重刑中再根据犯罪的轻重分出等级的主张。这种主张，在中国历史上，原是法家所倡导和推崇的。按照商鞅的主张，"禁奸止过，莫若重刑。刑重而必得，则民不敢试，故国无刑民"。[1] 韩非也认为，"重一奸之罪而止境内之邪，此所以为治也。重罚者，盗贼也；而悼惧者，良民也。"[2] 因为在他们看来，"夫以重止者，未必以轻止也；以轻止者，必以重止矣"[3]。也就是

---

[1]《商君书·赏刑》。
[2]《韩非子·六反》。
[3]《韩非子·六反》。

说，对重罪处以重刑，可以制止重罪，但用轻刑未必能制止得了；如果对轻罪处以重刑，就必定能制止重罪，因为人们连轻罪都不敢犯，当然就更不敢犯重罪了。

在现代，重刑主义倾向的思想根源主要有两个方面：一是在刑罚价值取向上把刑罚的威慑功能唯一化，过分依赖刑法的作用，过分迷信刑罚的威慑力量；二是在刑法目的上把打击犯罪与保护人民的关系简单化，认为打击犯罪本身就是保护人民。在刑法立法的指导思想上，几十年来，刑法的任务长期归结为打击敌人、保护人民。而对敌要狠，其目的是保护人民。因此，只要对敌狠，打击有力，就保护了人民。而没有看到，打击犯罪与保护人民是两个不同层面的问题。打击犯罪本身，在保护人民的过程中，也可能给人民的权利造成不应有的损害。

重刑主义是报复情怀的遗风，它与刑法理性的要求是格格不入的。因为理性强调刑罚的必要性，认为只有在必须动用刑罚的时候和场合，适当的刑罚才是必要的，才具有合理性。而重刑主义恰恰是要在必要限度之外适用较重的、多余的刑罚。重刑主义的立法思想是建立在刑罚万能的威慑观念之上的。它过分看重刑罚的威慑作用，并把预防犯罪目的的实现寄托于严厉的刑罚，以致刑罚的轻重失去了合理性。

1979年，我国在制定刑法的时候，在立法思想上，对重刑主义是持否定态度的。这与当时人们要求政治上的民主和国家决心在安定的社会环境下加快经济建设步伐的社会背景是相协调的。

但是，20世纪80年代以来，中国在对外实行开放政策的同时，对内进行了经济体制改革。经济体制改革引起了中国社会的深刻变革。在这种变革中，与计划经济相适应的思想观念、分配方式和管理模式,与商品经济和市场经济下必然出现的思想观念、分配方式和管理模式之间的矛盾和冲突,引起了各种社会问题和社会矛盾的出现,引起了人们社会行为的失控,使现实社会中的犯罪急剧增长,社会治安成为影响整个社会正常秩序的严重障碍。随着社会治安状况的严峻和各种经济犯罪的凸显,重刑主义在立法思想上有所抬头。这主要表现在三个方面:

1. 扩大了死刑立法

1979年刑法对死刑这种最严重的刑罚是严格控制的。刑法中不仅明确规定"死刑只适用于罪大恶极的犯罪分子",而且在死刑适用的程序上作出了明确的限制,即"死刑除依法由最高人民法院判决的以外,都应当报请最高人民法院核准"。刑法中规定可以适用死刑的28种犯罪中24种都是危害国家安全、公共安全和他人生命的犯罪。其他可以适用死刑的4种犯罪[1]也只有贪污罪一个是纯粹的财产犯罪。

但是,从1979年到1997年刑法修订的18年中,先后颁布的一些单行刑事法律中却广泛地规定了死刑条款。据有的学者统计,1979年刑法和其后颁布的单行刑事法律中规定的可以适用死刑的犯罪达到了90多种。[2]

对此,有的学者评价道:死刑立法的扩大化,使刑法"在死刑的价值取向上陷入了严重的误区"。其一,单行刑事法律中增设的可以适用死刑的犯罪,绝大部分所侵犯的权益的价值都低于人的生命,对之分配死刑,明显地不具有等价性,因而不符合刑罚的公正性要求。其二,扩大死刑的分配范围失之效

---

[1] 即1979年《刑法》第139条规定的强奸妇女罪、奸淫幼女罪,第150条规定的抢劫罪,第155条规定的贪污罪。

[2] 赵秉志等:《中国刑法修改若干问题研究》,载《法学研究》1996年第5期。

益。单行刑事法律增设死刑,虽然着眼于死刑对有关犯罪的遏制效果,但却忽视了刑罚的效果与效益的区别,使对刑罚效果的追求所付出的代价过大,即刑罚所剥夺的权益的价值高于其所保护的权益的价值,因而不真正符合刑罚效益性的要求。其三,单行刑事法律有关绝对死刑的规定既失之公正又失之效益。因为绝对死刑一方面使同一法定刑格内之罪无论轻重同样只能被处以死刑,显然违背等价性的量的要求,即重罪重刑、轻罪轻刑的要求,失之公正;另一方面使轻重不同的同一法定刑格内之罪同样以死刑作为遏制的手段,以致根本不需或不应以死刑遏制的犯罪也不得不动用死刑来遏制,不符合刑罚的有利性和节俭性的要求,失之效益。其四,单行刑事法律对死刑核准权的修改不利于避免死刑司法错误的发生。单行刑事法律把大部分死刑案件的核准权下放给各高级人民法院行使,实际上在很大程度上等于取消了对死刑的特殊审判程序,从而不利于避免司法错误所导致的误杀的发生。[1]

1997年修改后的刑法,对死刑作了一定的限制,如通过合并罪名消减了可以适用死刑的犯罪种类,限定了一些死刑适用的条件。但是在总体上,1997年刑法基本保留了1979年刑法和单行刑事法律中规定的死刑适用范围[2],真正消减的实际上只有两种犯罪,即投机倒把罪和流氓罪经过分解取消了死刑。特别是对一些经济犯罪或称财产性犯罪仍然保留了死刑,使新刑法关于死刑的规定最终没有摆脱重刑主义的阴影。

值得称赞的是,进入21世纪以后,最高立法机关有意识

―――――――
〔1〕 胡云腾:《存与废——死刑基本理论研究》,中国检察出版社2000年版,第203—206页。
〔2〕 1997年修改后的刑法中涉及死刑的实际上有51个条文68个罪名(单行刑事法律中有些可以适用死刑的罪名在修订刑法时被合并)。

地控制死刑罪名的增加，在 1997 年以后通过的 10 个刑法修正案中没有增加死刑罪名，并且 2011 年 2 月 25 日通过的《刑法修正案（八）》和 2015 年 8 月 29 日通过的《刑法修正案（九）》主动废除了 22 个罪名的死刑，从而使我国刑法中规定的可以适用死刑的罪名大大减少。

2. 增设了轻罪重罚的规定

1979 年刑法之后颁布的一些单行刑事法律关于死刑的规定，除了违反刑罚的节俭性原则而成为不必要的刑罚之外，其中的某些规定还有轻罪重罚之虞。试举几例予以说明：

（1）关于受贿罪。1988 年 1 月 21 日全国人大常委会《关于惩治贪污罪贿赂罪的补充规定》对其规定了按照贪污罪的法定刑处罚的原则，其中包括对其适用死刑，1997 年《刑法》第 386 条再次确认了这一规定。这一规定，可以说是轻罪重罚的规定。

首先，对受贿罪与贪污罪规定相同的刑罚是不公正的。因为贪污罪是由行为人主动出击而构成的犯罪，受贿罪是行为人因被动接受所构成的犯罪（索贿除外），前者的社会危害性远远大于后者。贪污罪不仅在主观方面表现为行为人主动地想要利用职务上的便利非法占有公共财物，而且在客观方面表现为行为人采取了侵吞、窃取、骗取及其他非法手段，侵犯了公共财产的所有权。与之相反，受贿罪，除了实践中极少见到的索贿行为之外，行为人在主观方面没有非法占有公共财物的故意，不是主动要侵犯公共财产或他人财产的所有权；在客观方面也没有实施直接针对财产所有权的非法行为；至于其"为他人谋利益"，其中至少包含着依照其职责应当为他人谋利益的部分，其社会危害性主要表现为违反了职务的廉洁性的要求。因而受贿罪并没有贪污罪那么大的社会危害性，不应当将其与贪污罪同等处罚。

其次，受贿罪无论受贿数额多大，都没有达到"罪大恶极"（1997年刑法修改为"罪行极其严重"）的程度。所谓"罪大恶极"或者称"罪行极其严重"，是指罪行对国家和人民利益的危害特别严重，手段极其残忍，情节特别恶劣，或者行为人具有极其严重的人身危险性。[1] 被动接受贿赂，数额无论多么大，都很难说对国家和人民利益危害特别严重，更谈不上行为人具有极其严重的人身危险性（直到2015年，这种立法才有所改变，即《刑法修正案（九）》对贪污罪贿赂罪适用死刑的条件作出了限制：贪污或者受贿"数额特别巨大，并使国家和人民利益遭受特别重大损失的"，才可以判处无期徒刑或者死刑）。对这样的犯罪人适用死刑，无论如何是没有必要的。

最后，对受贿罪适用死刑以来的实践反复证明，对受贿罪适用死刑并没有遏制受贿罪的蔓延，因为死刑与受贿之间没有等价关系，人们从对受贿犯罪人适用死刑中看不到受贿与死刑之间的必然联系。[2]

值得一提的是，2015年8月29日通过的《刑法修正案（九）》对贪污罪受贿罪的死刑作出了限制，废除了仅仅是受贿数额特别巨大就可以适用死刑的规定，强调死刑的适用不仅是

---

[1] 高铭暄主编：《新编中国刑法学》（上册），中国人民大学出版社1998年版，第332页。

[2] 贿赂罪的蔓延，主要是由于分配不公和治吏不力导致的结果。但是在贿赂罪的立法方面却采取了重刑主义的立法，忽略了贿赂罪产生的社会的客观原因。关于贿赂罪的立法思想，一方面强调要严惩，加重了刑罚，另一方面又怕打击面太宽，规定了严格的构成条件，从而一方面使贿赂罪的处罚很严厉；另一方面使构成贿赂罪很难，非得有为他人谋利益的行为。其结果，使大部分贿赂行为不构成犯罪，一旦构成，就要受到严厉的处罚。这种在构成不构成犯罪时的巨大反差，使大量的受贿者得不到处罚，而一旦构成犯罪就要受到很重的处罚，从而使多数人存有侥幸心理，而使受到处罚的人感到不公平。

贪污或者受贿数额特别巨大，而且必须同时具有使国家和人民利益遭受特别重大损失的，才可以适用无期徒刑或者是死刑。这无疑是刑法立法的一大进步。但是令人遗憾的是，该法同时又增加了"终身监禁"的规定，即犯贪污罪受贿罪被判处死刑缓期执行的，人民法院根据犯罪情节等情况可以同时决定在其死刑缓期执行二年期满依法减为无期徒刑后，终身监禁，不得减刑、假释。这个关于终身监禁的规定在笔者看来并不科学。因为在我们国家的刑罚体系中并没有"终身监禁"这样一个刑种，也不存在刑罚的这样一种执行方式。为贪污罪受贿罪单独设置这样一个刑罚的执行方式，人为地造成了刑法逻辑的混乱：第一，它破坏了刑罚的体系结构。我国刑法本来具有完整的体系结构，不仅有主刑、附加刑，而且有明确的刑罚执行方式。而终身监禁的设置，与主刑中的无期徒刑并存，而又不同于无期徒刑，究竟算不算一种主刑，就成为疑问。如果是主刑，它与原有的无期徒刑是什么关系？如果只是死刑缓期执行后的一种刑罚执行方式，那么，它与刑法总则第三章第五节规定的死刑执行方式又是什么关系，要不要遵循《刑法》第50条的规定，即"判处死刑缓期执行的，在死刑缓期执行期间，如果没有故意犯罪，二年期满以后，减为无期徒刑"（该条并没有规定例外情况）。第二，它打破了罪刑关系中的平衡。就罪行的严重程度而言，刑法中比贪污罪受贿罪的罪行（无论是从其社会危害性程度来看，还是从主观恶性的大小来看，抑或从其在人民群众中产生的影响或者对社会发展的影响来看）严重得多的犯罪大量存在，如严重危害国家安全的犯罪、严重危害公共安全的犯罪等。对这些犯罪都没有规定在死刑缓期执行二年后可以决定终身监禁的制度，而对限制死刑适用的贪污罪受贿罪设置终身监禁，明显地违背了罪责刑相适应的刑法基本原则，导致罪行与刑罚之间的不公平。第三，它违反了刑罚适用的原则。我国刑法总则在第四章刑罚的具体运用中专门设置了减刑、假释的制度。这种刑罚制度的设置，其目的是为了给犯罪分子以希望，促使其更好地接受教育改造。并且刑法总则中关于减刑、假释的适用原则中，既没有关于终身监禁的规定，也没有关于不得适用减刑、假释的例外情况的规定（即使对于被判处死刑缓期执行的累犯以及故意杀人、强奸、抢劫、绑架、放火、投放危险物质或者有组织的暴力性犯罪被判处死刑缓期执行的犯罪分子，刑法也只是规定"限制减刑"而不是"不得减刑"）。也就是说，对于判处无期徒刑包括判处死刑缓期执行后减为无期徒刑的犯罪分子，刑法总则中并没有留下任何可以不适用减刑、假释的空间。刑法分则中对贪污罪受贿罪规定的"不得减刑、假释"的规定明显地违背了刑法总则中规定的刑罚适用的原则。如果一个人因贪污罪或者受贿罪而被判处死刑缓期执行2年，2年期满后因没有故意犯罪而减为无期徒刑时，人民法院根据什么样的犯罪情节或情况来决定是否要将其终身监禁，就不得而知了。

（2）关于组织卖淫罪。1991年9月4日全国人大常委会《关于严禁卖淫嫖娼的决定》不仅增设了这一罪名，而且对之规定了死刑。1997年《刑法》第358条再次确认了这一规定。这一规定显然是轻罪重罚的规定。

第一，卖淫行为，按照我国法律并不构成犯罪（只是违反治安管理的行为），组织他人实施一个并不构成犯罪的行为，即使构成犯罪，也不致达到可以适用死刑[1]的程度。如果对实际实施卖淫行为的人根本就不作为犯罪处理，而对组织其卖淫

---

[1]《刑法修正案（八）》废除了该罪的死刑，但仍然保留了无期徒刑。

的人判处死刑,在客观上就违背了社会最基本的价值观念,就使刑法的适用从根本上丧失了公正性。

第二,卖淫是一种自愿实施的行为,组织他人卖淫也是在他人自愿的基础上进行的,因此这种行为的性质和方式本身决定了它的社会危害性是极其有限的。组织他人卖淫的行为无论情节多么严重,其对社会可能造成的危害,都不可能达到"罪该处死"的程度。而社会危害性是犯罪最本质的特征,社会危害性不是十分严重的行为,在立法上就只能作为轻罪来规定而不应当作为重罪来规定,更不应该对其规定死刑。

第三,对组织卖淫罪规定死刑显然罪刑不相适应。《刑法》第358条第1款和第2款同时规定了两个罪名,即组织卖淫罪和强迫卖淫罪,并对之规定了完全相同的法定刑。然而这两种犯罪实际上具有本质上的区别:强迫他人卖淫,不仅妨害了社会管理秩序,而且其本身就是侵犯他人人身权利的行为,这种行为的社会危害性显然远远大于没有侵犯他人人身权利的组织卖淫的行为。不仅如此,从实践中看,强迫他人卖淫的犯罪通常都有组织他人卖淫的行为。对于使用强迫手段组织他人卖淫的犯罪与仅仅是组织他人卖淫的犯罪,在立法上规定完全相同的法定刑,是显失公正的。

(3) 关于传授犯罪方法罪。1983年9月2日全国人大常委会《关于严惩严重危害社会治安的犯罪分子的决定》增设了这一罪名,同时对之规定了死刑。1997年《刑法》第295条再次确认了这一规定[1]。这一规定的合理性也是值得质疑的。

第一,这一规定违反了罪责刑相适应的原则。《刑法》第29条规定:"教唆他人犯罪的,应当按照他在共同犯罪中所起

---

[1] 《刑法修正案(八)》废除了该罪的死刑。

的作用处罚。教唆不满十八周岁的人犯罪的,应当从重处罚。如果被教唆的人没有犯被教唆的罪,对于教唆犯,可以从轻或者减轻处罚。"所谓教唆他人犯罪,是指他人原本没有犯罪的意图,而故意实施教唆行为使他人产生犯罪意图进而实施犯罪行为的情况。教唆他人犯罪,对于犯罪行为的实际发生,具有原因力的作用。而与教唆他人犯罪相比,传授犯罪方法,是在他人已经有了犯罪意图的情况下,传授其如何犯罪。充其量不过是帮助他人顺利地完成犯罪,它对于犯罪的实施与否,不具有决定性的影响。因而就其社会危害性而言,传授犯罪方法应当轻于教唆他人犯罪。但是刑法却规定对教唆他人犯罪的按照共同犯罪来处罚,而对传授犯罪方法罪按照独立的犯罪来处罚,并且其法定刑相去甚远。按照《刑法》第29条的规定,教唆他人犯罪的,是按照他在共同犯罪中所起的作用来处罚,而在刑法规定可以构成共同犯罪的大部分犯罪中,都没有规定死刑。并且被教唆的人如果没有犯被教唆的罪,对于教唆犯还可以从轻或者减轻处罚。与之相反,按照《刑法》第295条的规定,只要实施了传授犯罪方法的行为,就要被判处五年以下有期徒刑、拘役或者管制;情节特别严重的,还要被判处无期徒刑。两罪相比,对相对较轻的犯罪所规定的法定刑,明显重于对较重的犯罪所规定的法定刑。

第二,在刑法中,对于被传授了犯罪方法的人按照所传授的犯罪方法实施的犯罪,并不都可以适用死刑或者无期徒刑,而对传授犯罪方法的人却适用死刑或者无期徒刑,显失公正。刑法中规定的大部分犯罪,其法定刑都不包括死刑或者无期徒刑。如果某人将这类犯罪中的某一种犯罪的方法传授给想利用这种方法牟取暴利的多人,以致造成很大的社会影响。那么,按照刑法的规定,对传授犯罪方法的人就可以适用死刑或者无期徒刑，但是对于本来就有犯罪意图并借助他人传授的方法实际实施了犯罪行为的人，按照刑法的规定却不适用死刑或者无期徒刑。这就严重违背了社会的公平观念。

类似这样的规定，从刑法原理上看，属于轻罪重罚的规定。从立法思想上看，则反映了立法者对于一定时期内发案率上升的犯罪希图用极刑来遏制的心理，以致不顾刑法基本价值的约束而对轻罪规定重刑。这可以说是重刑主义遗风作祟的结果。

3. 出现了多余立法

为了强调对某些行为的处罚，立法者在刑法中使用了一些不必要的笔墨，对之进行重复规定。如《刑法》第242条第1款规定："以暴力、威胁方法阻碍国家机关工作人员解救被收买的妇女、儿童的，依照本法第二百七十七条的规定定罪处罚。聚众阻碍国家机关工作人员解救被收买的妇女、儿童的首要分子，处五年以下有期徒刑或者拘役；其他参与者使用暴力、威胁方法的，依照前款的规定处罚。"其中第242条第1款的规定就是多余的。因为《刑法》第277条第1款规定的"以暴力、威胁方法阻碍国家机关工作人员依法执行职务的"行为完全可以包括第242条第1款所规定的情况。该条第2款关于"其他参与者使用暴力、威胁方法的，依照前款的规定处罚"的规定，同样是第277条第1款完全可以包括的。

又如《刑法》第259条第2款规定："利用职权、从属关系，以胁迫手段奸淫现役军人的妻子的，依照本法第二百三十六条的规定定罪处罚。"因为按照《刑法》第236条的规定，凡是以胁迫手段奸淫妇女的，不论该妇女是不是现役军人的妻子，也不论是否利用了职权、从属关系，都构成强奸罪，理应按照《刑法》第236条关于强奸罪的规定定罪处罚。增加上述规定,完全是多余的。

再如,《刑法》第358条第1款规定:"组织、强迫他人卖淫的,处五年以上十年以下有期徒刑,并处罚金;情节严重的,处十年以上有期徒刑或者无期徒刑,并处罚金或者没收财产";第4款规定:"为组织卖淫的人招募、运送人员或者有其他协助组织他人卖淫行为的,处五年以下有期徒刑,并处罚金;情节严重的,处五年以上十年以下有期徒刑,并处罚金"。第359条规定:"引诱、容留、介绍他人卖淫的,处五年以下有期徒刑、拘役或者管制,并处罚金;情节严重的,处五年以上有期徒刑,并处罚金。引诱不满十四周岁的幼女卖淫的,处五年以上有期徒刑,并处罚金。"第361条第1款又规定"旅馆业、饮食服务业、文化娱乐业、出租汽车业等单位的人员,利用本单位的条件,组织、强迫、引诱、容留、介绍他人卖淫的,依照本法第三百五十八条、第三百五十九条的规定定罪处罚。"第361条第1款的这个规定,就是完全多余的。因为第358、359条的规定并没有限定犯罪主体的范围,即使没有第361条第1款的规定,"旅馆业、饮食服务业、文化娱乐业、出租汽车业等单位的人员,利用本单位的条件,实施组织、强迫、引诱、容留、介绍他人卖淫行为的,"完全可以依照第358条或者第359条的规定定罪处罚。此外,《刑法》第358条第4款对协助组织他人卖淫的行为规定了独立的法定刑。这一规定也是完全多余的。因为按照刑法总则关于共同犯罪的规定,对于协助组织他人卖淫的行为完全可以在第358条第4款规定的法定刑幅度内判处刑罚。而有了第4款的规定,反倒使协助强迫他人卖淫的行为如何处罚成为一个问题:因为《刑法》第358条第1款同时规定了组织卖淫罪和强迫卖淫罪,而第4款只规定了协助组织卖淫罪。如果所协助的组织卖淫的人有强迫他人卖淫的行为既被协助的人构成强迫卖淫罪时，对协助的人究竟是按照第4款的规定处罚还是按照刑法总则中关于共同犯罪的规定处罚，就不得而知（如果按照共同犯罪的规定，协助他人组织卖淫或者强迫卖淫的，就应当按照该条第1款的规定。可能被判处10年以上有期徒刑甚至无期徒刑，而按照该条第4款的规定，就只能判处10年以下有期徒刑）。所以说，《刑法》第358条第4款的规定不仅是没有必要设立的，而且设立了反倒造成刑法规范内在逻辑的混乱。

还如第347条的规定。该条规定：

"走私、贩卖、运输、制造毒品，无论数量多少，都应当追究刑事责任，予以刑事处罚。

走私、贩卖、运输、制造毒品，有下列情形之一的，处十五年有期徒刑、无期徒刑或者死刑，并处没收财产：

（一）走私、贩卖、运输、制造鸦片一千克以上、海洛因或者甲基苯丙胺五十克以上或者其他毒品数量大的；

（二）走私、贩卖、运输、制造毒品集团的首要分子；

（三）武装掩护走私、贩卖、运输、制造毒品的；

（四）以暴力抗拒检查、拘留、逮捕，情节严重的；

（五）参与有组织的国际贩毒活动的。

走私、贩卖、运输、制造鸦片二百克以上不满一千克、海洛因或者甲基苯丙胺十克以上不满五十克或者其他毒品数量较大的，处七年以上有期徒刑，并处罚金。

走私、贩卖、运输、制造鸦片不满二百克、海洛因或者甲基苯丙胺不满十克或者其他少量毒品的，处三年以下有期徒刑、拘役或者管制，并处罚金；情节严重的，处三年以上七年以下有期徒刑，并处罚金。

单位犯第二款、第三款、第四款罪的，对单位判处罚金，并对其直接负责的主管人员和其他直接责任人员,依照各该款的规定处罚。

利用、教唆未成年人走私、贩卖、运输、制造毒品,或者向未成年人出售毒品的,从重处罚。

对多次走私、贩卖、运输、制造毒品,未经处理的,毒品数量累计计算。"

其中第1款的规定就是完全多余的。因为按照第4款的规定,走私、贩卖、运输、制造毒品,无论数量多少,至少也要判处三年以下有期徒刑、拘役或者管制的刑罚。第6款的规定,也是多余的。因为任何涉及数量的犯罪,未经处理的,必然要把数量累计计算。

这类多余性规定,从表面上看,是一个立法技术问题,但是实际上它反映了从重立法的思想,是在希望对其中规定的犯罪行为严厉处罚的思想指导下作出的强调性规定,以提示对这类行为的惩罚。因此它与重刑主义的立法思想不无关系。

此外,在立法思想上,无论是在专家学者中间还是在立法、司法和行政机关中间,都在一定程度上存在着某些重刑主义的倾向。这集中表现在两个方面:一是无论遇到什么问题,都希望通过刑事立法来解决。例如对于民事、经济纠纷问题,对于行政管理上的失误所引起的"群众闹事"问题,以及由于制度上的问题引起的不正之风等,一些人总是主张通过刑事立法作为犯罪来制裁。这些社会问题本身并不是刑法所能解决的问题。如果对之动用刑法,就可能使刑罚成为多余之刑。例如开具和使用假发票的问题。目前我国的财务报销制度与中华民族的文化传统、接人待物的习惯以及人们的实际消费水平差距太大,在国家工作人员的薪水中并没有招待客人的费用,而中国人又特别好客,招待客人的费用不得不从公款中开支。但是国家规定的报销客饭的标准根本不可能满足招待客人的需要，于是就有了"账外账"。没有账外账的单位，就在被招待的客人数量上做文章，本来招待了两个客人，在报账时可能报三个、五个甚至更多，不然就报不了账。开会住宿，按照国家规定的标准根本找不到宾馆，于是，开3天会就在发票上写五天、六天，包括作为立法机关的人大以及负责财务监管工作的部门及其工作人员，都不得不开具和使用假发票。对于类似这样的问题，本来是靠刑法难以解决的，但是有的人却认为，这类问题屡禁不止的原因是没有用刑罚手段来禁止，于是就主张应当进行刑事立法，将其规定为犯罪，以便给予严厉的打击。二是主张对什么犯罪都规定比较重的刑罚。对于刑法中已经规定为犯罪的行为，实践中一旦发生得比较多，一些人往往不问青红皂白，不分析发生比较多的原因，就先入为主地认为是刑法规定的刑罚太轻，不足以遏制犯罪，或者是打击不力，要求对之严惩。这种重刑主义的刑法思想，也是我国刑事立法中出现重刑主义倾向的原因之一。

重刑主义立法思想的存在，是不足为奇的。因为刑法立法者总是信奉刑法对犯罪的预防功能，总是寄奢望于刑法的遏制作用。因此当某种危害社会的行为增多时，立法者就希望通过颁布法律来宣布其为犯罪或者加重对其规定的刑罚。

问题在于，如果理智地考察刑法的预防功能，就会发现，重刑的威慑力量对犯罪的遏制作用是有限的。刑法的作用不仅要受特定社会环境和价值观念的制约，不仅要受到实际适用刑法的司法过程和司法人员的水平等情况的制约，而且也要受到刑法本身规定的合理性的制约。仅仅是对犯罪规定较重的刑罚，未必能有效地遏制犯罪，而且还可能对公民的自由造成不应有的侵害，导致新的本来可以避免的犯罪。即使是仅就立法

第五章 刑法立法中的非理性评析

而言,对犯罪所规定的刑罚也只有在合理的限度内,才能受到人们的认可和尊重,起到遏制犯罪行为发生的作用。"如果对两种不同程度地侵犯社会的犯罪处以同等的刑罚,那么人们就找不到更有力的手段去制止实施能带来较大好处的较大犯罪了。"[1] 因此,立法者要想用刑法来遏制犯罪,就必须使刑法的规定符合罪责刑相适应的原则,使人们清楚地看到犯罪与刑罚之间的对应关系,认识到刑罚是犯罪在法律上的必然后果,从而因畏惧刑罚之苦而不去实施犯罪。如果刑法对犯罪所规定的刑罚,在相互比较中,是过重的、多余的,甚至是不公正的,那么人们就会对这种法律的合理性提出质疑,就不愿意遵从这种法律的禁令。这样的法律也就不可能真正实现立法者的目的。

因此,重刑主义的立法,虽然其遏制犯罪的动机在道德情感上是可以认同的,但是在是否真正有助于遏制犯罪的目的性思维中,就是非理性的,因为它的实际结果远离了立法时应有的对保障公民自由的价值追求。

二、刑法的立法过程

立法是创设法律规范的活动。没有立法活动,就没有可以一体遵行的法律规范。而立法活动[2]是一个动态的过程,这个过程本身的合理性,直接决定着所立法律的质量。因此关注法律的质量,就必须重视立法的过程。

立法的过程,是立法主体在一定的立法思想指导下,把立法的需要转化为有效的法律规范的动态过程。立法过程包括四个环节:(1)立法动意。立法动意是提出立法建议并确定立法

---

[1] [意]贝卡里亚:《论犯罪与刑罚》,中国大百科全书出版社1993年版,第65页。
[2] 立法活动涉及立法主体资格的合法性、立法对象的特定性、法律内容的合宪性等问题。本书姑且认为这些问题都已合法的得以解决。

项目的过程。立法动意是立法的逻辑起点。立法动意来自现存社会的现实需要。只有当现存社会在客观上需要对某种现象或者某个社会问题运用法律来规制并且立法者认识到这种需要时，立法者才会把它作为立法动意列入立法规划，进而组织力量起草相应的法律草案。（2）规范设计。规范设计是立法的主要工作。在认识到现存社会现实需要的基础上，如何根据本国的法律传统和法律制度设计出能够满足这种需要的法律规范，即法律的起草工作，是立法过程中工作量最大的基础性工作。一个设计合理科学、具有可操作性的法律草案，是立法工作顺利进行的前提。（3）立法审议。立法机关对法律草案的审议是立法的关键环节，也是国家意志形成的过程。审议的情况直接决定着立法的质量。（4）表决通过。立法主体对法律草案的表决通过是法律有效性的标志。只有由有权立法的主体表决通过的法律规范，才能成为本来意义上的法律，才有资格取得一体遵行的效力。从法律的发展上说，立法过程还应当包括法律的修改完善。但是法律的修改完善又是另一个立法过程的周而复始。

立法过程应当始终受到人类理性的支配。这是因为：

第一，立法是最具主体性的活动，因而也最容易受到任性的支配。立法活动源自立法者对现实需要的认识。只有当立法者认识到现存社会中某种关系或行为需要用法律来调整时，才会通过立法活动制定出相关的法律规范。而从这种认识的产生到法律规范的制定，无论时间长短，其间必定要经历一个过程。这个过程不仅包括从对现实需要的认识到根据这种认识选择满足需要的法律规范的手段选择过程，而且包括从个人的认识到普遍的共识的统一意志过程。在这个过程中，无论是手段的选择还是统一意志的形成，都面临着多种方式、多种样态的抉择，而不存在任何排他性的结果。因此在这个过程中人的主体性表现得最为明显。一方面，任何个体要想对现实社会的客观需要取得系统的本质性的认识，都必须运用自己的主观能动性去观察去思考，而基于对现实需要的认识所进行的手段选择，也必然存在一个价值判断和主观选择的过程。另一方面，组成"立法者"的各个个体，可能对现实需要的认识是各不相同甚至截然相反的，对于满足现实需要的手段也可能作出各种各样的选择，如何在这些不尽相同的认识和手段选择中进行平衡并形成统一意志，更需要主体性的努力。立法机关对立法议案的审议和表决，更是立法者主观意志支配的结果。而主体性的活动本身，是最容易受人类本能的任性所支配而最需要理性控制的活动。

第二，法律的质量取决于立法过程的理性程度。在立法过程中，任性的成分大于理性的成分，还是理性的成分大于任性的成分，直接关系到所立法律的合理性。因为所制定的法律是一部"良法"还是一部"恶法"，在一定程度上是由立法过程的优劣决定的。个人恣意操纵的立法过程，虽然也可能制定出"良法"，但是其概率是非常低的，并且是没有任何保证的。唯有立法者的理性支配的立法过程，才能够全面地认识和反映现实社会的客观需要，才能够在充分发扬民主的基础上广泛听取各方面的意见从各种可能的手段中理智地选择满足需要的最佳手段，从而从制度上保障所制定的法律最有利于国家整体利益的实现。

理性对立法过程的支配主要表现在三个方面：

（1）立法动意的谨慎性。立法的启动要受理智的控制而不能任意启动立法程序。立法的动意是在反复研究现实需要的基础上，在认为确有必要的情况下，根据立法权限的划分，由有权提出立法动意的机构提出的。立法动意的谨慎性，要求给立法权设定一定的范围，防止越权立法和不当立法；强调立法的必要性和严肃性，防止立法的泛化。

（2）立法过程的民主性。立法要充分体现全体公民的意志而不受个别人的意志所左右。在立法的每个阶段都要充分地发扬民主，保证公民有机会行使对立法的内容提出意见的权利，并充分尊重公民特别是有关方面的专家的立法建议。立法过程应当是最大限度地实现民主的过程。只有这样，才能保证所立之法充分反映民意，成为人民意志的集中体现。

当然，立法活动通常是由立法机关集体进行的。而构成立法机关的个体往往是各个方面的代表。这些构成立法机关的各个个体是否能够充分发表意见，忠实地、负责任地反映自己所代表的社会群体的意志，既决定着民主的质量，也决定着立法的结果是否真正反映人民的意志。

（3）立法活动的程序性。所有的立法活动都是按照预先设定的程序进行的。在民主政治的国家，立法活动决不会是个别人的个别行为，而必然是众多的人长时间进行的一项活动。因此立法活动只有严格按照预先设定的程序来进行，并遵守一定的规则，才能避免立法活动的杂乱无章，才能防止个人在立法过程中的恣意横行，保障立法过程的民主性和立法结果的合理性。立法活动的程序性，也是防止个人情绪或民众情绪对立法的控制，使所有参与立法的人能够冷静地对待立法，从而保证立法质量的制度性措施。

在刑法立法中，用理性来支配立法过程的要求更加迫切。这不仅是因为刑法立法关系到对公民最主要的权利的限制与剥夺，客观上需要更加谨慎地对待刑法立法，而且是因为刑法立法范围的广泛性或手段的单一性之间的矛盾最容易导致立法的随意性和简单化，所以最需要理性的力量来控制立法的过程，防止刑法立法成为脱僵的野马。

综观我国1979年以来的刑法立法，可以看到理性对立法过程的支配作用。我国第一部刑法即1979年刑法，从起草到颁布，经历了25年，先后易稿38次也在一定程度上说明这部刑法经历了一个长时间的研究论证过程，是在深思熟虑的基础上，在凝聚了众多的人的聪明才智之后形成的。因此这部刑法具有内在的和谐统一性，其基本精神能够一以贯之。1997年刑法在修改过程中，也先后经历了15个年头，征求过各最高司法机关和有关部门的意见，征求了全国许多专家学者的意见，因而其立法的准备工作具有广泛的民主性，在很大程度上反映了人民的愿望和要求，代表了最广大人民群众的根本利益，也反映了立法过程的理性基础。

但是，从另一方面看，我国刑法立法在立法过程中也在一定程度上受到非理性因素的影响和制约，存在着一些非理性的表现。这种非理性的表现主要有：

（一）立法动意的随意性

刑事制裁的严厉性所决定的刑法谦抑性原则，要求刑法立法必须谨慎地进行。只有在充分认识到现实需要并且确信满足这种需要的手段只能是刑法的时候，只有在确信必须动用刑罚来遏制某种行为的时候，才可以提出刑法立法的动意。什么问题都希望用刑法来解决，动不动就要求补充修改刑法的立法动意，本身是立法过程中非理性的表现。

然而不幸的是，自从我们国家提出加强法制建设以来，刑法立法的动意成了人们制止任何有害行为的法宝。无论是在法律工作者的报告中，还是在法学家们的论著中，要求补充修改刑法的呼声、建议此起彼伏，随处可见。这些要求和建议，在一定程度上影响了立法机关，导致刑法立法的频繁性。1979年刑法自1980年1月1日起施行之后，不断地面临着修改补充的命运，在其实施的17个年头中，立法机关先后制定了24个单行刑事法律，对刑法进行补充修改，并在一些民事、经济、行政法律中规定了130个"比照""依照"刑法的有关规定追究刑事责任的条款。这些立法虽然适应了新的历史条件下同犯罪作斗争的客观需要，但也反映了立法动意的随意性和刑法立法的频繁性。

如果说对1979年刑法的频繁修改和补充，是由于1979年刑法是根据计划经济条件下维护社会秩序的实际需要制定的，在改革开放的过程中它不能完全适应商品经济和市场经济条件下维护社会秩序的需要，因而在客观上存在着补充修改的必要，那么，对1997年刑法的频繁修改趋势，就不能不令人担忧。因为1997年刑法，对1979年刑法进行了全面的修改，增设了成倍的新罪名，并且从1997年到现在，我国社会的政治经济生活并没有发生根本性的变化。但是新刑法自颁布实施后以来，同样面临着被不断地补充修改的窘境。

根据社会生活的变化和同犯罪作斗争的需要，适时地对原有的刑法条文进行补充修改，本来是刑法完善发展的必经之路，因而也是无可厚非的。但是如果一部刑法在刚刚颁布实施的时候，就被频繁地修改补充，就使人们一方面不得不怀疑刑法本身设计的合理性和缜密性，另一方面不得不怀疑这种修改补充的必要性。而频繁地修改补充刑法，至少说明了刑法立法不够慎重和漏洞太多，说明立法过程缺乏理性的思考和论证。频繁地修改补充，也容易破坏刑法规范内在的和谐统一，造成刑法规范的膨胀。

(二) 立法过程的短促性

立法本身是一个过程。这个过程的时间长短，直接关系到所立之法有没有足够的时间对法律的条文设计和内在精神进行仔细的推敲和深思熟虑的思考，能不能广泛地发扬民主听取各方面的意见，集思广益地论证条文设计的合理性，因而在一定程度上关系到立法的质量。一部仓促制定的法律，很难说是一部成熟的法律。这样的法律也很难经得起理性的检验和时间的考验。

1982年《全国人民代表大会常务委员会关于严惩严重破坏经济的罪犯的决定》和1983年《全国人民代表大会常务委员会关于严惩严重危害社会治安的犯罪分子的决定》，从提出立法动意到审议通过法律再到颁布实施，整个立法过程不过几个月时间。由此开始了我国刑法快速立法的历程。一些单行刑事法律的制定过程，都充分体现了快速立法的精神。虽然以后制定的《全国人民代表大会常务委员会议事规则》甚至包括2000年通过的《中华人民共和国立法法》对立法的程序作了明确的规定[1]，但是快速立法的做法在刑法立法中并没有消迹。

快速立法往往是只强调立法的必要性，而没有顾及立法的合理性。快速立法虽然能够适应及时惩罚某些严重危害社会的行为的需要，但是由于缺乏立法尤其是刑法立法所必需的深思熟虑，无法保证立法的质量，很容易使所立之法成为缺乏价值合理性和技术合理性的不当之法。以上述两个单行刑事法律为

---

[1] 2000年3月15日通过的《中华人民共和国立法法》虽然规定了三次审议程序，但是其第28条规定："列入常务委员会会议议程的法律案，各方面意见比较一致的，可以经两次常务委员会会议审议后交付表决；部分修改的法律案，各方面的意见比较一致的，也可以经一次常务委员会会议审议即交付表决"。因此有的单行刑事法律就可以根据这一规定，在一次性审议中直接进行表决通过。

例,由于立法过程的短促性,法律条文缺乏必要的推敲和缜密的思考,以致出现了许多不应有的漏洞和缺憾,有的规定甚至无法付诸实施。[1]

快速立法也违背了立法民主性的要求,无法保证有权参与立法的主体有足够的时间仔细研究法律草案中涉及的利害关系及其与刑法基本原则和内在精神的一致性,以便充分发表能够真实反映自己所代表的社会阶层的利益要求和价值准则的修改建议。由于从收到法律草案到进行表决之间的时间太短,有权参与立法的主体又并不是每个人都精通每一个方面的法律,往往在短时间内很难提出具体的修改意见,因而快速立法每每成为一种"走过场"式的立法,使极少数人的意志轻而易举地通过立法的形式转化为国家意志。

(三)法条设定的草率性

法条设定是通过规范设计和立法审议来实现的。规范设计和立法审议是立法过程中的两个关键环节。这两个环节上的谨慎程度和民主精神如何,直接关系到立法的质量。

规范设计是根据立法规划提出法律草案并论证法律草案的必要性和合理性的过程。法律草案应当在认真研究立法的必要性和目的性以及已有的相关法律规范体系和价值体系的基础上

---

[1] 《关于严惩严重破坏经济的罪犯的决定》对投机倒把罪、盗窃罪、受贿罪等比较轻微的犯罪统统规定死刑,失去了价值合理性;其中关于"对犯罪人员和犯罪事实知情的直接主管人员或者仅有的知情的工作人员不依法报案和不如实作证的,"分别比照刑法第187条(国家工作人员玩忽职守罪)、第188条(司法工作人员徇私舞弊罪)、第190条(司法工作人员私放罪犯罪)所规定的渎职罪处罚的规定,不仅失去了价值合理性,而且不具有可操作性;该决定的用语也很不规范,如将当时法律规定的走私罪中包含的套汇与走私并列,将投机倒把罪改为投机倒把牟取暴利罪。更为明显的错误是连立法者自己都分不清条款项段,在第1条(共4项)第3项末竟然使用了"犯前四款罪"的用语。《关于严惩严重危害社会治安的的犯罪分子的决定》对其中指出的所有犯罪不加区别地统统适用死刑的规定,也失去了价值合理性,导致它与刑法中规定的其他犯罪的法定刑出现明显的失衡。

提出，并且应当尽可能广泛地征求相关部门、专家学者和社会各界的意见，以保障立法的民主基础，并使法律草案的每一项规定、每一个用语都经得起推敲。法律草案起草得好坏，直接关系到立法质量的优劣。

立法审议是将已经起草成熟的法律草案提交立法机关审查评议，以决定是否表决通过。在审议过程中，对法律草案中的内容提出修改意见是完全可能的，但是对于经过反复研究论证的法律草案是否一定要根据审议中提出的意见修改，则需要进行认真的研究。只有立法机关多数成员经过一定时间的考虑，一致认为修改意见是正确的和必要的时，才应当对法律草案进行修改并提交立法机关表决，在审议过程中否定经过反复研究提出的法律草案而提出新的修改意见时，新提出的修改意见作为个人或个别人的意见，其本身应当经过有权参与立法的全体人员的思考和审议，在充分发扬民主的基础上，才可以交付表决，而不应当直接按照个别人的修改意见对刑法修改草案进行修改并直接交付大会表决。立法审议的过程所以要设置"三读"或"三次审议"程序，就是要防止审议过程中临时提出的修改建议在未经仔细推敲的情况下就进入表决程序。

我国 1997 年全国人民代表大会对刑法所作的全面修改，可以说是经过了较长时间的立法准备阶段。从 1982 年全国人大常委会法工委开始研究刑法的修订工作，到 1988 年组织刑法修改研究小组，提出初步修改方案，特别是 1996 年正式提出刑法修改草案以后，全国人大常委会法制工作委员会和法律委员会、内务司法委员会多次会同最高人民法院、最高人民检察院、公安部、司法部、国家安全部、国务院法制局、军委法制局等有关部门以及法学界的专家学者，对刑法修订草案进行了反复地认真研究，广泛地征求了各方面的意见。最高人民法院、最高人民检察院、公安部、司法部也都在本系统内部组织力量进行了认真的研讨，对刑法修订草案提出了修改建议。应该说，1997年刑法在立法准备阶段，体现了立法的民主性。尽管有些有价值的研究成果和修改建议并没有被法律起草者采纳，但是在总体上，修订草案经过了反复推敲，基本上反映了我国刑法立法的水平。

然而这种立法的民主精神却在立法审议过程中打了折扣。1996年12月提交全国人大常委会第23次会议审议的刑法修订草案，与1997年2月提交给全国人大常委会第24次会议审议的刑法修订草案之间，就出现了许多重大的修改。其中包括篇章结构的修改和整章内容的添加，如1996年12月刑法修订草案中第四章"侵犯公民人身权利、民主权利罪"和第五章"妨害婚姻、家庭罪"两章，在1997年2月的刑法修订草案中被合并为一章即"第四章侵犯公民人身权利、民主权利罪"，同时增设了第23次会议审议时所没有的"危害国防利益罪"一章14个条文。同时也包括一些重要内容的修改，如将涉及32个刑法条文的渎职罪主体从"国家工作人员"修改为"国家机关工作人员"（涉及刑法条文24个）[1]；将"贪污贿赂罪"一章中的17个刑法条文修改为14个刑法条文等。而对于这些重大修改，在提请审议时并没有向会议作出明确的说明。

1997年3月提交第八届全国人民代表大会的刑法修订草案，与1997年2月提交全国人大常委会第24次会议审议的刑

---

[1] 这一修改，由于没有经过认真仔细地研究和反复推敲，忽略了我国在经济体制改革中出现的实际情况，从而致使金融、商贸、建筑、铁路、交通、邮电等国有企业、事业单位工作人员实施的滥用职权、玩忽职守给国家造成巨大损失的行为无法依法追究刑事责任。这一修改，使由于国有企业、事业单位工作人员滥用职权、玩忽职守造成的重大伤亡事故和巨额国有资产流失的严重事件，得不到有效制止，是1997年刑法修改中的一大败笔。而这一败笔的造成，恰恰是审议过程中临时动意修改的结果。

第五章 刑法立法中的非理性评析

法修订草案相比,又出现了若干重要修改,包括增添新的刑法条文。而提交全国人民代表大会表决的刑法修订草案与提交同一会议审议的刑法修订草案相比,不仅在内容上删除了5个刑法条文、增加了8个刑法条文,而且在立法技术方面(其中也涉及实质性内容)作了百余处修改。在立法机关审议过程中对刑法修订草案不断进行的临时修改,使在立法准备阶段反复研究的刑法条文设计受到了巨大的冲击,同时也使参与刑法立法的人员来不及对新修改的内容进行仔细推敲和研究,就付诸表决。这种仓促中通过的、草率修改法律草案的立法,也难说是深思熟虑的结果,也难说是在充分发扬民主的过程中理性思考的产物。

为了改变这种情况,近年来的刑法立法部分地采取了广泛征求社会各界意见的做法。但是对于社会各界所提出的修改建议,究竟有多少被采纳了,同样是一个令人怀疑的问题。众多的建议没有被采纳的原因是什么,立法者并没有对此作出明确的解释。同样让人感觉所谓的征求意见只不过是一个"走过场"的形式而已。

有的学者指出:"立法是一项理性的事业,立法机关通过立法程序所产生的立法结果必须具备合理的根据并经过充分的论证以尽力说服那些利益受其影响的社会成员接受该结果的正确性和公正性。如果一项立法不是建立在立法过程中理性的论证、辩论、交涉、协商的基础之上,那么它就会因为没有得到合理、充分的论证而失去其公正性,也难以得到那些受其影响的社会成员的理解和信任。"[1] 仓促的立法由于缺乏充分的论证和冷静的思考,因而很难保证它的合理性。

---

[1] 苗连营:《立法程序论》,中国检察出版社2001年版,第68页。

立法的过程,从根本上讲,是一个意志选择的过程。但是这种意志选择并不是个人的恣意支配的过程。在内容上,立法的规范设计要受到已有法律规范和客观规律的制约,在形式上,它是各个个人的意志集中统一并形成国家意志的过程。马克思、恩格斯指出:"立法者应该把自己看作一个自然科学家。他不是在制造法律,不是在发明法律,而仅仅是在表述法律,他把精神关系的内在规律表现在有意识的现行法律之中。如果一个立法者用自己的臆想来代替事物的本质,那么我们就应该责备他极端任性。"[1] 按照马克思、恩格斯的观点,立法者不应当按照个人的任性来制定法律,而应当按照人类理性所认识到的自然规律即"事物的本质"来表述法律的规范。

按照马克思主义的观点,刑法立法的过程,首先是对现实社会的客观需要及其与刑法之间的关系进行由浅入深、由表及里,进而达到对"事物的本质"的认识的过程。在立法过程中,不仅仅是要认识到现实社会中客观存在着的危害行为,不仅仅是要认识到用刑法来遏制这种行为的必要性,而且需要权衡各种社会价值之间的冲突,思考用刑法来遏制这种行为可能引起的对必须维护的其他社会利益的影响;不仅要考虑用其他社会控制手段制止这种行为的可能性以至是否必须动用刑罚,而且要考虑刑法本身的规范体系内在的协调统一性,研究新的刑法规范是否能够恰当地融入原有的刑法规范体系之中。

因此,刑法立法的动意不是可以随随便便地任意提出的,刑法规范也不是可以任意修改补充的。它必须有一个深思熟虑的研究论证过程。这样才有可能抓住现实需要与刑法之间的联系的本质,才能保证刑法立法的合理性和合规律性。而这种获

---

[1]《马克思恩格斯全集》(第1卷),人民出版社1960年版,第183页。

得理性认识并根据这种认识来选择刑法规范的过程,正是理性所要求的立法过程。如果仅仅是凭借某个个人或者某些人的印象、感觉或者对现实需要的认识,就提出刑法立法的动意甚至就修改刑法,这看起来也是从实际出发,但是实际上这种立法往往是盲目的、任性的表现,而不是深入的理性思考的结果,这种立法的过程,也往往是主观臆断的过程。

刑法立法的过程,同时也是形成统一意志的过程。刑法立法中的理性,不仅要求对现实需要的理性认识和对刑法规范的理性选择,而且要求把充分论证的刑法规范设计即刑法草案理性地转化为刑法。刑法草案的起草,虽然也是对现实需要及其与刑法之间的关系进行理性认识的过程,但是这个过程还只是个别人的意志选择。而要把这种个别人的意志选择转化为具有法律效力的全社会一体遵行的刑法规范,就必须通过法定的程序把刑法草案交给有权参与立法的所有人员乃至可能与之有关的部门和人员进行广泛地讨论和仔细地推敲,包括对刑法草案进行修改,以达成共识进而形成统一意志。这种统一意志再通过立法程序使之成为刑法,才能取得全社会一体遵行的效力。

因此,从刑法草案到刑法规范的立法过程,应当是充分发扬民主的过程,是在广泛听取各种意见中达成共识的过程。以任何借口简化立法过程的民主程序,或者不真正听取和采纳多数人的意见,仓促、草率、赶时间的立法过程,就可能使立法成为某个人或某些人恣意操纵的结果,就不可能真正达到普遍性的共识,使立法体现国家的统一意志。而在这种仓促的立法过程中所形成的刑法规范,其科学性、合理性往往是难以保障的。

三、刑法的立法结果

立法结果是立法思想通过立法过程加以具体化的产物,它在很大程度上反映了立法思想的价值理性和立法过程的程序理性，是评价立法理性的一个重要方面。

立法的结果表现为法律规范。法律规范不仅是法律具体适用的依据，是司法活动的准绳，而且直接关系到刑法存在的合理性。因此理性地分析刑法规范的合理性，是刑法立法过程中需要认真研究的一个重要方面。

刑法规范的合理性，主要表现在四个方面：

1. 立法精神的一贯性

柏拉图指出："只有当法律像一个弓箭手那样始终瞄准唯一的目标的时候，这项法律才能制定得好。这唯一的目标必须是立法的唯一对象，它必须被不变地、不断地受到关注，只有如此，才能取得某种良好的结果。"[1] "立法者必须反反复复地设法把这件事放在心上，经常扪心自问：'我想要得到什么？''我正在达到这一目标，还是离开这一目标？'他如果这样做了，那么也许他靠自己的努力完成了他的立法工作，而没有留下什么事情让别人去做。"[2] 立法应当确立一个明确的价值目标，并始终坚持这个价值目标，把这个价值目标贯彻到刑法的各项规定之中。当然，这个价值目标可能包括若干内容，而不是单纯的一个具体内容。但是这个价值目标在全部的刑法规范中应当是一以贯之的。

2. 规范设计的科学性

刑法规范包括两个方面：一是对犯罪及其刑事责任的规定；二是对刑罚的规定。就一般性的规定而言，刑法总则关于犯罪与刑罚的规定，应当能够涵盖刑法适用中一切带有共性的

---

[1]〔古希腊〕柏拉图：《法律篇》，上海人民出版社2001年版，第109页。
[2]〔古希腊〕柏拉图：《法律篇》，上海人民出版社2001年版，第155页。

问题。就具体犯罪的规定而言，刑法中规定的犯罪行为应当是类型化了的犯罪行为，它具有该类行为构成犯罪所必须具备的要素，并且对这些要素的规定是无懈可击的。

刑法规范是通过刑法条文表现出来的，刑法规范的科学性，也就表现在刑法条文的严谨和协调上。就具体条文来说，它应当具有严密性，没有给从中寻求否定该规定的立法精神的人留下可以利用的漏洞；就条文之间的关系而言，它们应当是彼此协调的，而不是相互矛盾、顾此失彼的。

3. 具体内容的合理性

刑法中无论是对犯罪的规定，还是对刑罚的规定，都应当具有价值合理性。这种价值合理性不仅表现在把某种行为规定为犯罪并对之规定刑罚的必要性上，而且表现在对其所规定的刑罚是否适当方面。刑法中对每一个具体犯罪所规定的刑罚，在整个刑罚体系中应当是与该犯罪的危害性质及其程度最相适应的刑罚。如果是对比较重的犯罪规定了比较轻的刑罚，或者是对比较轻的犯罪规定了比较重的刑罚，都会使刑法规范在价值选择上丧失合理性。

4. 法律用语的规范性

概念的准确性在刑法规范中具体表现在用语的规范性上。使用规范明确的语言，可以准确地表达立法者的意志，可以使每个犯罪的构成要件准确无误地为人们所理解、所把握，而不致因刑法具体适用过程中执法者的变化而大幅度地变化。法律用语的规范性，可以说是刑法规范合理性的最起码的保障，是刑法理性的最低要求。

从我国刑法立法的实际情况看，修订后的刑法，在立法过程中，有意识地消除单行刑事法律与1979年刑法不相协调的部分，力求保持刑法规范的内在统一和协调发展，有效地促进了刑法规范设计的科学化。这与刑法理性的要求是完全一致的。

但是也应当看到，就刑法修订的结果而言，1997年刑法在规范设计上，还存在着某些不尽如人意的地方。这些方面的问题，在一定程度上反映了刑法立法在结果中的非理性成分。

(一) 某些条文的规定违反刑法的精神

1. 关于过失犯罪

修订后的《刑法》第14条规定："明知自己的行为会发生危害社会的结果，并且希望或者放任这种结果发生，因而构成犯罪的，是故意犯罪。故意犯罪，应当负刑事责任。"第15条规定："应当预见自己的行为可能发生危害社会的结果，因为疏忽大意而没有预见，或者已经预见而轻信能够避免，以致发生这种结果的，是过失犯罪。过失犯罪，法律有规定的才负刑事责任。"这两条规定延续了1979年刑法乃至1950年中央人民政府法制委员会提交司法会议征求意见的《中华人民共和国刑法大纲草案》以及此后历次起草的《中华人民共和国刑法草案》中的相关规定，甚至与1979年《刑法》第11、12条的规定完全相同。这两条规定体现了我国刑法立法中一贯坚持的一种刑法精神即对故意犯罪与过失犯罪区别对待的精神。

对故意犯罪与过失犯罪实行区别对待，不仅表现在所有的故意犯罪都必须承担刑事责任而过失犯罪只有在刑法规定处罚的场合才承担刑事责任方面，而且表现在行为性质及其客观危害相同的犯罪，故意实施时应受处罚的程度要比过失实施时应受处罚的程度重。在涉及故意、过失的场合，刑法分则通常都对故意犯罪规定了大大重于过失犯罪的法定刑。如《刑法》第232条规定："故意杀人的，处死刑、无期徒刑或者十年以上有期徒刑；情节较轻的，处三年以上十年以下有期徒刑。"《刑法》第233条则规定:"过失致人死亡的,处三年以上七年以下有期徒刑;情节较轻的,处三年以下有期徒刑。"之所以要对故意犯罪规定大大重于过失犯罪的刑罚,是因为故意实施危害社会的行为与过失造成危害社会的结果,在刑法中具有明显不同的意义。故意实施危害社会的行为,就使这种行为具有主体性的特征,容易导致危害结果的发生;故意实施危害社会的行为,就表明行为人主观上具有明确的危害社会的意志,因而具有更多的可谴责性,同时也表明对行为人的教育改造具有较大的难度,需要更严厉的手段。而在过失行为造成危害结果的场合,危害结果的发生具有一定的或然性——这对维护社会安全的意义是不同的;行为人在主观上不是有意与社会为敌,可谴责的成分相对于故意犯罪要轻一些,其改过自新的程度也要容易一些。因此在刑法中有必要对涉及同一行为的故意犯罪做出比过失犯罪更重的刑罚。

但是在1997年修改后的刑法中,这种刑法精神并没有一以贯之。如修订后的《刑法》第398条规定:"国家机关工作人员违反保守国家秘密法的规定,故意或者过失泄露国家秘密,情节严重的,处三年以下有期徒刑或者拘役;情节特别严重的,处三年以上七年以下有期徒刑。"《刑法》第432条第1款也规定:"违反保守国家秘密法规,故意或者过失泄露军事秘密,情节严重的,处五年以下有期徒刑或者拘役;情节特别严重的,处五年以上十年以下有期徒刑。"这两个刑法条文对过失泄露国家秘密或军事秘密的犯罪规定了与故意泄露国家秘密或军事秘密的犯罪完全相同的法定刑,从而混淆了故意犯罪与过失犯罪的本质区别,违反了刑法中区别故意犯罪与过失犯罪的基本精神。1997年以后,刑法虽然经过了11次修改,这个规定仍然没有修改,甚是遗憾。

此外，我国刑法对过失犯罪所规定的法定最高刑，历来是七年有期徒刑，包括过失危害公共安全后果严重的犯罪。1997年刑法在个别过失犯罪中有所突破，规定了 10 年有期徒刑的法定最高刑。但是《刑法》第 432 条第 2 款却规定："战时犯前款罪的，处五年以上十年以下有期徒刑；情节特别严重的，处十年以上有期徒刑或者无期徒刑。"这一规定意味着在战时过失泄露军事秘密的，最高可以判处无期徒刑。这个规定，严重违反了刑法关于过失犯罪法定刑立法的基本精神。

2. 关于共同犯罪

刑法总则第二章第三节对共同犯罪的概念和处罚原则作了明确的规定。按照该节的规定，凡是二人以上共同故意犯罪的，都构成共同犯罪，都应当按照其在共同犯罪中所起的作用在共同所犯的罪的法定刑幅度内判处刑罚。刑法分则的一些具体条文对之也作了明确的规定。如《刑法》第 156 条规定："与走私罪犯通谋，为其提供贷款、资金、帐号、发票、证明，或者为其提供运输、保管、邮寄或者其他方便的，以走私罪的共犯论处。"又如《刑法》第 350 条第 2 款规定："明知他人制造毒品而为其生产、买卖、运输前款规定的物品的，以制造毒品罪的共犯论处。"再如《刑法》第 382 条第 3 款规定："与前两款所列人员勾结，伙同贪污的，以共犯论处。"这些规定都体现了对明知他人实施犯罪而故意为其提供帮助的行为应当"以共犯论处"的刑法精神。

但是《刑法》第 107 条却将资助背叛国家罪、分裂国家罪、煽动分裂国家罪、武装叛乱或暴乱罪、颠覆国家政权罪、煽动颠覆国家政权罪的行为规定为独立的犯罪，即资助危害国家安全犯罪活动罪，并对之规定了独立的法定刑。按照《刑法》第 107 条的规定，"境内外机构、组织或者个人资助境内组织或者个人实施本章第一百零二条、第一百零三条、第一百零四条、第一百零五条规定之罪的,对直接责任人员,处五年以下有期徒刑、拘役、管制或者剥夺政治权利;情节严重的,处五年以上有期徒刑。"而按照《刑法》第113条的规定,《刑法》第102条、第103条第1款、第104条所规定的犯罪其法定最高刑都是死刑,第105条第1款的法定最高刑是无期徒刑。对资助这些犯罪的行为,不以共犯论处,而规定法定最高刑为15年有期徒刑,显然是不仅违反了共同犯罪的处罚原则,而且轻纵了这种资助性犯罪,使其与刑法分则对其他犯罪所规定的处罚原则发生矛盾。

与之相类似的是《刑法》第358条关于协助组织他人卖淫罪的规定。

《刑法》第358条第1款规定:"组织、强迫他人卖淫的,处五年以上十年以下有期徒刑,并处罚金;情节严重的,处十年以上有期徒刑或者无期徒刑,并处罚金或者没收财产";第4款规定:"为组织卖淫的人招募、运送人员或者有其他协助组织他人卖淫行为的,处五年以下有期徒刑,并处罚金;情节严重的,处五年以上十年以下有期徒刑,并处罚金。"按照该条第4款的规定,协助组织他人卖淫的行为,不是按照组织卖淫罪的共犯来处罚,而是按照独立的犯罪即协助组织卖淫罪来处罚,并且对其所规定的法定刑(法定最高刑为10年有期徒刑)大大低于组织卖淫罪的法定刑(法定最高刑原为死刑,现为无期徒刑)。这种规定与共同犯罪的刑法原理和对共同犯罪的处罚原则是明显相悖的。并且,该条第1款不仅规定了组织卖淫罪,而且规定了强迫卖淫罪。第4款只规定协助组织他人卖淫的行为,要作为独立的犯罪来定罪处罚,但是却没有规定协助强迫他人卖淫的行为。显然,对于协助强迫他人卖淫的行为,只能按照共同犯罪的规定来定罪处罚。这样规定，不能不说是对刑法精神内在统一性的破坏。

（二）某些条文的设计不科学

修订后的刑法，在条文设计方面存在着某些不够严谨的地方，导致某些刑法规范缺乏科学性。这种情况主要表现在三个方面：

1. 相互包容的双重结果

刑法分则关于具体犯罪构成要素的规定中有一些是以双重危害结果作为构成要件的。这种双重结果，有些是多余的，有些是矛盾的。如《刑法》第123条规定："对飞行中的航空器上的人员使用暴力，危及飞行安全，尚未造成严重后果的，处五年以下有期徒刑或者拘役；造成严重后果的，处五年以上有期徒刑。"按照该条规定，构成暴力危及飞行安全罪，在客观方面必须具备两个要素，即行为要素——"对飞行中的航空器上的人员使用暴力"；结果要素——"危及飞行安全"和"尚未造成严重后果"或"造成严重后果"。其中的"危及飞行安全"，对于飞行中的航空器来说，本身就是一种"严重后果"，而"尚未造成严重后果"与"造成严重后果"的规定，都是多余的。在飞行中的航空器上，所谓"严重后果"，只能理解为"危及飞行安全"，而"危及飞行安全"本身就是一种严重后果。如果认为只有造成机毁人亡的后果才是"造成严重后果"，那么，该项立法就是不能成立的。因为一旦出现了这样的后果，行为人必定死亡，按照刑法和刑事诉讼法的有关规定，就不存在可以追究刑事责任的主体，该条所规定的刑罚也就是多余的了。又如《刑法》第290条第1款、第2款规定："聚众扰乱社会秩序，情节严重，致使工作、生产、营业和教学、科研、医疗无法进行，造成严重损失的，对首要分子，处三年以上七年以下有期徒刑；对其他积极参加的，处三年以下有期徒刑、拘役、管制或者剥夺政治权利。聚众冲击国家机关，致使国家机关工作无法进行，造成严重损失的，对首要分子，处五年以上十年以下有期徒刑；对其他积极参加的，处五年以下有期徒刑、拘役、管制或者剥夺政治权利。"其中的"致使工作、生产、营业和教学、科研、医疗无法进行"与"造成严重损失"以及"致使国家机关工作无法进行"与"造成严重损失"，都具有重叠性，"致使工作、生产、营业和教学、科研、医疗无法进行"和"致使国家机关工作无法进行"本身就是该罪的危害结果，也是设定该罪并对之追究刑事责任的理由。在"致使工作、生产、营业和教学、科研、医疗无法进行"和"致使国家机关工作无法进行"之外，添加上一个"造成严重损失"，就不仅显得完全多余，而且使聚众扰乱社会秩序和聚众冲击国家机关的行为在"致使工作、生产、营业和教学、科研、医疗无法进行"和"致使国家机关工作无法进行"时，是否构成犯罪，处于不确定状态（因为按照该条的规定，还必须有"造成严重损失"的结果要件）。再如《刑法》第339条规定："违反国家规定，将境外的固体废物进境倾倒、堆放、处置的，处五年以下有期徒刑或者拘役，并处罚金；造成重大环境污染事故，致使公私财产遭受重大损失或者严重危害人体健康的，处五年以上十年以下有期徒刑，并处罚金；后果特别严重的，处十年以上有期徒刑，并处罚金。未经国务院有关主管部门许可，擅自进口固体废物用作原料，造成重大环境污染事故，致使公私财产遭受重大损失或者严重危害人体健康的，处五年以下有期徒刑或者拘役，并处罚金；后果特别严重的，处五年以上十年以下有期徒刑，并处罚金。以原料利用为名，进口不能用作原料的固体废物、液态废物和气态废物的,依照本法第一百五十二条第二款、第三款的规定定罪处罚。"其中"造成重大环境污染事故"与"致使公私财产遭受重大损失或者严重危害人体健康"就是关于双重结果的规定。"造成重大环境污染事故",必然"致使公私财产遭受重大损失或者严重危害人体健康",否则就不是"重大环境污染事故";而实施该条所规定的行为"致使公私财产遭受重大损失或者严重危害人体健康"的,必定构成了"重大环境污染事故"。因此这种具有相互包容性的危害结果,在刑法规范中只要是规定了其中一个,就足以达到立法的目的。上述三个条文都是把不具有补强意义的双重结果作为犯罪构成的结果要件(但又不是选择性结果),从而破坏了构成要件的科学性,也违背了该项立法的本意。

2. 相互矛盾的规定

我国刑法对某些特殊的对象采取了特别的保护措施。如《刑法》第207条规定:"非法出售增值税专用发票的,处三年以下有期徒刑、拘役或者管制,并处二万元以上二十万元以下罚金;数量较大的,处三年以上十年以下有期徒刑,并处五万元以上五十万元以下罚金;数量巨大的,处十年以上有期徒刑或者无期徒刑,并处五万元以上五十万元以下罚金或者没收财产。"《刑法》第208条第1款规定:"非法购买增值税专用发票或者购买伪造的增值税专用发票的,处五年以下有期徒刑或者拘役,并处或者单处二万元以上二十万元以下罚金。"可见,我国刑法对增值税专用发票采取了特殊的保护政策,凡是非法出售或者非法购买增值税专用发票的行为,无论数量大小,都构成犯罪,并且要受到刑罚处罚。《刑法》第210条规定:"盗窃增值税专用发票或者可以用于骗取出口退税、抵扣税款的其他发票的,依照本法第二百六十四条的规定定罪处罚。使用欺骗手段骗取增值税专用发票或者可以用于骗取出口退税、抵扣税款的其他发票的，依照本法第二百六十六条的规定定罪处罚。"其立法本意也是要把盗窃和骗取增值税专用发票的行为作为特殊对象的犯罪来制裁以突出对增值税专用发票的特殊保护。

但是由于第 210 条规定对盗窃或者骗取增值税专用发票的行为分别按照《刑法》第 264 条盗窃罪或者第 266 条诈骗罪的规定定罪处罚，而第 264 条规定的盗窃罪和第 266 条规定的诈骗罪都是以普通财物为对象的犯罪，而且是以财产数额较大作为构成要件的，所盗窃或骗取的财产数额达不到"较大"的标准，就不构成犯罪，更不应当处罚。而实际上，增值税专用发票本身的财产价值是很小的，100 张也不到 50 元人民币。盗窃、骗取增值税专用发票的行为要达到盗窃罪、诈骗罪所要求的财产数额较大的标准，就只有大批量地盗窃或者骗取，一般情况下是很难达到的。这就意味着盗窃或者骗取十本八本增值税专用发票，按照《刑法》第 264 条或者第 266 条的规定根本就构不成犯罪。如果非法购买一张两张增值税专用发票的行为都要定罪处罚，而对盗窃或者骗取十本八本增值税专用发票的行为却不构成犯罪，不仅在情理上讲不通，而且与立法的本意也是相反的；但是如果硬要按盗窃罪或者诈骗罪定罪处罚，又显然与盗窃罪或者诈骗罪的法律规定相矛盾。

显然，《刑法》第 210 条的规定与《刑法》第 208 条规定所体现的对增值税专用发票的特殊保护政策是相互矛盾的。也与社会普遍认可的价值观相悖（非法购买增值税专用发票构成犯罪，而盗窃、骗取增值税专用发票很难构成犯罪）。

3. 有漏洞的规定

刑法分则中关于某些犯罪的规定存在着明显的漏洞，不足以适应同有关犯罪作斗争的需要。如《刑法》第 139 条规定："违反消防管理法规，经消防监督机构通知采取改正措施而拒绝执行，造成严重后果的，对直接责任人员，处三年以下有期徒刑或者拘役；后果特别严重的，处三年以上七年以下有期徒刑。"按照该条规定，违反消防管理法规，必须是经消防监督机构通知采取改正措施而拒绝执行，因而造成严重后果的，才构成犯罪；如果只是违反消防管理法规，造成了严重后果，就不构成犯罪。这显然是违背立法本意的。在实践中，违反消防管理法规，未经消防监督机构通知采取改正措施而直接造成严重后果的情况，并不鲜见。对这种情况不追究刑事责任，显然不是立法者的本意。因此，该条规定，只能说是为了强调制裁"经消防监督机构通知采取改正措施而拒绝执行"的特殊情况，而遗漏了违反消防管理法规，造成严重后果的一般情况。《刑法》第 343 条规定的非法采矿罪，原来也有"经责令停止开采后拒不停止开采"的规定，但《刑法修正案（八）》取消了这个规定。遗憾的是，《刑法》第 139 条仍然保留着这样的规定。

再如刑法第 306 条规定："在刑事诉讼中，辩护人、诉讼代理人毁灭、伪造证据，帮助当事人毁灭、伪造证据，威胁、引诱证人违背事实改变证言或者作伪证的，处三年以下有期徒刑或者拘役；情节严重的，处三年以上七年以下有期徒刑。辩护人、诉讼代理人提供、出示、引用的证人证言或者其他证据失实，不是有意伪造的，不属于伪造证据。"第 307 条又规定："以暴力、威胁、贿买等方法阻止证人作证或者指使他人作伪证的，处三年以下有期徒刑或者拘役；情节严重的，处三年以上七年以下有期徒刑。帮助当事人毁灭、伪造证据，情节严重的，处三年以下有期徒刑或者拘役。司法工作人员犯前两款罪的，从重处罚。"这两个条文都规定了"帮助当事人毁灭、伪造证据"的行为。其中辩护人、诉讼代理人,在刑事诉讼中,帮助当事人毁灭、伪造证据的,轻者处3年以下有期徒刑或者拘役;情节严重的,处3年以上7年以下有期徒刑。其他任何人包括司法工作人员在任何诉讼中,帮助当事人毁灭、伪造证据,情节严重的,也要处3年以下有期徒刑或者拘役。但是,综观刑法的所有条文,都没有关于当事人自己毁灭、伪造证据的处罚规定。如果当事人有自己毁灭、伪造证据的行为(主行为、实行行为),无论情节多么严重,都不构成犯罪,而他人帮助当事人毁灭、伪造证据的行为(次行为、辅助行为)却要构成犯罪,其合理性就令人怀疑(违背了共同犯罪的基本原理)。这显然不符合立法的本意,从而也说明没有规定当事人毁灭、伪造证据的行为,是立法上的一个漏洞。

此外,《刑法》第336条第2款规定:"未取得医生执业资格的人擅自为他人进行节育复通手术、假节育手术、终止妊娠手术或者摘取宫内节育器,情节严重的,处三年以下有期徒刑、拘役或者管制,并处或者单处罚金;严重损害就诊人身体健康的,处三年以上十年以下有期徒刑,并处罚金;造成就诊人死亡的,处十年以上有期徒刑,并处罚金。"但是对于取得了医生执业资格的人(如私人诊所的医生)擅自为他人进行节育复通手术、假节育手术、终止妊娠手术或者摘取宫内节育器,情节严重的行为,如何处罚,刑法中没有任何规定。如果对这种行为不作为犯罪来处罚,显然不利于保护国家的计划生育政策,也不符合刑法的公平原则。

4. 粗细不一的条文设计

对犯罪构成的规定,有的过于简单,有的又过于具体,缺乏对犯罪行为的类型化描述。特别是在修改后的刑法中出现了许多对犯罪构成要件描述过于具体以致罪名的包含量过窄的条文。这种条文设计，看似具体，实则挂一漏万，缺乏法律条文应有的概括性。例如，《刑法》第165条规定："国有公司、企业的董事、经理利用职务便利，自己经营或者为他人经营与其所任职公司、企业同类的营业，获取非法利益，数额巨大的，处三年以下有期徒刑或者拘役，并处或者单处罚金；数额特别巨大的，处三年以上七年以下有期徒刑，并处罚金。"我们知道，国有公司、企业除了"董事、经理"之外，还会有党委书记甚至纪委书记，这些人同样有可能实施该条规定的犯罪行为。但是把犯罪主体限定为"董事、经理"，显然就难以包括没有担任董事或者经理的其他领导层成员。

（三）某些条文的规定不合理

刑法中关于犯罪构成和刑事责任的规定，绝大多数都体现了罪责刑相适应原则，具有合理性。但是也有一些条文规定得不尽合理。这种不合理的规定主要表现在以下三个方面：

1. 犯罪主体规定得不合理

《刑法》第163条第3款规定："国有公司、企业或者其他国有单位中从事公务的人员和国有公司、企业或者其他国有单位委派到非国有公司、企业及其他单位从事公务的人员有前两款行为的，依照本法第三百八十五条、第三百八十六条的规定定罪处罚"；《刑法》第184条第2款规定："国有金融机构工作人员和国有金融机构委派到非国有金融机构从事公务的人员有前款行为的，依照本法第三百八十五条、第三百八十六条的规定定罪处罚"。这些规定，不仅是多余的，而且是不合理的。因为第一，《刑法》第93条第2款明确规定："国有公司、企业、事业单位、人民团体中从事公务的人员和国家机关、国有公司、企业、事业单位委派到非国有公司、企业、事业单位、社会团体从事公务的人员，以及其他依照法律从事公务的人员,以国家工作人员论。"所以,《刑法》第385条规定的受贿罪本身就包含了国有公司、企业或者其他国有单位中从事公务的人员和国有公司、企业或者其他国有单位委派到非国有公司、企业从事公务的人员,以及国有金融机构工作人员和国有金融机构委派到非国有金融机构从事公务的人员索取和收受贿赂的行为。没有《刑法》第163条第3款、第184条第2款的规定,对于国有公司、企业或者其他国有单位中从事公务的人员和国有公司、企业或者其他国有单位委派到非国有公司、企业从事公务的人员,以及国有金融机构工作人员和国有金融机构委派到非国有金融机构从事公务的人员索取和收受贿赂的行为,完全可以依照《刑法》第385条、第386条的规定定罪处罚。所以这两款的规定纯属多余。第二,《刑法》第163条第3款和《刑法》第184条第2款的规定,对《刑法》第385条、第386条的适用带来了困惑。我们知道,《刑法》第385条是对1988年全国人大常委会《关于惩治贪污罪贿赂罪的补充规定》第4条修改而成的。其修改之处只是缩小了犯罪的主体范围,并没有改变构成犯罪的行为特征。按照该条的规定,以及1989年11月6日最高人民法院、最高人民检察院《关于执行关于〈惩治贪污罪贿赂罪的补充规定〉若干问题的解答》,受贿罪包括索贿和受贿两种不同的行为形态。索取他人财物的,不论是否"为他人谋取利益",均可构成受贿罪;非法收受他人财物的,必须同时具备"为他人谋取利益"的要件,才能构成受贿罪。《刑法》第385条的规定,可以说完全表达了这种立法意图(其表述方式为:"利用职务上的便利,索取他人财物的,或者非法收受他人财物,为他人谋取利益的"。这就把索贿与普通受贿区别开来了)。但是《刑法》第163条第1款规定的行为特征为"利用职务上的便利,索取他人财物或者非法收受他人财物，为他人谋取利益，数额较大的"，《刑法》第184条第1款规定的行为特征为"在金融业务活动中索取他人财物或者非法收受他人财物，为他人谋取利益的，或者违反国家规定，收受各种名义的回扣、手续费，归个人所有的"（这里，"索取他人财物"与"非法收受他人财物"成了选择性要件，而"为他人谋取利益"又成了共同要件）。按照这两条的规定，索取贿赂的行为，似乎也必须具备"为他人谋取利益"的要件。因此，对于国有公司、企业或者其他国有单位中从事公务的人员和国有公司、企业或者其他国有单位委派到非国有公司、企业从事公务的人员，以及国有金融机构工作人员和国有金融机构委派到非国有金融机构从事公务的人员索取贿赂的行为，在依照《刑法》第385条的规定定罪时，究竟要不要以"为他人谋取利益"为要件，就是一个令人费解的问题。第三，《刑法》第385条关于受贿罪构成要件的规定中，并没有对数额大小的要求。但是《刑法》第163条第3款规定依照《刑法》第385条定罪"前两款行为"中却明确包含了"数额较大"的要件。于是就产生了一个问题：国有公司、企业或者其他国有单位中从事公务的人员和国有公司、企业或者其他国有单位委派到非国有公司、企业从事公务的人员实施了"利用职务上的便利，索取他人财物或者非法收受他人财物，为他人谋取利益"的行为时，是不是只有在"数额较大"的情况下才构成受贿罪？此处"数额较大"的标准又是什么？按照《刑法》第386条援引的《刑法》第383条的规定，受贿罪的法定刑按照数额大小划分为4个档次（《刑法修正案（九）》将其修改为3个档次），而《刑法》第163条第1款则将法定刑按照数额大小划分为两个档次，在《刑法》第383条规定的数额与《刑法》第163条所要求的"数额较大"之间并不存在对应的数量关系。

《刑法》第271条第2款的规定也存在类似问题。该款规定:"国有公司、企业或者其他国有单位中从事公务的人员和国有公司、企业或者其他国有单位委派到非国有公司、企业以及其他单位从事公务的人员有前款行为的,依照本法第三百八十二条、第三百八十三条的规定定罪处罚"。而该款中规定的"前款行为",即《刑法》第271条第1款规定的"利用职务上的便利,将本单位财物非法占为己有,数额较大的"行为中包含了对数额大小的要求,但是被依照的《刑法》第382条规定:"国家工作人员利用职务上的便利,侵吞、窃取、骗取或者以其他手段非法占有公共财物的,是贪污罪",其中并没有数额大小的要求(第383条规定的"数额较大"只是处罚的选择性条件之一,不符合"数额较大"的要求,但有其他较重情节的,也可能被判处三年以下有期徒刑)。对于国有公司、企业或者其他国有单位中从事公务的人员和国有公司、企业或者其他国有单位委派到非国有公司、企业以及其他单位从事公务的人员实施的"利用职务上的便利,将本单位财物非法占为己有"的行为,依照《刑法》第382条的规定定罪时,要不要把"数额较大"作为认定犯罪的一个构成要件?就不得而知。

又如,《刑法》第272条第2款规定:"国有公司、企业或者其他国有单位中从事公务的人员和国有公司、企业或者其他国有单位委派到非国有公司、企业以及其他单位从事公务的人员有前款行为的,依照本法第三百八十四条的规定定罪处罚。"该款所规定的"前款行为"是指"利用职务上的便利,挪用本单位资金归个人使用或者借贷给他人,数额较大、超过三个月未还的,或者虽未超过三个月,但数额较大、进行营利活动的,或者进行非法活动的"行为。但是,《刑法》第384条规定的行为，却是"利用职务上的便利，挪用公款归个人使用，进行非法活动的，或者挪用公款数额较大、进行营利活动的，或者挪用公款数额较大、超过三个月未还的"行为。由于《刑法》第272条第2款中规定的"国有公司、企业或者其他国有单位中从事公务的人员"，按照《刑法》第93条第2款的规定，完全符合《刑法》第384条所规定的主体要件，所以，对于国有公司、企业或者其他国有单位中从事公务的人员挪用本单位资金归个人使用的行为，挪用本单位资金借贷给他人，数额较大、超过三个月未还的行为，挪用本单位资金进行非法活动的行为，按照《刑法》第272条和《刑法》第384条的规定，可以得出完全不同的结论：（1）对于国有公司、企业或者其他国有单位中从事公务的人员挪用本单位资金归个人使用的行为，按照《刑法》第272条的规定，必须是"数额较大、超过三个月未还的"，才能追究刑事责任，但是按照《刑法》第384条的规定，必须是"进行非法活动的"，才能追究刑事责任。如果国有公司、企业或者其他国有单位中从事公务的人员挪用本单位资金归个人使用，数额较大、超过三个月未还，但没有进行非法活动，那么，按照《刑法》第272条的规定，就应当追究刑事责任，而按照《刑法》第384条的规定，就不能追究刑事责任。（2）对于国有公司、企业或者其他国有单位中从事公务的人员挪用本单位资金借贷给他人，数额较大、超过三个月未还的行为，按照《刑法》第272条的规定，应当追究刑事责任，但是如果按照《刑法》第384条的规定，就不能对其追究刑事责任。因为，该条并没有规定这种行为，尽管以前可以将"借贷给他人"解释为"归个人使用"，但是由于《刑法》第272条明确地将"借贷给他人"与"归个人使用"并列规定，如果再将"借贷给他人"解释为"归个人使用"，就违反了法律用语的同一性原则。并且，国有公司、企业或者其他国有单位中从事公务的人员挪用本单位资金借贷给他人，数额较大、超过三个月未还的行为，按照《刑法》第272条的规定，应当追究刑事责任，而国家机关工作人员挪用本单位资金借贷给他人，数额较大、超过三个月未还的行为，按照《刑法》第384条的规定，却不能追究刑事责任，显然是不合理的。（3）对于国有公司、企业或者其他国有单位中从事公务的人员挪用本单位资金进行非法活动的行为，按照《刑法》第272条的规定，不论归谁使用，都应当追究刑事责任；但是按照《刑法》第384条的规定，只有当其"挪用公款归个人使用，进行非法活动"时，才能追究刑事责任。如果是国家机关工作人员挪用公款借贷给其他单位，进行非法活动，就不能按照《刑法》第384条的规定追究刑事责任。这种规定应该说是缺乏合理性的。

再如，《刑法》第109条规定："国家机关工作人员在履行公务期间，擅离岗位，叛逃境外或者在境外叛逃的，处五年以下有期徒刑、拘役、管制或者剥夺政治权利；情节严重的，处五年以上十年以下有期徒刑。掌握国家秘密的国家工作人员叛逃境外或者在境外叛逃的，依照前款的规定从重处罚。"显然，该规定的对象重点是国家机关工作人员。国家机关工作人员只要在履行公务期间，擅离岗位，叛逃境外或者在境外叛逃的，就构成叛逃罪。而其他国家工作人员中，只有"掌握国家秘密的"，才能构成该罪。按照《刑法》第93条第2款的规定，国有公司、企业、事业单位、人民团体中从事公务的人员和国家机关、国有公司、企业、事业单位委派到非国有公司、企业、事业单位、社会团体从事公务的人员，以及其他依照法律从事公务的人员，以国家工作人员论"。也就是说，这些人员并不是"国家机关工作人员",而是"准国家工作人员"。这些人员叛逃境外或者在境外叛逃时,按照该条第1款的规定,显然不能构成犯罪。但是这些人员中如果是"掌握国家秘密"的人员,实施了叛逃境外或者在境外叛逃的行为,却要按照国家机关工作人员实施的该行为"从重处罚"。这种从不构成犯罪到从重处罚之间的跳跃,显然是缺乏合理性的。

2. 犯罪构成要件规定得不合理

《刑法》第349条第1款规定:"包庇走私、贩卖、运输、制造毒品的犯罪分子的,为犯罪分子窝藏、转移、隐瞒毒品或者犯罪所得的财物的,处三年以下有期徒刑、拘役或者管制;情节严重的,处三年以上十年以下有期徒刑。"这里显然包含了两个罪名,即"包庇毒品犯罪分子罪"和"窝藏、转移、隐瞒毒品、毒赃罪"。但是该条第2款规定:"缉毒人员或者其他国家机关工作人员掩护、包庇走私、贩卖、运输、制造毒品的犯罪分子的,依照前款的规定从重处罚。"这就在两个方面造成了混乱:一是缉毒人员或者其他国家机关工作人员掩护走私、贩卖、运输、制造毒品的犯罪分子的,如何定罪(因为该款把"掩护"与"包庇"并列使用,就意味着"包庇"不能包含"掩护",而第1款中只有"包庇",没有"掩护",所以"掩护"显然是第1款所不包含的行为)?这种在前款中没有规定的行为,如何依照前款的规定从重处罚?二是缉毒人员或者其他国家机关工作人员,为犯罪分子窝藏、转移、隐瞒毒品或者犯罪所得的财物的,是否要依照前款的规定从重处罚?这种行为在该条第2款中并没有明确规定,如果不从重处罚,显然不合理;如果依照前款的规定从重处罚,则违反刑法总则中确定的罪刑法定原则。如果把第2款中的"掩护"行为放在第1款中,第2款只要规定"缉毒人员或者其他国家机关工作人员犯前款罪的从重处罚",就不存在前文指出的这种混乱。

3. 刑罚规定得不合理

《刑法》第333条规定:"非法组织他人出卖血液的,处五年以下有期徒刑,并处罚金;以暴力、威胁方法强迫他人出卖血液的,处五年以上十年以下有期徒刑,并处罚金。有前款行为,对他人造成伤害的,依照本法第二百三十四条的规定定罪处罚。"按照该条的规定,以暴力、威胁方法强迫他人出卖血液的,要处5年以上10年以下有期徒刑,并处罚金。但是如果是以暴力、威胁方法强迫他人出卖血液,对他人造成伤害的,按照该条第2款的规定,就不能按照该条第1款的规定处罚,而是按照《刑法》第234条的规定定罪处罚。《刑法》第234条第1款规定:"故意伤害他人身体的,处三年以下有期徒刑、拘役或者管制。"因此如果是以暴力、威胁方法强迫他人出卖血液,对他人造成伤害,而这种伤害不属于重伤,那就只能按照《刑法》第234条第1款的规定,处三年以下有期徒刑、拘役或者管制。也就是说,刑法对以暴力、威胁方法强迫他人出卖血液并对他人造成伤害的行为所规定的法定刑大大低于仅仅是以暴力、威胁方法强迫他人出卖血液而没有对他人造成伤害的行为。这样的规定显然违反了罪责刑相适应的原则,导致刑法规定的不合理。

同样的立法,也出现在《刑法》第343条的规定中。该条第1款规定:"违反矿产资源法的规定,未取得采矿许可证擅自采矿的,擅自进入国家规划矿区、对国民经济具有重要价值的矿区和他人矿区范围采矿,或者擅自开采国家规定实行保护性开采的特定矿种,情节严重的,处三年以下有期徒刑、拘役或者管制,并处或者单处罚金;情节特别严重的,处三年以上七年以下有期徒刑,并处罚金。"第2款又规定:"违反矿产资源法的规定,采取破坏性的开采方法开采矿产资源,造成矿产资源严重破坏的,处五年以下有期徒刑或者拘役,并处罚金。"这两款的规定放在一起比较,就出现了问题:第2款规定的行为是否包含第1款规定的行为?因为第2款只规定了开采方法,并没有明确使用这种方法的主体是否取得了采矿许可证。按照该条条文的字面含义,实际上就包括了取得采矿许可证的主体采取破坏性开采方法采矿,造成矿产资源严重破坏的行为,也包括了未取得采矿许可证的主体擅自进入矿区采取破坏性开采方法采矿,造成矿产资源严重破坏的行为。如是,按照第1款的规定,违反矿产资源法的规定,未取得采矿许可证擅自采矿的,擅自进入国家规划矿区、对国民经济具有重要价值的矿区和他人矿区范围采矿的,擅自开采国家规定实行保护性开采的特定矿种,情节严重的,法定最高刑是7年有期徒刑,并处罚金。但是按照该条第2款的规定,同样是第1款规定的行为,再加上采取破坏性的开采方法,法定刑反而低了(最高为5年有期徒刑)。如果不是,那么,同样是违反矿产资源法的规定,同样是擅自进入国家规划矿区、对国民经济具有重要价值的矿区和他人矿区范围采矿的,擅自开采国家规定实行保护性开采的特定矿种,而采取更为严重的"破坏性的开采方法"开采矿产资源的,仅仅因为其主体取得了采矿许可证,其法定最高刑就降为5年有期徒刑。这显然是对非法使用破坏性的开采方法开采矿产资源的行为规定了比非法使用普通的开采方法开采矿产资源的行为更轻的刑罚。这种规定的不合理性是显而易见的。

(四) 某些条文的用语不规范

刑法中关于某些具体犯罪构成要件的规定,用语不规范,使人难以理解,甚至可能产生歧义,从而在一定程度上影响了刑法立法的质量。

《刑法》第283条规定:"非法生产、销售专用间谍器材或者窃听、窃照专用器材的,处三年以下有期徒刑、拘役或者管制,并处或者单处罚金;情节严重的,处三年以上七年以下有期徒刑,并处罚金。"《刑法》第284条规定:"非法使用窃听、窃照专用器材,造成严重后果的,处二年以下有期徒刑、拘役或者管制。"其中的"窃听、窃照专用器材"与"专用间谍器材"是不是同一器材,就不得而知。由于"专用间谍器材"在1994年公布的《国家安全法实施细则》中有明确的界定,因而范围容易确定,而"窃听、窃照专用器材"却没有任何界定,一些既可以用于窃听、窃照但是又可以用于其他用途的器材,是否属于该条规定的犯罪工具,其立法意图就使人无法把握。

1982年《关于严惩严重破坏经济的罪犯的决定》首次在刑法中把"索取贿赂"的行为作为受贿罪的一种行为方式加以规定,1988年《关于惩治贪污罪贿赂罪的补充规定》明确地对索取他人财物的行为规定了与非法收受他人财物的行为不同的构成要件,即国家工作人员利用职务上的便利,索取他人财物的,直接构成受贿罪,而收受他人财物的,还必须有"为他人谋取利益"的要件,才构成受贿罪。其用语为"索取他人财物的,或者非法收受他人财物,为他人谋取利益的"。这个规定本来是明确的。但是1997年刑法就受贿罪分解为(国家工作人员)受贿罪和"公司、企业人员受贿罪"(《刑法修正案(六)》改为非国家工作人员受贿罪),其中,《刑法》第385条关于受贿罪的规定,基本上使用了补充规定的用语,即"索取他人财物的,或者非法收受他人财物,为他人谋取利益的"。但是《刑法》第163条关于非国家工作人员受贿罪的规定,却使用了"索取他人财物或者非法收受他人财物,为他人谋取利益,数额较大的"用语,以致使索取他人财物的行为是否也需要有"为他人谋取利益"和"数额较大"的要件才能构成犯罪,处于模棱两可的状况。

《刑法》第397条规定:"国家机关工作人员滥用职权或者玩忽职守,致使公共财产、国家和人民利益遭受重大损失的,处三年以下有期徒刑或者拘役;情节特别严重的,处三年以上七年以下有期徒刑。本法另有规定的,依照规定。国家机关工作人员徇私舞弊,犯前款罪的,处五年以下有期徒刑或者拘役;情节特别严重的,处五年以上十年以下有期徒刑。本法另有规定的,依照规定。"其中第2款究竟是规定了一种独立的犯罪,还是第1款的加重情节,在逻辑上就很难理解。有的认为,由于第2款明确使用了"犯前款罪"的用语,所以国家机关工作人员徇私舞弊,滥用职权或者玩忽职守,致使公共财产、国家和人民利益遭受重大损失的,应当构成前款所规定的罪;有的认为,由于第2款规定了独立的法定刑,而这种法定刑并不是作为情节加重犯在第1款规定的法定刑基础上增加,而是最低法定刑完全相同、法定最高刑有所增加,因而是一个独立的刑罚,体现了该款对这种行为加重处罚的精神。因而,第2款规定的犯罪应该是一个独立的罪名。前后两款重复使用了"本法另有规定的,依照规定"的用语,也表明立法者是把第2款作为独立的犯罪看待的。对这两种争论观点,很难说哪一种就完全没有根据,其根源在于立法本身用语(技术)上的不当。

此外,刑法分则第六章中关于"社会管理秩序""社会秩序"和"公共秩序"的用语,缺乏准确的界定,使用时逻辑混乱,使人无法理解。从逻辑上讲,社会秩序应当是最广泛的概念,社会管理秩序应当属于社会秩序中的一种。但是第六章的章名使用的是"妨害社会管理秩序罪",其中却包含了社会秩序。第一节使用的是"扰乱公共秩序罪",这里显然是把"公共秩序"作为"社会管理秩序"中的一种看待的。但是在"扰乱公共秩序罪"一节中规定的某些犯罪中,却多次使用了"社会秩序"的概念。如《刑法》第290条、第291条之一中的"扰乱社会秩序",第292条中的"造成社会秩序严重混乱",第293条、第296条中的"严重破坏社会秩序"。到底是"公共秩序"包含在"社会秩序"中,还是"社会秩序"包含在"公共秩序"中,就不得而知。并且,盗窃、侮辱尸体的行为,邮政工作人员严重不负责任,故意延误投递邮件,致使公共财产、国家和人民利益遭受重大损失的行为,也被规定在扰乱公共秩序罪一节中,不知其与公共秩序有何联系。

法律用语的不规范,使人们无法正确地理解立法意图,无法对法律条文作出符合立法本意的解释,从而引起司法实践中就刑法适用问题的无休止的争论,也为借法律之名按照个人意志适用刑法提供了便利。

刑法规范中的弊端,是立法思想和立法过程中的非理性在结果状态中的反映。反思刑法规范中的弊端,可以发现,我国刑法立法,在价值目标的选择上,某种程度上还缺乏理智地权衡各种利益并使之和谐有序地发展的胸怀,以致未能保持刑法精神的一贯性;在某些具体问题上,并不是在总结实践经验并获得理性认识的基础上进行的,少部分包含着某些盲目的、臆断的感情用事,导致一些多余的和含糊的规定出现在刑法规范中;对个别犯罪的规定,缺乏冷静的、理智的态度,以致不顾价值合理性的要求,破坏了罪责刑相适应的原则。这些都使某些刑法规范无论是在内容上还是在形式上都缺乏科学性、合理性,在价值追求上缺乏一贯性。

第六章 刑事司法中的非理性评析

司法是由专门的国家机关所从事的适用法律的活动。司法是立法的延续,也是立法的必然要求。立法者在制定了法律之后,总是希望该法律能够得到全体社会成员的一体遵行,并对违反法律的人给予法律规定的制裁,进而维护法律的权威。因此,大凡在法律出现的任何时候、任何地方,都可以追寻到司法的踪迹,都可以看到司法的影像。然而,司法又不仅仅是立法的附庸,不是简单地把立法者制定的法律作为一个无所不包的大前提,把具体案件作为小前提,进行由大前提和小前提推导出结论的逻辑运算过程。

司法具有其独立存在的价值和立法所无法替代的作用。其一,立法者制定的法律,只是纸上的法律,它本身所包含的普遍适用的本性只有通过司法在适用于具体案件时才具有生命力。其二,立法者面对的是类型化了的抽象行为,立法者所制定的法律是适用于一般情况的规则,而司法者所面对的是一个个具有特殊情况的具体案件,法律的一般规则适用于个案的具体情况,必然要经过一个创造性的思维和运作过程。这个过程是立法所无法替代的,而这个过程的存在在客观上就使纸上的法律走进了现实,成为现实的法律,成为直接对人们的社会生活产生影响的从而为人们所感知的法律。因此,司法虽然是以法律的存在为前提,但是司法对社会生活的影响作用,从一定意义上讲,比立法的作用更大。

司法的理想状态是公正。司法公正是司法的本质要求,也是司法机关本身存在的合法性基础。而"司法不公是最大的非理性,其最大的危害乃是导致法律的伦理价值的完全丧失和工具性价值的隐晦不彰,甚至导致社会主体规避和舍弃法律管道而另选他途解决矛盾与纷争。"[1]

司法公正包括实体公正和程序公正两个方面。"就实体的公正而言,是指裁判在认定事实和适用法律方面都是正确的,对诉讼当事人的合法权益提供了充分的保障,并对违法犯罪者给予了应有的惩罚和制裁。所谓程序的公正又称为形式的公正,就是指司法程序必须符合公正、公开、民主、对当事人的诉讼权利的基本保护、切实保障法官的独立公正以及充分体现效率的原则。"[2] 司法公正只有靠理性的司法才能实现和维系。

刑事司法是把刑法对犯罪与刑罚的一般规定适用于具体案件中的犯罪人的活动。与民事司法相比,刑事司法具有自身的特殊性。民事司法的目的是解决作为平等主体的当事人之间的纠纷,而刑事司法的目的是追诉犯罪。这种不同的目的,决定了民事司法必然是被动地受理当事人的告诉,并根据当事人自己提供的证据进行居间裁判以解决当事人之间的纷争;而刑事司法则需要主动地去查明案件的真实情况,以便及时制裁犯罪人以维护社会的安宁和秩序。对于发生在当事人之间的民事纠

---

[1] 李道军:《程序的正义与公正》,载信春鹰、李林主编:《依法治国与司法改革》,中国法制出版社1999年版,第333页。

[2] 王利明:《司法改革研究》,法律出版社2000年版,第11页。

纷，只要没有任何一方的告诉，司法机关可以充耳不闻，不去过问是非曲直。但是对于发生在社会上的犯罪，即使没有任何人的告诉，司法机关也责无旁贷地要去查明事实真相，以努力使犯罪的人受到应有的制裁，而不能使犯罪分子逍遥法外。这种目的的不同，也决定了民事司法只限于审判活动，只有当当事人把纠纷提交给法院的时候，司法程序才得以启动；而刑事司法远在审判之前就有大量的工作要做。从犯罪行为发生的时候起，刑事司法的程序就潜在地存在了。刑事司法通常要通过立案、侦查、起诉、审判、执行等一系列诉讼活动[1]才能完成，而民事司法通常都是直接进入审判程序。所以，对于适用民事法律的活动，人们通常称之为民事审判，而很少有人称其为民事司法。但是对于适用刑事法律的活动，却是刑事审判所不能完全包括的，所以人们更多地称其为刑事司法。

刑事司法的特殊性，决定了刑事司法具有更加鲜明的主体性，更多地需要发挥司法主体的主动性和能动性。这个特点同时也就决定了刑事司法更多地需要理性的力量，需要严格限制司法的范围和司法手段的运用，需要有意识地不断地抑制主体性中包含的任性的冲动对刑法规范的破坏，才能维持刑事司法的公正。

刑事司法中的理性，是刑法理性的具体体现。它应当表现在以下几个方面：

1. 始终如一的目的性

刑事司法应当始终按照刑法目的的要求适用刑事法律。在

---

[1] 在古代，无论是东方国家还是西方国家，审判都包括了所有这些内容。只是到了现代，随着社会分工的细化和对刑法理性的追求，侦查、起诉、执行的活动才逐渐从审判活动中分离出来，由专门的机关进行。这种分离，也是为了在刑事司法的不同环节上建立一种制约机制，以保障司法的实体公正。

司法中充分考虑预防犯罪的目的，从是否有助于有效地遏制和减少犯罪的角度思考如何正确地适用刑法，同时预防犯罪应当服从和满足秩序、安全和自由的价值追求，使刑法的适用有助于刑法最终目的的实现，而不能仅仅满足于刑法的直接目的。只有把刑法的直接目的和最终目的有机地结合起来，在刑法规定的限度内，权衡选择刑法适用的限度和方式，才能保证刑法适用的合目的性。

2. 事实认定的客观性

刑事司法永远是与对犯罪事实的认定联系在一起的。只有准确地认定事实，才谈得上正确地适用刑法。事实认定上的任何差错，都可能导致冤枉无辜同时也就意味着放纵罪犯。而犯罪事实对于司法机关和司法人员来说，始终是已逝的、无法重现的客观存在。准确地认定事实，就必须理智地控制司法人员的情感，客观地仔细地全面地搜集和审查证据，冷静地对待办案过程中呈现在司法人员面前的各种证据材料，实事求是地分析认定案件事实。任何感情用事和先入为主，都可能导致事实认定上的差错。

3. 刑法适用的合理性

在把刑法的一般规定适用于具体案件的过程中，理性要求司法充分考虑法律的原则和案件的具体情况，公平合理地适用刑法，不能机械地照搬刑法的规定而无视刑法适用的合理性，也不能违背公平正义和严格依法的规范要求。刑法适用的合理性，既包含在具体案件处理过程中体现的刑法内在精神的实质合理性，也包括严格按照刑事诉讼法规定的正当程序来适用刑法的形式合理性。

4. 刑法适用的节制性

刑事司法应当严格遵守实体法和程序法的规定，不得逾越法律规定的藩篱，更不能任意扩大刑法适用的范围，毫无节制地使用刑法手段。是否动用刑罚以及如何执行刑罚，既要考虑刑法的精神和社会正义的满足，又要考虑到刑罚施用对犯罪人教育改造的实际效果，保证刑罚的施用既不是多余的也不是无效的。

然而，仔细考察我国的刑事司法，人们会发现，绝大多数刑事司法机关和司法人员在执行和适用刑事法律的过程中，能够严格依法办事，追求司法公正，公平合理地处理刑事案件。总的情况应该说是比较好的。特别是相对于民事案件而言，刑事案件的处理结果公正的比例要大得多，刑事法律的执行情况要好得多。当然，刑事司法在理性化的过程中也存在着一些非理性的成分。这些非理性的成分，在一定程度上严重地影响着刑法功能的发挥和刑法目的的实现。

刑事司法中的非理性成分，主要表现在以下四个方面：

一、刑事司法理念

司法理念即司法的指导思想，是指在把法律的规定适用于具体案件的过程中指导司法主体适用法律的理论基础和价值观念。从广义上讲，"司法理念是指导司法制度设计和司法实际运作的理论基础和主导的价值观，也是基于不同的价值观（意识形态或文化传统）对司法的功能、性质和应然模式的系统思考。"[1] 司法理念在刑事司法中是一只无形的手，它始终驾驭着刑事司法，或者使刑事司法如野马奔腾，或者使刑事司法沿途而趋，关键在于司法理念的价值取向。

中国在历史上长期是一个集权制国家，司法在国家权力架构中长期没有独立的地位。清末改制时引进西方法制，设立了

---

[1] 范愉：《现代司法理念的建构》，载《检察日报》2001年7月17日，第3版。

第六章 刑事司法中的非理性评析

独立的审判机关和检察机关。但是这种司法机关在实际运作上仍然是附属于权力机关的。因而在中国,始终没有形成系统完备的关于司法的理论,以致指导司法的制度设计和实际运作的思想基础是对客观现实的本能反映以及某些零碎的思考。尽管其中不乏合理的精神和闪光的思想,但在总体上,可以说是理性不足、感性有余。这种状况突出地表现在以下四个方面:

(一) 工具论

长期以来,无论是当权者还是法学家,无论是司法人员还是普通百姓,都认为司法机关是人民民主专政的工具。这种工具论,既反映在法学家们的著作中,也反映在国家领导人的讲话中和司法机关的文件中。如20世纪80年代出版的最权威的法学辞典《中国大百科全书·法学》关于"中华人民共和国法院"的解释中所说的,"人民法院是人民民主专政的工具之一,其任务是审判刑事案件和民事案件,惩办一切犯罪分子,解决民事纠纷,以保卫人民民主专政制度,维护社会主义法制和社会秩序,保护……"[1] "公安机关、检察院和法院是人民民主专政的工具"[2]

从内容上看,这种工具论的司法理念,充满了非理性的成分,为任意行使司法权提供了理论根据。

第一,工具论强调司法的政治本质,忽视了司法的法律本质。司法本来是适用法律的活动,尤其是刑事司法,应当严格按照刑事法律的实体性规定和程序性规定办事,确保正确合理地把刑法的规定适用于具体的案件。但是工具论强调的是如何通过司法更好地实现阶级专政的任务,不重视严格地按照法律

---

[1] 《中国大百科全书·法学》,中国大百科全书出版社1984年版,第789页。
[2] 《中国大百科全书·法学》,中国大百科全书出版社1984年版,第546页。

的规定来处理案件。由于过分强调司法的工具作用,从而也忽视了司法本身的独立价值和内在要求,不讲究遵循司法活动的规律。

第二,工具论没有始终如一的目标。工具论把司法看成是阶级专政的工具,强调为现实斗争服务。现实需要什么,司法就追求什么,以致司法没有自己独立的价值追求,现实斗争的实际需要成了司法所追寻的目标。现实斗争内容的变化,也就要引起司法目标的转移。这种变化使司法的精神处于不稳定状态,大致相同的行为在不同时期的司法中遭遇完全不同的命运,对于司法主体来说,这已是司空见惯而不以为有什么不当之处。

第三,工具论使刑事司法丧失了应有的合理性。工具论简单地把刑法看做一把刀而把刑事司法看做是"刀把子",并认为"刀把子"掌握在谁的手里是至关重要的,而不重视如何使用这把刀。因此工具论重视司法主体的政治思想,以保证司法的政治方向,而不重视司法的技术规范所保障的司法合理性,忽视由司法主体的业务能力所主宰着的刑法适用的准确性和正确性,使刑事司法成为统治者任意挥舞的打击工具。工具论由于过分强调刑事司法的政治方向,以致忽视或不重视刑事司法的过程和结果。司法是否公平、是否合理,工具论往往不去过问。

第四,工具论缺乏应有的节制性。工具论过分信任刑事司法的镇压功能,甚至为了达到其目的,可以不惜成本地利用司法,可以任意突破法律所设置的藩篱。因此工具论在指导实践的过程中很容易地使司法丧失节制,一味地强调手段的运用,而不顾刑事法律本身的价值追求。

在刑事司法实践中,工具论的司法理念必然导致司法权的滥用。刑事司法直接关系到公民人身权利、财产权利和民主权利的得失予夺,它是以对权利的损害为代价来维护社会的秩序和安宁的。因此应当充分考虑到刑事司法的这种"双刃性",严格限制刑事司法的范围,司法机关必须在法律规定的范围内按照法律规定的程序和要求进行司法活动。但是工具论却无视刑法的"双刃性",把刑事司法仅仅看成是实现专政任务可以任意使用的工具,认为谁掌握国家政权,谁就可以任意挥舞刑事司法的大棒。因而只强调如何保证刑事司法的阶级性质、如何实现阶级专政的任务,而不顾及刑事司法过程的合法性和司法结果的合理性。这种观念导致了只求目的、不择手段的价值选择,为任意支配司法机关及其活动、任意扩大刑事司法的范围、任意使用刑事司法手段提供了思想基础,常常要求司法机关超越自己的职权范围,去承担不属于它应当承担的任务。工具论导致了刑事司法的随意性,容易引起司法权的滥用。

当刑事司法被当作工具来利用时,刑法立法的公正和公平就遭到了无情的破坏。工具论强调的是为我所用,为了满足阶级专政的需要,工具论可以随时随地地提出刑事司法的重点,全然不顾刑事立法中按照罪责刑相适应的原则设计的罪刑关系体系,导致罪刑关系的严重失衡,使刑法的适用没有公平可言。为了有效地实现阶级专政的任务,工具论常常认为刑事立法中规定的程序性设置碍手碍脚,甚至将其斥之为形式主义的东西而弃之不用,司法的客观性也随之荡然无存。法律规则成了司法中任意使用的工具,有用的被视为"法宝""武器"任意使用,无用的被弃之不用,全然不顾其对司法的约束功能。

工具论的思想根源在于法律意志论,认为法律是统治阶级的意志的集中体现,适用法律也要服从统治阶级的意志,因此司法应当随着统治阶级意志的变化而动,随着统治阶级关注重点的转移而转移。法律意志论看到了意志在立法和司法中的主导作用,却忽视了意志来源的客观性和意志本身的受制性。片面强调意志的力量,必然导致司法的任意性,使司法丧失其应有的客观性和公正性。

工具论在制度设计上只强调政治可靠而不重视司法主体的业务素质;在政策选择上只考虑现实需要而不顾及长远利益;在判断标准上往往以是否听话、是否完成任务为衡量标准,而不重视司法的法律效果。

(二)遏制论

在我国的司法理念中,遏制论占有一席之地。一部分人认为,刑事司法的根本任务就是有效地打击犯罪、遏制犯罪的增长。

遏制论从表面上看似乎并没有什么不当之处,但是实际上它把刑事司法的打击功能推向了极端,而忽视了刑事司法的保障和保护功能。

遏制论片面强调刑事司法的打击功能,只重视"不放过一个犯罪分子",不关心"不冤枉一个无罪的人"。面对犯罪不断增长的趋势,遏制论总是以"舍我其谁也"的强烈使命感,试图担当起遏制犯罪增长的全部重任,片面追求办案的数量。有的司法机关,办案下指标,甚至根据当地国民经济发展指数计算司法机关每年应当办案的数量。在这种思想的指导下,刑事司法长期处于"严打"的紧张状态,今天对这类犯罪实行"严打",明天对那类犯罪实行"严打",从而导致重刑主义思潮在刑事司法实践中到处蔓延。

遏制论过分夸大刑事司法在预防犯罪中的作用,把刑罚看成是预防犯罪的灵丹妙药,一味地强调运用刑罚手段来预防犯罪。特别是在犯罪急剧增长、社会治安状况不好的情况下,遏制论总是对刑事司法抱着过高的期望,认为通过刑事司法严厉地打击犯罪分子,就可以遏制犯罪的增长。而忘却了犯罪现象是社会矛盾的综合反映,放弃了通过改革不合理的社会制度和社会政策、改善社会管理、加强教育和疏导等社会措施来解决社会矛盾的有效途径,增加了预防犯罪的社会成本。

遏制论片面强调提高司法效率,反对刑事司法中的监督与制衡,轻视诉讼程序。遏制论忽视了司法的基本原则即必须严格依照法律的规定来适用法律,为了有效地打击犯罪,不顾法律规则的限制,时常采取"变通"的方式适用法律。只关注有罪证据而不重视无罪证据,甚至不惜采取非法的方法获取有罪的证据,以保证对犯罪嫌疑人治罪,导致法治原则的破坏。在遏制论的思想指导下,刑事司法实践中违法办案的现象屡禁不止。有的认为,只要案子搞准了,超期羁押没有关系;有的认为,为了查清犯罪事实,程序上可以变通;有的认为,法律是为了保护社会利益和绝大多数人的利益的,而不是保护犯罪人的利益的,对犯罪分子就是要狠;有的认为,反正犯罪嫌疑人是有罪之人,对其权利造成损害无关紧要。在这种司法观念的指导下,有的地方存在超期羁押犯罪嫌疑人或被告人的现象;有的案件还没有侦查终结就办理"退回补充侦查"的手续,以便"合法"地延长侦查期限;有的为了获取有罪证据,不惜对犯罪嫌疑人刑讯逼供,甚至对证人变相地施加压力。凡此种种,其思想根源都是担心放纵了犯罪分子,都与遏制论的司法理念有关。

遏制论在价值评价上,忽视了个体权益在本质上也是一种社会利益,把打击控制犯罪的效率和维护社会利益的效果作为刑事司法体系运行状况的根本标准,关注惩罚率而不重视错案率,关注维护社会秩序的效果而不重视对犯罪嫌疑人和被告人权益的侵害程度，甚至也不关心对被害人及其利害关系人的保护。遏制论在实践中，唯一关心的是犯罪人能否得到法律制裁，而不担心无罪的人受到不应有的追究。对于犯罪嫌疑人和被告人，只愿意听取其有罪的供述，而不愿听到其无罪的辩解，不重视其诉讼权利的保障。对于被害人，只强调其协助司法机关查明案件真实情况的义务，不关心犯罪行为对其利益所造成的侵害特别是其精神上所受到的伤害，也不尊重被害人及其诉讼代理人提出的诉讼请求。只要能突破案件，使犯罪分子受到刑罚处罚，就认为"大功告成"，就可以评功受奖，至于其中付出的代价特别是可能造成的不应有的损害，则在所不惜。

遏制论只顾眼前效果，不顾长远影响。为了有效遏制犯罪的增长，无所不用其极。片面追求破案率、起诉率和判决率而违反刑事诉讼程序要求的司法行为在社会心理上产生的对法治理念的动摇和损抑，轻罪重判在犯罪人及其亲属中间引起的对社会和法律的敌意，以及大批刑满释放人员在回归社会时铭刻在心的监狱烙印，都会给社会的秩序和安宁埋下难以排除的隐患，从而影响社会的长远利益和法治的未来。但是遏制论认为这些过于遥远，唯有立竿见影地遏制住犯罪的增长才是当务之急，因而弃长远利益而不顾。

不可否认，严厉打击各种刑事犯罪，确实是刑事司法的重要功能。但是之所以要制定刑法和刑事诉讼法，就是要为打击犯罪的活动，设定一定的范围和规则，限制其活动的领域和方式；就是要保证刑事司法能够按照一定的规则进行以使其正确地和合理地处理案件；就是要防止刑罚手段的过分使用对公民权利可能造成的侵害。遏制论恰恰是在这些对刑事司法至关重要的问题上，忽视了刑事司法本身的合法性和节制性，放纵了人类本能的报复情结。

(三) 被告有罪论

在中国历史上长期存在着司法专断的传统，被告到官府的人，如果不承认有罪，先打50大板。这种做法加上传统文化中"无风不起浪"和"近墨者黑"等观念的影响，在刑事司法中长期存在着一种被告有罪的思维定式。这种思维定式集中表现在4个方面：

1. 被司法机关逮捕的一定不是好人

许多人包括许多司法人员普遍认为，某人所以被控告有罪，总是因为他做了什么坏事，不然怎么会告他。对于办案人员来说，既然有犯罪事实发生，又有人指控某人是作案者，在其正式接触犯罪嫌疑人之前，就会先入为主地产生"该人一定有罪"的意念。这种意念又促使司法人员把某些本来与犯罪嫌疑人只是偶然联系的因素，看作是犯罪嫌疑人实施犯罪的证据。就连1979年颁布的刑事诉讼法也将需要逮捕的人称为"人犯"（第39、40、42、45、46条等）。所谓"犯"本身，就有触犯法律的意思，而"人犯"常常与罪犯、囚犯相提并论。可见，在刑事司法中，认为"既然逮捕某人，就是因为该人有罪"的观念，并不是个别人的突发奇想。

2. 不交代就是不认罪

我国刑事诉讼法规定，犯罪嫌疑人有如实回答侦查人员的提问的义务。对此，许多司法人员理解为犯罪嫌疑人有如实供述自己的犯罪事实的义务。凡是遇到不供述犯罪事实的，许多司法人员就认为犯罪嫌疑人"不老实"，有的甚至就情不自禁地要对犯罪嫌疑人进行刑讯逼供，非让其供认自己有罪不可。在共同犯罪的场合，一旦某人被认为是主犯，就把同一案件中的所有犯罪与"主犯"的行为联系在一起。如果该人不承认自己是主犯或者所供述的事实不符合主犯的特征，司法人员就不加思索地要对该人进行"政策教育",非得使其承认他在共同犯罪中的主犯地位不可。

3. 翻供就是抵赖

在实践中,犯罪嫌疑人或被告人推翻自己曾经供述过的犯罪事实,可能有三种情况:一是确实实施了被指控的犯罪行为,并在办案人员的突审中如实交代了自己的犯罪事实,以后担心可能因此受到严厉的处罚而推翻原来的供述或者做避重就轻的供述。二是最初的供述中有真有假、有虚有实,以致以后的供述与最初的供述前后矛盾,不能自圆其说。司法人员即认为其翻供。三是根本没有实施犯罪或者没有犯被指控的罪行,但是由于办案人员的逼供、诱供,或者由于其他种种原因,违心地承认或被迫交代了被指控的罪行,在再次讯问时推翻了自己原来的供述。但是多数司法人员都不注意区分翻供的不同情况,一味地把对犯罪嫌疑人和被告人的信任集中在有罪交代上,根本不去分析犯罪嫌疑人或被告人翻供时提出的理由,更不去认真核实翻供时请求查证的事实,并认为犯罪嫌疑人和被告人的翻供,是抵赖的表现。

4. 有前科劣迹的人就是有罪的人

有"前科"或劣迹的人,常常被认为是有再犯罪可能的人。司法机关在侦查过程中排查犯罪嫌疑人时,往往首先想到的就是有前科劣迹的人。这些人一旦被指控与某个犯罪有牵连,司法人员常常会一口咬定犯罪的人就是他,左审右问地要其交代犯罪事实,所有与犯罪有关的情况都会与该人联系起来考虑。

被告有罪论的思维定式,往往使办案人员不能客观全面地分析案件的所有细节,不能全面有效地去收集证据,因而容易导致案件的误断错判。

被告有罪论也是司法实践中忽视对犯罪嫌疑人和被告人诉

讼权利的保障的思想根源。在这种观念的指导下，司法人员往往对犯罪嫌疑人和被告人的供述，采取任意取舍的方法，只相信其有罪的供述，不相信其无罪的辩解，甚至对被告人的申诉，采取故意抵制的态度。特别是在犯罪嫌疑人和被告人有某种前科劣迹的情况下，司法的正当程序和公正，更是难以实现。

（四）极端的实体正义论与程序优先论

长期以来，刑事司法中流行着一种极端的实体正义论的司法理念，认为只要能伸张社会正义、使真正有罪的人受到应有的惩罚，就达到了刑事司法的目的。

极端的实体正义论是一种片面的司法理念。这种片面性突出地表现在四个方面：

第一，实体正义论在实体与程序的关系上，重实体，轻程序。长期以来，由于受传统文化的影响，重实体轻程序的观念一直困扰着我们的执法活动。在强调伸张社会正义的时候，常常忽视程序本身的独立价值，认为只有社会正义才是刑事司法所追求的目标，程序只不过是为实体服务的、是依附于实体的，实体不公正，程序再严格也是没有意义的。因此主张只要目的正确，手段可以忽略，程序可以变通。特别是在有证据怀疑某人可能实施了犯罪的情况下，宁肯违反法律的规定和程序的要求，也不愿放弃对犯罪嫌疑人的刑事追究。[1]

---

[1] 1998年10月，某地警方在侦查一起抢劫杀人案中发现，在案发地附近打工的竹坪乡仁和寨村的陈勇有重大作案嫌疑，三名侦查人员便携带案卷和拘留证来到竹坪乡欲拘留仁和寨村的陈勇。但是当侦查人员发现仁和寨村的陈勇只有12岁，不符合重大抢劫杀人案的犯罪嫌疑人特征，而店坪村的陈勇22岁且在案发地打过工，与警方掌握的犯罪嫌疑人情况"非常接近"时，遂决定拘留店坪村的陈勇。店坪村的陈勇看到拘留证上写的是仁和寨村的陈勇时，提出侦查人员把对象搞错了。侦查人员随即将拘留证上的仁和寨改为店坪，并将店坪村的陈勇拘留，以致酿成错案。这个案卷从表面上看是由于侦查人员的轻率。然而这种轻率背后隐含着"只要人抓对了，拘留证只是个法律手续问题"的司法理念。参见《检察日报》2000年12月20日，第7版。

第二,实体正义论在打击与保护的关系上,重打击,轻保护。实体正义论认为打击本身就是保护,打击犯罪正是为了保护最广大人民群众的根本利益,只要能有效地打击犯罪,维护社会秩序,保护社会的安宁和广大人民群众的生命财产安全,就是最大的保护。至于刑事司法对犯罪嫌疑人的合法权益可能造成的侵害,实体正义论往往认为是实现社会正义必须付出的代价,是刑事司法活动中在所难免的,有的甚至认为这是犯罪分子"罪有应得"。所以实体正义论轻视对犯罪嫌疑人合法权益特别是诉讼权利的保护,容忍甚至放纵对犯罪嫌疑人任意使用刑事强制措施以及诱供、骗供、刑讯逼供等非法手段,不关心犯罪嫌疑人的正当要求和人格尊严,无视犯罪嫌疑人和被告人的辩护权利和申诉控告权利。

第三,实体正义论在刑法适用上主张疑罪从有(从轻)、有罪必罚。只要有证据证明犯罪事实的存在,无论这种证据是否充分、有无漏洞,实体正义论都主张定罪处罚,以免使犯罪分子钻法律的空子而逍遥法外。对于认定有罪的人,实体正义论主张一律判处刑罚,以儆效尤。对于刑法中规定的行为,实体正义论要求坚决按照刑法的规定定罪量刑;对于刑法中没有规定为犯罪但是客观上具有危害性的行为,千方百计地在刑法中寻找定罪处罚的根据,实在找不到的,就呼吁补充修改刑法。

第四,实体正义论强调以情用法,主张把人民群众对犯罪分子的愤怒程度作为定罪量刑的参考依据甚至主要依据。在过去相当长的一段时间里,法院的判决书中经常出现"不杀不足以平民愤"的用语。这种用语是"罪刑民愤定"的司法理念的真实写照。即使在现在,定罪量刑时考虑人民群众特别是被害人的反应,也常常是司法的范式。而在刑事司法的法律效果之外,强调司法的"社会效果",同样是以情用法的思想反映。

程序法本身是从办案的内在规律中演化形成的必要规范,是保障案件事实的实质真实和实体法的正确适用的法律屏障。公正地适用法律,不仅要求司法判决应当以正确的事实认定为根据,而且要求有公正的程序。"确立对程序正义的要求也是有意义的。证明这些要求正当的理由来自这样的信念:一个公平的法律程序组织可以最大限度地增加作出公正的决定(在这种情况下是根据法律作出决定)的可能性。"[1] 不严格遵守程序法的规定,就很难保证正确地适用实体法,实体正义也就无从谈起。

极端的实体正义论忽视了正当程序对刑事司法的制约作用,使刑事司法成了一把可以任意挥舞的剑。即使在某些情况下,它可以保障有效地惩罚犯罪,但同时也可能伤及无辜,可能不适当或者不必要地侵害犯罪嫌疑人和被告人的合法权益。所以在依法治国的进程中,极端的实体正义论理所当然地受到了法学界的批判和刑事司法实务部门的检讨。

然而值得注意的是,在批判极端的实体正义论的过程中,一些学者提出了极端的程序优先论的主张。这种主张认为,应当强调程序对于实体的优先地位。所谓程序对于实体的优先地位,表现在三个方面:(1)程序先行,即一定的实体问题的处理必须在程序框架内进行;(2)程序优越,即在实体正义与程序正义相互抵触的情况下,应当选择程序正义;(3)程序对实体的否定,即违反程序将导致实体(无论是否正义)无效的法

---

[1] 〔美〕麦考密克、〔奥〕魏因贝格尔:《制度法论》,中国政法大学出版社1994年版,第262页。

律后果。[1]

程序优先论在强调程序的独立价值方面具有一定的合理性。但是过分夸大程序在司法中的地位,也会从另一个方面否定实体与程序的辩证关系。按照某些程序优先论者的观点,只要遵循了正当程序,就可以不顾实体上是否符合社会正义的要求。然而常识告诉人们,程序公正并不必然意味着实体公正。在公正的诉讼程序的外壳下,违反实体公正的原则而导致错判误判、量刑畸轻畸重的结果的现象,无论是在中国还是在外国,都并不鲜见。即使完全遵循正当程序的规则办案,也可以制造出许许多多的冤假错案。因为程序只是为司法提供了办案的程式,而不能取代发现案件真实情况的实体发现。如果司法人员在公正的程序下,以偏见、私心、懒惰甚至腐败的心态审理案件,就完全可能错误的认定案件事实或不当的适用法律。离开了实体正义的价值追求,正当程序就成了一个可以任意填充的空壳,就丧失了其存在的价值。因此,理智地看待程序法与实体法的关系,应当坚持实体法与程序法并重、程序公正服从和服务于实体公正的原则,而不是与之相反。

个别坚持程序优先论的学者认为,非法取得的证据应当绝对排除,并举例说美国联邦最高法院依据美国宪法第四修正案,规定任何通过非法逮捕、搜查、扣留所得的证据,一律不得进入司法程序。然而事实上,1984年美国联邦最高法院就对排除规则作了某些限制,确立了"最终或必然发现的例外"和"善意的例外"。前者指起诉方只要以有力的证据证明非法取得的证据,最终或必然会以合法手段取得,这项证据就可采用;

---

[1] 陈兴良主编:《刑事法评论》(第6卷),中国政法大学出版社2000年版,第30—31页。

第六章　刑事司法中的非理性评析

后者指警官进行搜查、没收时，是以"客观合理的"搜查证作为依据的，因而其搜查、没收行为是出于善意的，尽管最终发现其搜查、没收不合法，取得的证据仍可采用。怀特大法官在说明这两个例外的理由时指出：必须衡量禁止起诉方提供的很有价值的证据所付出的代价和收益。任意地使用排除规则，会妨碍法官和陪审团在正确判断事实方面发挥作用，会使有些真正犯了罪的被告人免予处罚，或者在有利于被告人的诉讼谈判中，被告人只受到很轻的处罚。所以，为了实现刑事审判制度的基本任务，对真正的罪犯处以相应的刑罚，对排除规则作一定的修改是非常必要的。[1]

因此，理智地看待程序法与实体法的关系，应当坚持实体法与程序法并重、程序公正服从和服务于实体公正的原则。正当程序的目的是保障实体正义。通过正当程序，发现案件的真实情况，实现实体正义，才是司法的价值追求。实体正义和程序正义的相互依赖关系以及目的的一致性，决定了它们之间不存在哪一个绝对优越于另一个的问题。如果绝对强调某一方面的价值优越，不仅会贬抑另一方面的价值，而且也会抑制所强调方面的价值的实现。片面强调实体正义而不顾正当程序的形式规则，就可能忽略当事人的合法权利和正当要求，以致给当事人造成不应有的侵害，同时也使实体正义受损。片面强调正当程序而忽视实体正义的价值目标，就可能放弃对实体真实的追求，就难以有效地伸张法律正义，同时也破坏了正当程序存在的价值。因此，理性地对待实体正义与正当程序，应当坚持二者并重的理念，把实体正义与正当程序有机地结合起来，既追求实体正义，也恪守正当程序的规则。在实体正义与正当程

---

[1] 王以真：《试论美国刑事诉讼中排除规则的修改》，载《国外法学》1985年第4期。

序发生冲突的时候,应当权衡利弊得失,选择损害最小的解决办法,而不应当是快刀斩乱麻式地任选其一。

二、刑事司法政策

刑事政策是同犯罪作斗争的策略指引。从广义上讲,刑事政策就是"社会整体据以组织对犯罪现象的反应的方法的总和,因而是不同社会控制形式的理论和实践。"[1] 即所谓"最好的社会政策就是最好的刑事政策。"[2] 广义的刑事政策包括刑事立法政策、刑事司法政策和刑事社会政策。从狭义上讲,刑事政策,是指国家为了预防犯罪而制定的在适用刑罚及有关措施方面的各种对策。

刑事司法政策是广义的刑事政策中的一种,仅指国家根据犯罪情况的变化,运用刑事法律同犯罪作斗争,以期实现遏制和预防犯罪之目的的策略、方针、措施和原则的总和。刑事司法政策,与一般意义上的刑事政策相比,具有有效期短、目标明确、措施具体等特点。

刑事司法政策对于刑事司法系统运用刑事法律的活动具有直接的极为重要的指导意义。这种指导意义主要表现在以下几个方面:

1. 导引作用

刑事司法政策不仅规定刑事司法活动的大方向,确定一定时期刑事司法的基本任务,而且对刑法条文的解释和具体适用具有指导作用。在社会政治经济形势发生变化和社会治安状况发生变化的情况下,刑事司法政策对于某一类或某几类犯罪的社会危害程度进行评价的严厉程度就会相应发生变化,从而影

---

[1] [法]米海依尔·戴尔玛斯·马蒂:《刑事政策的主要体系》,法律出版社2000年版,第1页。
[2] 转引自张甘妹:《刑事政策》,三民书局(台湾)1979年版,第2页。

响刑法的具体适用。

2. 调节作用

刑事司法政策规定一定时期刑事司法的基本倾向或侧重点，根据实际情况，区别刑事司法活动中的轻重缓急，具有明确的针对性，强调刑法适用的重点。

3. 弥补作用

在刑事"立法不足"或"立法滞后"的情况下，刑事司法政策具有弥补那些在刑事法律中还未作规定或规定得不够具体的问题的功能，以便使刑事司法发挥其应有的职能作用。

总之，刑事司法政策所确定的犯罪对策，直接关系到刑事司法系统如何适用刑事法律同犯罪作斗争，从而直接制约着刑事司法功能的发挥；刑事司法政策的贯彻落实，直接关系到刑事司法活动对社会生活的影响程度，从而在很大程度上决定着刑法价值的实现。理性的刑事司法，离不开理性的刑事司法政策，而刑事司法政策中的非理性，必然导致刑事司法活动的非理性。

回顾我国多年来的刑事司法政策，可以从中感悟到理性的力量，如"两个基本"（即"基本事实清楚、基本证据确凿"就应当起诉和判决）的原则，"稳、准、狠"的策略（稳，就是要坚持调查研究，实事求是，注意工作方法，讲究斗争策略，不打无准备之仗，不打无把握之仗；准，就是要不枉不纵，不错不漏，防止错捕、错判，尤其是要防止错杀人，一定要严格把关，各个环节都要切实负责地把工作做细；狠，就是要下决心，该打击的坚决打击，该从重惩处的坚决从重惩处。稳、准、狠，准是关键），"打防并举，标本兼治，重在治本"的综合治理方针，以及根据犯罪情况的变化适时确定刑事司法的打击重点和打击策略，都是理智选择的结果。尤其是在构建和谐社会的时代背景下提出的宽严相济的刑事政策,强调该宽则宽、该严当严、宽严并用、宽严相济,凸显了刑事司法的理性与智慧。它们指引刑事司法有效地维护了经济体制改革的顺利进行和社会秩序的和谐稳定。

当然,在我们的刑事司法政策中,也可以看到某些非理性的成分所导致的刑事司法对其目的的背离。刑事司法政策中的非理性成分主要表现在以下两个方面:

(一)搞运动的策略

运动式的刑事司法历来是我国刑事司法的一大特征。从1983年"严打"以来,各种专项斗争络绎不绝。每一个专项斗争,都意味着一场全国规模的群众性司法运动。正如邓小平所说的:"我们说过不搞运动,但集中打击严重刑事犯罪活动还必须发动群众,动员全市人民参加,这本身对人民是教育,同时能挽救很多人,挽救很多青年。"[1] 这种运动式的刑事司法,可以扩大专项斗争的声威,暂时性地震慑犯罪分子;可以凸现刑事司法的功绩,因而总是受到人们的青睐。然而"群众运动往往是正义性和盲目性同在,本能性和理想性并举,神圣性和非理性共存的社会历史活动。群众运动的动力来自情感燃烧的力量,带有浓厚的非理性特点。容易被过多的情感因素所左右,陡然而起,嘎然而止,大轰大嗡,盲目激进。"[2]

运动式的刑事司法,注重大规模行动所产生的轰动效应,喜欢一哄而起,很难保证司法的准确性。运动一来,一夜之间,就有成批成堆的犯罪嫌疑人落入法网。对这些犯罪嫌疑人要在最短的时间内进行起诉和判决,难以一一查清和仔细分析

---

[1] 《邓小平文选》(第3卷),人民出版社1993年版,第33页。
[2] 郝铁川:《非理性对现代法治的破坏》,载《检察日报》2000年12月20日,第7版。

案件的真实情况，因而常常不得不进行囫囵吞枣式的审判。这种司法的结果，虽然不乏正确的判决，但是难免出现错案。

运动式的刑事司法，是粗犷型的司法，容易留下司法的死角。每次运动，都会使那些没有纳入运动视野的犯罪和犯罪分子得不到及时有效的查处和追究，使一些在常规情况下本来可以发现的问题掩盖起来。同时也容易使一些狡猾的犯罪分子混水摸鱼，躲过应有的刑事追究。

运动式的刑事司法，使司法裁判所体现的刑法精神处于不确定状态，使人们无法从裁判中看到社会正义。由于每次运动都有一个政策导向，符合这种政策导向的，必然要作为特殊情况对待，或者处罚极重，或者处罚极轻，从而使刑事司法无法保持稳定状态，无法把刑法规定的原则和刑法精神一以贯之。在贪污（监守自盗）10多万元就被判处死刑的年代，在号召犯罪分子限期自首的运动中，贪污34万元的犯罪分子仅仅因为自首，就被宣告免予处罚。而在"严打"中本来不构成犯罪的一般违法行为，就可能被作为犯罪追究刑事责任，甚至一些已经处理过的一般违法行为，在集中治理中也可能被重新翻出来作为犯罪来处理。这种司法的结果，不仅使刑事司法丧失了其自身的合理性，而且使人们在司法的结果中看不到刑法所代表的社会正义。

运动式的刑事司法，也使刑事司法中的某些错误做法和个别司法人员的违法行为长期得不到纠正。

（二）"严打"方针的常态化

"严打"即依法从重从快严厉打击严重刑事犯罪，是我国在加强社会主义民主法制建设的过程中采取的通过强化刑事司法系统的职能集中解决社会治安中突出的犯罪问题的司法政策。邓小平特别强调要严厉打击刑事犯罪分子，多次指出"对于严重刑事犯罪分子,包括杀人犯、抢劫犯、流氓犯罪团伙分子、教唆犯、在劳改劳教中继续传授犯罪技术的惯犯,以及人贩子、老鸨等,必须坚持逮捕、判刑,组织劳动改造,给予严厉的法律制裁"[1]。"严打"对于维护社会稳定和安宁,对于保障改革开放的顺利进行,确实发挥了极其重要的作用。

但是,反观我国"严打"的情况,其中存在的某些使刑事司法丧失合理性的问题,不能不引起人们的重视。

第一,"严打"的常态化。崇尚运动的司法政策导致了"严打"方针的广泛运用。从1983年以来,直到2003年,我国刑事司法机关几乎年年进行"严打"的专项斗争,大有长期坚持严打的态势。正如最高人民法院在总结改革开放20年的刑事审判工作时所说的:"自1979年特别是1982年和1983年在全国开展严惩严重破坏经济犯罪分子的斗争、严厉打击严重危害社会治安犯罪分子的斗争以来,人民法院坚决贯彻依法从重从快惩处严重危害社会治安的犯罪分子和依法从严惩处严重破坏经济的犯罪分子的方针,依法惩处危害社会治安、贪污贿赂、破坏经济秩序等各种刑事犯罪,积极参与社会治安综合治理。自1979年到1997年,共审结刑事案件……"[2] 这说明,从重从快从严惩处严重危害社会治安的犯罪分子和严重破坏经济的犯罪分子,已经成为我国刑事审判的一种常规化的司法政策。

"严打"的常态化,导致了重刑主义的刑事司法。由于每次"严打",都强调对严打的对象要在法定刑的幅度内从重判处刑罚,其结果必然使一部分刑法规定的犯罪长期受到较重的

---

[1] 《邓小平文选》(第3卷),人民出版社1993年版,第34页。
[2] 《中国法律年鉴》(珍藏版),中国法律年鉴社1998年版,第12页。

处罚，使对特定犯罪在特别时期适用的重刑常规化，这实际上也就改变了刑法对这些犯罪所规定的法定刑。另一方面，"严打"斗争的常态化，也容易导致刑事司法人员重刑主义的思维定式，使其经常想到对某些犯罪适用较重的刑罚，似乎不这样做，就不足以有效地打击犯罪。

"严打"的常态化，使刑法规定的罪刑体系严重失衡。在现代刑事立法中，一般来说，立法者在制定刑法的时候，都是按照罪责刑相适应的原则，根据犯罪的轻重及其与刑罚轻重之间的比例关系，对各种犯罪规定法定刑的。而在"严打"斗争中，由于强调对某些犯罪从重处罚，因而很容易使刑法规定的罪刑关系出现不平衡状态。如果"严打"斗争常规化，就可能使这种罪刑关系中的不平衡现象扩大蔓延而成为一种定局。

此外，"严打"斗争的常态化，也容易引导人们把对犯罪问题的注意力集中在打击犯罪的方面，把社会治安的好坏仅仅看成是打击得有力还是不力的问题，从而忽视引起犯罪增长的社会性原因。其结果，必然使社会把大量的精力放在打击犯罪上，而不是放在消除导致犯罪增长的社会原因上，以致出现犯罪越打越严重、越打越多，因而也就越需要严打的恶性循环。

第二，"严打"与司法规律的协调问题。"严打"除了强调从重之外，还强调从快即"快捕""快诉""快判"。这"三快"对于提高诉讼效率，及时打击严重刑事犯罪，无疑是非常有效的。但是快捕快诉快判应当遵循司法规律，应当在查清犯罪事实的基础上，在保证打得准的前提下进行，才能保证刑法目的的实现，才能保证不冤枉无辜。而"严打"中的从快，往往是在集中打击行动中进行的。这种运动式的集中打击，却常常是只重视打击的轰动效应，而不大重视案件的质量。其结果，很容易导致违背司法活动规律的现象发生，人为地简化或缩短发现真实的过程，在证据的搜集、核实、审查和判断等环节上缺乏必要的思考、审视的时间，以致出现不应有的错误。另一方面，在"严打"中，为了实现从快的目标，司法人员往往在犯罪嫌疑人和被告人的供述上狠下功夫，也很容易导致刑讯逼供、诱供、骗供等非法取证行为的发生，使案件事实的真实情况大打折扣。如果把"严打"斗争常态化，势必增加有意无意地制造冤假错案的机率，损害刑法适用的准确性。

第三，"严打"中的人权保障问题。在一个利益多元化的社会里，刑事司法政策应当是相互冲突的利益调和、妥协、权衡的结果，而不应当是单一的、极端的选择。在特定时期对某些严重危害社会治安的刑事犯罪采取"严打"的政策，及时有效地遏制这类犯罪的增长，是完全必要的。但是如果把"严打"斗争常态化，就可能破坏或者妨碍刑法所追求的其他价值。因为在"严打"斗争中，刑事司法人员的中心任务和注意力集中在打击犯罪方面，而不是集中在保护人权方面，长期实行"严打"政策，就可能使刑事司法人员在刑事司法活动中忽视对公民权利的保护，片面强调打击犯罪的效果。特别是在"严打"斗争中，一些司法人员为了完成任务，片面强调严打执法的必要性，任意扩大执法的范围，动不动就采取刑事强制措施。不仅犯罪嫌疑人和被告人的基本人权有时得不到有效的保障，甚至普通公民的人身权利和合法权益，也往往受到不应有的威胁和侵犯。

因此，长期实行"严打"斗争，容易造成对人们的活动自由的不当限制，势必使人们丧失安全感。长此下去，刑法的适用就可能损害到它所追求的基本价值，就可能使刑事司法在利益多元化的社会里丧失其存在的合理性，成为某种单一价值的工具。这种情况，应当引起人们的足够重视。

三、刑事司法制度

司法制度是把司法活动的组织原则、运行机制和实践规则常规化的规范设置。合理的司法制度，对于保障司法的客观性、公正性和稳定性，具有极为重要的意义，是司法理性的根本保障。如果制度设计得不合理，就无法保障理性的司法，司法的公正性和合理性也就无从谈起。

我国的司法制度，是在砸碎旧的国家机器包括法律机构，彻底废除旧法统的基础上，根据人民民主革命时期根据地和解放区的司法制度，结合学习借鉴苏联的司法制度建立的。这种司法制度带有革命法制所固有的激情有余、理性不足的特点。随着社会主义革命和社会主义建设事业的发展，司法制度不断改革完善，逐步适应了计划经济条件下我国司法活动的需要。

但是随着市场经济的发展，按照计划经济条件下的成功经验建立的司法制度，很快面临着从计划经济到商品经济再到市场经济的冲击。司法制度不适应社会发展和法治建设的需要的矛盾日益突出。正是在这种背景下，国家提出了"推进司法改革，从制度上保障司法机关依法独立公正地行使审判权和检察权"的任务。从制度上保障司法机关依法独立公正地行使审判权和检察权，也是解决实践中存在的司法不公和司法腐败问题，实现司法公正的带有根本性、常规性的措施。

反观我国现行的刑事司法制度，虽然具有适应我国根本政治制度和社会主义初级阶段实际情况、保持我国法律文化传统等特点，但是也存在着某些不符合建设社会主义法治国家需要的、不合理的非理性成分。这种不符合建设社会主义法治国家需要的非理性成分，主要表现在三个方面：

(一) 司法人员大众化

受工具论的影响，长期以来形成了一种"只要政治上可靠,谁都可以当法官检察官"的思维定式,以致把司法人员混同于一般国家工作人员,只强调法官检察官的"国家干部"身份,不关注其职业的技术性和专门化。在这种理念的支配下,制度设计上也就自然而然地把司法人员作为一般的国家工作人员看待。

第一,对司法人员的任职资格没有适应专业需要的严格限制。1995年以前,我国没有关于法官检察官任职资格的任何限制。任何人,无论是否具有法律知识甚至无论是否具有一定程度的文化知识,也不论以前是从事什么职业的甚至不论以前是否从事过任何职业,只要组织上认为其政治上可靠,就可以被任命为法官检察官。即使在1995年《法官法》《检察官法》颁布以后,不按照法官法和检察官法规定任命法官检察官的现象,也不同程度地存在于全国各级司法机关。低层化的任职制度造就了一大批低素质的司法人员。缺乏严格任职资格的司法人员遴选制度长期推行的结果,是使我国现在的司法队伍中存在着相当多的在法律意识和执法水平方面并不比普通人高的司法人员,甚至存在着一些道德恶劣、品质低下,不能胜任司法工作的司法人员。素质和职业在制度设计中得不到重视和保障。

第二,司法人员的薪水与其他国家工作人员一样。多年来,我国司法人员的工资收入一直保持着与其他国家机关工作人员完全相同的水准。一提给法官检察官晋升工资,马上就会提出警察也要晋升工资、监狱工作人员也要晋升工资、行政执法人员也要晋升工资,进而所有国家工作人员都要晋升工资。所以始终没有实行法官检察官的"高薪制"。另一方面,随着经济体制改革的不断深入,一些公司企业的工作人员的实际收入,包括律师行业的普遍收入,都大大高于法官检察官的工资收入，使法官检察官的工资收入始终保持在社会中等收入偏上或偏下的水平。另外，法官检察官的实际收入随当地经济发展水平而与同一地区的其他国家机关工作人员保持一致。同一级别的法官检察官因所在地区的不同，收入可以出现很大的差别。

第三，司法人员的职业缺乏保障。与任职资格没有严格限制的用人制度相联系，我国也没有实行法官检察官任职的终身制。任何一个法官检察官包括具有相当行政级别的法官检察官都可能随时被调离司法工作岗位而不需要说明理由。法官检察官年老退休，也是享受一般国家机关工作人员的退休待遇。

司法人员的大众化，导致了司法人员素质低下。司法人员大众化的制度，造就了一大批素质低下的司法人员。素质低下必然导致司法效率不高，一个人能办的事需要多人来办理和他人来把关，一天能办完的事情需要几天去完成。司法效率不高，就在客观上需要更多的司法人员，从而进一步加剧了司法人员的大众化，以致形成一种大众化与素质低下之间的恶性循环。

司法人员的大众化，导致了司法不公。司法公正意味着认定事实正确和适用法律准确。而大众化使司法人员缺乏精通的专业知识和办案技巧，无法在错综复杂的被大量假象包围着的案件情节和真真假假的证据之中发现案件的事实真相，无法娴熟地把法律的一般规定恰当地运用于各具特色的具体案件。人们把相互之间的纠纷提交给司法机关来裁判，总是希望司法人员能够拿出比自己更高一等的解决办法。但是大众化的司法人员在客观上很难满足大众对司法的这种期望。正如德国学者拉德布鲁斯赫指出的："施行刑罚的人，必须本身已意识到一种更高的使命，'一种没有替天行道意念的人类力量，不足以挥起行刑的刀剑'。"[1]

司法人员的大众化,导致了司法腐败的蔓延。大众化的司法人员容易产生趋众心理,缺乏强有力的自律动力。当一种制度将司法人员设计得和普通人无所区别时,司法人员的社会地位和物质待遇与其他社会成员没有明显差别,平民意识便在司法人员中油然而生。这种平民意识,使司法人员缺乏对司法职业必要的神圣感,心甘情愿地混迹于世俗关系之中,而对司法的职业要求和职业纪律无所顾忌,甚至某些司法人员自身也乐于利用职务上的便利,寻求更多的可运用和可支配的社会关系资源;大众化也使司法人员在来自社会的各种诱惑面前没有可以抵御人情、关系、私欲等侵蚀司法公正的超凡脱俗的盾牌,以致社会上有什么腐败现象,司法人员中间就可能出现什么样的腐败。另一方面,大众化的司法人员操持着非大众化的权力。具有大众化的身份和意识而缺乏职业保障的司法人员,司掌着关系到公民权利生杀予夺的并且有很大自由裁量余地的司法权。这种巨大的反差,使司法人员有更多的理由和机会用司法权来牟取私利,以追逐社会上物质生活和文化生活的时尚,而把司法的公正与否置于社会一般价值的层面。

柏拉图曾经指出:"当你有了一个组织得很好的国家,这个国家又有着制定得很完整的法典,那么任命不称职的官员负责施行法典乃是浪费了优良法典,整个事业沦为一出滑稽戏。而且不仅如此,这个国家将发现,它的法律正在大规模地损伤它本身。"[2] 司法人员的大众化,使法治的目标在司法过程中常常南辕北辙,使司法在人们心目中的神圣感一落千丈,即使

---

[1] [德] 拉德布鲁斯赫:《法学导论》,中国大百科全书出版社1997年版,第87页。
[2] [古希腊] 柏拉图:《法律篇》上海人民出版社2001年版,第161页。

是一些并无不当的判决，也很难在人民群众的心目中产生对司法公正的合理信赖。

(二) 司法管理行政化

"在理想的观念模型中，司法机构常常被界定为旨在以一种确保争讼各方都公平和正当的方式使冲突解决制度化的专门组织。这种司法的客观性是由各种保护独立性的制度化措施来保障的。"[1]

长期以来，我国对司法工作不是按照司法规律来管理，而是按照行政管理的模式来管理。这种行政管理模式，集中表现为司法主体在司法过程中缺乏自身的独立性。

虽然宪法中有关于司法独立的规定，但是在具体法律中并没有落实，在刑事司法实践中更是与司法独立的期盼相去甚远。

第一，我国的司法机关是按照行政区划的建制设置的。各级司法机关的等级按照行政区划——与行政机关大小相对应，并且司法人员的身份和地位，也是完全按照行政级别来确定和管理的，并按照行政级别来享受各种待遇。这就进一步强化了司法机关和司法人员的行政意识。

第二，司法机关相对于其他国家机关不具有独立性。虽然宪法规定司法机关依法独立行使司法权，不受任何行政机关的干预。但是实际上由于司法机关的人财物几乎完全受地方同级党政机关的控制，这种体制使司法机关不得不在许多方面自觉不自觉地要受行政权的制约并与行政机关之间具有千丝万缕的联系，使司法权与行政权融为一体，党政机关的领导可以任意过问具体案件的处理情况甚至可以决定案件的命运。

---

[1] [英] 戴维·米勒、韦农·波格丹诺编：《布莱克维尔政治学百科全书》，中国政法大学出版社1992年版，第379页。

第三，司法机关上下级之间关系的行政化，使下级司法机关常常在一些重大或者疑难问题上不断地向上级司法机关请示，上级司法机关也乐于就某些司法活动中的事项向下级司法机关下达指示，从而使上下级司法机关之间始终保持着类似于行政机关上下级的关系。尤其是下级法院在就具体案件作出判决前请示上级法院的做法，使二审终审的司法制度形同虚设。

第四，司法人员相对于司法机关不具有独立性。司法机关内部的行政管理与司法活动的管理没有明确的划分，司法机关的内设机构、人事制度甚至包括对案件的管理，都是按照行政管理的模式进行的。[1] 这种管理模式，适应了低素质的司法人员司掌法律的需要，但也使司法人员相对于自己的上司、使个人相对于单位，都不具有独立的地位。对多数案件的处理，办案人员没有决定权，而是要逐级向自己的行政首长汇报，由上级去决定案件的命运。

司法管理行政化所带来的司法不独立的状况，使司法机关难以依法独立公正地行使司法权。"司法的实际不独立，使司法自身不但没有摆脱世俗的社会关系，而且成为世俗社会关系的枢纽之一。"[2] 所谓"案件一进门，两头都找人"。特别是遇到重大案件，当事人往往会使出浑身解数，通过各种社会关系来干预案件的处理。司法机关和司法人员在客观上难以抵御各种关系、人情的干预。其结果，往往是行政权力大或级别高

---

[1] 有学者指出："现今的司法机关运作，完全等同于行政上的首长负责制，从临时审判机构合议庭，到常设审判庭，到法院的审判委员会，实际上都是一种典型的官僚制运作：法官个人听合议庭审判长的；各庭法官都听庭长的；审判委员会最后一般是院长一锤定音。……为了迎合院长庭长，常常是办案时事无巨细都请示汇报，等待指示。完全像行政机关的办事员请示机关首长一样。"参见范忠信：《司法腐败的类型与制度助因分析》，载信春鹰、李林主编：《依法治国与司法改革》，中国法制出版社1999年版，第109页。

[2] 陇夫：《尊重司法的理由》，载《法制日报》1999年12月5日，理论版。

的，必然对案件的决定影响最大。

司法管理的行政化，使司法机关和司法人员不是完全按照司法规律来适用法律，而是按照行政关系准则来适用法律办理案件。尤其是在决定案件命运的问题上，办理案件的司法机关或司法人员常常不是根据事实和法律独立自主地作出司法决定，而是察言观色，根据上级机关或上级领导的意见作出决定。遇有分歧意见时，更是谁官大，就听谁的。这种司法裁决机制，使司法公正大打折扣。

司法管理的行政化，使来自外部的监督形同虚设。在行政化的管理模式中，评价司法机关和司法人员工作业绩的，不是外部的监督机关，而是司法机关或司法人员的直接的上级领导。因此，司法机关和司法人员在司法活动中关注的不是、至少不完全是案件处理的结果对当事人的影响、对法律正义的伸张以及监督机关的评价，而是自己的上级机关和上级领导的满意程度。一种司法行为，只要得到上级机关或上级领导的认可或满意，即使外部的监督机关和个人提出了完全正确的监督意见，即使案件确实存在着某种瑕疵或不公，也不可能主动地去纠正。

如果说司法公正是司法的价值追求，那么司法独立就是司法公正基本的制度保障。而司法管理的行政化，使司法主体永远处在一种无法摆脱的隶属关系之中，司法活动无法在一种相对独立的状况下进行，司法公正的目标也就难以实现。这种制度化设计，可以说是司法理性的重大障碍。

（三）司法权的地方化

我国是一个单一制国家，司法权应当作为中央权力的一个组成部分在全国范围内统一行使。宪法中也确立了"国家维护社会主义法制的统一和尊严"的原则。但是由于宪法中规定了地方各级人民法院和地方各级人民检察院由地方同级人民代表大会产生并对同级人民代表大会负责的原则，同时由于地方各级人民法院和地方各级人民检察院的办公经费、办案经费以及人员的工资福利等主要是由地方同级政府的财政供给的，地方经济发展和财政状况，对司法机关的一切活动具有直接的制约作用，以致出现了日益明显的司法权地方化趋势。

司法权地方化集中表现在四个方面：

一是司法机关在经费保障方面主要依赖于地方政府、在人事管理方面主要听命于地方党委，以致司法权的行使自然而然地要服从于地方利益。

二是地方党政领导干预司法活动的现象严重。尽管多数地方领导是出于对地方政治稳定和治安状况的关注甚或出于对司法机关的关怀和责任感而过问司法活动的，但是也不乏个别领导基于人情、关系或私利要求司法机关违背事实和法律对案件作出处理，甚至要求司法机关及时汇报案件的进展情况。有的地方甚至利用地方人大的监督权，根据地方领导的意图或者地方利益的需要对个案进行监督，强迫司法机关改变自己的决定。

三是使司法成为地方保护主义的帮手。[1] 由于地方司法机关与地方财政之间的依存关系，许多地方提出司法机关要为当地经济的发展"保驾护航"，要求司法机关运用刑事司法的权

---

[1] 有的学者指出：裁判不公的原因之一是地方与部门保护主义作祟。"部分地方的司法机关相互之间争夺办案权，以图偏袒本地当事人的利益并获取更多的诉讼费和财政返还；有的审判机关则利用法律文本的不够完善，钻法律的空子，甚至不惜违反法律去维护本地方与本部门的利益；有的审判机关采取拒不配合、协助其他地方的已经发生法律效力的判决和裁定；有的地方的司法机关则为了自己本地区或本部门的暂时利益不被侵占，公然越权适用或滥用强制措施；更为严重的是有的竟然以扣押人质的方式达到为本地当事人追讨债款的目的。"参见李道军：《程序的正义与公正》，载信春鹰、李林主编：《依法治国与司法改革》，中国法制出版社1999年版，第331—332页。

力插手经济纠纷，对本地经济组织的财产被外地单位或个人搞走的，不问是否构成犯罪，都要求司法机关"先抓人，再要钱"；对地方单位或个人不当取得外地单位或个人的财产的，则要求"一分钱也不能带走"；对本地经济发展做出贡献或者举足轻重的人，即使其行为构成了犯罪，也不许司法机关依法查办。对一些涉及本地经济利益的案件，地方领导往往随时都在关注案件的进展，不允许司法机关作出对本地不利的判决。有的地方甚至提出"经济要上，法律要让"的口号[1]。

四是不同的地方有不同的适用刑法的标准。刑法中有许多关于数量和情节的规定。在这类规定中，犯罪所涉及的财产数额或情节便构成区分罪与非罪、重罪与轻罪的标准。由于各地经济发展的不平衡，各地关于构成犯罪的数额标准和区分重罪与轻罪的数额标准，也出现了一定的差别。完全相同的犯罪行为和情节，在一些地方就构成犯罪，在另一些地方就可能不构成犯罪。如盗窃罪、危险驾驶罪等。

司法权的地方化，破坏了国家法制的统一。当同一部刑事法律，在不同的地方，可能以不同的方式被实施，可能使大致相同的案件当事人遭受完全不同的命运时，法律本身所具有的一体遵行的本质就必然被扭曲，法律的适用也就失去了其维护社会正义的功能。司法权的地方化导致了法律适用的不公平，使某些案件重罪轻判，使某些案件轻罪重判，甚至使一些犯罪分子逍遥法外。这样的判决结果，由于丧失其公平合理性而必然大大地损害刑事司法在人们心目中的权威性，减损人们对刑事司法的认同程度。

---

[1] 全国人大常委会办公厅研究室编：《我国当前法律实施的问题与对策》，中国法制出版社1997年版，第12页。

此外，司法经费"半保障"状态，也容易导致司法权的滥用，从制度设计上破坏司法公正的价值追求。所谓"半保障"状态，是说司法机关的正常经费中只有一半是国家财政保障供给的（当然有的地方不到一半）。另一半通常是由司法机关自己"想办法"解决的，其中一部分是通过"罚没款返还"或者"财政拨款与上缴的罚没款挂钩"的方式由地方政府在财政拨款时根据具体司法机关通过办案上缴的罚没款数额拨款（通常是按比例拨付的）的；另一部分则是有司法机关通过攻关从地方政府的"计划外经费"中获得的。这种状况必然加剧司法机关对地方政府的依赖程度。即使经过多年来持续不断的司法体制改革，司法机关的经费有了很大的改变，办案经费几乎可以全额地从国家财政中得到保障。司法机关工作人员在工资之外的奖金和福利，仍然主要依靠地方政府来供给，司法权地方化的问题仍然没有真正解决。

总之，司法人员的大众化、司法管理的行政化和司法权的地方化，使刑事司法体系在运行中失去了独立公正严格地适用法律的制度保障，使刑法的精神和目的在具体适用中无法始终如一地贯彻和实现。这种状况，不仅与人民群众对刑事司法在伸张社会正义、维护社会治安和保护公民安全方面的作用的期盼相去甚远，而且与依法治国的要求格格不入。1997年党的十五大政治报告提出了司法改革的任务，以后历次党的全国代表大会政治报告中都强调推进司法体制改革。经过二十多年的司法体制改革，特别是十八大以来的改革，司法人员大众化、司法管理行政化、司法权地方化的问题得到了极大的改善。但是，应当看到这些问题并没有从制度上根本解决，在某些方面、某些地方，这些问题仍然严重存在，并制约着司法权的运行和司法公正的实现。

四、刑事司法过程

刑事司法的过程包括了从立案、侦查、起诉、审判到执行刑罚等适用刑法各种环节的一系列活动[1]。刑事司法的功能和意义最终是通过这些活动实现的。这些活动的每一个环节都涉及程序法的执行问题,同时其中的大部分环节如立案、侦查、起诉、审判活动中都涉及对事实的认识和审查以及对实体刑法规范的理解和运用的问题。而这些活动中的非理性都可能导致司法不公的、背离刑法目的的结果。因此,分析和纠正这些活动中的非理性,对于维持理性的刑事司法,同样是十分重要的。

（一）立案中的非理性

立案是司法机关对报案、控告、举报和犯罪人自首的材料以及自己发现的犯罪线索进行审查并决定作为刑事案件进行侦查或审理的诉讼活动。在我国,有权对刑事案件进行立案的机关是公安机关、国家安全机关、人民检察院和人民法院。这些机关对于任何发现有犯罪事实或犯罪嫌疑人的单位和个人的报案和举报,对于被害人的报案或控告以及犯罪人的自首,应当按照管辖范围迅速进行审查,以决定是否立案。

立案是启动刑事司法活动的法定步骤,是刑事诉讼的开始。立案对于准确及时地查明犯罪事实,正确适用刑事法律,保障有罪的人受到应有的追究和无罪的人不受刑事追究,对于保护公民和法人的合法权益,支持和鼓励人民群众同犯罪作斗

---

[1] 有学者指出:"在实行侦、诉、审分开的司法分权制度下,消极裁决权不可能由法院独占,它不可避免的要在一定程度上以特定方式由负担不同职能的犯罪追究机关即国家侦查、起诉和审判机关分享。因此,如果说'司法'表示诉讼中的裁断和判定,上述国家机关都可以从广义上称为'司法机关'。"参见龙宗智:《相对合理主义》,中国政法大学出版社1999年版,第221页。

争,都具有极为重要的意义。但是在司法实践中,有的司法机关并没有严格按照法律的有关规定立案,使立案活动呈现出一定的随意性。这种随意性主要表现在以下四个方面:

1. 管辖不明不受理

刑事诉讼法明确规定,公安机关、人民检察院或者人民法院对于报案、控告、举报,都应当受理。对于不属于自己管辖的,应当移送主管机关处理,并且通知报案人、控告人、举报人;对于不属于自己管辖而又必须采取紧急措施的,应当先采取紧急措施,然后移送主管机关(《刑法》第110条)。但是在实践中,有的司法机关,对于报案、控告、举报,凡是认为不属于自己管辖的,无论是否遇有紧急情况,一概不予受理。据某报载,某市一职工下夜班回家途中在两区交界处遭遇抢劫,遂赶到前方不远处的派出所报案。该派出所值班民警问清情况后认定抢劫案发生在与自己所在区相邻的B区,遂要求该职工到B区去报案。该职工当场打电话到B区公安局值班室报案。B区公安局听完该职工的报案后答复:这起抢劫案还是应该由最先发现的A区公安机关立案。A区派出所仍然认为该案不该由自己管辖。被抢职工眼睁睁地看着抢劫犯罪分子逃跑,愣是没有司法机关采取措施。只好忍气吞声地自己回家。至于公、检、法三机关之间,由于案件性质和管辖不明而不接受报案、控告或举报的,更是常见。这种做法,在一定程度上挫伤了人民群众同犯罪作斗争的积极性,也不利于刑事案件的及时查处。

2. 有罪不立案

有的司法机关,对于本应立案侦查追究刑事责任的犯罪行为,因种种原因,不予立案。这种情况并不是个别现象。其中,有的对严重刑事犯罪,以犯罪事实显著轻微不需要追究刑事责任为由，不予立案；有的以罚款、劳动教养等治安行政处罚代替刑事立案；有的对绑架勒索他人的犯罪行为，以行为人已部分退还为由不立案；有的对抢劫他人财物的犯罪行为，以债务纠纷为由，不予立案；有的对故意重伤他人的犯罪，以伤情已痊愈为由不立案；甚至有的对故意杀人的犯罪行为，以正当防卫为由而不予立案（笔者在调查中了解到：某地发生一起在饭馆包厢内用餐时斗殴打死他人案，公安机关认定是死者酒后自杀。死者家属向检察机关举报。检察机关要求公安机关重新鉴定，公安机关法医鉴定为他杀。公安机关又认定是正当防卫，仍然不予立案。检察机关发出立案通知，公安机关方才立案并报请批准逮捕，批捕后公安机关又以长期收集不到可以定案的证据为由，撤销了该案）。对于举报，有的未经审查，即认为没有犯罪事实，而不予立案。凡此种种，都是滥用司法机关享有的消极刑事裁决权，放弃刑事司法职责的表现。这样做的结果，必然严重影响法律正义的伸张。

有罪不立案的情况，在破坏社会主义市场经济秩序犯罪案件和妨害社会管理秩序犯罪案件中表现得最为明显。多年来，我国公安机关始终把打击的锋芒聚焦在严重危害社会治安的犯罪上，而对于破坏社会主义市场经济秩序的犯罪和妨害社会管理秩序的犯罪，往往以犯罪情节不十分严重、警力不足为由，或者任由行政执法机关（包括公安机关自己）以行政处罚代替刑事追究，或者以情节轻微不需要判处刑罚为由不予立案。特别是对于严重危害广大消费者利益的生产销售假冒伪劣产品的犯罪，包括严重危害每个国民的身体健康乃至生命的生产销售有毒有害食品的犯罪，虽然刑法规定了严厉的刑罚，但是由于实践中实际追究犯罪者刑事责任的案件极少，刑法的规定形同虚设，刑法在预防这类犯罪方面的作用远远没有发挥，长期以来这类犯罪有增无减，严重危害了人民群众的身体健康和正常生活。

3. 无罪也立案

有的司法机关滥用刑事立案权，明知没有犯罪事实，或者对于情节显著轻微不需要追究刑事责任的，也予以立案，并采取刑事强制措施。有的对一些经济合同纠纷，明知不构成犯罪，为了收赃提成，将其作为刑事案件来立案。待没收了赃款，就不再往下办了。有的则根据领导指示或者受人之托，把经济纠纷案件作为刑事案件来立案，对一方当事人采取刑事强制措施，以迫使其满足另一方当事人的要求。有的把一般违法行为作为刑事案件立案，片面追求立案数。特别是在运动式的"严打"过程中，有的为了"紧跟"中央部署，为了"造声势"，甚至为了邀功请奖，片面追求立案数，把一些已经作过治安行政处罚或者调解处理的人和事，重新拿出来作为刑事案件来立案，追究其刑事责任，使一些人受到不应有的刑事追究。

4. 难破不立案

有的司法机关，因担心破案率低了影响本单位的考核，或者为了保持较高的破案率，对于线索不明显或者难以侦破的案件，明知应当立案而不予立案。待破案后再补充填写立案报告书。

刑事立案活动中的随意性，使追诉犯罪的司法活动从一开始就背离了刑法的目的。因为这种随意性使有罪的人不能及时进入甚至根本不能进入刑事诉讼的程序，从而使其有可能逃脱实施犯罪行为所应受的刑罚处罚，使法律正义得不到必要的伸张，使刑法在预防犯罪中的震慑作用不能充分发挥。这种随意性可能使无罪的人受到不应有的刑事追究，使刑法对无罪者的保障功能不能充分发挥。这种随意性也容易挫伤人民群众同犯罪作斗争的积极性，降低人们对司法机关在打击犯罪、保护人民中的职能作用的信任程度。

刑事立案活动中的随意性，导致刑事司法权的滥用。刑事司法权是适用刑事法律的国家权力。刑事司法权的核心是刑事裁决权。刑事裁决权虽然主要是由人民法院通过刑事审判活动来行使的，但是刑事立案活动本身具有分割消极刑事裁决权的性质。对应当立案的犯罪不予立案，实际上就是通过消极刑事裁决权的行使使某些犯罪分子逍遥法外。这与刑事审判中通过判决书宣告有罪的人无罪，可以说是具有异曲同工之效。并且，有罪不立案的现象，使刑法对犯罪规定的无论多么严厉的刑罚都丧失了其应有的功效，使人们在看到犯罪的时候看不到刑法所规定的刑罚，从而也就丧失了对刑法的信托和对正义的企盼。这在一定程度上也就助长了有关犯罪的气焰。

（二）侦查中的非理性

侦查是法律规定的有侦查权的司法机关对于已经立案的刑事案件，为了查清犯罪事实，搜集证据，查缉犯罪嫌疑人而依法进行专门调查和采取强制措施的活动。侦查是刑事诉讼中一个独立的诉讼阶段，也是绝大多数刑事案件必经的诉讼阶段。

按照刑事诉讼法的规定，侦查机关在侦查活动中，既可以依法采取讯问、询问、勘验、检查、搜查、扣押、鉴定、通缉等专门的调查方法和侦查措施，也可以对犯罪嫌疑人采取拘传、取保候审、监视居住、拘留、逮捕等强制措施。侦查手段的运用特别是刑事强制措施的使用，可能给犯罪嫌疑人的权利造成直接的限制或剥夺，影响犯罪嫌疑人的正常工作和生活。因此侦查手段的使用应当严格限制在确实必要的限度内，必须严格依法进行。但是在实践中，侦查活动不依法进行的情况时有发生，给当事人的权利造成了不当的影响。

1. 片面地进行侦查活动

有的侦查人员在调查取证中只考虑办案需要,甚至在办案过程中故意耍威风显特权而不考虑其社会影响,如开着警车、拉响警笛到发案单位询问犯罪嫌疑人或证人,不考虑其行为给企业声誉和经营活动造成的巨大损失,甚至故意给对方造成不利影响即所谓心理压力。有的侦查人员在侦查活动中只求破案,不考虑起诉和定罪的证据要求,以致搜集的证据不完整、不充分、不符合规格,无法据以证实犯罪。刑事诉讼法明确规定侦查中要"收集、调取犯罪嫌疑人有罪或者无罪、罪轻或者罪重的证据材料"。但是有的侦查人员在侦查活动中偏偏只注意搜集有罪证据,而不注意搜集或者有意无意地忽视无罪证据,只收集犯罪嫌疑人罪重的证据,而不注意收集罪轻的证据,甚至对犯罪嫌疑人关于自己无罪的说明或辩解不加分析地统统视为不认罪的表现,对其大加训斥。

2. 无节制地使用强制措施

《刑事诉讼法》第81条规定:"对有证据证明有犯罪事实,可能判处徒刑以上刑罚的犯罪嫌疑人、被告人,采取取保候审尚不足以防止发生下列社会危险性的,应当予以逮捕:(一)可能实施新的犯罪的;(二)有危害国家安全、公共安全或者社会秩序的现实危险的;(三)可能毁灭、伪造证据,干扰证人作证或者串供的;(四)可能对被害人、举报人、控告人实施打击报复的;(五)企图自杀或者逃跑的。批准或者决定逮捕,应当将犯罪嫌疑人、被告人涉嫌犯罪的性质、情节,认罪认罚等情况,作为是否可能发生社会危险性的考虑因素。对有证据证明有犯罪事实,可能判处十年有期徒刑以上刑罚的,或者有证据证明有犯罪事实,可能判处徒刑以上刑罚,曾经故意犯罪或者身份不明的,应当予以逮捕。被取保候审、监视居住的犯罪嫌疑人、被告人违反取保候审、监视居住规定，情节严重的，可以予以逮捕。"这些规定的立法精神是要严格限制逮捕这种强制措施的适用。不完全符合刑事诉讼法规定的逮捕条件，就不应当逮捕犯罪嫌疑人。但是在司法实践中，有的办案人员只要查到能够证明犯罪事实的证据，就要求逮捕犯罪嫌疑人，而不管是否可能判处徒刑以上刑罚，更不考虑采取取保候审是否不足以防止发生社会危险性而有逮捕必要。对于已经逮捕的犯罪嫌疑人，有的司法机关采取各种变通方法千方百计地延长羁押时间。在法定期限内不能侦查终结或者不能提起公诉的，侦查机关往往不愿意释放犯罪嫌疑人而改用其他强制措施，以致超期羁押现象长期严重存在；有的侦查机关对于已经拘留的犯罪嫌疑人，提请批准逮捕而没有获准时，不是立即释放犯罪嫌疑人，而是对其继续拘留甚至对其进行劳动教养，以继续羁押。

3. 使用非法手段收集证据

《刑事诉讼法》第55条明确规定："对一切案件的判处都要重证据，重调查研究，不轻信口供。只有被告人供述，没有其他证据的，不能认定被告人有罪和处以刑罚；没有被告人供述，证据确实、充分的，可以认定被告人有罪和处以刑罚。"但是在司法实践中，普遍认为口供是证据之王。有的侦查人员在讯问犯罪嫌疑人时，为了获取有罪的口供，对犯罪嫌疑人采取一天24小时的连续审讯，有的甚至不顾刑事诉讼法关于"严禁刑讯逼供和以威胁、引诱、欺骗以及其他非法的方法收集证据"的明确规定，采取刑讯、变相刑讯等非人道的方法，强迫犯罪嫌疑人供述自己有罪的"犯罪事实"。因刑讯逼供致犯罪嫌疑人死亡的事件，时有发生。诱供、骗供，在讯问犯罪嫌疑人中，更是家常便饭。

4. 无视犯罪嫌疑人的诉讼权利

《刑事诉讼法》第 97 条规定："犯罪嫌疑人、被告人及其法定代理人、近亲属或者辩护人有权申请变更强制措施。人民法院、人民检察院和公安机关收到申请后,应当在三日以内作出决定;不同意变更强制措施的,应当告知申请人,并说明不同意的理由。"第 99 条规定："人民法院、人民检察院或者公安机关对被采取强制措施法定期限届满的犯罪嫌疑人、被告人,应当予以释放、解除取保候审、监视居住或者依法变更强制措施。犯罪嫌疑人、被告人及其法定代理人、近亲属或者辩护人对于人民法院、人民检察院或者公安机关采取强制措施法定期限届满的,有权要求解除强制措施。"但是在实践中,有的司法机关无视刑事诉讼法规定的这种权利,对于采取强制措施超过法定期限的情况,当事人及其近亲属多次提出,仍然坚持不改。

《刑事诉讼法》第 122 条规定："讯问笔录应当交犯罪嫌疑人核对,对于没有阅读能力的,应当向他宣读。如果记载有遗漏或者差错,犯罪嫌疑人可以提出补充或者改正。犯罪嫌疑人承认笔录没有错误后,应当签名或者盖章"。但是有的侦查人员在讯问犯罪嫌疑人之后,只要求其在讯问笔录上签名,而不让被讯问人仔细阅读讯问笔录,更不允许被讯问人对讯问笔录中有遗漏或者错误的地方提出补充或改正的意见。有的侦查人员甚至在自己制作的讯问笔录上伪造被讯问人的签名。

《刑事诉讼法》第 34 条规定："犯罪嫌疑人自被侦查机关第一次讯问或者采取强制措施之日起,有权委托辩护人;在侦查期间,只能委托律师作为辩护人。被告人有权随时委托辩护人。侦查机关在第一次讯问犯罪嫌疑人或者对犯罪嫌疑人采取强制措施的时候,应当告知犯罪嫌疑人有权委托辩护人。人民检察院自收到移送审查起诉的案件材料之日起三日以内，应当告知犯罪嫌疑人有权委托辩护人。人民法院自受理案件之日起三日以内，应当告知被告人有权委托辩护人。犯罪嫌疑人、被告人在押期间要求委托辩护人的，人民法院、人民检察院和公安机关应当及时转达其要求。犯罪嫌疑人、被告人在押的，也可以由其监护人、近亲属代为委托辩护人。辩护人接受犯罪嫌疑人、被告人委托后，应当及时告知办理案件的机关。"第39条规定："辩护律师可以同在押的犯罪嫌疑人、被告人会见和通信。其他辩护人经人民法院、人民检察院许可，也可以同在押的犯罪嫌疑人、被告人会见和通信。辩护律师持律师执业证书、律师事务所证明和委托书或者法律援助公函要求会见在押的犯罪嫌疑人、被告人的，看守所应当及时安排会见，至迟不得超过四十八小时。危害国家安全犯罪、恐怖活动犯罪案件，在侦查期间辩护律师会见在押的犯罪嫌疑人，应当经侦查机关许可。上述案件，侦查机关应当事先通知看守所。辩护律师会见在押的犯罪嫌疑人、被告人，可以了解案件有关情况，提供法律咨询等；自案件移送审查起诉之日起，可以向犯罪嫌疑人、被告人核实有关证据。辩护律师会见犯罪嫌疑人、被告人时不被监听。"但是有的侦查机关在犯罪嫌疑人被第一次讯问后，特别是在犯罪嫌疑人被拘留后的最初阶段，往往不允许犯罪嫌疑人与外界有任何联系，无视犯罪嫌疑人要求聘请律师为其提供法律咨询的要求，甚至以种种借口，不让犯罪嫌疑人及其近亲属为犯罪嫌疑人聘请的律师会见犯罪嫌疑人，使律师无法及时为其委托人提供法律咨询。

犯罪嫌疑人或被告人就其在侦查阶段所遭受的刑讯逼供等非人道待遇向有关司法机关提出控告的，往往得不到应有的重视和有效的查处。有的明明实施过刑讯逼供行为的侦查人员极力否认刑讯逼供的事实，甚至有的司法机关也出具明知是虚假的证明，帮助侦查人员掩盖刑讯逼供的事实。有的受到刑讯逼供以及各种非人道待遇的犯罪嫌疑人或被告人，还常常受到司法人员的警告或威胁，不许其控告所受到的非人道待遇。

侦查活动是运用国家权力积极主动地去收集证据，获得对已逝的犯罪事实的完整真实的认识，以揭露犯罪、证实犯罪的主体性行为。为了及时查清犯罪事实，有效地获取证据，侦查主体往往要竭尽一切可能的侦查手段来开展侦查活动。但是侦查手段本身所具有的强制性，必然会使它的运用给有关当事人的权利造成限制或侵犯。因此法律在赋予侦查机关以侦查权的同时对侦查权的行使设置了一系列限制性规则和监督制衡措施，并赋予当事人一系列抗衡侦查权的诉讼权利。这些规定正是立法者在有效地揭露犯罪与切实保障公民自由权利之间进行价值选择中理性权衡的结果。这些规定，对于防止侦查主体无节制地使用侦查手段可能给公民自由权利造成的不应有的损害，是一种制度性的保障。一切侦查主体都应当严格遵守这些规定，把侦查活动控制在法律允许的范围内。

侦查活动中违法适用强制措施、刑讯逼供以及无视当事人诉讼权利的行为，不仅严重违反了法律的规定，使揭露犯罪的执法活动背离了法治的精神，而且在价值选择上，只强调揭露和打击犯罪以维护社会秩序一个方面，而忽视了保护公民合法权益防止对公民权利造成不应有的损害的一面，从而使侦查活动在一定程度上丧失了价值合理性。这样的侦查活动，虽然在一时一事上可能达到及时有效地突破案件的目的，但是从长远上看，由于它直接给当事人造成了不应有的损害，势必使当事人及其亲朋好友对刑事司法机关和刑事法律产生抵触情绪，丧失对打击犯罪的认同和对侦查活动的支持，从而妨碍侦查活动

第六章　刑事司法中的非理性评析

的进一步开展。并且，违法使用刑讯逼供等侦查手段，极可能使意志薄弱者屈打成招，使意志顽强者蒙混过关，从而导致冤假错案的发生。这种结果与侦查活动的目的恰恰是背道而驰的。

早在200多年前，贝卡里亚就对采用刑讯的各种理由（为了迫使罪犯交待罪行，为了对付陷于矛盾的罪犯，为了使罪犯揭发同伙，为了洗涤耻辱）一一进行了透彻地理性批判。他指出，如果是为了迫使罪犯交待罪行而施用刑讯，那么，刑讯使"有感性的无辜者以为认了罪就可以不再受折磨，因而称自己为罪犯。罪犯与无辜者间的任何差别，都被意图查明差别的同一方式所消灭了"。刑讯"这种方法能保证使强壮的罪犯获得释放，并使软弱的无辜者被定罪处罚"。贝卡里亚进一步指出："审查犯人就是为了了解真相。真相有时会从大部分人的面目表情中不期而然地流露出来，然而，如果说从一个平静人的语气、姿态和神色中很难察觉出真相的话，那么，一旦痛苦的痉挛改变了他的整个面目表情，真相就更难流露出来了。刑讯必然造成这样一种奇怪的后果，无辜者处于比罪犯更坏的境地。尽管二者都受到折磨，前者却是进退维谷，他或者承认犯罪，接受惩罚，或者在屈受刑讯后，被宣布无罪。但罪犯的情况则对自己有利，当他强忍痛苦而最终被无罪释放时，他就把较重的刑罚改变成较轻的刑罚。所以，无辜者只有倒霉，罪犯则能占便宜。"[1] 在现代，刑讯逼供已经不再是法律的规定，而是法律所禁止采用的侦查手段。但是在实践中仍然有人采用这种手段来突破案件，甚至将刑讯逼供视为突破案件的有效法宝。殊不知，这种侦查手段的使用未必就能达到使用者所期盼的结果，并且这种手段的使用使社会为之付出的代价是十分巨大的。

---

〔1〕〔意〕贝卡里亚：《论犯罪与刑罚》，中国大百科全书出版社1993年版，第31—36页。

(三) 起诉中的非理性

起诉活动的主要目的是把可能实施了犯罪行为应当对其适用刑罚的人提交法院审判,但是同时起诉活动也具有防止对不应当追究刑事责任的人和没有必要判处刑罚的人进行审判的过滤功能。因此起诉活动应当在这两个方面进行权衡,理智地合理地作出选择。但是有的公诉机关和检察官在起诉活动中并没有始终按照刑法的目的和精神在这两个方面之间进行理智地权衡,而是片面强调公诉在打击犯罪中的作用。这种非理性主要表现在以下三个方面:

1. 滥用相对不起诉权

1979年刑事诉讼法曾经赋予人民检察院免予起诉权。所谓免予起诉,是指对于其行为已经构成犯罪但是依照刑法规定不需要判处刑罚或者免除刑罚的犯罪嫌疑人,由检察机关作出不提请人民法院审判而终结诉讼的处理决定。设置这种制度的目的是为了对轻微的刑事犯罪不起诉、不判刑而重在社会教育以防止刑罚的施用可能产生的副作用。但是有的检察机关在行使免予起诉权的过程中严重违背刑事立法的目的,滥用免予起诉权,对经过侦查没有犯罪行为或者其行为不构成犯罪的犯罪嫌疑人也作出免予起诉的决定。特别是在90年代初期,在检察机关自行侦查的职务犯罪案件中滥用免予起诉权的现象十分严重,以致引起了社会各界的普遍关注,最终导致1996年修改刑事诉讼法时取消了检察机关免予起诉的权力。

1996年刑事诉讼法在取消免予起诉权的同时又赋予了检察机关不起诉权,其中包括有罪不起诉的权力即1996年《刑事诉讼法》第142条第2款规定的"对于犯罪情节轻微,依照刑法规定不需要判处刑罚或者免除刑罚的,人民检察院可以作出不起诉的决定"(现行《刑事诉讼法》第177条第2款)。行使这种不起诉权的前提条件必须是有犯罪行为,只是由于其情节轻微,依照刑法规定不需要判处刑罚或者应当免除刑罚。但是在实践中,有的检察机关不是对犯罪情节轻微依照刑法规定不需要判处刑罚或者应当免除刑罚的犯罪嫌疑人作出不起诉的决定,而是对经过侦查没有发现其有犯罪行为或者其行为根本就不构成犯罪的犯罪嫌疑人,适用1996年《刑事诉讼法》第142条第2款(现行《刑事诉讼法》第177条第2款)的规定,作出不起诉的决定,以逃避对已经逮捕的犯罪嫌疑人的国家赔偿。这种做法,明显地违背了刑事诉讼法的立法精神,使无罪的人受到不公正的处理。更多的是,许多检察机关严格控制相对不起诉的适用,使一些本来可以不提起公诉的案件起诉到法院,是犯罪嫌疑人过长时间的处于刑事诉讼的拖累之中。有的检察机关对已经起诉到法院但人民法院可能判无罪的案件主动撤回起诉,作相对不起诉处理,以致使无罪的人无法为自己辩护。

2. 有罪必诉的思维定式

检察人员在长期的起诉实践中很容易形成一种有罪必诉的思维定式,对于只要是有证据证明实施了犯罪行为的犯罪嫌疑人,往往不考虑是否需要判处刑罚以及对其施用刑罚是否有利于本人的教育改造,一味地强调刑事追究。

在实践中,有的检察人员审查起诉时只重视有没有犯罪事实存在,而不重视有没有判处刑罚的必要。对于刑法中规定的构成犯罪的要件,特别是"情节严重""情节恶劣"等程度不确定的要件,在认定时往往强调从宽掌握而不是从严掌握,以致对凡是有犯罪行为的,不论情节轻重都提起公诉;对于犯罪情节比较轻微,依照刑法规定可以判处刑罚也可以不判处刑罚的,则主张从严掌握,而不考虑从宽解释的可能性和不判处刑罚的必要性。特别是在"严打"过程中，有的公诉机关对于证据本身有疑点的、不够充分的或者不能排除合理怀疑的案件，也提起公诉。这种做法，在一定程度上，违背了体现在刑法和刑事诉讼法具体规定之中的节制刑罚的立法精神，容易导致刑事司法的扩大化。

3. 起诉过程中的当事人倾向

公诉是代表国家对有证据证明实施了犯罪并需要判处刑罚的被告人提请法院审判的活动。公诉人应当站在国家的立场上客观全面地收集证据，进行公诉，而不应当像与案件有利害关系的当事人那样参与诉讼，片面追求对被告人定罪的结果。但是在实践中，有的公诉人就是片面地按照案件一方当事人的心态进行公诉活动。其表现主要是：第一，在审查证据时只重视有罪证据，不重视无罪证据；只重视犯罪嫌疑人的有罪供述，不重视其无罪的辩解；只考虑定罪的可能性，而不关心无罪的可能性。第二，在庭前证据展示中，只愿接受律师展示的证据，不愿主动提供控方掌握的全部证据。第三，在法庭调查时，只乐于提供有罪证据，而不愿提供无罪证据；只讲罪重的情节，而不讲罪轻的情节和可能减轻或免除处罚的情节。第四，在审判结果上，只追求有罪判决的结果，而不愿接受无罪判决的结果，有的甚至对法院判处被告人无罪的案件，不分青红皂白地提起抗诉。

上述情况表明，在我国的公诉活动中存在着片面强调追诉犯罪的倾向，这种倾向与刑法理性的要求是格格不入的。

在人类社会的历史发展中，起诉犯罪的方式从私人自诉到国家公诉经历了一个漫长的发展过程。国家公诉之所以能够取代私人自诉并在起诉方式中占据主导地位，是因为国家公诉比私人自诉更具有理性，更符合刑法目的的要求。公诉是站在国家的立场上对经过侦查有证据证明实施了犯罪行为的人提起的控告并请求法院追究其刑事责任的活动。其一是它具有一定的证据基础,从而能够保证追诉犯罪的准确性;其二是它摆脱了当事人个人切身利益的影响,从而有可能仅从刑法的规定和精神出发公正地对犯罪进行指控,而不掺杂个人情感;其三是由于公诉主体本身不是案件一方的当事人,因而有可能站在国家的立场上客观地权衡起诉的利弊,保持追诉活动的必要性。所以,检察官在刑事诉讼中,负有客观性义务,理应客观公正地对待案件中各种有利于被告人的证据和不利于被告人的证据,而不能把自己混同于一方当事人,片面追求胜诉的诉讼结果。

但是公诉活动中的非理性表现,恰恰埋没了公诉相对于自诉的理性特征。

其一,它放弃了必要的权衡。公诉活动具有追诉犯罪的功能,它的启动,必然给犯罪嫌疑人的工作和生活造成一定的不利影响,使其权利受到一定的侵害甚至给其打上犯罪的烙印。因此对于已经发生的违法事实,是否要作为犯罪而向法院提起公诉,就需要根据刑法的具体规定和价值追求进行分析权衡,以确保有必要对其判处刑罚的犯罪嫌疑人及时提请法院审判,而使不应当或者没有必要判处刑罚的犯罪嫌疑人及时地从嫌疑状态和刑事追诉中解脱出来,使其恢复正常的社会生活和工作。而在公诉活动中一味地强调有罪必究,无论巨细轻重,只要有证据证明实施了犯罪行为,无论情节是否轻微、性质是否严重,统统对其提起公诉的做法,就失去了公诉的过滤功能,使一些没有判处刑罚必要的犯罪嫌疑人处于被追诉状态,甚至使一些按照刑法规定不构成犯罪的犯罪嫌疑人受到不应有的追诉。

其二,它丧失了应有的公正。公诉制度设定的目的是要客观公正地对待犯罪嫌疑人。但是公诉活动中的当事人倾向,使公诉主体丧失了客观公正的立场,丧失了理性地分析案件情况和证据材料的思维基础,而把自己降格为一方当事人,从而难以避免当事人在运用证据上的片面性和指控犯罪时的感情用事,从而无法保证指控犯罪和证实犯罪中的客观公正性。这与公诉的本意是格格不入的。

(四) 审判中的非理性

刑事审判是国家审判机关依照法定的权限和程序对于依法诉请其审理的刑事案件通过庭审活动对案件事实进行调查进而作出裁判的诉讼活动。审判活动是决定刑事案件实质问题的关键环节,对于刑事诉讼能否实现公平和正义具有决定性的意义。

理性的刑事审判活动,是审判结果公正的基本保障。而刑事审判活动中的非理性则可能使审判的结果背离刑事审判所追求的价值目标。从我国的刑事审判实践中看,应该说,多数刑事案件的审判都是严格依法进行的,具有司法理性的特征,但是在某些方面也存在着非理性的成分。这种非理性的成分主要表现在三个方面:

1. 判决未起诉之罪

在我国,对被告人定罪量刑的权力是人民法院独享的刑事裁决权。为了保证这种裁决权的公正行使,许多学者提出,司法权应当具有中立性和被动性的特征,如"司法权是被动性权力,它只有受到请求,才能采取行动。……司法权的被动性表现在:一是非因当事人请求不得启动司法程序;二是司法程序必须围绕当事人的请求事项进行,司法者不得添加或减损"[1]。法

---

[1] 齐延平:《论司法中立的规范构成》,载信春鹰、李林主编:《依法治国与司法改革》,中国法制出版社1999年版,第355页。

官的中立性和审判权的被动性被视为正当程序的基本特征。这种中立性和被动性，意味着法院审判案件必须以有权起诉的主体所起诉的案件为前提；法院的判决必须以控告的犯罪事实和罪名为对象。这是因为，第一，诉讼是以诉为前提的，先有诉，才会有讼，这是诉讼的一般原理。而在公诉案件中，这个原理就表现为刑事审判权的启动要以公诉权的行使为前提，没有公诉的提起，就没有审判的对象。在现代刑事诉讼中，公诉权的基本功能之一是设定刑事审判权行使的范围。公诉权是一种追诉请求权。这种追诉请求权的行使是启动刑事审判权的先决条件。对此，有的国家在刑事诉讼法中明确规定"法院不得就未经起诉的犯罪和未经起诉的被告人进行审判"（如德国），有的国家虽然没有明确规定，但都遵循这个原则。第二，刑事审判权的行使不得超出公诉权设定的范围，不仅是公诉权本身的性质所要求的，而且是保障被告人的诉讼权利所必需的。因为被告人享有辩护权这是现代刑事诉讼中保障人权的一项最基本的内容。而被告人行使辩护权，只能是针对起诉书中所指控的犯罪事实和罪名来进行辩护。被告人及其辩护人不可能针对起诉书中没有指控的犯罪事实和罪名来为其进行辩护，也无法预测审判机关在起诉书指控的范围之外会认定其犯有哪些罪行。因此，刑事审判权的行使如果超出了公诉权所设定的范围，被告人及其辩护人就无法为被告人的权利进行辩护。这就在客观上剥夺了被告人的辩护权，从而使被告人在刑事诉讼中处于极为不利的位置。

但是在实践中，有的审判机关在对刑事案件作出判决时任意改变公诉机关所指控的罪名，使被告人没有任何机会对判决书中认定的罪名进行辩护。有的审判机关甚至在判决书中对公诉机关没有指控的犯罪事实或者没有对特定被告人提出指控的犯罪事实,也加以认定,并据以对被告人判处刑罚[1],使刑事审判权主动地扩张到起诉范围之外。这种主动追诉没有对特定被告人提出指控的犯罪事实的做法,不仅违背了刑事审判的基本原理和现代法治的基本精神,而且可能导致刑罚权的滥用。

2. 审案与定案相分离

尽管随着法院审判改革的深入,当庭宣判率有了一定的提高,但是从总体上看,开庭审理后不能及时宣判的案件,在法院审理的刑事案件中仍然占有相当大的比例。不能当庭宣判的原因,最主要的是审案与定案相分离,即审理案件的合议庭,

---

[1] 某区人民检察院在起诉书中对黄某甲、王某等9名被告人提出指控。在列举了9名被告人的犯罪事实之后,起诉书中指出:综上所述,被告人黄某甲、王某等9人以暴力威胁或其他手段,有组织地进行违法犯罪活动,称霸一方,为非作歹,欺压、残害群众,严重破坏了社会生活秩序,其行为触犯了《中华人民共和国刑法》第294条之规定,被告人黄某甲涉嫌犯组织、领导黑社会性质组织罪,被告人王某等8人涉嫌犯参加黑社会性质组织罪。……根据《中华人民共和国刑事诉讼法》第141条之规定,对被告人黄某甲、王某等9人提起公诉,请依法判处。该起诉书中对黄某甲的指控,只有组织、领导黑社会性质组织罪一个罪名。

但是该区法院在刑事判决书中认定被告人黄某甲犯有组织、领导黑社会性质组织罪,故意伤害罪,聚众斗殴罪三个罪:以组织、领导黑社会性质组织罪,判处有期徒刑10年;以故意伤害罪判处有期徒刑7年;以聚众斗殴罪判处有期徒刑4年,决定执行有期徒刑19年。

其中,关于故意伤害罪,起诉书指控的犯罪事实是:"1995年6月12日20时许,被告人权某在一小卖店前,因琐事与黄某、李某发生口角,被其二人殴打,当晚22时许,黄某乙见权某被他人打伤,便持猎枪纠集数人,在被告人权某的带领下,到唐某、李某的住所进行报复。在追打唐某、李某的途中,黄某乙开枪击中唐某的腹部,唐某经医院抢救无效死亡。"对此,判决书中认定的犯罪事实是:"被告人权某为报复唐某、李某,纠集黄某乙等人,故意伤害唐某,并致其死亡,应对唐某死亡的后果负责;被告人黄某甲在唐某被故意伤害致死一案中,事先纠集多名参与者,事后又组织怂恿参与案件者外逃,起到了组织作用,应对唐某死亡的后果负责,被告人黄某甲、权某的行为均已构成故意伤害罪。……公诉机关对黄某甲、宋某的指控有遗漏,对被告人权某、王某的指控有误。"

关于聚众斗殴罪,起诉书中指控的犯罪事实是:"1984年8月的一天,被告人黄某甲与个体矿主李某甲,因采煤界限发生争执,被李某甲等人打伤。次日,黄某乙、闫某与被告人黄某丙、王某、王某甲等人持猎枪、铁棒、木棒等凶器,在黄某甲的矿井附近与驾车携猎枪前来的李某甲、李某乙、张某等人相遇,双方发生殴斗,张某、李某甲、李某乙均被对方打伤。"对此,判决书中认定的犯罪事实是:"此次斗殴,是持械聚众斗殴,且人数多、规模大、社会影响恶劣,被告人黄某甲是组织和指挥者,是首要分子,被告人王某、王某甲是积极参加者,其三人的行为均已构成聚众斗殴罪"。

在许多情况下不能直接根据合议庭审议的结果作出判决,而必须经过法院的行政领导或者审判委员会研究决定后,或者经请示行政领导同意后,合议庭才能或者才敢作出判决。[1] 这种做法,虽然有最高人民法院司法解释上的依据,但是与正当诉讼程序的要求相去甚远。它使审判案件所需要的亲临性在刑事裁决权的行使中成为多余,使没有亲自参加案件审理的人员在不可能客观全面了解案件事实真相的情况下掌握着对案件作出最后决定的权力(这种状况,虽然适应了我国目前法官整体素质还不能适应独立作出判决的情况下防止错案的需要,但是它在一定程度上增加了裁判的随意性,不符合司法理性的要求。这种状况随着司法体制改革的不断深化,特别是随着十八届四中全会决议提出的"让审理者裁判、让裁判者负责"原则的推行,有了很大的改变。但是,审理案件的法官与庭长、院长以及审判委员会之间的职权划分仍然有待进一步明确)。至于下级法院在作出判决之前就主动征求上级法院的意见,根据上级法院的意见作出判决的做法,不仅与刑事审判的要求格格不入,而且变相地剥夺了被告人上诉的权利。

3. 刑罚裁量的随意性

在1997年刑法修改之前,审判机关滥用1979年《刑法》第59条第2款关于"犯罪分子虽然不具有本法规定的减轻处罚情节,如果根据案件的具体情况,判处法定刑的最低刑还是

---

[1] 有学者指出:"实践中,审判委员会的权力很大,在一些法院,不仅重大疑难案件由审判委员会决定,就是一些普通案件,也往往提到审委会去讨论。审判委员会运作的结果是,庭审功能萎缩,判决不体现法官的独立意志,'审''判'分离,公开、公平、公正的原则在判这一关键环节反而不能体现,严重影响判决的可信度。院、庭长审批或决定案件是最为典型的行政运作方式,其运作造成的危害与审判委员会并无二致"。参见胡永胜:《司法权力合法运作的制度保障》,载信春鹰、李林主编:《依法治国与司法改革》,中国法制出版社1999年版,第388页。

过重的，经人民法院审判委员会决定，也可以在法定刑以下判处刑罚"的规定的现象普遍存在，特别是对于一些职务犯罪分子，在没有法定减轻处罚情节的情况下，大量适用减轻处罚。1997年刑法修改以后，由于刑法取消了任何一个人民法院都有在法定刑以下减轻处罚的权力（1992年《刑法》第63条第2款规定："犯罪分子虽然不具有本法规定的减轻处罚情节，但是根据案件的特殊情况，经最高人民法院核准，也可以在法定刑以下判处刑罚"），这种现象在一定程度上得到了遏制。但是仍有一些法院，为了给没有法定减轻处罚情节的犯罪分子减轻处罚，有意对某些犯罪情节或者犯罪数额不予认定，或者把某些不符合减轻处罚法定情节的因素（如立功）认定为减轻处罚的法定情节，从而达到对犯罪分子降格处罚的目的。

《刑法》第61条规定："对于犯罪分子决定刑罚的时候，应当根据犯罪的事实、犯罪的性质、情节和对于社会的危害程度，依照本法的有关规定判处。"但是在司法实践中，有的审判机关在裁量决定刑罚的时候，只要是在刑法规定的法定刑幅度内判处刑罚，就认为是合法的，而没有充分考虑具体案件中犯罪的事实、犯罪的性质、情节和对于社会的危害程度，没有在刑法规定的罪刑关系体系内权衡刑罚的适当与否，更没有在具体案件中考虑犯罪与所处刑罚之间的相互平衡，以致在不同法院或者同一法院的不同时期对同类犯罪大致相同的情节实际判处的刑罚差距很大，而犯罪性质和情节不同的案件，实际判处的刑罚却基本相同[1]。这种情况，使刑法中规定的罪责刑相

---

[1] 某区法院在同一时期判处4起盗窃案。其中一起盗窃财物共计约1600元，判处有期徒刑6年，另一起在同一个月内判决的盗窃案同样是盗窃财物共计约1600元，判处拘役6个月；第三件盗窃案盗窃财物共计9800元（多次），有期徒刑2年，罚金5000元，第四起盗窃案盗窃财物计980元（一次），亦判处有期徒刑2年，罚金3000元。

适应的基本原则在刑事司法过程中化为乌有。特别是由不同地方的法院判处的犯罪分子在同一监狱内执行刑罚的时候，刑罚裁量的随意性所导致的刑法适用不公，就会集中地凸显出来，使服刑的犯罪分子鲜明地深切地感到这种不公。而这种感受必将使刑法的预防功能丧失殆尽。

对于正在服刑的犯罪分子，有的审判机关也滥用刑法中关于减刑的规定，任意扩大减刑的适用，使一些不完全具备减刑条件的犯罪分子得以减少实际执行的刑罚。

在此，值得一提的是，在一些审判人员中存在着一种观念，认为既然法官和法院具有自由裁量权，那么，只要是在法定刑的幅度内判处刑罚，无论是轻还是重，都是正确的，不存在量刑不当的问题。这种观念是对自由裁量权的误解。法官包括对案件具有决定权的法院，对自己审判的案件具有自由裁量权，这是毋庸置疑的，也是审判活动的内在要求。但是这种自由裁量权并不意味着只要是在法定刑幅度内法官就可以任意决定被告人的刑罚，不等于刑罚裁量的随意性。

我国现行刑法中有许多条文都是把"三年以上十年以下有期徒刑"作为一个法定刑幅度的。如果同一个法院对案情基本相同的两个案件或两个被告人，一个判处三年有期徒刑，另一个判处十年有期徒刑，我们无论如何也无法认可这两个判决都是正确的和公正的。同样地，我国现行刑法中有相当一部分条文是把"十年以上有期徒刑、无期徒刑或者死刑"规定在一起的，或者是把"十年以上有期徒刑或者无期徒刑"规定在一起。如果罪名完全相同、情节也大致相同的两个案件或被告人，一个被判处死刑，而另一个被判处十年有期徒刑。又有多少人会认可这两个判决都是正确的和公正的呢？在此，不妨举一个耐人寻味的真实案例：某市中级法院曾判处过一个多人共同抢劫杀人案件。主犯论罪应当判处死刑，但因其具有重大立功表现，被减轻判处九年有期徒刑。而该案的三名从犯却被判处死刑。这个判决结果公布后，不仅该案的其他犯罪人及其家属不能接受，而且提起公诉的检察机关也不能理解，相当一些人建议提出抗诉。大家认为，基于该主犯有重大立功表现，本该判处死刑而减轻判处无期徒刑甚至十年以上有期徒刑都可以，但将其减轻判处九年有期徒刑而同一案件中的从犯被判处死刑，显然是不合理的。但是法院的审判人员讲，主犯因其有法定减轻处罚情节，在法定最低刑十年以下判刑是符合法律规定的。这个问题，从表面上看，是一个对《刑法》第63条的理解问题，即当刑法分则把死刑、无期徒刑和十年以上有期徒刑一起规定为一个刑罚档次时，这是一个不可分割的法定刑档次，还是同一法定刑档次中可以再分割的几个法定刑档次。如果认为当刑法分则把死刑、无期徒刑和十年以上有期徒刑规定在一起时，只有一个不可分割的法定刑档次，那么既然有减轻处罚情节，按照《刑法》第63条的规定，就应当在十年以下有期徒刑中决定实际判处的刑罚；如果认为在这类刑法规定中，死刑、无期徒刑、十年以上有期徒刑是同一法定刑档次中三个可以分割的法定刑档次，那么本应判处死刑的，有减轻处罚情节，就应当判处无期徒刑。但是这个问题的实质是刑罚的适用要不要受刑罚合理性或者刑罚公正性的制约，要不要受刑法基本原则（罪责刑相适应原则）的制约。在同一案件中，对主犯不判处死刑而对从犯判处死刑，在情理上，应该说是违背社会正义的基本理念的。刑事司法应当保障在全社会实现公平和正义，因此在适用刑罚的时候，对刑法规定的理解、解释和适用，就应当符合公平和正义的要求，合理地解释和适用刑罚，而不能不顾常理任意解释和适用刑法导致刑罚适用的不合理。

因此，自由裁量权的行使，必须受到一定的限制。这种限制，至少包括罪责刑相适应原则的限制和刑法公平原则的限制。罪责刑相适应原则是我国现行刑法中明文规定的，即使是在法定刑幅度内选择刑罚，也应当遵循这个原则的精神，而不能作出明显与这个原则的要求相悖的判决。刑法公平原则是指刑法的适用对所有被适用刑法的人来说，应当是公平的，即相同的原则和标准在相同的案件中应当一视同仁。从理论上讲，同一部刑法在其效力范围内应当公平合理地适用于一切犯罪人。当然在实践中由于各种原因很难完全做到这一点。但是至少，在同一时期、在一定范围内（例如在同一地区或同一法院），刑法的适用应当是公平的。否则，就没有正义可言。正是基于这个原因，最高人民法院推行量刑规范化改革，发布量刑指南，以规范各级人民法院的量刑活动，保证在具体案件中裁量决定刑罚的统一性。当然，也要防止机械地按照量刑指南来判处刑罚而不顾刑罚适用的合理性。

刑事审判的核心是发现案件的事实真相，准确适用刑法。要发现案件的事实真相，就必须认真听取控诉方的指控和被告人的陈述及其辩护人的意见，必须全面仔细地分析法庭调查中展现在法官面前的所有证据。要准确地适用刑法，就必须掌握与案件有关的刑法规范及其与所审判的案件所涉及的犯罪行为之间的关联性，把握刑法规范的内在精神，就必须持有中立的心态、坚持公正的原则。但是刑事审判活动中的非理性，严重影响了事实认定的客观性、刑法适用的准确性和判决结果的公正性，容易导致误判、重判，伤及无辜，使刑法的目的在实践中难以真正实现，甚至使刑法适用的实际效果与其应有的功能相去甚远。

（五）刑罚执行中的非理性

刑罚的执行应当包括刑法中规定的所有主刑和附加刑的执行。在刑罚执行中非理性表现突出的主要是自由刑即有期徒刑和无期徒刑的执行。

1. 对服刑人的非人道待遇

有期徒刑和无期徒刑通常是在监狱执行的。监狱剥夺了犯罪人的自由，使被判刑的犯罪人在服刑期间成为"囚犯"。但是监狱作为执行有期徒刑和无期徒刑的场所，应当仅限于剥夺服刑人的自由和教育改造服刑人。然而事实上，有的监狱在剥夺自由和教育改造服刑人的过程中，对被执行人的合法权益缺少有效保护。这种非人道的待遇，主要表现在三个方面：其一，无视囚犯的人格尊严。如给服刑人"剃光头"，让服刑人穿戴印有"囚""劳改""罪犯"等羞辱性字样的服饰，一些监狱警察随意辱骂服刑人。其二，对囚犯进行残暴的折磨性管束。有些监狱警察经常以饿饭、挨冻、体罚或变相体罚等方式虐待不服管教的服刑人，有的甚至滥用戒具，有意折磨服刑人。其三，限制甚至剥夺囚犯的基本权利。有的监管人员无视服刑人控告申诉的权利，不将服刑人对判决不服的申诉书及时转交有关部门。特别是对于服刑人控告其在狱内受虐待的控告书，往往长期扣押。有的监狱不保障服刑人接受医疗的权利，使服刑人有病时不能得到及时有效的治疗。有的监狱警察无视服刑人对其私人所有的合法财产的所有权，任意没收服刑人的财产。

2. 违法减刑假释

按照刑法和监狱法的规定，被判刑人在执行期间，只有"认真遵守监规、接受教育改造，确有悔改表现的，或者有立功表现的"才可以减刑；被判处有期徒刑和无期徒刑的犯罪分子，只有在已经执行了一定期限的刑罚，并且"认真遵守监规，接受教育改造，确有悔改表现，假释后不致再危害社会的"才可以假释。但是有的监狱和监狱管理人员，利用审判人员受客观条件的限制，不了解狱内真实情况的现状，徇私枉法，收受贿赂，对并无悔改表现或立功表现甚至表现恶劣的服刑人申报减刑或者假释，而对于表现良好甚至有立功表现的服刑人却不依法建议减刑、假释。有的监狱甚至完全不顾假释的法定条件，只要服刑人能缴纳一定数量的"押金"，即为其办理假释手续。

3. 滥用监外执行制度

为了贯彻刑罚的人道精神，刑事诉讼法规定，对于"有严重疾病需要保外就医的"服刑人和在服刑期间"怀孕或者正在哺乳自己婴儿的妇女"，以及"生活不能自理，适用暂予监外执行不致危害社会的罪犯"，可以暂予监外执行刑罚（《刑事诉讼法》第265条）。但是有的监狱和监管人员，严重违反刑事诉讼法和监狱法的有关规定，收受贿赂，徇私枉法，滥用暂予监外执行制度的现象十分严重。有的甚至主动地与服刑人及其亲属相勾结，为服刑人开具虚假的医疗诊断书，人为制造保外就医的条件[1]，使法律规定的暂予监外执行制度成为犯罪分子逃避服刑的"地下通道"。有的对暂予监外执行者，明知其作为暂予监外执行原因条件的情形已经消失，并且其实际执行的刑期未满，却有意无意地不收监执行，以致暂予监外执行等同

---

[1] 新疆第四监狱副监狱长张武荣、二中队指导员寿少云、二中队副队长胡海斌等人在收受正在服刑的罪犯俞海明的贿赂之后，不仅允许俞海明在豪华大酒店开包房，一住就是十多天，不仅允许俞海明在服刑期限回上海处理其公司事务包括为其伪造身份证乘飞机，而且通过各种关系为其制造假病历，办理了"保外就医"手续，使因票据诈骗罪被判处有期徒刑15年的重刑犯，在入狱服刑不到10个月之后，以保外就医的名义回到其犯罪地上海。参见《检察日报》2002年1月25日，第5版。

于刑满释放[1]。

刑罚的具体适用，不仅是为了向社会宣示刑法的不可违反性，而且是为了教育改造犯罪人。特别是在现代，刑罚的个别预防功能被视为刑罚施用的首选价值。但是刑罚执行中的非理性，使刑罚本身可能具有的个别预防功能难以实现。因为刑罚施用的非人道性，不仅仅是能够产生受刑人对刑罚的畏惧，而且能够使受刑人产生对社会对刑法的仇恨心理，在受刑人的心灵深处埋下反抗现存法律制度的种子。一旦其被释放，重新犯罪的可能性就很大[2]。而减刑、假释、监外执行的滥用特别是用金钱来交换的现象，不仅使从中获益的被判刑人非但不能从判刑中汲取对其犯罪行为的警惕，反而使其更加蔑视社会正义和法律权威，使刑事司法和刑事司法机关的神圣性在这些人面前荡然无存，而且使无法用金钱来换取减刑、假释或监外执行的被判刑人更加感到刑法适用的不公正性，使刑罚本来可能发挥的特殊预防功能在金钱万能的感慨中丧失。

总之，刑事司法活动中缺乏理性的表现，都是与刑法的目的追求背道而驰的做法。其结果必然妨碍刑法功能的有效发挥和刑法目的的实现，导致刑法适用的不合理性和无节制性。这些现象也表明，在刑事司法活动中强调理性原则十分必要。

以上分析表明，在我国目前的刑事司法活动中，尽管在许多方面和许多案件中都贯彻了刑事法律的基本精神，体现了理性司法的要求，但是其中存在的非理性成分不能不引起人们的

---

[1] 据2002年2月25日《检察日报》头版介绍，2001年1月至11月，《监外执行条件消失应收监执行而未收监执行1570人》，载《检察日报》2002年2月25日，头版。

[2] 长期以来，我国刑满释放人员重新犯罪的再犯率一直居高不下，有些地方的再犯率超过了犯罪总数的30%。这使我们不得不认真反思我国的刑法制度。既然我们的监狱不能把犯了罪的人改造成为新人，我们还有没有必要大量地适用刑法，把一些罪行不严重的初犯偶犯、未成年犯、老年犯，统统送进监狱。

第六章 刑事司法中的非理性评析

忧虑和关注。特别是刑事司法机关,为了保障在全社会实现公平和正义的价值目标,为了减少人民群众对司法不公的不满,更应当高度重视刑事司法活动中的非理性问题,在刑事司法活动中坚持理性原则。

第七章　刑法理性化的道路

　　本书通过对刑法理性的论述以及对我国刑法立法和刑事司法中非理性因素的评析，试图说明我国刑法应当向着更加理性的方向发展。刑法的运用应当尽可能地符合刑法目的的要求，不断革除与刑法目的的要求不协调的制度设置、思想观念和具体做法，使社会为预防犯罪所付出的代价减少到维护秩序、安全和自由必不可少的限度。只有不断革除刑法制定和运用过程中非理性的因素，刑法才能沿着理性指引的道路前进。同时，我们应当充分认识刑法以外的手段和措施对预防犯罪的作用，努力寻求比刑法更有效的预防犯罪手段，而不能完全依赖于刑法来预防犯罪。犯罪的发生，并不完全是甚至最主要的不是因为刑法而引起的，而是社会矛盾与人的个性结合作用的结果，是现实社会中客观存在着的制度性、个案性不公平、不合理、不道德、不正常现象的集中反映。为了有效地预防犯罪，除了对人进行普遍的社会整体意识教育包括道德教育、法治教育、尊重他人和社会利益等教育之外，应当着力于减少、缓解社会矛盾，尽可能地消除和解决现实社会中导致某些人走向犯罪道路的社会问题，从源头上减少犯罪发生的原因性现象。

　　刑法的发展是通过改革来实现的，改革则必须理性地进行。只有在对现存刑法制度及其运作中的非理性进行深刻反思的基础上、在与现代法治的发展趋势相适应的刑法理念的支撑下，谨慎进行的制度性改造，才能保证刑法向着更加理性的方向发展。没有理性的思考，没有与现代社会发展相适应的刑法理念，就不可能有未来刑法的改革；即使有，也很难保证这种改革不是一种倒退。因为并不是对刑法所进行的任何改革都能保证刑法向着理性化的方向发展。首先，刑法改革动意的提出，如果不是在认识到现实刑法运作中存在的问题并对这些问题进行理性思考的结果，刑法改革就不会有明确的方向，就缺乏持续的动力。如果只是为了满足某种需要或者为了实现某种欲望而凭一时的心血来潮随心所欲地要求改革，这种要求本身就不具有合理性；按照这种要求进行的改革也就不可能是理智的改革。同样地，如果是为了追逐时尚或者是为了打造某种轰动效应而大破大立急功近利地举起改革大旗，这种改革必然是任性支配的胡作非为，其结果也必然是短命的。其次，刑法改革的实际进行如果没有对各种改革预案的综合分析和利弊权衡，就可能顾此失彼，丧失其内在的合理性。其结果就可能背离刑法改革的初衷。因此，如同必须理性地对待刑法的实际运用一样，必须理性地对待刑法改革。

一、刑法改革的价值取向

理性地对待刑法改革，在理论上就涉及如何选择刑法改革的价值取向，在实践中就涉及如何确定刑法改革的具体内容。

根据前文的分析，笔者认为，我国刑法改革的价值取向应当是淡化对刑罚威慑功能的崇尚、重视刑法导引功能的发挥。在刑法理念上，树立刑法的导引功能比威慑功能更重要的思想，摒弃重刑主义的思维定式，破除对重刑在遏制犯罪中的作用的迷信；在刑法的规范设置和实际适用上，把改革的重心放在法网的严密性上而不是刑罚的严厉性方面，用刑罚较轻但是疏而不漏的法网来取代刑罚较重但是又疏又漏的法网；在刑事司法制度上，着力改造可能导致司法权滥用的制度性因素，按照司法规律建设公正廉洁、高效运作的刑事司法系统。

  刑法的导引功能比刑法的威慑功能更重要。刑法的导引功能，是指通过刑法对危害社会的行为进行否定性评价，指导人们的行为选择，以引导人们避免实施犯罪行为。刑法的引导功能是立法者根据自己的目的和对各种可能威胁到自己生存条件的行为的认识，自觉选择和设定的。因而，导引功能更有利于预防犯罪目的的实现，更具有理性的色彩。而威慑功能是刑罚自身所具有的功能。威慑功能是通过对犯罪施用的重刑所产生的心理强制来实现的，刑罚越重，其对犯罪的威慑功能就越大。因此崇尚刑法的威慑功能，必然把预防犯罪的注意力集中在刑罚上，必然主张对犯罪规定和适用较重的刑罚，其结果也就不可避免地导致重刑主义的刑法。由于对犯罪规定的刑罚比较重，立法者就不得不考虑把某些危害不是十分严重的行为排除在犯罪之外；由于对犯罪适用的刑罚比较重，司法者就不得不考虑对某些犯罪不认为是犯罪，而不忍心看到过重的刑罚施用于罪行较轻的罪犯，其结果必然使刑法的体系和适用出现又疏又漏的状况，从而难以发挥预防犯罪的作用。以受贿罪为例，1979年《刑法》第185条规定："国家工作人员利用职务上的便利，收受贿赂的，处五年以下有期徒刑或者拘役。赃款赃物没收，公款公物追还。犯前款罪，致使国家或者公民利益遭受严重损失的，处五年以上有期徒刑。"1988年《关于惩治贪污罪贿赂罪的补充规定》为了严惩受贿罪，给受贿罪规定了与贪污罪一样的刑罚，即对受贿罪的法定最高刑从五年有期徒

第七章 刑法理性化的道路

刑一下子提高到死刑[1]。但是同时补充规定为普通受贿罪增加了"为他人谋取利益"的要件[2]。这个要件的增设，就使一大批收受贿赂的行为不构成犯罪。这样的规定，也许其初衷是为了严惩受贿罪，但是实际上由于它把一大批受贿行为排除在犯罪之外，从而使这些行为不受刑法的否定性评判；同时，这种规定也给那些收受贿赂的人为自己的行为辩护提供了各种各样可能的借口，从而可以逃避刑法的制裁。这样的规定，从表面上看，确实是通过加重刑罚增加了威慑功能，但是实际上却由于大部分受贿行为不构成犯罪或者可以辩解为无罪而使人们在收受贿赂的时候怀抱着不受处罚的希望从而对刑法的规定无所顾忌。并且，这种立法给人们传达的信息并不是刑法要禁止利用职务上的便利收受贿赂的行为，而只是禁止收受了贿赂之后为他人谋利益的行为。由于人们认为刑法并不惩罚受贿行为本身，因而对受贿罪规定死刑并没能发挥出刑法对受贿行为的否定性评价所具有的引导人们不要实施受贿行为的功能。

刑法的导引功能，首先要求把刑法立法的重点放在对犯罪行为的界定尽可能地明确化、周密化方面，使一切危害社会需要动用刑罚的行为在刑法中都具有明确的规定，而不是一味地强调对某些后果严重的危害行为设定严厉的刑罚，而对其他类似的危害行为不管不问。

刑法的导引功能，同时要求在刑事司法中强调定罪的准确性和刑罚的必定性，对一切规定为犯罪的行为都无例外地适用

---

[1] 1979年《刑法》第185条第2款的规定并不是对普通受贿罪的规定，而只是对受贿罪同时致使国家或者公民利益遭受严重损失的行为所规定的刑罚。因此就普通受贿罪而言，按照该条第一款的规定，法定最高刑只有五年有期徒刑。

[2] 如果补充规定不增加这个要件，死刑的增设就可能导致一大批受贿犯罪的人被处以极刑，从而威胁到社会的稳定和统治的基本力量。

刑罚，而不是通过各种限制性条件使某些性质相同的行为不受处罚，从而使刑法在禁止犯罪行为方面具有毋庸置疑的效力。

刑法的导引功能，还要求建立刑罚较轻但疏而不漏的刑法体系，保障刑法适用的必要性，从而更好地发挥刑法在预防犯罪中的作用。正如贝卡里亚指出的："对于犯罪最强有力的约束力量不是刑罚的严酷性，而是刑罚的必定性，这种必定性要求司法官员谨守职责，法官铁面无私、严肃认真，而这一切只有在宽和法制的条件下才能成为有益的美德。即使刑罚是有节制的，它的确定性也比联系着一线不受处罚希望的可怕刑罚所造成的恐惧更令人印象深刻。因为，即便是最小的恶果，一旦成了确定的，就总是令人心悸。然而，希望——这一天赐物，往往在我们心中取代一切，它常常使人想入非非，吝啬和软弱所经常容许的不受处罚更加使它具有力量。"[1]

所以，未来的刑法改革应当致力于法典的严密性和刑罚的必定性，更多的通过刑法的导引功能来预防犯罪，而革除重刑主义的刑法思想，淡化通过重罚所产生的威慑力量来遏制犯罪的做法。这是在思考刑法改革问题时应当坚持的最基本的价值取向。

坚持刑法改革的价值取向，最重要的是需要我们在刑法思想、刑事司法政策和刑事司法的执法观念上不断克服非理性的成分，按照刑法目的性、合理性和节制性的要求，慎重地对待刑法立法和刑法解释，理智地对待现实社会中的犯罪问题，严格执行刑法和刑事诉讼法的规定，以便更好地发挥刑法本身在保护国家和人民利益、保障社会的秩序、公民的安全和自由方面应有的作用。

---

[1] 〔意〕贝卡里亚：《论犯罪与刑罚》，中国大百科全书出版社1993年版，第59页。

二、刑法的严密性问题

刑法的严密性是保护刑法所追求的基本价值的逻辑要求。在任何社会里,刑法所保护的利益都是多元的。刑法应当充分考虑到可能对任何一个方面的利益造成严重危害的行为,并对这些行为作出禁止性的规定。同时,在现实社会中,危害行为的表现方式是多种多样的,尤其是其具体手段总是处在不断翻新、不断变化之中。如果刑法在把一种行为规定为犯罪的时候没有把具有同样危害性并且极相类似的另一种行为规定为犯罪,刑法的保护机能就不可能得到充分的发挥。

刑法的严密性是指刑法的所有规定构成一个严密的整体,没有反向利用的空隙。刑法关于犯罪的规定应当能够包括同类危害行为的各种表现形式,力求避免刑法在禁止一种危害行为的时候,使性质相同、危害程度相当的类似行为不在禁止之列;刑法关于刑罚轻重的规定应当能够与犯罪的程度相对应,力求避免在按照同一价值标准判断时危害较大的行为受到较轻的处罚而危害较小的行为受到较重的处罚。

实现刑法严密性的关键是如何在严密性与明确性之间保持必要的平衡。罪刑法定原则一方面要求法无明文不为罪,所有犯罪都应当由法律来明确规定,没有规定为犯罪的行为,就不能作为犯罪来追究,这就使刑法的规定尽可能地严密以致成为包罗所有犯罪的法律规范;另一方面又要求刑法关于犯罪和刑罚的规定具有明确性,不能用含糊的语言来表述,但明确性总是与具体化相联系,只有具体的规定才是明确的,而越是具体的东西,其所包含的内容就越少,其所涵盖的范围就越小,也就越容易遗漏类似的东西。因此,刑法规范要具有严密性,就必须在犯罪构成要件的粗细上保持必要的平衡。

因此,实现刑法的严密性,应当从犯罪构成要件的类型化入手。刑法中规定的犯罪应当是类型化了的犯罪行为，它应当是对同一类型的行为所具有的能够决定行为危害社会的本质及其程度的事实特征的高度概括性规定，而不应当是对某些并不决定行为的社会危害性及其程度的具体表现形式的描述。只有从犯罪构成的事实要件中删除那些不影响行为的危害程度和罪过形式的描述性、枝节性规定，突出犯罪行为的类型性特征，并使对犯罪的类型化概括尽可能的科学、严谨，没有多余的或者可能产生歧义的文字，才能保证刑法的严密性（当然，也需要通过刑法立法，不断地把新出现的严重危害社会的行为规定为犯罪）。

（一）关于犯罪主体的规定

犯罪主体作为构成任何犯罪都必须具备的基本要件，通常是刑法总则中加以规定的。只有当行为主体的某些特征对犯罪的成立与否具有重要的意义时，才会在刑法分则中作为构成某种具体犯罪的特殊主体加以规定。

1. 具体犯罪构成中规定主体要件的根据

刑法分则中关于犯罪特殊主体的规定，应该基于下列几个方面的理由：

（1）危害行为只有具有某种身份的人才能实施。在现实生活中，有些行为，任何人都可能实施，而有些行为，只有具有某种特定身份的人才能实施。在后一种情况下，特定的身份往往是实施有关行为的先决条件，因而有关行为的实施也就意味着行为人利用了自己的身份所提供的便利条件或者违反了自己的身份所要求的行为规则。当这种行为是危害行为的时候，其身份与危害行为相结合，就产生了行为人的刑事责任。例如，《刑法》第129条规定的丢失枪支不报罪，只能由依法配备公务用枪的人员实施。不是依法配备公务用枪的人员，就没有合法持有枪支的资格，也不存在丢失枪支后的报告义务，因而不可能实施本条规定的犯罪行为。

（2）身份决定行为对社会的危害程度。当身份标志着行为人具有某种条件而这种条件一旦用于实施危害行为就可能加重行为的危害程度时，这种身份就影响到刑事责任的有无和大小。例如，非法剥夺公民的宗教信仰自由和侵犯少数民族风俗习惯，情节严重的行为（《刑法》第251条），虽然任何人都可以实施，但是国家机关工作人员由于其身份所具有的行使国家权力的职责，由其实施这类行为就可能比其他人实施同类行为对公民的宗教信仰自由和少数民族风俗习惯造成更大的危害或者更为恶劣的影响，所以刑法规定，国家机关工作人员实施非法剥夺公民的宗教信仰自由和侵犯少数民族风俗习惯，情节严重的行为的，要追究刑事责任。再如，私自开拆或者隐匿、毁弃邮件、电报的行为（《刑法》第253条），虽然任何人都可以实施，但是邮政工作人员由于其身份所决定的接触他人邮件、电报的便利和经常性，其实施这类行为就比其他人实施同类行为对公民的通信自由具有更大的威胁，所以，刑法对其规定了较重的刑罚。

（3）行为与某种特定的身份相结合，表明行为具有危害社会的性质。某些行为，虽然人人都可能实施，但是如果具有某种特定身份的人实施时，便会与其身份所代表的利益发生冲突，从而产生危害社会的社会效果，以致为法律所禁止。例如，国有公司、企业、事业单位的工作人员，利用职务便利，将本单位的盈利业务交由自己的亲友进行经营，以明显高于市场的价格向自己的亲友经营管理的单位采购商品或者以明显低于市场的价格向自己的亲友经营管理的单位销售商品的，或者向自己的亲友经营管理的单位采购不合格商品，使国家利益遭受重大损失的行为；国有公司、企业或者其上级主管部门直接负责的主管人员，徇私舞弊，将国有资产低价折股或者低价出售，致使国家利益遭受重大损失的行为等。这类行为与代表国家管理国有资产的主体身份相结合，表明其行为所危害的是国家利益。如果不是国有公司、企业、事业单位的领导或职工，其所实施的类似行为就不会危害到国家的利益，或者其可能造成的危害在程度上不及具有上述特定身份的人可能造成的危害严重，因而刑法不要求其承担刑事责任。

（4）身份表明行为的危害程度或类型。当身份代表一定权力时，利用这种身份实施危害社会的行为，就会加重行为的危害程度；当身份表明其所履行的职责性质时，如果具有某种身份的人违反自己的职责，其身份就表明了危害行为的类型。例如，以暴力、威胁、贿买等方法阻止证人作证或者指使他人作伪证的，以及帮助当事人毁灭、伪造证据的行为，本身是具有社会危害性的行为，并且任何主体都可能实施。但是司法工作人员由于其身份所享有的职权，决定了其实施这类行为，对社会必然产生更为严重的危害，所以，《刑法》第307条第3款规定，司法工作人员实施这类行为时，要从重处罚。又如，军人由于其肩负的特殊职责，决定了其违反职责的行为，所危害的必然是国家的军事利益，所以刑法将其独立规定为一章。

（5）身份表明主体在危害行为中的作用。当某种身份是以行为主体在实施危害行为的过程中所起作用划分时，这种身份本身就表明了行为主体在危害行为中所起作用以及其应负的刑事责任大小。例如，在《刑法》第291条规定的聚众扰乱公共场所秩序、交通秩序罪中，虽然参与实施聚众扰乱车站、码头、民用航空站、商场、公园、影剧院、展览会、运动场或者其他公共场所秩序，聚众堵塞交通或者破坏交通秩序，抗拒、阻碍国家治安管理工作人员依法执行职务,情节严重的行为的,往往有若干人,但是刑法规定只追究首要分子的刑事责任。这是因为,首要分子的身份表明其在聚众扰乱公共场所秩序、交通秩序的过程中起了组织、策划、指挥的作用,他的行为对社会的危害程度比其他参与者的行为都要严重。

(6) 身份与其对危害结果应负的责任有关。当身份表明行为人的职责范围时,具有某种较大职权的身份的人即职务较高的人,如果实施某种失职行为,就可能比其他人实施相关的失职行为,造成更大的危害;在若干人共同造成某一危害结果的场合,职务较高的人,由于具有最后决定权或指挥实施权,因而应当对该危害结果承担更大的责任。

(7) 身份表明行为违反了职责要求。当身份表明行为人具有一定的职责时,行为人如果实施某种违反自己职责要求的行为,就会造成危害社会的后果。在这种场合,身份便是确定行为人身份违反了职责要求的依据。例如,国家机关工作人员滥用职权或者玩忽职守,致使公共财产、国家和人民利益遭受重大损失的行为;司法工作人员私放在押的犯罪嫌疑人、被告人或者罪犯的行为;林业主管部门的工作人员违反森林法的规定,超过批准的年采伐限额发放林木采伐许可证或者违反规定滥发林木采伐许可证,情节严重,致使森林遭受严重破坏的行为等,行为主体的身份表明有关行为违反了行为人的职责要求,因而行为人要对自己违反职责的行为所造成的危害结果承担刑事责任。

(8) 身份表明行为亵渎了职务的廉洁性。当身份表明行为人具有某种职务,而法律要求具有这种身份的人必须保持职务的廉洁性时,如果具有这种身份的人利用职务之便实施了某种亵渎职务的廉洁性行为,就可能构成危害社会的行为,从而产生行为人的刑事责任。例如,国家工作人员利用职务上的便利,索取他人财物的,或者非法收受他人财物,为他人谋取利益的行为,其主体身份表明所实施的行为是对其所担负职务的廉洁性的亵渎,同时表明其行为特征之一即"利用职务上的便利"的具体内容和范围。

(9) 主体身份表明行为的主观罪过。由于罪过本身是刑事责任的根据之一,如果某种身份能够表明行为人的主观罪过时,这种身份就自然要影响到行为人的刑事责任。例如,《刑法》第140条规定的生产、销售伪劣产品罪,其主体必须是"生产者、销售者",因为在产品中掺杂、掺假,以假充真,以次充好或者以不合格产品冒充合格产品的行为,只有当其是生产者、销售者所为时,才能表明行为者在主观上具有生产、销售伪劣产品的故意。

上述分析表明,特定的身份与一定的行为之间的内在联系,决定了或者反映了行为社会危害性的有无或程度,或者反映了行为人的主观罪过,因而能够影响刑事责任的有无和大小。这是刑法中规定特殊主体犯罪的理论基础。如果某种特定的身份既不能影响行为对社会的危害性及其程度,也不能反映行为人的罪过,则不应当作为特殊主体加以规定。

2. 现行刑法中关于特殊主体的规定

我国1997年修改后的刑法,在分则的350个条文中,有121个条文使用了70种不同的称谓,规定了137个只能由特殊主体构成的犯罪(不包括单位可以构成的自然人犯罪)。至2017年《刑法修正案(十)》为止,刑法中规定的罪名达469个,其中136个罪名是由特殊主体构成的。而用词最多的当数《刑法》第185条第2款。该款用了107个字来规定犯罪主体:"国有商业银行、证券交易所、期货交易所、证券公司、期货经纪公司、保险公司或者其他国有金融机构的工作人员和国有商业银行、证券交易所、期货交易所、证券公司、期货经纪公司、保险公司或者其他国有金融机构委派到前款规定中的非国有机构从事公务的人员"。这些作为犯罪构成要件的主体，大致可以分为以下三种情况：

第一，主体身份通过影响罪名而影响刑事责任的大小。在刑法中，相同的行为由不同身份的人实施，可能构成不同的罪名，而不同罪名的法定刑轻重不同，因而可以说，在某些情况下不同身份的人实施相同的行为所产生的刑事责任大小不同。

例如，按照《刑法》第271条的规定，公司、企业或者其他单位的人员，利用职务上的便利，将本单位财物非法占为己有，数额较大的，构成职务侵占罪，但是，国有公司、企业或者其他国有单位中从事公务的人员和国有公司、企业或者其他国有单位委派到非国有公司、企业以及其他单位从事公务的人员有前款行为（即实施相同行为）的，则要依照《刑法》第382条的规定定为贪污罪，并按照《刑法》第383条的规定处罚。按照《刑法》第271条的规定，职务侵占罪的法定刑最高为15年有期徒刑，但是按照《刑法》第383条的规定，贪污罪的法定刑最高为死刑。

又如，按照《刑法》第271条的规定，公司、企业或者其他单位的工作人员，利用职务上的便利，挪用本单位资金归个人使用或者借贷给他人，数额较大、超过三个月未还的，或者虽未超过三个月，但数额较大、进行营利活动的，或者进行非法活动的，构成挪用资金罪，其法定刑最高为十年有期徒刑。但是国有公司、企业或者其他国有单位中从事公务的人员和国有公司、企业或者其他国有单位委派到非国有公司、企业以及其他单位从事公务的人员有前款行为（即实施相同行为）的，则要依照《刑法》第384条的规定定罪处罚,即定挪用公款罪,其法定刑最高为无期徒刑。

再如,《刑法》第163条第1款规定:公司、企业或者其他单位的工作人员,利用职务上的便利,索取他人财物或者非法收受他人财物,为他人谋取利益,数额较大的,处三年以下有期徒刑或者拘役,并处罚金;数额巨大或者有其他严重情节的,处三年以上十年以下有期徒刑,并处罚金;数额特别巨大或者有其他特别严重情节的,处十年以上有期徒刑或者无期徒刑,并处罚金。公司、企业或者其他单位的工作人员在经济往来中,利用职务上的便利,违反国家规定,收受各种名义的回扣、手续费,归个人所有的,依照前款的规定处罚。国有公司、企业或者其他国有单位中从事公务的人员和国有公司、企业或者其他国有单位委派到非国有公司、企业以及其他单位从事公务的人员有前两款行为的,依照本法第三百八十五条、第三百八十六条的规定定罪处罚。也就是说,公司、企业或者其他单位的工作人员实施索贿受贿的行为,构成非国家工作人员受贿罪,其法定刑最高为十五年有期徒刑;国有公司、企业或者其他单位中从事公务的人员和国有公司、企业或者其他单位委派到非国有公司、企业以及其他单位从事公务的人员实施索贿受贿的行为,构成受贿罪,按照《刑法》第385条规定的刑罚,其法定刑最高为死刑。

第二,主体身份通过改变法定刑档次而影响刑事责任的大小。《刑法》第103条、第104条、第105条对首要分子或者罪行重大的,规定了较重的法定刑档次;《刑法》第290条、第292条对首要分子亦规定了较重的法定刑档次。这种规定,也应当视为身份影响刑事责任轻重的规定,因为它是根据与犯罪中所起作用有关的身份来规定刑罚轻重的。

第三，主体身份作为从重处罚情节影响刑事责任的大小。主体的特殊身份虽然不是犯罪构成的一个要件，不影响刑事责任的有无，但是具有特定身份的人实施了某种犯罪行为，要作为法定情节从重处罚。这种情况在刑法分则中有5个条款，即：

（1）《刑法》第109条。按照该条第1款的规定，凡是国家机关工作人员犯叛逃罪的，都应当负刑事责任，但是按照该条第2款的规定，"掌握国家秘密的国家工作人员"犯叛逃罪的，要依照前款的规定从重处罚。

（2）《刑法》第243条。按照该条第1款的规定，诬告陷害罪的主体是一般主体，任何人捏造事实诬告陷害他人，意图使他人受刑事追究，情节严重的，都要负刑事责任，但是按照该条第2款的规定，"国家机关工作人员"犯诬告陷害罪时，要从重处罚。

（3）《刑法》第307条。按照该条第1、2款的规定，妨害作证罪和帮助毁灭、伪造证据罪的主体是一般主体，只要是以暴力、威胁、贿买等方法阻止证人作证或者指使他人作伪证的，不论何人，都构成妨害作证罪；只要是帮助当事人毁灭、伪造证据，情节严重的，都构成帮助毁灭、伪造证据罪。但是，按照该条第3款的规定，"司法工作人员"犯妨害作证罪和帮助毁灭、伪造证据罪时，要从重处罚。第307条之一规定的虚假诉讼罪，如果是司法工作人员滥用职权，与他人共同实施，也要从重处罚。

（4）《刑法》第349条。按照该条第1款的规定，任何人实施包庇走私、贩卖、运输、制造毒品的犯罪分子的行为，或者为犯罪分子窝藏、转移、隐瞒毒品或者犯罪所得的财物的行为，都构成包庇毒品犯罪分子罪或者窝藏、转移、隐瞒毒品、毒赃罪。但是按照该条第 2 款的规定，"缉毒人员或者其他国家机关工作人员"掩护、包庇走私、贩卖、运输、制造毒品的犯罪分子的，要依照前款的规定从重处罚。

（5）《刑法》第 361 条。按照该条第 1 款的规定，旅馆业、饮食服务业、文化娱乐业、出租汽车业等单位的人员，利用本单位的条件，组织、强迫、引诱、容留、介绍他人卖淫的，要依照《刑法》第 358、359 条规定的强迫卖淫罪、协助组织卖淫罪，或者引诱、容留、介绍卖淫罪或者引诱幼女卖淫罪追究刑事责任。但是，按照该条第 2 款的规定，旅馆业、饮食服务业、文化娱乐业、出租汽车业等单位的主要负责人，犯前款罪的，要从重处罚。

在上述列举的 5 个条文中，特定的主体身份，都是加重刑事责任的一个因素。具有这种身份的人与不具有这种身份的人犯相同的罪，具有这种身份的人要承担较重的刑事责任，要受到较重的处罚。

3. 特殊主体的立法完善

综观上述规定，从法典严密性的角度考虑，我国刑法分则中关于特殊主体的规定，至少有三个问题是值得研究的：

（1）关于特殊主体身份称谓的科学性。从上述规定中可以看出，我国刑法关于特殊主体身份的称谓，有 70 种之多。这些不同的称谓，反映了立法者对构成不同犯罪的行为主体的特殊要求，从而也反映了作为犯罪构成要件的主体身份的特定性。然而，关于主体身份的这些不同称谓的规定，是否具有科学性，是刑法理论上不能不研究的问题。

从语言学上看，我国刑法中规定的多数身份，都具有特定的含义，能够划定身份的一定范围。但是也有一些身份缺乏特定意义，无法将其与其他主体区分开来。例如《刑法》第 403

条规定的"国家有关主管部门的国家机关工作人员"。按照该条规定，滥用管理公司、证券职权罪只能由"国家有关主管部门的国家机关工作人员"构成，然而何谓"国家有关主管部门"，就是一个含义不明的用语，因为它没有指明与什么"有关"、哪些属于"有关"的部门，因而难以据此界定该条所规定的"国家机关工作人员"的范围。又如《刑法》第376条第2款中规定的"公民"。按照该条款的规定，战时拒绝、逃避服役罪只能由"公民"构成，这似乎是规定了一种特殊主体，但是实际上，公民包括了所有人，并没有在身份上限定主体的任何范围。如果说"公民"是相对于外国人而言的，那么刑法中的许多条款都应当加上"公民"或"中国"的字眼，如《刑法》第128条第2款规定的非法出租、出借枪支罪的主体，只能是中国依法配备公务用枪的人员，外国依法配备公务用枪的人员，未必能够构成本罪；同样地，《刑法》第374条规定的接收不合格兵员罪的主体，只能是中国公民，外国人不可能构成中国刑法中的接收不合格兵员罪。因此，《刑法》第376条第2款把"公民"这类一般性身份作为特殊主体来规定，不符合规范性语言使用的基本要求，缺乏法律规范应有的科学性。

从逻辑性上看，刑法中关于特殊主体身份的规定，是为了把具有这种身份的人与不具有这种身份的其他人相区别，因而特殊主体身份的规定应该符合分类的逻辑要求，不能彼此交叉相互包容。然而遗憾的是，我国刑法关于特殊主体身份的规定，并没有做到这一点。从上述列举的主体身份中可以看出，我国刑法中规定的特殊主体身份，在分类上彼此交叉、相互包容、逻辑混乱的现象甚为严重。这主要表现在三个方面：

一是对范围相同的主体身份使用不同的称谓或者将不同类

型的身份规定在一起。例如,《刑法》第 165 条规定的"国有公司、企业的董事、经理";《刑法》第 167 条规定的"国有公司、企业、事业单位直接负责的主管人员";《刑法》第 168 条规定的"国有公司、企业的工作人员";《刑法》第 169 条规定的"国有公司、企业或者其上级主管部门直接负责的主管人员"等,实际上指的是同一类人员,至少是"国有公司、企业的董事、经理"与"国有公司、企业直接负责的主管人员"之间,在范围上没有实质性区别,但是在法律用语上,却使用了不同的称谓,造成分类上不应有的多样化。并且,《刑法》第 169 条规定的犯罪主体即"国有公司、企业或者其上级主管部门直接负责的主管人员"部分地超出了本节规定的范围,其中包含的"上级主管部门直接负责的主管人员",实际上只能是或者说主要是"国家机关工作人员",这些人员实施《刑法》第 169 条规定的犯罪行为所构成的应该是刑法分则第九章规定的渎职罪,而不是刑法分则第三章第三节规定的妨害对公司、企业的管理秩序罪。

二是对同一主体身份中的不同部分分别加以规定。例如,《刑法》第 93 条第 2 款明确规定:"国有公司、企业、事业单位、人民团体中从事公务的人员和国家机关、国有公司、企业、事业单位委派到非国有公司、企业、事业单位、社会团体从事公务的人员,以及其他依照法律从事公务的人员,以国家工作人员论。"但是刑法分则在使用"国家工作人员"的同时,又在一些条款中将其中的一部分单独加以规定。如《刑法》第 183 条第 2 款规定的"国有保险公司工作人员和国有保险公司委派到非国有保险公司从事公务的人员";《刑法》第 184 条第 2 款规定的"国有金融机构工作人员和国有金融机构委派到非国有金融机构从事公务的人员";《刑法》第 271 条第 2 款、第

272条第2款规定的"国有公司、企业或者其他国有单位中从事公务的人员和国有公司、企业或者其他国有单位委派到非国有公司、企业以及其他单位从事公务的人员"等，实际上都是"国家工作人员"，本应统一使用"国家工作人员"的称谓。又如，《刑法》第198条第1款第（二）、（三）项将"投保人、被保险人或者受益人"并列规定，而实际上，这三类身份在同一事件或行为中往往是相互交叉的，"投保人"既可能是"被保险人"，也可能是"受益人"。

三是国家机关工作人员的再分解缺乏逻辑性。刑法分则第九章关于渎职罪的规定，从结构上看，前2条即第397、398条是对国家机关工作人员犯罪的一般规定，后23条（包括《刑法修正案（六）》增加的第399条之一和《刑法修正案（八）》增加的第408条之一）是关于各类国家机关工作人员犯罪的规定。但是后23个条文并不是按照同一标准对国家机关工作人员所作的分类，其中有的是按照工作性质划分的，如司法工作人员、行政执法人员、海关工作人员；有的是按照部门划分的，如税务机关的工作人员、林业主管部门的工作人员、国家商检部门、商检机构的工作人员；有的是按照所负职责划分的，如负有环境保护监督管理职责的国家机关工作人员、从事传染病防治的政府卫生行政部门的工作人员、对生产、销售伪劣商品犯罪行为负有追究责任的国家机关工作人员、负责办理护照、签证以及其他出入境证件的国家机关工作人员、对被拐卖、绑架的妇女、儿童负有解救职责的国家机关工作人员、负有解救职责的国家机关工作人员、有查禁犯罪活动职责的国家机关工作人员；有的甚至是直接使用"国家机关工作人员"的称谓来限定特定范围的国家机关工作人员，如《刑法》第410、418、419条。对国家机关工作人员的这些分类，不仅在标准上没有以一贯之，而且在语言运用上也不够规范。

（2）关于特殊主体身份规定的必要性。从实际情况看，我国刑法中关于特殊主体的某些规定是完全没有必要的。例如，《刑法》第107条，从形式上看，似乎对主体身份作了专门规定，即明确指出构成该罪的主体只能是"境内外机构、组织或者个人"。然而实际上，"境内外机构、组织或者个人"包含了刑法中可能出现的所有主体，任何资助"境内外机构、组织或者个人资助实施本章第一百零二条、第一百零三条、第一百零四条、第一百零五条规定之罪的"直接责任人员，都可以构成该条规定的犯罪。这种在犯罪构成中关于主体要件的规定，就是完全多余的。

又如，《刑法》第398条关于泄露国家秘密罪的规定，形式上是作为国家机关工作人员的渎职犯罪加以规定的，但是该条第2款又明确规定，非国家机关工作人员故意或过失泄露国家秘密的，也要按照国家机关工作人员泄露国家秘密罪的规定处罚。这实际上意味着泄露国家秘密罪的主体既包括"国家机关工作人员"，也包括"非国家机关工作人员"，而"国家机关工作人员"与"非国家机关工作人员"加在一起，事实上就包括了所有主体，没有任何一个主体故意或过失地实施了泄露国家秘密的行为且情节严重而不构成犯罪的。因此，该条第1款关于"国家机关工作人员"的规定和第2款关于"非国家机关工作人员"的规定，纯属多余。

再如，《刑法》第361条第一款规定："旅馆业、饮食服务业、文化娱乐业、出租汽车业等单位的人员，利用本单位的条件，组织、强迫、引诱、容留、介绍他人卖淫的，依照本法第三百五十八条、第三百五十九条的规定定罪处罚。"然而，《刑法》第358条规定的组织卖淫罪、强迫卖淫罪，《刑法》第

359条规定的引诱、容留、介绍卖淫罪，并没有限定主体范围，完全适用于旅馆业、饮食服务业、文化娱乐业、出租汽车业等单位的人员，利用本单位的条件，实施的组织、强迫、引诱、容留、介绍他人卖淫的行为。没有《刑法》第361条第1款的规定，对于旅馆业、饮食服务业、文化娱乐业、出租汽车业等单位的人员，利用本单位的条件，实施的组织、强迫、引诱、容留、介绍他人卖淫的行为照样完全可以按照《刑法》第358条、第359条的规定定罪处罚。《刑法》第361条第1款，既没有改变《刑法》第358条、第359条所规定的犯罪的构成要件（只是缩小了主体范围），也没有增加《刑法》第358条、第359条所规定的犯罪的法定刑，对于惩治"旅馆业、饮食服务业、文化娱乐业、出租汽车业等单位的人员，利用本单位的条件，实施的组织、强迫、引诱、容留、介绍他人卖淫的行为"来说，完全是多于的规定。不仅如此，有了《刑法》第361条第1款的规定，反而造成了刑法适用上的困难。因为《刑法》第358条不仅规定了组织卖淫罪、强迫卖淫罪，而且规定了协助组织卖淫罪；《刑法》第359条不仅规定了引诱、容留、介绍卖淫罪，而且规定了引诱幼女卖淫罪。如果旅馆业、饮食服务业、文化娱乐业、出租汽车业等单位的人员，利用本单位的条件，实施了协助组织他人卖淫的行为，或者实施了引诱不满十四周岁的幼女卖淫的行为，是否要引用《刑法》第361条第1款的规定来依照《刑法》第358条、第359条的规定定罪处罚？如果引用，则法无明文；如果不引用，则与《刑法》第361条规定的精神和用意相悖。

（3）关于特殊主体身份规定的合理性。就条文本身的规定而言，我国刑法中关于特殊主体身份的规定，多数都具有合理性。但也有一些条款规定的不尽合理（参见本书第五章）。

(二) 关于犯罪方法的规定

在现行刑法中,犯罪的方法和手段是通用的。如《刑法》第204条规定:"以假报出口或者其他欺骗手段,骗取国家出口退税款,数额较大的,处五年以下有期徒刑或者拘役,并处骗取税款一倍以上五倍以下罚金;数额巨大或者有其他严重情节的,处五年以上十年以下有期徒刑,并处骗取税款一倍以上五倍以下罚金;数额特别巨大或者有其他特别严重情节的,处十年以上有期徒刑或者无期徒刑,并处骗取税款一倍以上五倍以下罚金或者没收财产。纳税人缴纳税款后,采取前款规定的欺骗方法,骗取所缴纳的税款的,依照本法第二百零一条的规定定罪处罚;骗取税款超过所缴纳的税款部分,依照前款的规定处罚。"在此,第1款中的"以假报出口或者其他欺骗手段"与第2款中的"前款规定的欺骗方法",显然是在完全相同的意义上使用的。又如《刑法》第236条中规定的"以暴力、胁迫或者其他手段",与《刑法》第237条中规定的"以暴力、胁迫或者其他方法",应该说也是在相同的意义上使用的。

现行刑法中,在具体的犯罪构成中规定犯罪的方法或者手段的,有48个条文,涉及55个罪名。其中,有的是关于行为特征的描述,因而对于界定犯罪的性质、指明犯罪的特征是必不可少的。如《刑法》第114条中规定的"放火、决水、爆炸以及投放毒害性、放射性、传染病病原体等物质或者以其他危险方法",本身就是关于放火罪、决水罪、爆炸罪、投放危险物质罪和以其他危险方法危害公共安全罪行为特征的规定。有的是关于犯罪的加重情节的规定,因而也是不可缺少的。如《刑法》第234条第2款中规定:"以特别残忍手段致人重伤造成严重残疾的,处十年以上有期徒刑、无期徒刑或者死刑",就是把这种特别残忍的手段作为故意伤害罪的加重情节来规定。又如《刑法》第240条，也是把"以出卖为目的，使用暴力、胁迫或者麻醉方法绑架妇女、儿童的"行为作为拐卖妇女儿童罪的加重情节来规定的。这些都是必要的。

但是在现行刑法中，确实也有一些关于犯罪方法和手段的规定是完全多余的。例如，《刑法》第182条具体列举了操纵证券、期货市场罪的三种方法，即"单独或者合谋，集中资金优势、持股或者持仓优势或者利用信息优势联合或者连续买卖，操纵证券、期货交易价格或者证券、期货交易量的"；"与他人串通，以事先约定的时间、价格和方式相互进行证券、期货交易，影响证券、期货交易价格或者证券、期货交易量的"；"在自己实际控制的账户之间进行交易，或者以自己为交易对象，自买自卖期货合约，影响证券、期货交易价格或者证券、期货交易量的"。但是这三种方法并不能穷尽和涵盖所有操纵证券、期货市场的方法。于是，立法者就在列举的三种方法之后又加上一项"以其他方法操纵证券、期货市场的"。这样一来，以任何方法操纵证券、期货市场的行为，都可以构成操纵证券、期货市场罪。于是，前面规定的三种方法就完全是多余的了。又如，《刑法》第224条规定："有下列情形之一，以非法占有为目的，在签订、履行合同过程中，骗取对方当事人财物，数额较大的，处三年以下有期徒刑或者拘役，并处或者单处罚金；数额巨大或者有其他严重情节的，处三年以上十年以下有期徒刑，并处罚金；数额特别巨大或者有其他特别严重情节的，处十年以上有期徒刑或者无期徒刑，并处罚金或者没收财产：（一）以虚构的单位或者冒用他人名义签订合同的；（二）以伪造、变造、作废的票据或者其他虚假的产权证明作担保的；（三）没有实际履行能力，以先履行小额合同或者部分履行合同的方法，诱骗对方当事人继续签订和履行合同的；

（四）收受对方当事人给付的货物、货款、预付款或者担保财产后逃匿的；（五）以其他方法骗取对方当事人财物的。"其中，第（五）项的规定就使前（四）项所列举的犯罪方法成为多余。没有关于这五种犯罪方法的规定，该条的立法精神和构成要件依然是非常明确的，即在签订、履行合同过程中，以任何方法骗取对方当事人财物，数额较大的行为，都构成合同诈骗罪。

不仅如此，有些关于犯罪方法的规定，还不当地限制了犯罪的涵盖面，有损于刑法立法的目的和精神。如，《刑法》第282条规定："以窃取、刺探、收买方法，非法获取国家秘密的，处三年以下有期徒刑、拘役、管制或者剥夺政治权利；情节严重的，处三年以上七年以下有期徒刑。"按照这种规定，非法获取国家秘密，只有当其是以窃取、刺探、收买方法实施的时，才能构成犯罪。如果是以抢劫、抢夺、诈骗等方法，非法获取国家秘密的，就不能构成非法获取国家秘密罪。这种规定显然是不严谨的。如果在该条规定中，去掉关于行为方法的要素，不仅丝毫不影响该条的立法在本意上想要惩罚的犯罪行为，而且还可以将具有同样危害性的同类型行为包括在内。这些关于犯罪方法的多余的规定，事实上就有意无意地缩小了犯罪构成的涵盖面。

因此，为了保持刑法的严密性，应当尽可能地减少关于犯罪方法和手段的规定。特别是对于那些既不能反映行为的类型化特征，也不决定行为的危害程度的方法和手段，应当从犯罪构成的要件中予以删除，从而使刑法规定的犯罪构成能够涵盖使用任何方法或手段实施的该类行为。

（三）关于犯罪构成其他要件的规定

通过对犯罪行为在事实要素方面的类型特征的概括性规

定，使刑法中对每种犯罪所规定的构成要件只是决定同类行为的危害性及其程度的事实特征，而不包括与行为的危害性及其程度无关的事实特征，就可以达到对犯罪行为类型化的目的。类型化的规定，既能反映同类危害行为的共同本质，能够使人们具以认识和判断行为的同质性；又能避免因构成要件的过于具体而导致的挂一漏万，使刑法对犯罪构成要件的规定在不违背明确性原则的前提下具有较大的容量，能够包括同一类型的所有危害行为，达到法网的严密性。

但是，我国现行刑法分则，在某些具体犯罪的构成要件中人为地增添了某些不必要的事实要素，以致使犯罪构成所表述的行为特征难以满足类型化的要求。这类情况主要有：

1. 关于犯罪原因的规定

《刑法》第167条规定："国有公司、企业、事业单位直接负责的主管人员，在签订、履行合同过程中，因严重不负责任被诈骗，致使国家利益遭受重大损失的，处三年以下有期徒刑或者拘役；致使国家利益遭受特别重大损失的，处三年以上七年以下有期徒刑。"第406条又规定："国家机关工作人员在签订、履行合同过程中，因严重不负责任被诈骗，致使国家利益遭受重大损失的，处三年以下有期徒刑或者拘役；致使国家利益遭受特别重大损失的，处三年以上七年以下有期徒刑。"按照这两个条文的规定，在签订、履行合同过程中致使国家利益遭受重大损失的，只有因国家机关工作人员和国有公司、企业、事业单位直接负责的主管人员"严重不负责任"被诈骗，致使国家利益遭受重大损失的，才能构成犯罪。那么，如果不是因为"严重不负责任"，而是因为其他原因如故意签订、履行使国家利益遭受重大损失的合同，就不能构成犯罪。这样的规定，不仅大大缩小了该犯罪构成的涵盖面，而且人为地导致了刑法规定的不合理。如果将这两个条文合并为一条，同时去掉关于主体的限制，并把"因严重不负责任被诈骗，致使国家利益遭受重大损失"修改为"在签订、履行合同过程中，严重违反注意义务，致使国家利益遭受重大损失"，不仅可以简化刑法条文和用语，避免把犯罪原因作为犯罪构成要件要素，而且可以使"签订、履行合同失职被骗罪""国家机关工作人员签订、履行合同失职被骗罪"的犯罪构成更具类型化，更有法律条文所应有的概括性。

2. 关于行为时间或范围的规定

关于行为时间和范围的规定，有些是必要的，因为特定的时间与行为的危害性直接相关。如《刑法》第277条第3款关于"在自然灾害和突发事件中"的规定，《刑法》第340条关于"禁渔区""禁渔期"的规定，《刑法》第341条第2款关于"禁猎区""禁猎期"的规定，都是因为在这些特定的时间或范围内实施相同的行为比平时可能造成的社会危害性要严重，所以刑法把在这种特定时间或范围内实施的行为规定为犯罪，而对其他时间或范围实施的相同行为不作为犯罪对待。因而在犯罪构成要件中指明特定的时间或范围，就是完全必要的。

但是刑法中有些关于时间和范围的规定，则是完全多余的。如《刑法》第180条第1款规定："证券、期货交易内幕信息的知情人员或者非法获取证券、期货交易内幕信息的人员，在涉及证券的发行，证券、期货交易或者其他对证券、期货交易价格有重大影响的信息尚未公开前，买入或者卖出该证券，或者从事与该内幕信息有关的期货交易，或者泄露该信息，或者明示、暗示他人从事上述交易活动，情节严重的，处五年以下有期徒刑或者拘役，并处或者单处违法所得一倍以上五倍以下罚金；情节特别严重的，处五年以上十年以下有期徒刑，并处违法所得一倍以上五倍以下罚金。"该条在内幕交易、泄露内幕信息罪的构成要件中加入了"在涉及证券的发行，证券、期货交易或者其他对证券、期货交易价格有重大影响的信息尚未公开前"的时间限制。因为泄露内幕信息的行为，必定是在内幕信息保密期间实施的，如果内幕信息已经公开，就不存在"泄露"的问题。但是将该罪明确限定在内幕信息"尚未公开前"，就可能产生疑虑：证券、期货交易内幕信息的知情人员或者非法获取证券、期货交易内幕信息的人员，在涉及证券的发行以及证券、期货的交易或者其他对证券、期货的价格有重大影响的信息公开的第一时间，买入或者卖出该证券，是否构成该罪？如果认为构成内幕交易罪，就违反了刑法的明文规定；如果认为不构成内幕交易罪，则显然与刑法规定该犯罪的精神不符。

又如，《刑法》第184条第1款规定："银行或者其他金融机构的工作人员在金融业务活动中索取他人财物或者非法收受他人财物，为他人谋取利益的，或者违反国家规定，收受各种名义的回扣、手续费，归个人所有的，依照本法第一百六十三条的规定定罪处罚。"这个规定显然是把犯罪的时间限定在"在金融业务活动中"。按照这个规定，银行或者其他金融机构的工作人员，如果"在金融业务活动之外"，利用职务上的便利，索取他人财物或者非法收受他人财物，为他人谋取利益的，或者违反国家规定，收受各种名义的回扣、手续费，归个人所有，则不能构成《刑法》第163条规定的非国家工作人员受贿罪。这与《刑法》第163条的立法精神显然是相悖的。因为《刑法》第163条并没有把公司、企业或者其他单位的工作人员受贿罪的时间限制在办理某项具体的业务活动中，只要是利用职务上的便利为他人谋取利益，并索取或者收受他人财物数额较大，就构成非国家工作人员受贿罪。并且，在我国，银行或者其他金融机构通常都是或者说绝大多数都是国有单位。国有单位的工作人员利用职务上的便利，索取他人财物或者非法收受他人财物，为他人谋取利益的，或者违反国家规定，收受各种名义的回扣、手续费，归个人所有，数额较大的，都要按照《刑法》第385条、第386条的规定追究刑事责任，而《刑法》第385条、第386条中也没有关于犯罪时间的限制。唯独银行或者其他金融机构的工作人员利用职务上的便利索取或者收受贿赂的行为只有发生在"金融业务活动中"的才构成受贿罪，显然既不符合刑法规定的精神，也不符合一般人所能接受的情理。

此外，《刑法》第305条、第306条将伪证罪和辩护人、诉讼代理人毁灭证据、伪造证据、妨害作证罪限定在"刑事诉讼中"，也许是立法者为了缩小这两个犯罪的打击面而故意作出的选择。但是在民事诉讼和行政诉讼中，证据具有同样重要的意义。刑法只保护刑事诉讼中的证据而不保护民事诉讼和行政诉讼中的证据，不仅反映了立法者重刑轻民的传统思想，而且显失公平。

3. 关于犯罪对象的规定

刑法分则中对许多犯罪的规定都有关于犯罪对象的规定。其中有些规定并不恰当，例如，《刑法》第191条关于洗钱罪的规定。1997年刑法的规定是："明知是毒品犯罪、黑社会性质的组织犯罪、走私犯罪的违法所得及其产生的收益，为掩饰、隐瞒其来源和性质，有下列行为之一的，没收实施以上犯罪的违法所得及其产生的收益，处五年以下有期徒刑或者拘役，并处或者单处洗钱数额百分之五以上百分之二十以下罚金；情节严重的，处五年以上十年以下有期徒刑，并处洗钱数额百分之五以上百分之二十以下罚金：（一）提供资金账户的；（二）协助将财产转换为现金或者金融票据的；（三）通过转账或者其他结算方式协助资金转移的；（四）协助将资金汇往境外的；（五）以其他方法掩饰、隐瞒犯罪的违法所得及其收益的性质和来源的。单位犯前款罪的，对单位判处罚金，并对其直接负责的主管人员和其他直接责任人员，处五年以下有期徒刑或者拘役。"该条关于洗钱罪的犯罪对象仅仅限定在"毒品犯罪、黑社会性质的组织犯罪、走私犯罪"这三类犯罪的违法所得及其产生的收益上，显然是不当的。于是，2001年12月29日第九届全国人民代表大会常务委员会第二十五次会议通过的《中华人民共和国刑法修正案（三）》对该条作了修改，将"恐怖活动犯罪"列入洗钱罪的上游犯罪。但是，这只是一种应时之作，并没有合理地解决洗钱罪的对象问题。于是又有了2006年6月29日第十届全国人民代表大会常务委员会第二十二次会议通过的《刑法修正案（六）》对该条的再次修改，在洗钱罪的上游犯罪中增加了贪污贿赂犯罪、破坏金融管理秩序犯罪、金融诈骗犯罪。然而，这样的修改并不是成功的，因为刑法中规定的其他许多犯罪，无论是从社会危害性上看，还是从行为类型上看，都与刑法规定的洗钱罪的上游犯罪相当，其违法所得及其收益同样存在一个洗黑钱的问题。

又如，《刑法》第247条规定："司法工作人员对犯罪嫌疑人、被告人实行刑讯逼供或者使用暴力逼取证人证言的，处三年以下有期徒刑或者拘役"。按照该条的规定，刑讯逼供罪的犯罪对象只能是犯罪嫌疑人和被告人。如果刑讯逼供的对象既不是犯罪嫌疑人也不是被告人，司法工作人员刑讯逼供的行为，即使情节严重，只要没有致人伤亡，就不能构成犯罪。但是在实践中，司法工作人员对卖淫妇女或者所谓的嫖客刑讯逼供,强迫其承认卖淫或者嫖娼事实的现象,屡见不鲜。由于刑法规定的刑讯逼供罪构成要件规定了明确的发展对象,而使这类行为无法作为犯罪来处罚,实在是有失刑法的合理性。

这类规定,虽然有利于刑法的明确性,但是由于限制得太具体,往往使相当一部分具有同样危害性的类似行为无法纳入刑法禁止的范围,不利于对社会、国家和公民个人利益的保护,不利于刑法功能的发挥。

因此,为了增强刑法的严密性,在未来的刑法改革中,实有必要对类似这样的规定进行修改,以便使刑法规定的犯罪构成具有更广的包容性,能够涵盖同类行为的各种表现方式。

三、轻刑化问题

轻刑化是社会发展的必然要求。因为随着社会的发展,人的生命、尊严、自由和权利,无论是对社会还是对个人,都越来越重要,保护这些价值不受侵犯、限制和剥夺的要求也就越来越强烈。而刑罚恰恰是以限制或者剥夺这些价值为内容的,即使是在为了更大的和更多的人的利益必须限制或剥夺这些价值的场合,尽可能地缩小限制的程度、减少剥夺的范围,仍然是保护这些价值所要求的。并且,人们对刑罚轻重的评价标准是以其对受刑罚侵害的利益的认识为转移的。随着人们对自身价值的认识的提高和社会生活水平的提高,人们对受刑罚侵害的利益就会看得越重要,因而也就越能感受到刑罚的严厉。因此,轻刑化的呼声,将随着社会的发展越来越强烈。刑法改革只有顺应这种要求,才能得到社会最大多数人的认同和支持。

轻刑化也是一个与刑法的严密性密切相关的问题。只有在法网严密的制度设计中才可能实现轻刑化。如果法网是严密的,刑罚在预防犯罪中的威慑作用就不会因轻刑化而减损。而我国刑法目前存在的问题是对犯罪的规定漏洞太大,许多危害社会的行为无法用刑法来制裁,刑罚的适用不能充分发挥其对犯罪的预防作用,因而不得不用比较重的刑罚来强化刑罚的威慑功能。因此只有在刑法严密性的支撑下轻刑化才能保证有效的保护社会利益。

实现轻刑化,需要从两个方面入手:

(一)轻刑化的立法选择

从我国刑法的实际情况看,轻刑化的内容应当包括以下几个方面:

1. 减少死刑

死刑作为最严重的刑罚,应当尽可能地减少其可以适用的罪名,并且应当尽可能地减少其具体适用的犯罪。从理论上讲,对于没有剥夺他人生命的犯罪,就不应当规定死刑。因为侵犯财产的犯罪和破坏秩序的犯罪,无论多么严重,其所侵犯的价值都不可能与人的生命相提并论,都不应当把剥夺生命的刑罚作为报应的工具[1]。对于剥夺他人生命的犯罪,应当根据犯罪情节决定是否适用死刑,而不应当动不动就适用死刑。

减少死刑,除了在刑法规定的罪名中减少死刑的适用范围之外,一个重要的途径是严格限制适用死刑的程序和增加死刑案件的救济程序,以增加适用死刑的难度。

2. 减轻法定最低刑

我国刑法中有相当一部分犯罪,其法定最低刑是三年有期徒刑,甚至刑法对有些犯罪规定的法定最低刑为十年有期徒刑。虽然这类犯罪的性质通常都比较严重,但是它们本身也有一个情节轻重的问题。如果无论情节轻重,一旦构成犯罪,就

---

[1] 在中国刑法中,对非侵犯生命的犯罪规定死刑,具有久远的历史渊源。一方面是因为中国历史上重刑主义的思想源远流长,另一方面是因为中国历来人口众多,有意无意地形成了一种对生命的价值不够重视的倾向,以致对任何犯罪,只要危害严重,就适用死刑。

要受到非常严厉的处罚，那就使刑事司法难以做到罪责刑相适应。这样的规定，既丧失了威慑的理性基础，也容易导致犯罪分子孤注一掷，实施更严重的犯罪。例如《刑法》第127条第2款规定，"抢劫枪支、弹药、爆炸物的，或者抢劫毒害性、放射性、传染病病原体等物质，危害公共安全的，或者盗窃、抢夺国家机关、军警人员、民兵的枪支、弹药、爆炸物的，处十年以上有期徒刑、无期徒刑或者死刑。"如果一个盗窃犯为了钱财窃取了一个便衣警察的旅行包，结果该旅行包内有一支警用手枪。按照上述法条的规定，该盗窃犯就要因此被判处十年以上有期徒刑[1]。类似这样的规定，其正当性和合理性就是令人怀疑的，同时它还可能导致更严重的犯罪发生。因此未来的刑法改革应当注意减轻刑法中关于最低法定刑的规定（或者对需要规定重刑的情况作为基本犯罪的加重情节加以规定），使刑法中规定的刑罚，能够适应同类犯罪中情节较轻而又没有其他减轻或者免除处罚条件的犯罪。

3. 限制加重处罚的适用范围

我国刑法中有许多条款，在规定犯罪的法定刑时，都对情节严重或者情节恶劣或者后果严重的，规定了一个比较重的刑罚档次。这种规定满足了罪责刑相适应原则的要求，有利于根据犯罪的不同情况判处与其所犯罪行相当的刑罚。但是这类规

---

[1] 在这种情况下，刑法本身就给盗窃犯造就了一个两难境地：该盗窃犯在发现所盗旅行包内有警用枪支后，如果他把所盗枪支退还给被害人或者交给公安机关，他的盗窃行为就会被发现，他就有可能因其行为构成盗窃警用枪支罪而被判处十年以上有期徒刑；如果他不把所盗枪支交出去，就可能无意之间又增加了一个罪名即非法持有枪支罪，甚至所盗枪支就有可能成为其更严重的罪的工具。如果刑法能够废除这样的规定，而把以盗窃、抢夺国家机关、军警人员、民兵的枪支、弹药、爆炸物为目的的行为作为盗窃犯、抢夺犯的加重情节，就可以使没有盗窃、抢夺这类特定物品的犯罪目的的盗窃犯、抢夺犯摆脱这种两难境地，并避免更严重的犯罪发生，同时也不妨碍对故意盗窃、抢夺这类特定物品的犯罪分子判处较重的刑罚。

定，对于加重处罚的情形所作的规定往往过于笼统抽象，不便于具体掌握。特别是在刑事司法实践中，由于司法人员对情节严重与否的理解不同，在实际判处的刑罚上会出现重大的差别，导致刑法适用的不公平；这类规定同时也为重刑主义留下了可以利用的法律依据。因此，在未来的刑法改革中，应当对需要加重处罚的情形作出明确的规定，没有加重处罚的情形，就不应当在基本刑罚之外适用较高档次的法定刑。与之相联系，在刑法分则中，对每一种犯罪所规定的刑罚，都应当把构成犯罪时应当适用的刑罚作为该罪的基本刑罚首先加以规定，然后再规定具有严重情节或后果需要加重处罚时应当适用的刑罚。没有特别指明的情形，法院就只能在基本刑罚之内选择适用的刑罚，而不能任意选择较高档次的法定刑。

(二) 轻刑化的司法选择

刑罚是以剥夺行为人一定的权益或资格为内容的制裁手段。可以说，人类选择刑法是人类理性地对待犯罪问题的结果，也是人类的一种无奈。对于严重破坏社会治安秩序、具有严重社会危害性的犯罪，当然要予以严厉打击，但是对于那些社会危害性较轻的偶犯、轻微的犯罪，就没有理由采取严重的打击措施，而应当采取从宽处理的方式，在采用非刑罚方法足以防止再危害社会的，可以不判处刑罚，尽可能采用非刑罚方法予以处置；应当适用刑罚的，也应当尽可能地轻罚。

在此需要强调指出的是：第一，刑事司法中的轻刑化绝不意味着有罪不究。轻刑化是在有罪必究的前提下寻求更有利于刑法目的实现的追究犯罪的方式。轻刑化首先是对所有构成犯罪的行为都要依法追究。只是在如何追究犯罪的问题上，强调更加理智、更注意追究的实际效果。如果在刑事司法实践中对于已经构成犯罪的行为不去查究，对应当起诉的犯罪不予起诉，对罪该判刑的犯罪分子不予刑罚处罚，无论是因为玩忽职守、不负责任，还是因为徇私舞弊、贪赃枉法，抑或因为迫于压力、存有私心，都是司法不公或者司法腐败的表现，都是与刑法理性的要求格格不入、与刑事司法的价值追求相悖的，其结果也必然是与刑法目的背道而驰的。第二，刑事司法中的轻刑化绝不意味着不能适用重刑。轻刑化是指对于罪行较轻的犯罪和有悔罪表现的犯罪人适用比较轻缓的刑罚。在刑事司法实践中，对于那些严重危害国家和人民利益的犯罪，对于那些屡教不改、重新犯罪的犯罪人，要毫不留情地按照刑法的规定判处与其罪行相适应的刑罚。这既是罪责刑相适应原则的要求，也是发挥刑罚威慑功能、保障社会的安宁和秩序的需要。不能因为轻刑化的趋势而对所有犯罪一律适用轻刑。第三，刑事司法中的轻刑化必须以刑事法律的规定为根据。刑事司法本身是执行刑事法律的活动，因此必须严格依法进行。即使是对罪行比较轻微的犯罪分子适用比较轻缓的刑罚甚至不适用刑罚，也要符合现行有效的刑事法律的规定，不能对犯罪分子法外开恩，更不能任意适用轻缓的刑罚。否则，就违背了罪刑法定原则的要求，即"法律明文规定为犯罪行为的，依照法律定罪处刑"。

在刑事司法实践中贯彻轻刑化的思想，可以从以下几个方面入手。

1. 减少刑罚的适用

"非刑罚化，是指对某些犯罪不用刑罚的方法而用刑罚以外的方法来感化改造罪犯。"[1] 非刑罚化是对刑罚圈的收缩，体现为少用刑罚，慎用刑罚，对采用非刑罚方法足以抗制犯罪行为的，即可排除刑罚的适用。在当代，非刑罚化逐渐成为世

---

[1] 马克昌主编：《刑罚通论》，武汉大学出版社1999年版，第736页。

界刑法发展的趋势。其实现的途径有：对犯罪行为宣布其有罪但宣告免除其刑罚处罚；采用非刑事制裁的方式替代刑事制裁方式；采用非监禁刑，实现社会内处遇方式等。

通过刑事司法的具体运作减少刑罚的适用，在我国的刑事司法制度中，可以有三个途径：

（1）通过不起诉和附条件不起诉缩小刑罚圈。《刑事诉讼法》第177条第2款规定："对于犯罪情节轻微，依照刑法规定不需要判处刑罚或者免除刑罚的，人民检察院可以作出不起诉决定。"在刑事司法实践中，人民检察院可以根据该条的规定，对于某些已经构成犯罪的行为，如果犯罪的性质并不严重，而且罪行本身也比较轻微的，作出不起诉的决定。对被不起诉人需要给予行政处罚、行政处分或者需要没收其违法所得的，人民检察院可以提出检察意见，移送有关主管机关处理。

但是在实践中，许多人民检察院为了防止不起诉权的滥用，严格限制不起诉权的运用，人为地将不起诉率控制在一定范围之内。这与该条规定的立法精神是相悖的，同时也不符合轻刑化的要求。

此外，2012年修改的刑事诉讼法在特别程序中专门规定了对犯罪的未成年人实行教育、感化的方针和教育为主、惩罚为辅的原则，并专门规定了对未成年犯罪嫌疑人的附条件不起诉制度。按照2012年《刑事诉讼法》第282条、第284条的规定，对于未成年人涉嫌刑法分则第四章、第五章、第六章规定的犯罪，可能判处一年有期徒刑以下刑罚，符合起诉条件，但有悔罪表现的，人民检察院可以作出附条件不起诉的决定。被附条件不起诉的未成年犯罪嫌疑人，在考验期内没有发现应当撤销附条件不起诉决定的情形，人民检察院就应当作出不起诉的决定。这种方式，对于教育挽救那些初次实施轻微犯罪并且确有悔改表现的未成年人，可以收到很好的效果。人民检察院应当依法大胆地适用这项制度，减少对未成年犯罪嫌疑人的起诉。

2018年修改的刑事诉讼法增加了关于认罪认罚从宽的规定。按照这些规定，对于犯罪后自愿如实供述自己的罪行，承认指控的犯罪事实，愿意接受处罚的犯罪嫌疑人、被告人，司法机关可以依法从宽处理。从宽处理即包括实体上从轻处罚，也包括程序上从快办理。从轻处罚就意味着对犯罪嫌疑人、被告人认罪认罚的案件，司法机关在判断是否需要追究刑事责任、是否可以免除刑罚的问题上，要适当放宽认定标准，即对于犯罪情节轻微、不需要判处刑罚或者应当免除刑罚的，检察机关要敢于作出不起诉的决定。

（2）通过非刑罚处理方法减少刑罚的适用。《刑法》第37条规定："对于犯罪情节轻微不需要判处刑罚的，可以免予刑事处罚，但是可以根据案件的不同情况，予以训诫或者责令具结悔过、赔礼道歉、赔偿损失，或者由主管部门予以行政处罚或者行政处分。"但是在刑事司法实践中，许多司法机关和司法人员为了避免受到轻纵罪犯的指责，而不敢或者不愿适用该条的规定，一旦定罪，往往都要给犯罪人判处一定的刑罚。

按照轻刑化的思想，人民法院在对犯罪分子定罪的时候，完全可以根据《刑法》第37条的规定，对于那些虽然已经构成犯罪但是犯罪情节轻微确实不需要判处刑罚的犯罪分子，不判处刑罚，而是通过训诫，责令具结悔过、赔礼道歉、赔偿损失的方式，或者通过建议行政机关给予行政处罚或行政处分等非刑罚处理方法进行惩罚，以达到教育犯罪人的目的。特别是在刑事诉讼法专门规定了刑事和解制度之后，司法机关对于当事人之间已经达成和解的刑事案件，更应当依法予以从宽处理。

（3）通过缓刑的适用减少刑罚的实际适用。《刑法》第72

条规定："对于被判处拘役、三年以下有期徒刑的犯罪分子，同时符合下列条件的，可以宣告缓刑，对其中不满十八周岁的人、怀孕的妇女和已满七十五周岁的人，应当宣告缓刑：（一）犯罪情节较轻；（二）有悔罪表现；（三）没有再犯罪的危险；（四）宣告缓刑对所居住社区没有重大不良影响。"刑法的这一规定，立法本意就是为了减少刑罚的实际执行，避免刑罚实际执行可能产生的副作用。但是在刑事司法实践中，缓刑的适用率普遍较低。这种状况，与长期实行"严打"所形成的思维定式不无关系。

对于犯罪情节并不严重、其本人确实有悔罪表现的犯罪人，在定罪的基础上适用缓刑，是教育犯罪人的一种有效方式。这种方式的运用，也可以防止其在监禁刑的执行过程中受其他犯罪人的感染而加剧犯罪意识。因此对于符合《刑法》第72条规定的犯罪人，应当尽可能地适用缓刑。

2. 扩大非监禁刑的适用

监禁刑以剥夺罪犯的自由为内容，以实现惩罚和改造罪犯为目的。这种刑罚制度，对打击犯罪活动，改造犯罪分子起到了非常重要的作用。但从我国监禁刑的实践效果来看，也存在着一定的缺陷。这主要表现在：（1）将犯罪分子与社会隔离，不利于犯罪人的改造与回归社会，影响罪犯的再社会化。（2）监禁刑的主要执行主体是监狱。而监狱本身存在着与社会变革特别是市场经济的要求不相适应的情形，从监狱法治观念到监狱法治建设水平和监狱法治的状态中看，这种不相适应难以有效地完成对犯罪人的惩罚与改造任务。（3）不利于社会经济发展。监禁刑的适用，不但使监狱的运行费用增加，而且使罪犯其本应在社会上创造的财富丧失，更易使其产生对国家刑事司法系统的仇恨心理和报复愿望。（4）从行刑效果来看，有些犯罪人在其被释放后，并没有彻底改过，再度犯罪的屡见不鲜，许多重大恶性犯罪案件，都是在监狱服过刑的人所为。因此，从长远发展看，大量适用监禁刑，不仅社会为之付出的成本过于昂贵，而且也不利于犯罪人的改造。

非监禁刑是在监狱之外对犯罪人适用的刑事制裁方法，是在国际社会中得到广泛应用的刑罚措施，也是对社会、被害人、社区以及犯罪人本身有显著益处的刑罚措施。适用非监禁刑的好处主要表现在：（1）惩罚性较轻，花费的社会资源少，能够有效地降低刑罚成本。（2）具有开放性，有利于犯罪人的再社会化。（3）与驱逐出境，具结悔过，赔礼道歉，赔偿损失等非刑罚处理方法、非刑罚制裁措施相结合，能更好地达到行刑效果。

在我国刑法规定的刑罚中，无期徒刑、有期徒刑、拘役三种属监禁刑，管制属非监禁刑。监禁刑不仅在我国的刑罚体系中占绝对优势，而且在实践中也存在重视监禁刑而轻视非监禁刑的现象。

管制刑是我国非监禁刑的一种方式，在我国历史上曾起到过重要的作用。但在现阶段，理论界与实务界对管制刑的存废产生了争论。有人主张废除管制刑，甚至在管制刑没有废除之前就主张刑事司法中不要判处管制刑。也有人认为，管制刑的实行能保障我国刑罚体系的完整性，体现了刑罚发展的总趋势，也体现了20世纪以来产生的并已广为人们接受的教育刑、目的刑思想的要求，它可以避免监禁刑的负面影响，符合行刑社会化的要求。

笔者认为，理性的选择并不是废除管制刑，而应当是对管制刑的实施进行完善。完善管制刑的关键是建立被监管人的监管控制措施。如：建立定时报告和采取跟踪监视措施；增强管制刑的惩罚性，实行对受刑人的强制劳动（无偿或少量报酬的劳动等）；建立和健全公安机关对违反管制要求的受刑人能采取的强制措施和对其他限制自由刑的易科制度；建立由公安机关负责的指导委员会，指导社会力量如社会组织、单位和人民群众对受刑人的监督改造；根据犯罪行为的社会危害程度和罪犯的人身危险性来扩大管制刑的适用范围等措施，实现管制刑的合理发展。

3. 改革刑罚执行制度

改革刑罚执行制度，建立社会监督改造系统，使大部分被判刑人在社会上服刑，尽可能减少监狱的负面影响，这在我国应该说是一项迫在眉睫的工作。

目前，我国刑法规定的刑罚在主刑中比较轻的是管制、拘役和有期徒刑。由于多年来刑事司法实践中几乎没有判处过管制，所以实际适用的刑罚或者说适用最多的刑罚主要是有期徒刑。有期徒刑是以限制被判刑人的人身自由（拘役刑亦同）并在特殊场所执行刑罚为内容的。而监狱制度的历史及其实践反复证明，监狱从来就没有并且至今仍然没有能够解决囚犯在监狱服刑期间的交叉感染问题。长期以来，居高不下的再犯率，迫使许多国家都在思考和探索如何解决刑罚适用的必要性与刑罚执行带来的副作用之间的矛盾。在这方面，一些国家在刑罚制度改革中采取了各种监外执行的措施，尽可能地使那些少年犯和罪行比较轻的初犯、偶犯不在监狱内服刑以避免其在监狱服刑时可能受到其他重罪犯的感染而进一步强化犯罪意识。这种改革措施对于我国的刑法改革，应当说是很有借鉴意义的。

为了减少监狱服刑时必然产生的交叉感染，除了扩大缓刑和管制刑的适用范围之外，还可以考虑扩大假释的适用范围，以减少在监狱内执行刑罚的实际数量。

扩大监外执行刑罚[1]的范围，所要解决的关键问题是监外执行的监督机制问题。没有有效的监督机制，监外执行刑罚就会形同虚设。为此，除了对监外执行刑罚的人规定一套必须遵守的行为守则要求其接受监督教育之外，还需要设立一个专门的缓刑或假释监督机构，经常地、不定期地检查监督监外执行刑罚的人遵守监外执行规则的情况，并根据检查监督的情况决定对其进行教育改造的方案。

4. 严格遵守程序规则，加强人权保障

加强对犯罪嫌疑人、被告人的人权保障，已成为一个国际化的课题。国际社会正努力探求打击犯罪和保障人权的协调发展，已陆续制定了一系列在刑事诉讼中保障人权的原则与政策。在刑事司法中保障人权，既要从实体上减少刑罚的不必要的适用和刑罚的严厉程度，也需要在程序上切实保障犯罪嫌疑人、被告人和服刑人的基本人权和诉讼权利。

在刑事司法过程中保障人权，最重要的是严格遵守刑事实体法和程序法的规定，严格按照法律规定的标准和程序办理刑事案件和适用刑罚。其中包括：（1）坚持罪刑法定、罪责刑相适应和适人人平等的基本原则，正确适用刑法，保障认定犯罪的事实清楚、证据确实充分，准确认定犯罪嫌疑人、被告人是否有罪及其罪名，按照罪责刑相适应的原则，依法适度判处刑罚；（2）尊重和维护诉讼参与人所应享有的合法的诉讼权利，特别是依法保护犯罪嫌疑人、被告人和被害人的诉讼权利，如犯罪嫌疑人、被告人获取法律帮助的权利、辩护的权利，被害人申诉、控告的权利，证人获取保护的权利等；（3）坚持侦查

---

[1] 监外执行刑罚不同于保安处分。一些西方国家刑法中规定的保安处分是作为对危险犯的一种预防性处置措施来使用。而此处所说的监外执行刑罚是对轻罪犯适用的一种刑罚执行方式，它不具有保安处分的性质。

取证措施的合法化，严禁采取刑讯逼供和其他非法手段调查取证，禁止非法取得的证据在法庭上使用；（4）严格按照法律规定的期限办案、结案，减少对犯罪嫌疑人和被告人的不必要羁押，杜绝超期羁押；（5）使侦查、起诉、审判等程序依法公开、公正，使社会公众了解整个过程和内容；（6）对被羁押人、服刑人实行人道主义待遇，严禁虐待、折磨被羁押人和服刑人，建立有效的错案纠正制度，充分保障被羁押人和服刑人在其合法权利遭受司法权的侵害时能够享有及时有效的救济权利，并保证救济途径的畅通，切实保障其对侵犯其合法权益的司法人员和司法行为进行申诉和权利。

上述措施有助于减缓刑罚的严厉程度，但同时又丝毫不减损刑罚在预防犯罪中的作用，不妨碍甚至能够更好地促进刑法目的的实现，应当成为未来刑法改革中考虑问题的方向。

四、严格执法问题

刑法规定得优劣是实现刑法目的的重要方面，但决不是唯一的方面。再好的制度设计都只有通过实际适用于具体场合才能发挥作用。刑法的所有规定都必须通过刑事司法适用于具体案件才能实现预防犯罪的目的。而在刑事司法过程中适用刑法的情况如何，则直接关系到刑法作用的发挥。

目前我国刑事司法中存在的突出问题是执法不严，有罪不究。执法不严、有罪不究的现象，对于刑法功能的发挥造成了严重的障碍。一方面，它使刑法的威慑功能难以实现。刑法之所以具有威慑功能，不仅是因为它对犯罪规定了刑罚，而且是因为这种规定在犯罪行为发生的时候能够现实地使行为人遭受刑罚之苦。如果有罪不罚，人们就会在看到犯罪的时候看不到刑罚，从而对刑法的存在感到无所谓。而企图犯罪的人则会从有罪不罚中看到不受刑罚处罚的希望，从而置刑法的规定于不顾。另一方面，它使刑法的教育功能大大减损。对犯罪分子适用刑罚，本来具有教育的功能。它可以使人们从刑罚的适用中看到社会正义的伸张和刑法对犯罪行为的否定，同时也可以使受到刑罚处罚的人感到刑罚是自己所实施的犯罪行为的必然后果，遭受刑罚之苦是自己罪有应得。但是如果多数实施了犯罪的人都没有受到刑罚处罚，那么受到刑罚处罚的人就不会认为自己所受到的刑罚处罚是罪有应得，反而会认为刑法对自己不公平，认为是自己"倒霉"，其他人也会同情或怜悯受到刑罚处罚的人。在这种认识中，刑法的教育功能也就荡然无存。因此，刑法理性化的道路，在刑事司法实践中最突出的问题，就是如何实现严格执法的问题。

（一）*严格执法的基本含义*

严格执法就是在刑事司法活动中要严格按照刑事法律的规定办理刑事案件，坚决杜绝违法办案的做法，保证刑事司法活动的合法性和正确性。严格执法包括三层含义：

一是严格依照刑事程序法的规定办理案件。在刑事诉讼的整个过程中，首先必须遵循法律规定的诉讼程序，严格按照程序规则办理刑事案件；其次要严格遵守法律规定的适用条件，在对犯罪嫌疑人和被告人采取刑事强制措施或者作出决定的时候，要严格按照法律规定的条件进行司法活动，防止刑事强制措施的不当使用；最后要在合法搜集证据上下功夫，既保证收集充分确凿的证据以查明案件的事实真相，又要防止在收集证据过程中对公民权利的不当侵害。

二是严格依照刑事实体法的规定认定犯罪、裁量决定刑罚。要在刑事司法中保证无罪的人不受追诉、保证有罪的人受到与其罪行相适应的追究，就必须严格按照刑法规定的构成要件来认定犯罪，就必须严格按照刑法规定的刑罚来追究犯罪人的刑事责任。

三是遵循法律的精神处理案件。在刑事司法的过程中，既要强调把惩罚犯罪、保护人民作为最基本的价值追求，对有罪的人和事要一查到底，又要强调严格依照刑事诉讼法规定，理智地办理刑事案件，保证刑事诉讼活动在法律规定的范围内、按照法律规定的方式公正地进行。特别是在法律规定不明确或者法律赋予司法机关和司法人员的自由裁量度比较大的情况下，唯有遵循法律的精神，才能合理地适用法律，保障法律适用的合理性。

诚然，在立案侦查的过程中、在审查起诉的过程中、在刑事审判的过程中，都可能出现由于工作方法、办案能力、认识问题的角度以及对法律规定的理解程度等原因而导致的失误和不当，这些错误往往是难以避免的。但是明知刑法和刑事诉讼法的规定而有意无意地不依法办案，以致缺乏理性、任所欲为、不计后果、滥用刑事司法权的现象，却是可以并且必须避免的。这类现象，不仅严重地违反了法律的规定，而且它所造成的危害具有普遍性的特征，因而是应当高度重视、着力解决、坚决杜绝的。

严格执法并不意味着不顾刑法的必要性原则，滥用刑罚。因此严格执法与节制司法是一个事物的两个方面。严格执法的情况要始终保持刑法的谦抑性，有节制地打击犯罪。因为，尽管刑事司法活动本身是打击犯罪、伸张法律正义的过程，但是也应当看到，刑事司法权运用得不当，就可能侵犯公民的合法权益，造成社会的灾难。因此在刑事司法活动中，要强调刑事司法权的慎用，强调刑事司法权运用的正当性和必要性。一方面，要保障无罪的人不受枉法追诉，防止刑事司法权的运用给无罪的人特别是没有污点的证人造成的不利后果，保障公民的合法权利不受刑事司法活动的不当干扰；另一方面，对于可能有罪的人要严格按照法律规定的程序进行追诉，既要保障其能够按照自己的原意行使法律赋予的诉讼权利，又要尽可能地减少刑事司法活动对其带来的不利影响。特别是在侦查、起诉阶段，对于犯罪嫌疑人的合法权益应当给予充分的尊重，对于犯罪嫌疑人行使其合法权益的活动应当给予必要的保障，不能因为怀疑其犯有某种罪行就任意践踏其合法权益，就无视其基本人权。即使经过法院的判决认定其有罪，没有依法剥夺的权利，仍然应当予以保护。公、检、法三机关对于自己的工作人员在刑事诉讼过程中的违法行为，一经发现，应当及时、坚决地予以纠正，而不应文过饰非、搞"下不为例"。只有坚决纠正刑事司法人员在司法活动中的违法行为，才能有效地防止司法权的滥用，保持司法的节制性。

不仅如此，严格执法还必须保证执法的公正性。司法公正是司法活动理性运作的结果。但是司法公正并不仅仅体现在裁判公正上。特别是在刑事司法过程中，有罪不判、轻罪重判、重罪轻判，是司法不公的表现；该立案的不立案、不该立案的故意立案，该采取强制措施的有意不采取强制措施、不该采取强制措施的任意采取强制措施，该起诉的故意不起诉，该采用的证据故意不采用，也是司法不公的表现。因此，为了实现司法公正，必须强调公正司法。公正司法的基础是严格遵守刑事诉讼的程序规则和证据规则、准确把握刑事法律的实体规范及其精神、全面了解适用对象的真实情况、深思熟虑地综合考虑各种因素。公正司法的关键是根据刑法目的的要求理智地、合理地作出决定，而不受个人或者部门、地区、小团体的利害、好恶、情绪或者第三者的意愿的影响。只有把这两个方面有机地结合起来，才能做到公正司法。在公正司法的情况下，即使是结果错了，也容易纠正。

由于自由裁量在刑事司法活动中具有不可避免性，而司法人员个人对法律和事实的理解又必然受到自己的法律知识和法律意识、社会阅历、思想观点等因素的影响而得出不同的结论。即使是完全相同的案件，往往也会因办案机关或人员的不同而给犯罪嫌疑人或被告人带来不同的命运。同一部刑事法律在适用于大致相同的案件时频频出现不同的结果，必然使人们对刑事司法的公正性产生怀疑和不满。因此，为了保障司法结果的公正性，有关的司法机关应当研究制定刑事法律的适用标准，以保证刑事法律适用的合理性和司法结果的公平性，而不能任由办案人员根据自己的理解去自由裁量。

(二) *严格执法的制度保障*

执法不严、有罪不究现象的存在，虽然是多种原因造成的，但是与司法制度的不完善具有直接的关系。因此，改变这种现象，必须从制度上的改革入手，建立、完善能够胜任理性司法要求的刑事司法系统和符合刑事司法规律的管理机制，以保障刑法合目的地适用。

首先，需要通过司法机关的人事制度改革，造就高素质的刑事司法职业群体，因为严格执法的基础是执法人员的高素质。没有一大批高素质的执法人员，就不可能有理性的司法和严格的执法。

所谓高素质的执法人员，是指精通法律的人员。刑事司法是一种技术性很强的工作。只有具备系统的法律知识，熟悉法律的具体规定及其内在精神，善于运用法律的基本原理解决司法中的具体问题的人，才能胜任司法工作。不精通法律而仅有一腔热忱的人，既不是一个称职的法官检察官，也不是一个称职的侦查人员，因为他积极肯干而且乐于服从的特点恰恰是与刑事司法人员的素质要求相悖的。尽管他可以通过"干中学"最终成为一个称职的司法人员，但是在"干"的过程中，他就可能制造出一个个冤假错案，就可能已经放纵了罪犯、伤害了无辜。社会为这些人通过"干中学"而达到精通法律的境界所付出的代价必然是巨大的和沉重的。同时，高素质的执法人员还必须是具有法治理念的人员。只有崇尚法治，愿意为维护法律正义奉献自我的人才有资格执法法律。把法律视为可以任意挥舞的棍棒或者把法律作为达到个人或小团体利益的工具的人，是不配被任命为执法人员的，因为由这些人执掌法律就从根本上使法律所代表的国家意志毁于个人的任性和私利的手中。

长期以来，受"工具论"的影响，我们国家在刑事司法系统的人事管理方面只重视司法人员的政治素质而不重视司法人员的业务素质，认为任何人都能运用刑法来打击犯罪、保护人民，所以只要政治上可靠、听话，就能保障刑法工具作用的发挥。在这种观念的指导下，刑事司法系统长期积蓄了一大批缺乏法律素养的执法人员包括领导干部。这些人，由于缺乏崇尚法律的意识和正确适用法律的能力，因而不可能摆脱执法的任意性和盲从性，也难以保证把法律的规则和精神正确地适用于一个个具体的案件，难以按照刑法理性的要求来运用刑法组织对犯罪的法律反应。事实上，我们已经建立了一个庞大的刑事司法系统，但是由于这个系统中高素质的执法人员很少，因而这个系统的功能没有充分地发挥出来，以致面对不断增长的犯罪，常常感到力不从心。

因此，对我们国家而言，刑法改革的目标之一应当是从根本上改变刑事司法系统的人员结构，大量充实高素质的刑事司法人员，逐步淘汰低素质的刑事司法人员（而不是通过形式主义的"教育培训"使低素质的人员在没有增加任何真才实学的

第七章 刑法理性化的道路

情况下摇身一变而被称为高素质的人才）。只有造就一大批高素质的刑事司法人员，才有可能建造和保持理性司法的营垒，保证严格执法。同时要坚持不懈地强调司法观念的更新，在所有刑事司法机关和全体刑事司法人员中树立理性司法的观念，以保障刑事司法权更加合法、合理、合目的地运用。

其次，需要营建独立司法的运行机制。因为，严格执法的前提是司法主体能够独立自主地作出决定。如果执掌刑事司法的人没有独立自主地依法作出决定的权力，严格执法就是一句空话。因此，从制度设计上保障司法机关和司法人员的独立作出决定的权力，是严格执法的必要条件。

那么，什么样的制度设计才能保障司法机关和司法人员在司法过程中能够独立作出决定而又不致出现制度性的司法权滥用呢？

第一，排除外界的干预。刑事司法权的行使首先应当排除来自刑事司法系统以为的权力干预。如果不享有刑事司法权的单位或个人操纵着刑事司法权的行使，刑事司法就没有公正、没有理性可言。因为其一，在法律没有赋予其刑事司法权的情况下，操纵着刑事司法权的单位和个人就没有作出司法决定的名分和程式，因而也就没有对自己作出的决定负责的义务，缺乏必要的约束。这种决策机制在制度上就无法保障它不受个人恣意横行的影响。其二，不享有刑事司法权的单位和个人也不具有作出决定的条件。这些单位和个人由于其本身不享有刑事司法权，不可能亲自去审查案件，因而也没有条件去获得对案件事实的理性认识。对于已逝的案件事实仅凭他人的汇报就决定案件的命运，即使是判断力非常高超的人、即使是出于公正的立场或良好的愿望，也难以保证这种决定与客观上已经消失了的案件事实相符。其三，不享有刑事司法权的单位和个人通常都不是刑事司法方面的专家，其对案件作出的决定往往不是基于对法律条文和法律精神的理解，而是基于法律之外的某种考虑或个人情感或道德意识。这些单位和个人对案件所作出的决定，有时也可能是正确的，但是这种决定决不是对刑法规范和案件事实理性思考的结果。上述三个方面就决定了由不享有刑事司法权的单位和个人操纵刑事司法活动，必然会导致刑事司法权的滥用。因此，作为刑法改革的方向，应当把排除不享有刑事司法权的单位和个人操纵刑事司法活动作为切入点之一，保证刑事司法权由法律赋予其职责因而赋予其义务的刑事司法系统来行使。

第二，合理界定司法机关的权力和司法人员个人的权力；合理界定执法的权力与行政管理的权力。在刑事司法系统，既按照法律规定享有刑事司法权，也存在着内部组织系统必不可少的行政管理权。这种行政管理权应当与司法权区分开来。行政管理权自然要按照行政管理的规律来运作，具有隶属和服从的特点。但是司法权则应当按照司法规律来运作。目前在刑事司法系统内部，无论是在观念上还是在具体操作上，司法权往往与行政管理权搅和在一起，对办案活动常常按行政管理的方式进行管理，其结果就难免造成行政权对司法权的侵蚀或干预。

此外，就司法活动本身而言，司法机关行使哪些权力，司法人员在案件的处理上具有哪些权力，往往没有明确的划分，以致司法机关的领导愿意过问案件的，就多过问一些；不愿意过问案件的，就少过问一些。对于领导过问的案件，以及检察委员会、审判委员会研究的案件，办案人员在案件处理上具有什么样的权利以及应当承担什么样的责任，往往没有明确的界定。这种权利界定不明、责任区分不明的状况，在制度上就难以保证司法权的行使不被滥用，并且在司法权被滥用的情况下，没有有效地纠错机制。

因此在司法改革中，明确区分司法权与司法机关的行政管理权，以及明确界定应当由司法机关行使的司法权与应当由司法人员个人行使的司法权，无论是对于有效地监督司法权的行使，防止司法权的滥用，还是对于建立合理的纠错机制，保证司法权行使的正确性，都是非常必要的。

第三，科学设定启动司法程序的决定权。刑事司法程序的启动意味着刑事追诉活动的开始，因此决定启动刑事司法程序的权力本身是刑事司法权的重要内容。但是在我国目前的刑事司法实践中，对于某些刑法规定构成犯罪的案件，有权管辖的司法机关有时却没有启动司法程序的决定权。例如对于行政执法活动中发现的犯罪，行政执法机关移送到司法机关的，司法机关才能立案侦查；没有移送的，司法机关往往不能自行决定立案侦查。又如对于发生在领导干部中的贪污贿赂犯罪案件，在有些时候、有些地方、有些情况下就是由纪律部门首先进行调查，而不是由法律赋予贪污贿赂犯罪侦查权的司法机关直接决定立案侦查。在这类情况下，是否对犯罪进行刑事追究，往往不是由有权管辖的司法机关决定的，而是在事实上取决于在司法机关之前受理案件的机关是否愿意把刑事案件移送给司法机关。如果有关机关不移送案件，有关犯罪就难以受到有效地追究。有罪不究的现象亦由此产生。因此，为了减少有罪不究的现象，保障刑罚的必定性，有必要改变司法机关对犯罪不能直接启动司法程序的状况，在各种处理程序中确立"刑事优先"的原则。

"刑事优先"原则是指在一切调查处理程序中发现有犯罪事实存在时应当首先由有权管辖该犯罪的司法机关依照刑事诉讼程序进行追究。

确立"刑事优先"原则的主要理由如下：

首先，刑事犯罪对社会所造成的或者可能造成的危害远远大于其他行为的社会危害性，如违反纪律的行为、行政违法行为、民事经济纠纷、不道德行为等。在犯罪行为与这些行为竞合的情况下，只有首先处罚其犯罪行为，才能有效地打击和遏制这类行为的发生。如果以对其他行为的处理取代对犯罪行为的追究，对行为人来说，实际上就是避重就轻，因而不利于使其受到应有的惩罚和教育。这样做，既不能有效地防止其再犯罪，也不利于对某其他行为的处理。

其次，在价值选择上，犯罪行为所侵害的往往是对整个社会具有重大影响或重要意义的利益，因此刑事法律相对于除了宪法以外的其他任何法律、法规、纪律而言，应该说其所保护的利益是最重要的，或者，其用于保护同等重要的利益时所具有的手段是最有效的。在不同法律竞合的情况下，优先适用刑事法律，对于保护社会利益无疑是最有效的。

最后，就调查手段而言，由于刑事犯罪的严重危害性，法律赋予刑事侦查部门各种有效的侦查手段。这些侦查手段是其他任何部门所不具有的。如果一个案件既涉及刑事犯罪也涉及其他违法或违纪行为，那么，由有权管辖的司法机关运用侦查手段来调查，必定要比不具有侦查手段的其他部门运用一般调查方式来调查更有利于查清案件的真实情况，更有助于案件的处理。

因此，"刑事优先"原则应当在纪律调查程序、行政处罚程序、民事诉讼程序以及其他任何涉及刑事犯罪的调查处理过程中加以贯彻，以保障和维护有权管辖的司法机关对犯罪案件启动刑事司法程序的决定权。

第四，严格限制作出处理决定的权力。司法机关和司法人员在刑事诉讼中对于自己职责范围内的事项，应当具有独立自主地作出处理决定的权力。如果司法机关和司法人员在由自己管辖的事项上必须事事听命于自己的上级,它(他)就没有兴趣去仔细研究案件,就没有积极性来认真对待自己所管辖的案件,从而也就对案件处理的结果没有责任感。司法机关和司法人员一旦丧失了伸张法律正义的热情,有罪不究就自然而然地成了必然现象。因此要让司法机关和司法人员担负起追诉犯罪的使命,就必须激发其打击犯罪的使命感和神圣感,而这种使命感和神圣感在很大程度上来源于其对自己所负责的事项可以作出决定的权力。

在司法实践中,有的部门和领导,鉴于目前司法机关和司法人员整体水平不高的实际情况,不敢放权给司法人员,不敢让司法人员独立自主地处理案件。这种心情无疑是出于维护司法公正、保护司法权威的愿望,因而也是无可厚非的。问题在于,长此以往,司法机关和司法人员的积极性和责任心就无以维系,司法工作将陷入恶性循环。

解决这个问题的出路并不在于消极地堵截,而在于积极地引导。在赋予司法机关和司法人员对其负责的案件或事项具有作出决定的权力的同时,建立健全必要的监督机制[1],就可以解决司法机关和司法人员整体素质不高与培养司法人员办案责任心之间的矛盾。

第五,不接受外部指令的职业保障机制。建立职业保障机制,既是世界上所有法治国家的普遍做法,也是保持司法独立和维护司法公正的制度性保障。只有真正建立起司法人员的职

---

[1] 健全的监督机制对于任何独立行使的权力都是必不可少的,也是保障司法公正的必要措施。没有健全的监督机制,独立行使的权力就可能变成脱缰的野马,成为任性的、易腐败的权力。健全的监督机制,也是在司法机关和司法人员整体素质不高的状况下,对错案进行救济的一种手段,一种有效的补救措施。

业不因在办理案件过程中不接受任何外部指令而受任何影响的制度，司法独立才会成为可能。如果一种制度，使司法人员常常因为在办理案件的过程中没有接受上级甚至是外界某些权威人士的指令而被调离工作岗位或者不能正常晋升，司法人员与其上级之间就必然会形成某种人身依附关系。在这种人身依附关系存在的时候和地方，司法独立就无从谈起，司法腐败必然滋生，赋予司法人员再大的权力都是没有实际意义的。因此，作为司法改革的目标，可以考虑在改善司法人员的素质结构、提高司法人员整体素质的情况下，建立健全司法人员的职业保障机制，为独立司法提供制度性的保障。

在司法群体的人员素质结构没有根本改善的情况下，司法独立必须与司法监督同步实行，才能避免司法权的滥用。因为赋予低素质的司法人员以独立性，就必须有防止其滥用权力的制约手段。

（三）树立渎职责任新理念

刑事司法机关和司法人员的职责就是追究犯罪。如果有案不查、有罪不究，对于刑事司法机关和司法人员来说，这本身就是渎职。要改变过去那种只有工作失误造成重大损失的才算渎职的观念，树立有案不查、有罪不究就是渎职的新理念。应当把管辖范围内的犯罪是否受到了有效地追诉，作为衡量刑事司法系统工作优劣的标准之一。

与之相联系的是错案追究[1]。在赋予司法机关和司法人员

---

[1] 错案追究与维护司法权威是一种两难选择。权威的司法意味着司法人员的决定没有错误。但是我们国家的实际情况是司法人员整体素质不高、司法腐败还比较严重。在这种情况下，司法人员所作出的决定不可能绝对没有错误。如果对司法人员作出的错误决定熟视无睹，既不采取措施去纠正，也不对作出错误决定的司法人员进行任何处理，错案就将蔓延成灾。因此，即使确实不利于维护司法权威，也实有必要对错案进行追究。这是我国的现实所决定了的。

保持独立所必需的权力的同时,应当建立错案追究制度。对于在独立办案中滥用刑事司法权而导致的错案,应当追究有关人员的责任;即使是由于过失造成了错案,也应当追究有关人员的过失责任。这样才能防止刑事司法权的滥用。

树立渎职责任新理念的关键是改革刑事司法系统的行政化管理模式。因为在行政化管理模式中,对刑事司法人员的管理和要求完全是按照行政干部的要求和管理模式来进行的。例如,检察官、法官除了从事检察业务、审判业务活动之外,还必须参加各种类型的政治学习、争先创优活动、公益活动、宣传教育活动以及各种社会活动包括"双抢"(抢收抢种)"扶贫""爱国卫生运动"等;对检察官、法官的评价依据,不是完全根据他所从事的检察业务或审判业务的情况,而是同时考虑他对本单位甚至包括对地方党政部门所组织的其他一切活动的态度和参与情况;对检察官、法官的评价标准,不是完全根据他所办案件的质量和数量、他的工作态度和业务水平,而是要在很大程度上参考他的"政治思想表现"包括他完成领导交给的各项任务的情况、在各种类型的社会活动中的表现,以及与群众的关系等;检察官、法官的考核和晋升必须通过"民主测评"和"民主推荐",竞争上岗更是离不开群众的评议。在这种管理模式下,许多检察院的检察官和法院的法官,不得不拿出百分之三四十的工作时间和精力来参加院里安排的各种非业务活动,不得不拿出百分之二三十的精力来考虑和处理自己与领导和群众的关系,真正能够用在检察业务或审判业务工作上的时间和精力是十分有限的。

在这种行政化的管理模式下,刑事司法人员最关注的是行政首长对他的印象和评价,以及他与领导和群众的关系,而不是或者说主要不是履行法律职责的情况。在这样的环境下,要树立有案不查、有罪不究就是渎职的理念，是不可能的。因此，要增强刑事司法人员的责任感，把严格执法、保障有罪必究作为执法理念，就必须改革对刑事司法人员的行政化管理模式，按照司法活动的规律来管理司法队伍。

随着司法体制改革的不断深化、司法责任制的全面推行，妨碍司法机关严格执法的制度性问题大部分得到了解决，司法人员的职业保障和职业素养也大大提高，这为严格执法、公正司法创造了非常有利的条件。但是，应当看到，我国司法体制以及司法权运行机制方面依然存在着与刑法理性的要求不相适应的问题，司法人员的执业水平和职业伦理与刑法理性的要求依然具有较大的差距。继续推进司法体制和工作机制改革，不断加强对司法人员的教育培训，以保障严格执法、节制司法、公正司法，依然是刑法理性化进程中的重要方面。

后　记

二零零一年，确定博士论文的选题时，在充分论证的基础上，我选择了"刑法理性论"这个题目。我认为，我们国家的刑法，最大的问题是理性化的程度不高。刑法理性化的程度不高，不仅表现在刑法观念上，而且表现在刑法立法和刑事司法中。刑法理性化的问题，将是制约我国刑法发展和刑法改革的瓶颈。因而有必要对刑法理性进行全面地研究和充分地论述。

在我的恩师高铭暄教授的悉心指导下，我以"刑法理性论"为题于二零零二年完成了博士论文并通过了博士学位论文答辩。该论文于二零零三年被中国人民大学学位委员会评为中国人民大学优秀博士论文，二零零四年被教育部和国务院学位委员会评为全国优秀博士论文。可是，在我看来，这篇论文并不是十分理想的作品。通过论文答辩以来，根据答辩委员会各位专家的建议，我又对论文进行了多次修改，并增加了"刑法理性的彰显"一章。在交付出版之日，我仍然感到某些惶恐。因为本书尽管凝聚着我二十多年来学习研究刑法的心得和对刑事司法实践的了解，但它毕竟不是一气呵成的。写作和修改本书的时候，正是我在单位的工作任务最繁重的时候。我既不能放弃手头的工作，也不愿放弃自己的研究。可以说，本书从动笔到收笔,我几乎没有用过一个工作日,完全是利用节假日和业余时间完成的。写作的断断续续,必然影响思维的连贯性,难免在本书中留下拼接的痕迹,甚至可能出现前后重复或不一致的地方。

需要说明的是,当人们提到"刑法"时,往往是从理论刑法学或者规范刑法学的角度来理解"刑法"二字的,但是本书却超出了传统的理论刑法学和规范刑法学的范围。在我看来,刑法是最具实践性的法律。研究刑法理论和刑法规范,不仅要研究刑法的精神和刑法规范的科学性,充分理解刑法规范的内容,而且要关注刑法适用的实际状况,研究刑法适用过程中制约和影响刑法正确适用的因素。这样才能避免就刑法条文谈其科学性的纸上谈兵。特别是研究刑法的理性问题,更需要联系刑法适用的实际,深入研究与刑法的适用密切相关的制度因素、文化因素和人为因素。因为这些因素在客观上总是与刑法的精神和规范交织在一起共同制约着刑法的发展。如果人为地舍弃这些因素,单纯地研究刑法规范本身,就很难理解和解释刑法的实际运作是否具有理性。因此本书在研究实体刑法的问题时对于涉及的程序法、司法制度、司法实务等方面的问题,运用整体刑法学的原理,一并进行论述。目的是更全面地思考刑法在实践中的功能和命运。但是限于本人的研究范围和精力,也限于本书的篇幅,对与刑法适用有关的程序法和司法制度方面的内容,没有能够展开论述,是本书的一个缺憾。另外,受资料有限性和写作时间的制约,书中个别引文是从其他著作中转引来的,未能进行直接核对原文。如有不当,敬请读者批评指正。

本书在付梓之际,油然而生的感激之情,使我不能不把发自肺腑的感谢连同本书一起献给许许多多应当感谢的人:

后 记

我的恩师高铭暄教授，二十多年来他对我的谆谆教导，特别是对我撰写这篇博士论文的支持鼓励和熟心指导，使我终生难忘；

我的恩师王作富教授以及单长宗教授、薛瑞林教授、江礼华教授、陈泽宪研究员，他们对我的博士论文所给予的高度评价和修改建议，不仅使我顺利通过了博士学位论文答辩，而且使我明确了修改的方向；

我的同窗好友赵秉志教授，为我的博士论文写作提供了大量的帮助和支持，并且关心博士论文的出版，使我进一步感受到兄弟般的学术友谊；

北京大学出版社杨立范副总编、陈新旺编辑，他们不仅为本书的出版提供了非常优惠的条件，而且对本书的出版付出了辛勤的劳动。

此外，我也要感谢我的妻子徐铭涓和我的女儿张晓秦，她们虽然没有直接为本书的出版做过贡献，但是她们给予我的关爱、情感上的支持和和睦平静的家庭环境，使我在繁忙的工作之余能够集中精力完成本书的写作。这本身是我的福分。

在感激的同时，我也感到深深地愧疚，因为我没有什么礼物能够回报我所感激的人们，除了我的著作。而这部拙作与他们所给予我的相比，实在是太浅薄、太微不足道了。所以我还需要加倍地努力，期望着能够有更好的礼物回报所有教导我、关心我和帮助我的人们！

张智辉

二零零五年五月五日